Excel 2024

Schritt für Schritt einfach erklärt

Ignatz Schels

Markt+Technik

111 Excel-Vorlagen zum Download

Auf der Webseite zu diesem Buch finden Sie 111 Excel-Vorlagen für verschiedene Bereiche: Adressetiketten, Notizblätter für den Organizer, Projektplan, Stundenplan, Ordneretiketten, Telefonliste, Wochenplan, Monatsplan, Hausaufgaben, Umrechnungstabellen. Gehen Sie einfach auf *www.mut.de/0051*

ISBN 978-3-98810-051-1

Espenpark 1a
90559 Burgthann

Produktmanagement Christian Braun, Burkhardt Lühr
Lektorat, Herstellung Jutta Brunemann
Covergestaltung David Haberkamp
Coverfoto © Summit Art Creations – Adobe Stock
Satz inpunkt[w]o, Wilnsdorf, www.inpunktwo.de
Druck Himmer GmbH Druckerei & Verlag, Augsburg
Printed in Germany

Liebe Leserin, lieber Leser,

ich freue mich, Ihnen mit diesem Buch *Bild für Bild* das faszinierende Tabellenkalkulationsprogramm Microsoft Excel für die Versionen 2024 und Microsoft 365 präsentieren zu können. Lernen Sie, wie Excel eingerichtet und bedient wird, üben Sie den Umgang mit Zellbereichen, Tabellen und Arbeitsmappen und nutzen Sie die vielen Werkzeuge für die Aufbereitung, Formatierung, Analyse und Visualisierung von Kalkulationsdaten.

Ich zeige Ihnen an Beispielen aus der Praxis, wie Sie Formeln schreiben, Funktionen anwenden, PivotTables gestalten, Diagramme und PivotCharts zeichnen und Datenlisten oder intelligente Tabellen verwalten.

Lernen Sie auch die BI-Werkzeuge *Power Query* und *Power Pivot* kennen. Natürlich finden Sie zu jedem Thema auch eine Menge Tipps und Tricks und viele nützliche Tastenkombinationen.

Mit *Bild für Bild* werden Sie schon bald zum Excel-Experten. Ich wünsche Ihnen viel Erfolg und viel Spaß mit diesem ganz besonderen Buch!

Ihr Autor Ignatz Schels

1 Starten und loslegen 9

2 Mit Zellen arbeiten 29

3 Tabellenblätter und Arbeitsmappen 55

4 Schrift, Farben, Muster – Tabellen formatieren 85

5 Seitenlayout und Druck 109

6 Formeln und Funktionen 129

7 Listen und Tabellen 165

8 PivotTables und PivotCharts 189

9 Diagramme 207

10 Grafik und WordArt 229

11 Spezialtechniken 249

12 Externe Daten und Internet 275

Lexikon 298

1

Starten und loslegen

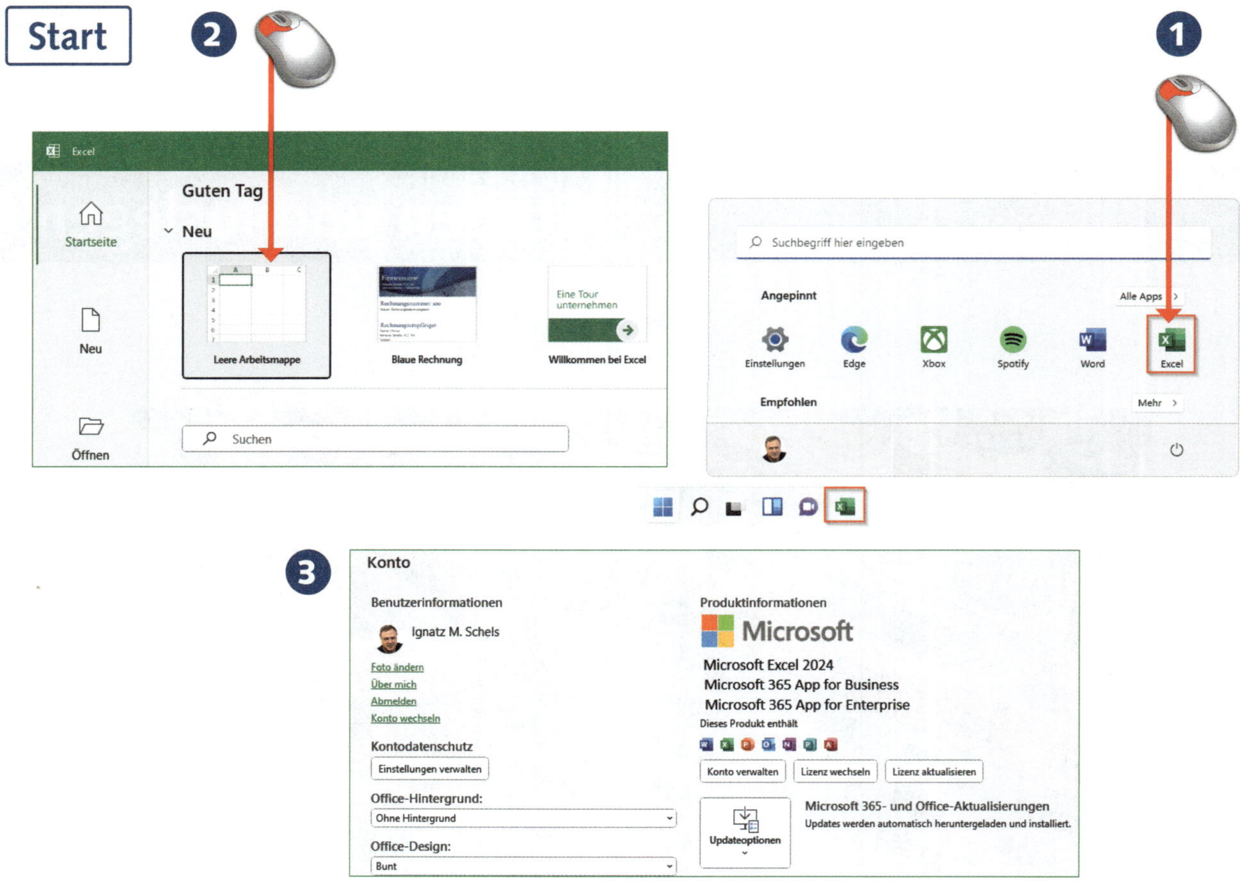

1. Das Startsymbol für Excel finden Sie im Windows-Startmenü oder in der Taskleiste. Unter *Alle Apps* finden Sie die Excel-App unter dem Buchstaben *E*.
2. Im Startmenü (gleich nach dem Start oder per Klick auf *Datei*) können Sie eine neue Mappe anlegen oder eine Vorlage nutzen.
3. Unter *Konto* stehen die Benutzerinformationen. Hier finden Sie Ihre Version und die neuste Update-Nummer (Build), hier können Sie auch den aktuellen Update-Stand überprüfen.

WISSEN

Für den Start von Excel 2024 oder Excel 365 finden Sie nach der Installation ein Symbol im Windows-Startmenü. Überprüfen Sie den Update-Status unter *Konto* im Startmenü.
Excel 2024 wird im Unterschied zu Excel 365 nicht über automatische Updates aktualisiert. Neue Excel-Funktionen oder Änderungen in der Oberfläche erhalten Sie nur mit der Cloud-Version Excel 365.

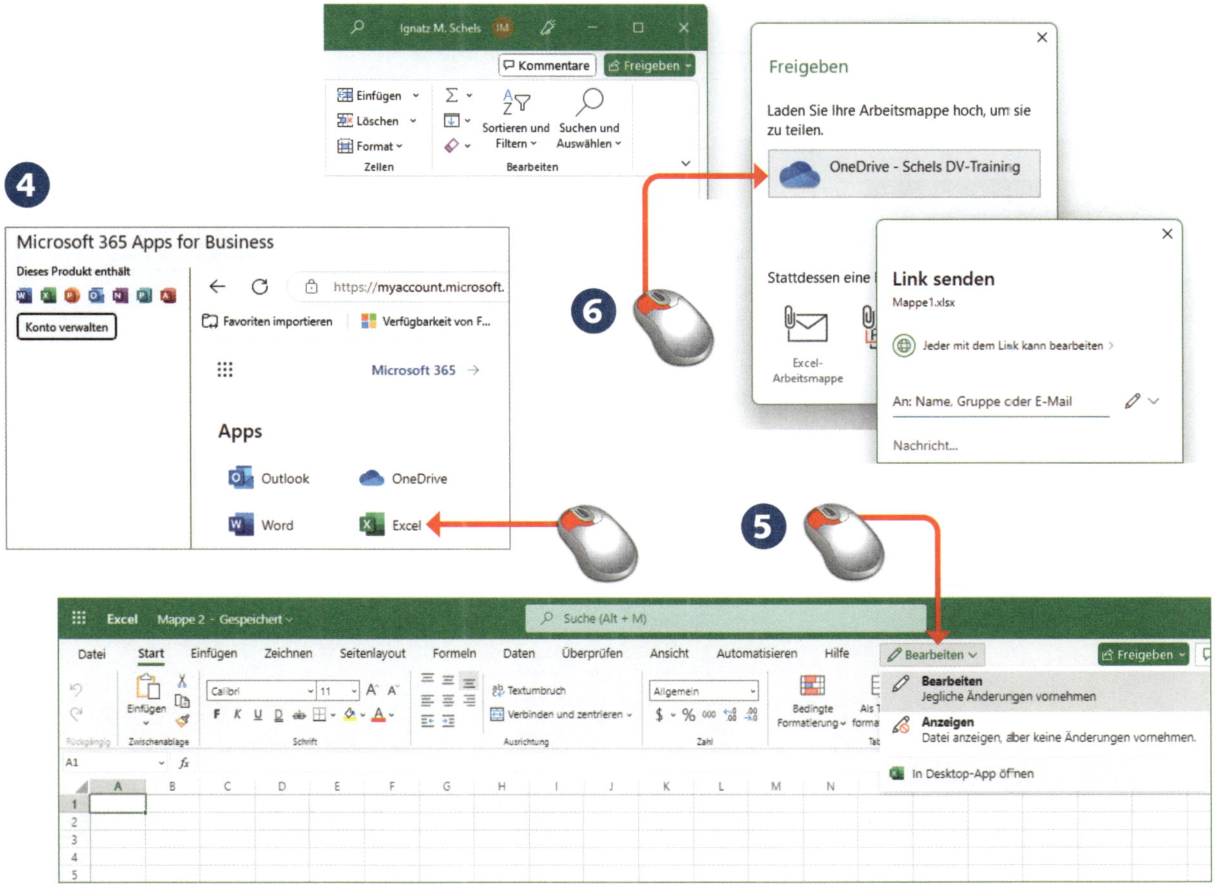

❹ Öffnen Sie die Kontoverwaltung Ihres Microsoft-Kontos. Hier finden Sie Symbole für den Start der Onlineversionen der Office-Programme (u. a. Excel).

❺ Die Onlineversion ist eine »abgespeckte« Version, die nicht alle Funktionen und Menüeinträge enthält. Sie können aber jede Arbeitsmappe mit der Desktop-Version weiterbearbeiten.

❻ Wenn Sie in der Desktop-Version eine Arbeitsmappe teilen wollen, laden Sie diese in Ihr Cloud-Konto hoch und senden den Link zur Datei an beliebige E-Mail-Adressen.

HINWEIS

Wenn Sie unter Windows kein Excel-Symbol finden, geben Sie auf dem Windows-Startbildschirm einfach »Excel« ein. Klicken Sie das Symbol mit der rechten Maustaste an und schicken Sie es in die Taskleiste.

TIPP

Das Microsoft-Konto ist bereits für Windows oder mit der Office-Installation erstellt worden. Mit *Konto anzeigen* schalten Sie von jedem Office-Programm in die Kontoverwaltung. Dazu wird im Browser (z. B. Edge) dieser Link geöffnet: *https://portal.office.com/account*

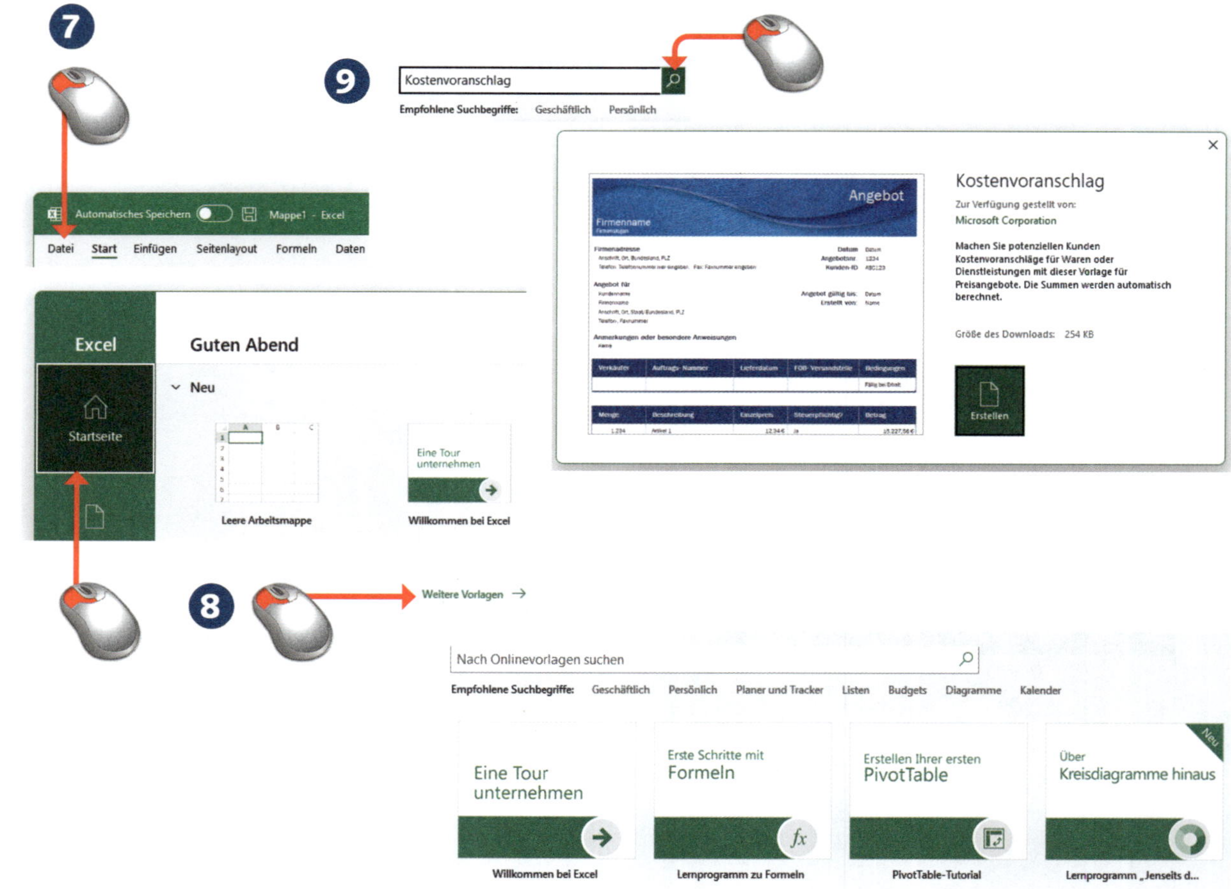

7 Das Startmenü bietet unter *Startseite* eine neue Mappe oder eine Liste mit Vorlagen an. Sie können es nach dem Öffnen einer Mappe wieder per Klick auf *Datei* in der Menüleiste aktivieren.

8 Sehen Sie sich eine der Vorlagen an oder klicken Sie auf *Weitere Vorlagen*, um weitere vordefinierte Excel-Arbeitsmappen angeboten zu bekommen.

9 Überprüfen Sie auch die empfohlenen Suchbegriffe oder geben Sie einen eigenen Suchbegriff ein und klicken Sie auf das Lupensymbol, um die Suche zu starten.

WISSEN

Sehen Sie sich die Excel-Tour auf dem Startbildschirm an oder testen Sie eine der zahlreichen Vorlagen, um Excel kennenzulernen. Das Office-Portal von Microsoft im Internet hat noch Tausende weitere Vorlagen im Angebot.

HINWEIS

Das unter *Start/Optionen/Allgemein* gewählte Office-Design und der Office-Hintergrund gelten für alle Office-Programme, also auch für Word, PowerPoint etc.

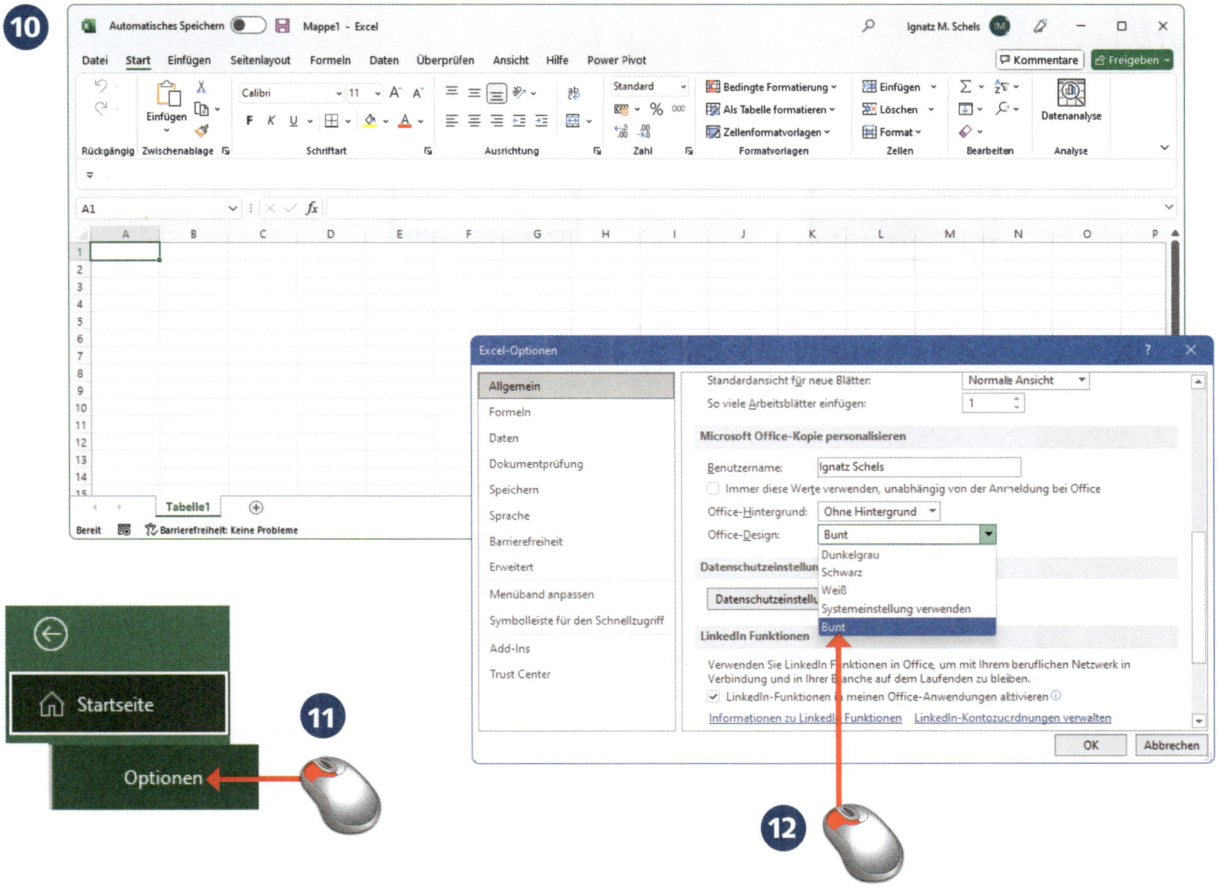

10 Ein Klick auf *Leere Arbeitsmappe* aktiviert eine leere Mappe mit der Bezeichnung *Mappe1*. Sie enthält eine leere Tabelle mit dem Registernamen *Tabelle1*.

11 Suchen Sie für Ihre Tabellenkalkulation die passende Oberfläche. Schalten Sie über das *Datei*-Menü zurück zum Startbildschirm und wählen Sie *Optionen*.

12 Wählen Sie unter *Allgemein* einen passenden Hintergrund und ein Office-Design von *Dunkelgrau* bis *Bunt*.

Ende

HINWEIS

Die Anzahl der Tabellen, die mit einer neuen Arbeitsmappe angelegt werden, definieren Sie in den Excel-Optionen. Den Startbildschirm schalten Sie mit der Option *Startbildschirm beim Start dieser Anwendung anzeigen* ab.

TIPP

Excel-Vorlagen sind je nach Thema mit einfachen Rechenformeln und Links zur Tabellensteuerung ausgestattet und enthalten in der Regel keine Makros. Machen Sie sich vorher aber mit Tabellen vertraut (siehe Kapitel 7).

Start

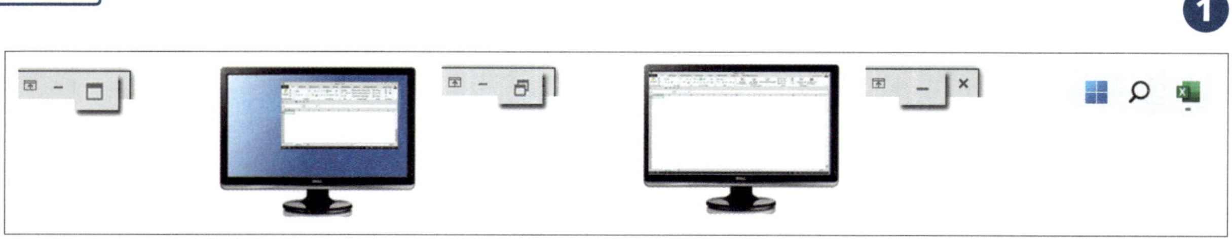

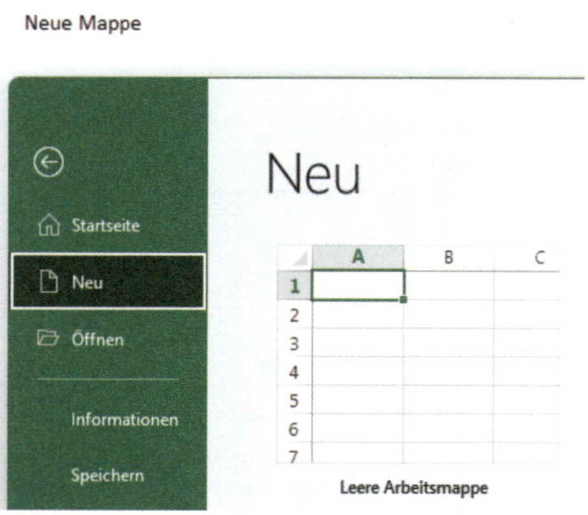

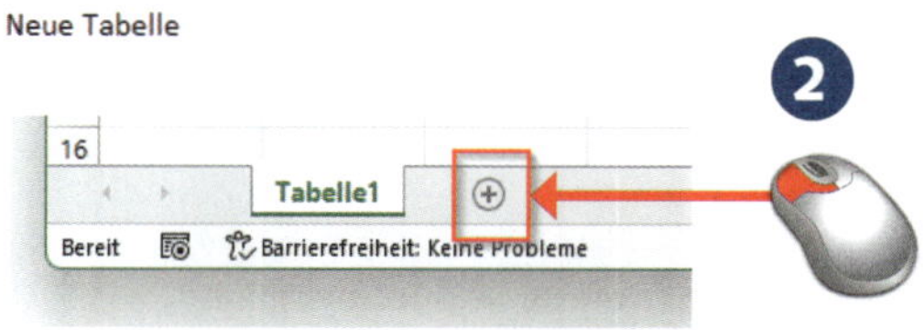

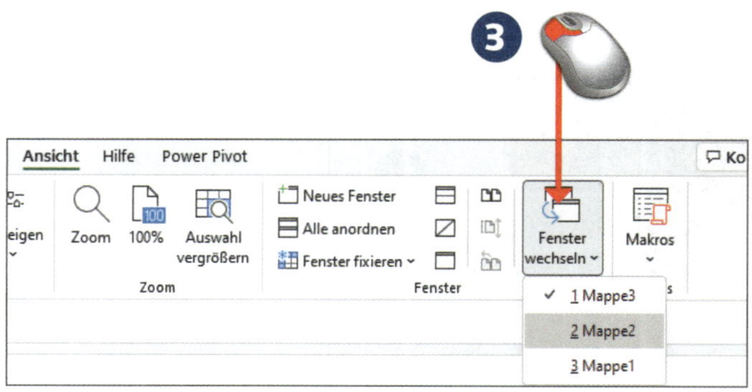

1. Mit diesen Symbolen verkleinern und vergrößern Sie das Fenster der Mappe oder minimieren diese auf das Taskleistensymbol.
2. Neue Mappen legen Sie über den Startbildschirm an, neue Tabellen in einer Mappe mit dem Pluszeichen im Tabellenregister.
3. Klicken Sie unter *Ansicht* auf *Fenster wechseln*, sehen Sie alle aktiven Arbeitsmappen.

WISSEN

Wie jedes Windows-Programm wird auch Excel in Fenstern verwaltet. Lernen Sie die Fenstersymbole und die Fensteransichten für das Programm- und das Arbeitsmappenfenster kennen.

FACHWORT

Taskleiste: Die Leiste am unteren Rand des Desktops. Sie zeigt Symbole zur Aktivierung von Programmen an.

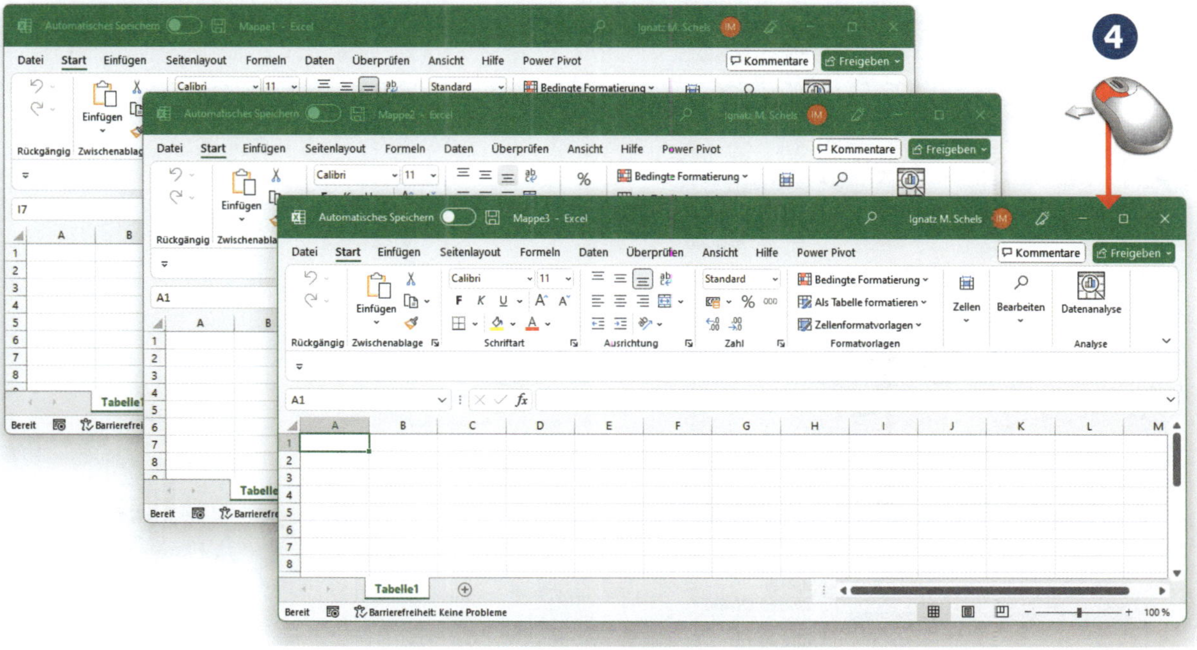

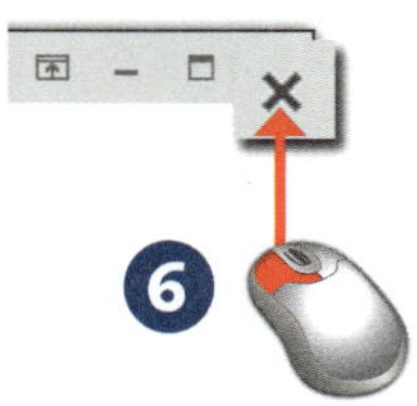

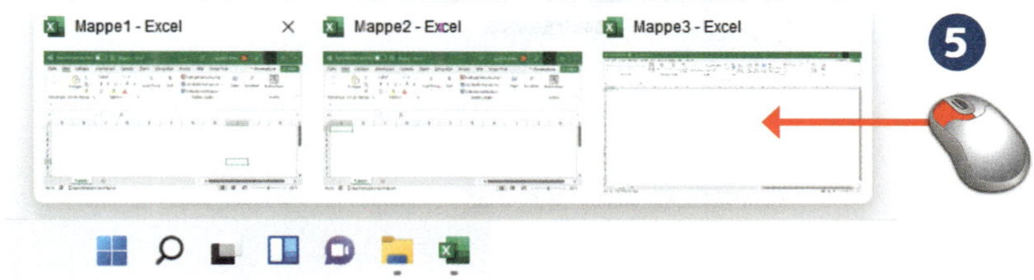

4 Im Fenstermodus sehen Sie jede Arbeitsmappe als einzelnes Fenster. Setzen Sie den Mauszeiger in die Titelleiste und verschieben Sie das Fenster mit gedrückter Maustaste.

5 Zeigen Sie auf das Excel-Symbol in der Taskleiste. Es bietet alle aktiven Mappen an. Schalten Sie per Klick auf eine Mappe um.

6 Mit dem Schließen-Symbol wird die Mappe geschlossen. Schließen Sie damit die letzte Mappe, wird das Programm Excel beendet.

Ende

TIPP

Das mittlere Fenstersymbol ist ein Wechselschalter zwischen Fenstermodus und Vollbildmodus. Ein Doppelklick auf die Titelleiste eines Fensters schaltet zwischen Vollbild- und Fenstermodus um. Klicken Sie mit der rechten Maustaste auf das Taskleistensymbol von Excel, sehen Sie alle aktiven Mappen und sogar eine Übersicht über zuletzt verwendete Mappen.

HINWEIS

Alle anordnen im Register *Ansicht* ordnet alle Arbeitsmappen nebeneinander oder in Stapeln an.

Start

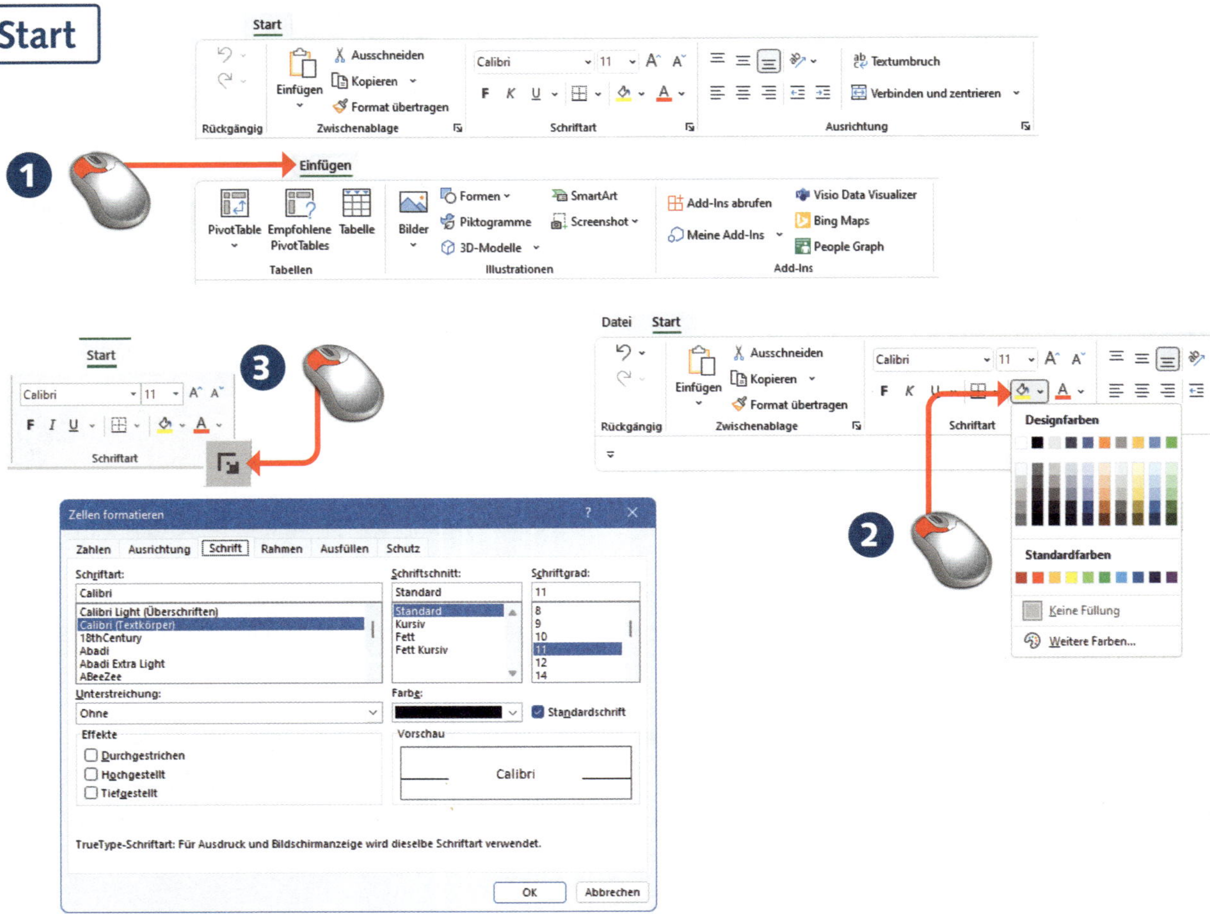

1. Klicken Sie auf einen Reiter am oberen Rand des Menübandes, um auf ein Menü umzuschalten.
2. Wählen Sie ein Symbol aus einer Gruppe oder klicken Sie auf das Pfeilsymbol, um das Auswahlmenü des Symbols zu öffnen.
3. Wenn die Gruppe ein Dialogfeldsymbol anbietet, klicken Sie es an, um ein Dialogfenster zu öffnen.

WISSEN

Das Menüband ist die Steuerzentrale für alle Programmfunktionen. Hier finden Sie Register, die in Gruppen unterteilt sind und die wiederum Befehlssymbole anbieten. Üben Sie ein wenig mit Registern und Symbolen.

HINWEIS

Die Anzeige von Gruppen und Symbolen im Menüband ist von der Bildschirmauflösung abhängig.

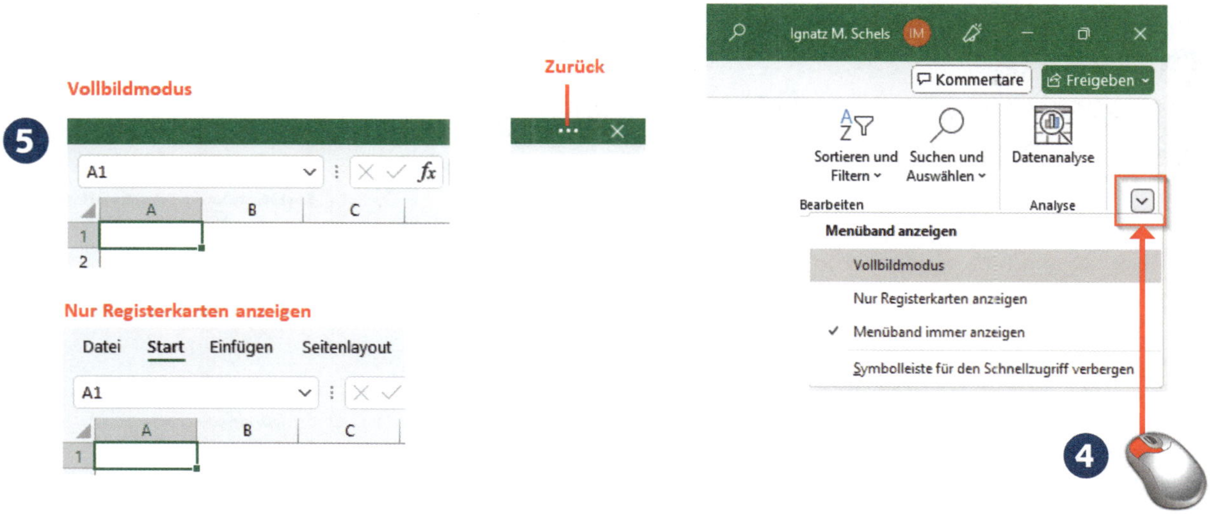

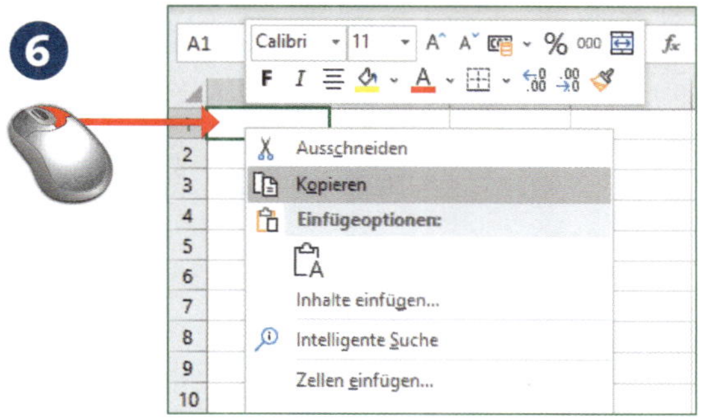

4 Dieses Symbol enthält die Anzeigeoptionen. Sie können das Menüband wahlweise aus- oder einblenden.

5 Blenden Sie Menüband und Befehle vollständig aus, lassen Sie nur die Register oder Register und Befehle anzeigen.

6 Kontextmenüs blenden Sie mit der rechten Maustaste ein. Sie bieten die wichtigsten Formatierungssymbole und kontextbezogene Funktionen.

Ende

TIPP

Das Menüband können Sie auch per Doppelklick auf einen Reiter oder mit der Tastenkombination Strg+F1 ein- und ausblenden. Um das Menüband zu ändern und z. B. neue Register und Symbole einzufügen, aktivieren Sie *Datei/Optionen/Menüband anpassen.*

HINWEIS

Im Kontextmenü des Tabellenblatts finden Sie eine wechselnde, von der Markierung (Zellen, Zeilen, Spalten, Objekte) abhängige Auswahl an Befehlen aus unterschiedlichen Registern und Gruppen.

Start

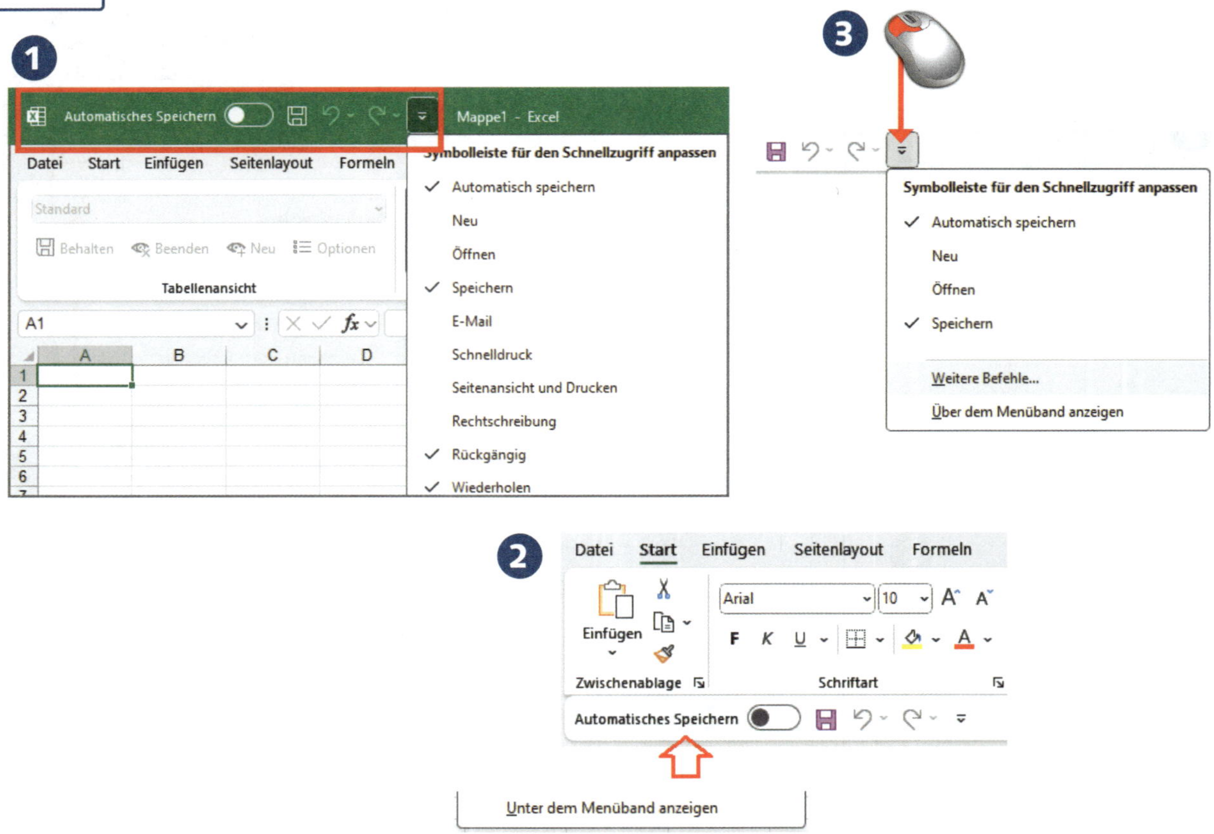

1. Die Symbolleiste für den Schnellzugriff lässt sich über oder unter dem Menüband positionieren. Klicken Sie auf das Pfeilsymbol rechts und markieren Sie die Befehle, die sie anbieten soll.
2. Über dem Menüband wird sie in der Titelzeile neben den Speichersymbolen angezeigt, unter dem Menüband steht sie zwischen Menü und Tabellenblatt.
3. Das Menü bietet nur eine kleine Befehlsauswahl. Klicken Sie auf *Weitere Befehle*, können Sie die Leiste über die Optionen individuell konfigurieren

WISSEN

Die Symbolleiste für den Schnellzugriff können Sie individuell gestalten. Holen Sie Ihre Lieblingssymbole aus den verschiedenen Registern und Gruppen in diese kleine Leiste und gestalten Sie Ihre eigene Menü- und Befehlsauswahl.

HINWEIS

Die Auswahl der Symbole finden Sie auch im *Datei*-Menü unter *Optionen* auf der Registerkarte *Symbolleiste für den Schnellzugriff*.

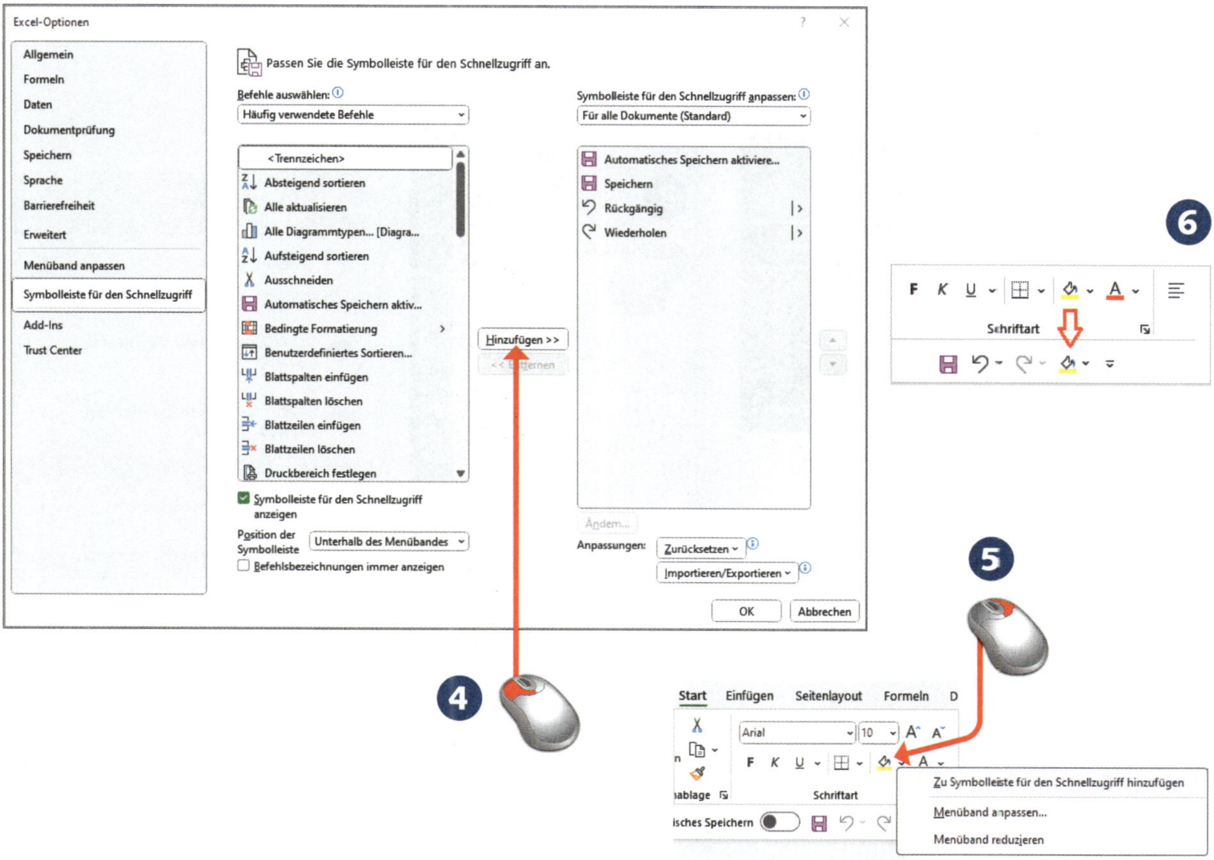

4 Schalten Sie von *Häufig verwendete Befehle* auf *Alle Befehle* um, markieren Sie einen Befehl und holen Sie ihn per Klick auf *Hinzufügen* in die Symbolleiste.

5 Um ein Symbol schnell aus dem Menüband in die kleine Symbolleiste zu holen, klicken Sie es mit der rechten Maustaste an (hier *Füllfarbe*) und wählen *Zu Symbolleiste für den Schnellzugriff hinzufügen*.

6 Damit wird das Menüleistensymbol auf die kleine Symbolleiste übertragen.

Ende

TIPP

Um ein Symbol aus der Symbolleiste für den Schnellzugriff zu entfernen, klicken Sie es mit der rechten Maustaste an und wählen *Aus Symbolleiste ... entfernen.*

HINWEIS

In der Anpassung der Symbolleiste für den Schnellzugriff unter *Datei/Optionen* können Sie diese auch komplett zurücksetzen oder als Datei importieren/exportieren.

Start

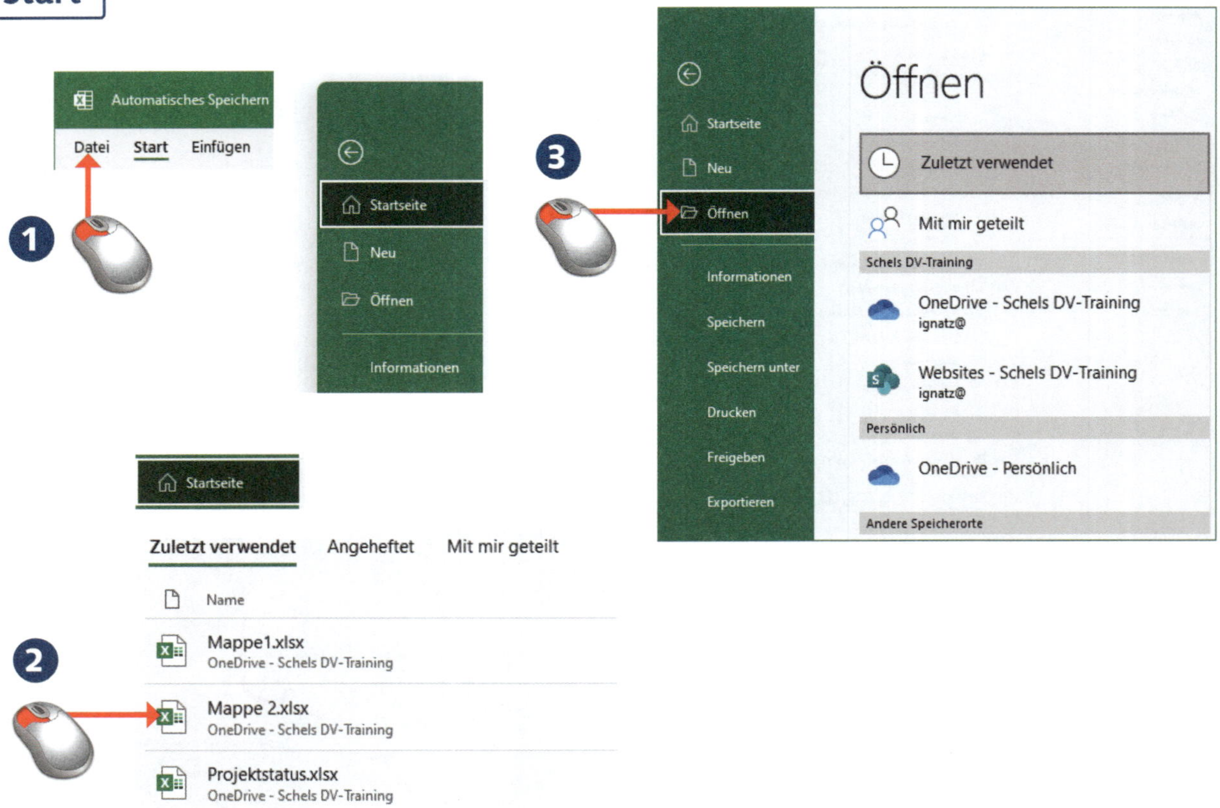

1. Klicken Sie in der Menüleiste auf *Datei*, um zum Startbildschirm umzuschalten.

2. Auf der Startseite finden Sie eine Liste mit zuvor bearbeiteten und gespeicherten Dateien. Klicken Sie eine Datei an, wird sie wieder aktiviert.

3. Unter *Öffnen* finden Sie alle Speicherorte für Excel-Dateien. Klicken Sie unter *Andere Speicherorte* auf *Durchsuchen*, um Festplatten- und Laufwerkinhalte anzuzeigen.

WISSEN

Im Startbildschirm finden Sie alle Befehle zur Verwaltung der aktuellen Mappe wie *Speichern*, *Öffnen*, *Drucken*, *Exportieren* und *Veröffentlichen*. Die zuletzt verwendeten Dateien lassen sich bequem aus einer Liste abrufen.

HINWEIS

Wie Sie den Druckbereich einstellen und Tabellen oder Zellbereiche drucken, lesen Sie in Kapitel 3.

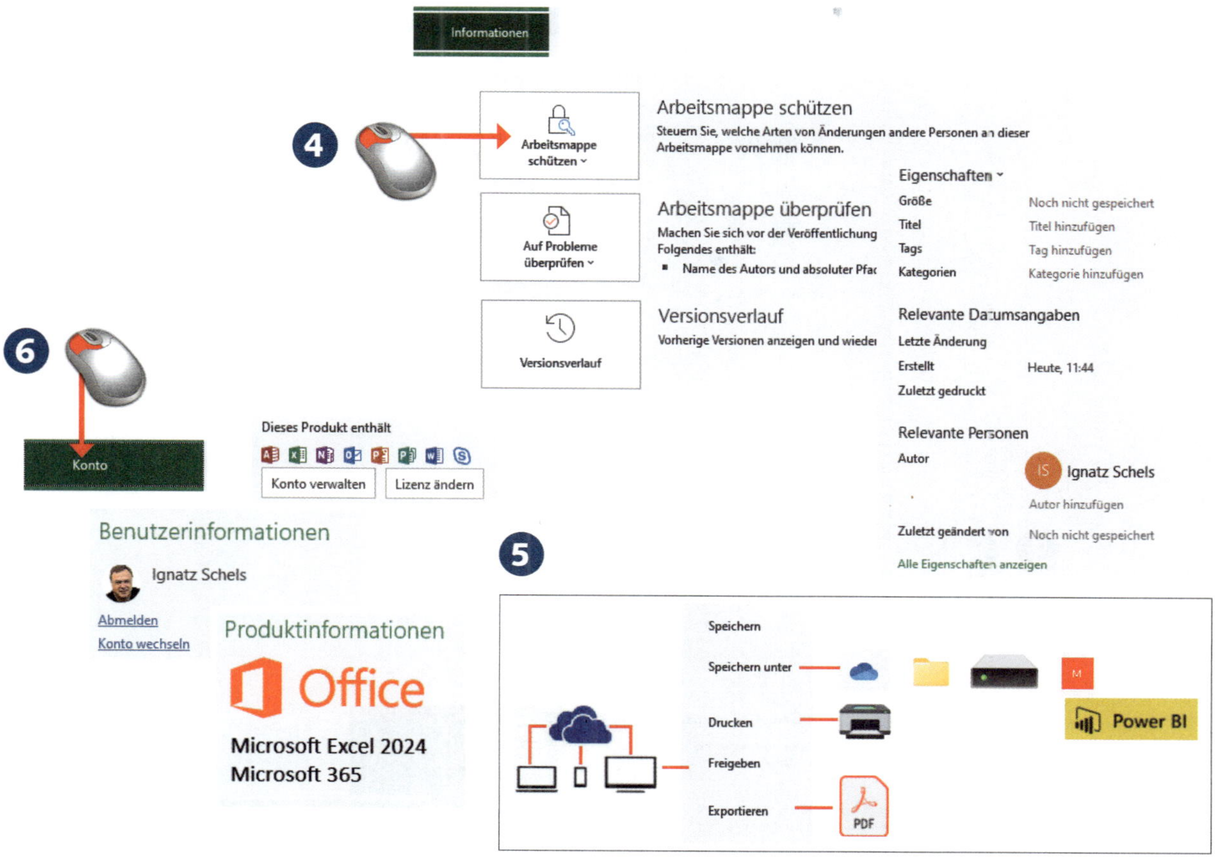

❹ *Informationen* bietet die Möglichkeit, die aktive Mappe zu schützen, zu überprüfen und Eigenschaften wie Titel oder Autor einzutragen.

❺ Speichern Sie Ihre Mappe in der Cloud oder auf Datenträgern, drucken Sie den aktuellen Stand, geben Sie die Mappe in der Cloud frei oder exportieren Sie den Inhalt als PDF oder für Power BI.

❻ Unter *Konto* verwalten Sie Ihr Microsoft-Konto sowie die Office-Lizenz und überprüfen den Update-Status.

Ende

TIPP

Für die Verwaltung des Microsoft-Kontos können Sie auch rechts oben in der Titelzeile auf das angezeigte Konto klicken. Hier werden das Kontobild und der Kontoname angezeigt.

HINWEIS

Unter *Feedback* oder mit den Smiley-Symbolen rechts oben können Sie ein Feedback hinterlassen. *Feedback* bietet auch an, einen Vorschlag zu senden.

Start

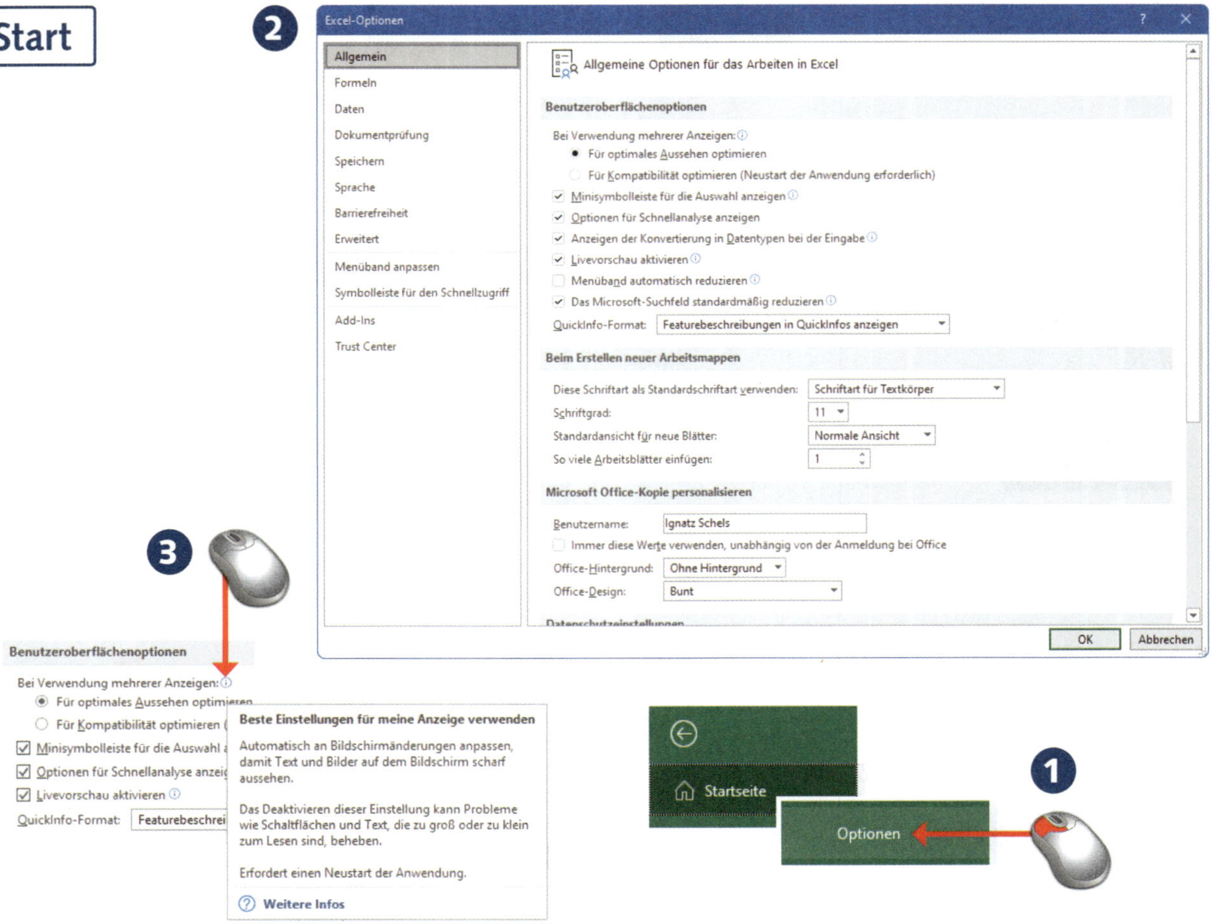

1. Klicken Sie unter *Startseite* auf *Optionen*, um die Excel-Optionen zu aktivieren.
2. Die Dialogbox *Excel-Optionen* wird eingeblendet, die erste Kategorie *Allgemein* ist markiert.
3. Zeigen Sie auf das Info-Symbol an einer Option, wird ein kleines Hilfefenster sichtbar.

WISSEN

Die Excel-Optionen regeln alle Voreinstellungen für das Programm selbst und für Dateien, Mappen und Tabellen. Passen Sie Ihre Programmoberfläche nach eigenen Wünschen an.

TIPP

Unter *Formeln* sollte die Arbeitsmappenberechnung auf *Automatisch* stehen.

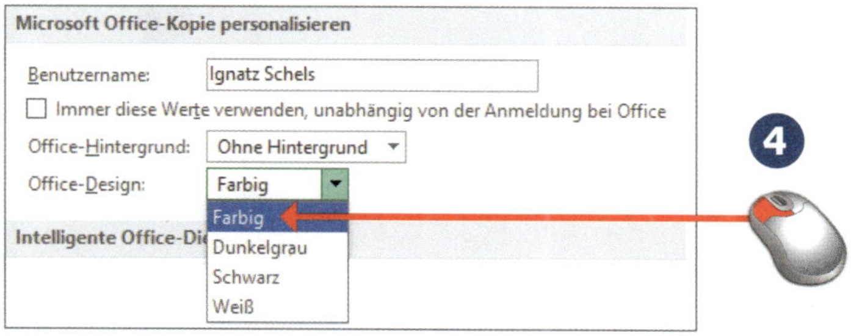

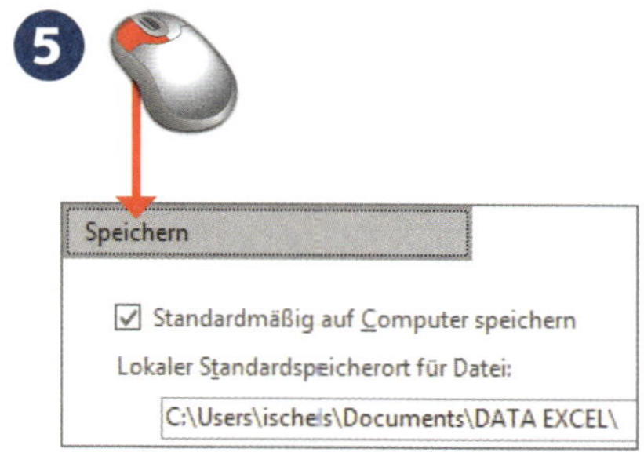

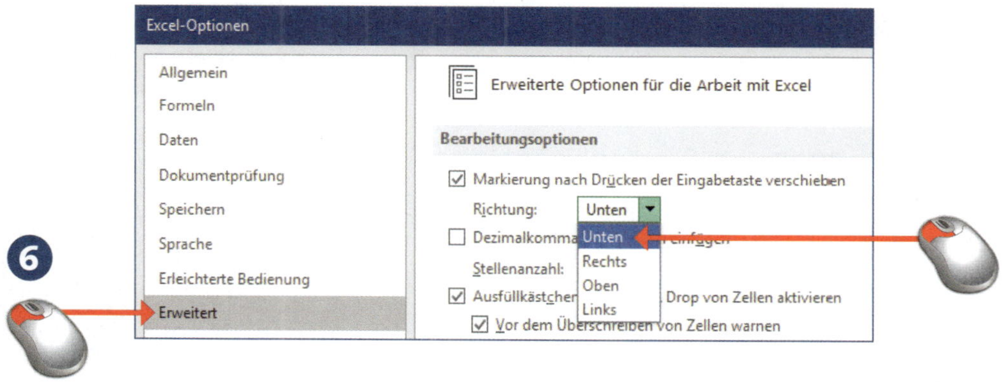

4 Tragen Sie Ihren Benutzernamen ein und stellen Sie Hintergrund und Design ein.

5 Klicken Sie auf die Kategorie *Speichern* und bestimmen Sie, welchen Speicherort Excel beim Speichern der Arbeitsmappe vorschlägt.

6 In der Kategorie *Erweitert* finden Sie zahlreiche Optionen, u. a. die Richtung des Zellzeigers nach der *Eingabetaste*.

Ende

HINWEIS

Fügen Sie in der Kategorie *Sprache* weitere Sprachen hinzu, wenn Sie Ihre Excel-Tabellen mehrsprachig bearbeiten wollen. Schalten Sie auf eine Sprache um, erhalten Sie die passenden Grammatik- und Rechtschreibprüfungen.

HINWEIS

In der Kategorie *Speichern* ist für *AutoWiederherstellen* ein Intervall von 10 Minuten eingestellt. Stürzt das Programm ab, erhalten Sie beim nächsten Start automatisch die letzte Sicherungskopie.

Start

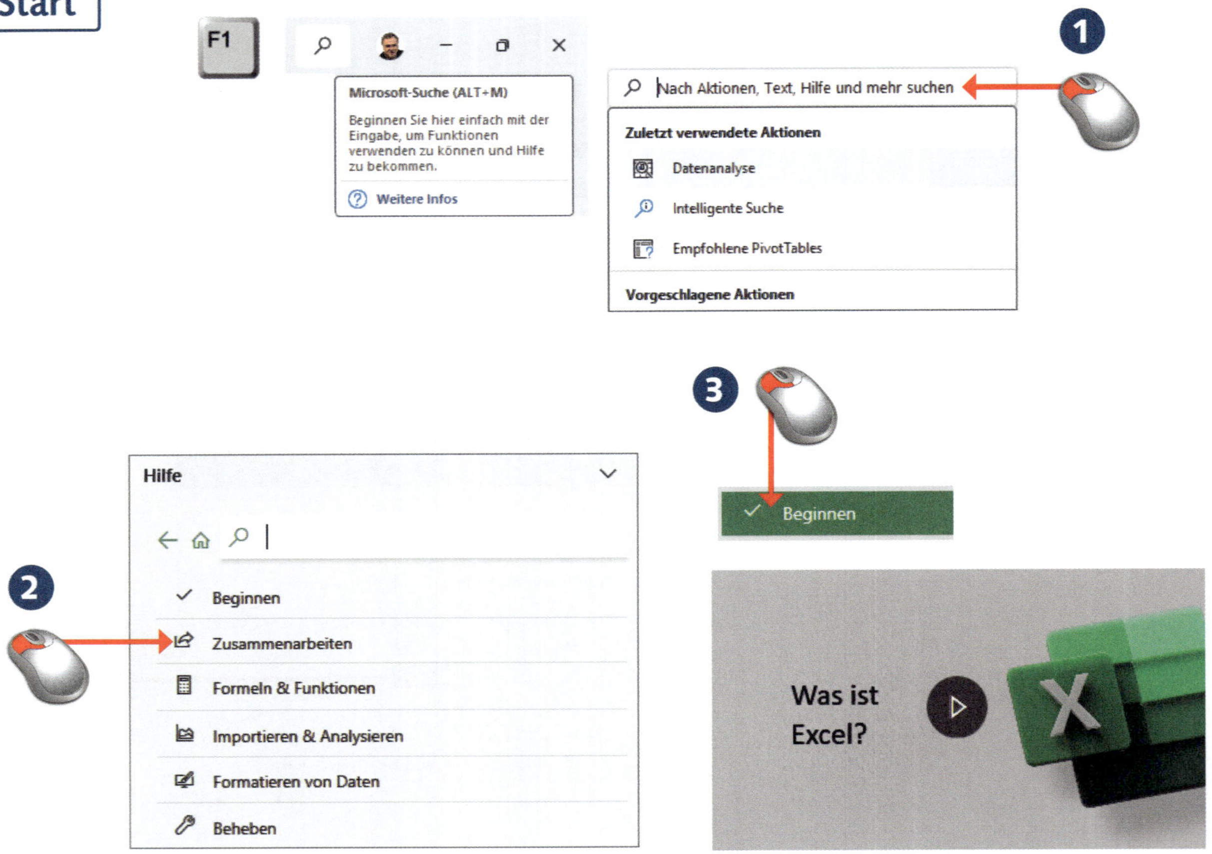

1. Schnelle Hilfe erhalten Sie über das Suchfenster oder wenn Sie die Funktionstaste F1 drücken.
2. Die Excel-Hilfe wird in einem neuen Fenster gestartet, es bietet ein Suchfeld und eine Kategorienliste an.
3. Starten Sie mit *Beginnen* und sehen Sie sich kleine Lernvideos zu den wichtigsten Themen an.

WISSEN

Wenn es mal gar nicht mehr weitergeht, lassen Sie sich von der Excel-Hilfe unterstützen. Aktivieren Sie das Hilfefenster und suchen Sie per Suchfenster nach Hilfetexten, Erklärvideos oder Tutorials.

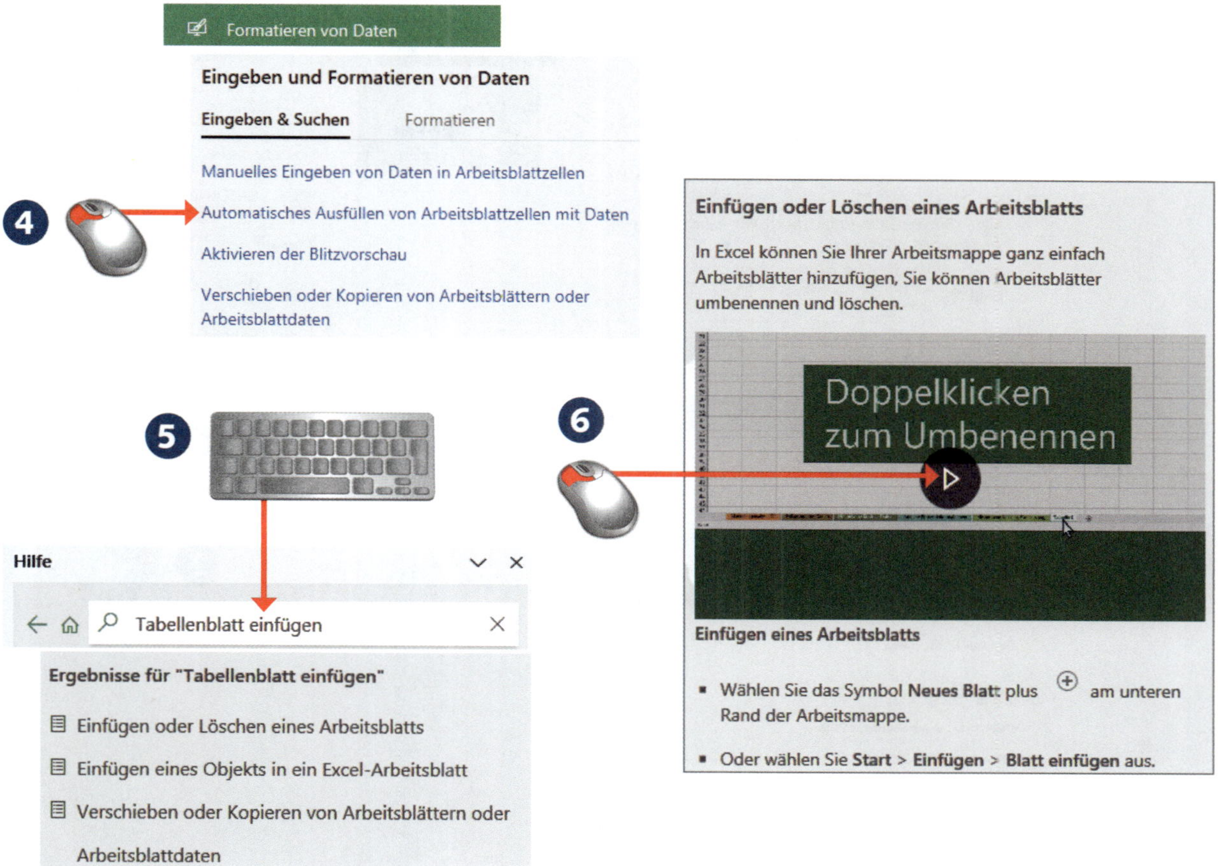

4 Wählen Sie eine Kategorie, öffnet sich eine Linkliste mit Hilfetexten zu diesem Thema. Klicken Sie auf einen Link.

5 Im Suchfenster erhalten Sie für einen Suchbegriff gleich die passenden Befehle angeboten.

6 Die Hilfe bietet ein Erklärvideo und eine Schritt-für-Schritt-Anleitung mit Screenshots zum ausgewählten Thema an.

Ende

TIPP

Drücken Sie F1, wenn während der Arbeit mit Excel ein Dialog oder eine Meldung angezeigt wird. Das Hilfefenster zeigt automatisch die zum Thema passenden Hilfetexte an.

HINWEIS

Das Hilfefenster schließen Sie per Klick auf das Kreuzchen rechts oben.

HINWEIS

Klicken Sie im Microsoft-Office-Hilfecenter auf das Excel-Symbol, um zum Excel-Hilfecenter zu schalten.

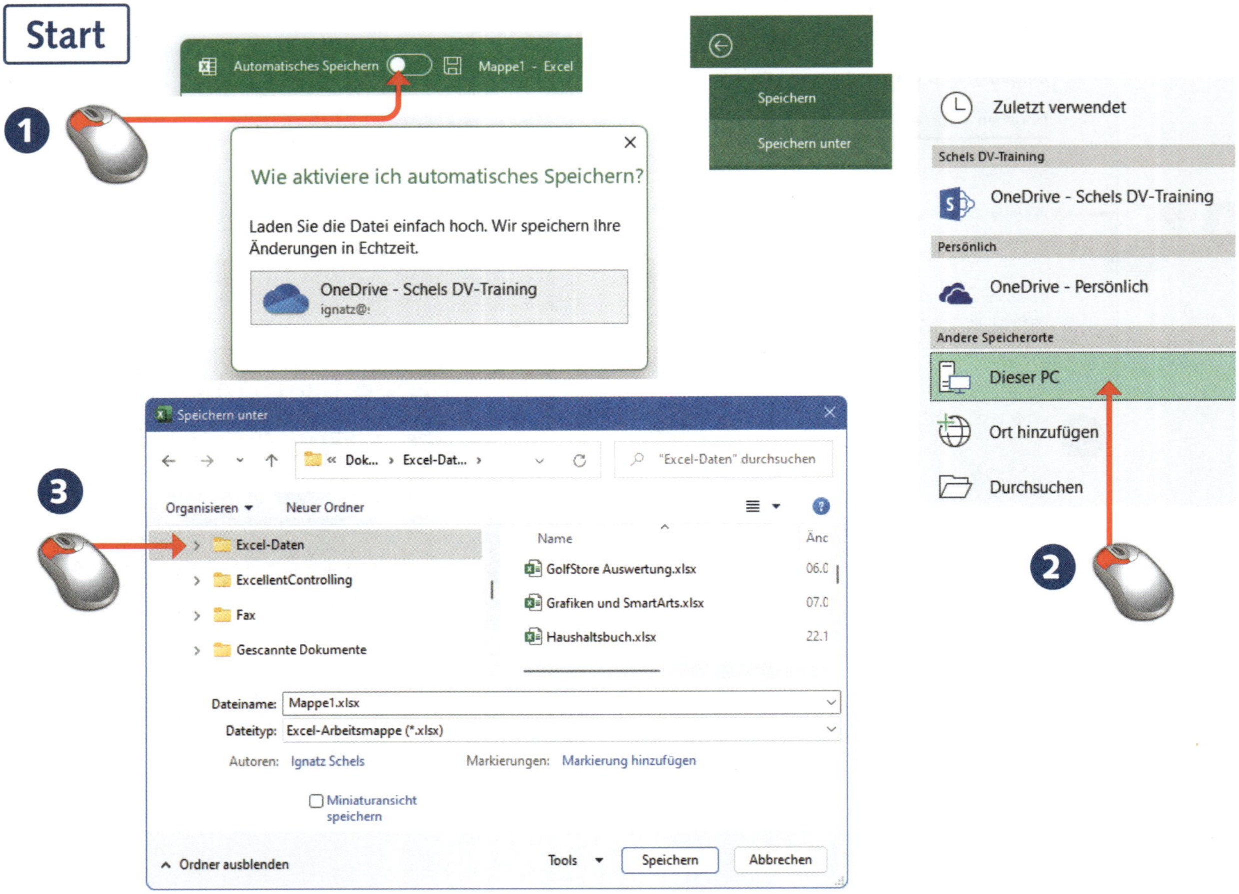

1. Aktivieren Sie *Automatisches Speichern* in der kleinen Symbolleiste, wird die aktive Mappe automatisch in Ihrem OneDrive in der Cloud gespeichert (bei Microsoft 365).
2. Aktivieren Sie über das *Datei*-Menü den Startbildschirm und wählen Sie *Speichern unter*. Speichern Sie auf OneDrive oder klicken Sie auf *Durchsuchen*, um auf einem Datenträger zu sichern.
3. Suchen Sie den passenden Ordner und geben Sie den Dateinamen für die Mappe ein.

WISSEN

Speichern Sie Ihre Arbeitsmappe als Datei ab, bevor Sie Excel beenden. Nutzen Sie den Cloud-Ordner für automatisches Speichern oder speichern Sie Ihre Daten auf der Festplatte oder auf einem anderen Datenträger.

HINWEIS

Geben Sie keine anderen Dateinamenerweiterungen ein, sonst kann Excel die Datei nicht in den Dateilisten anzeigen.

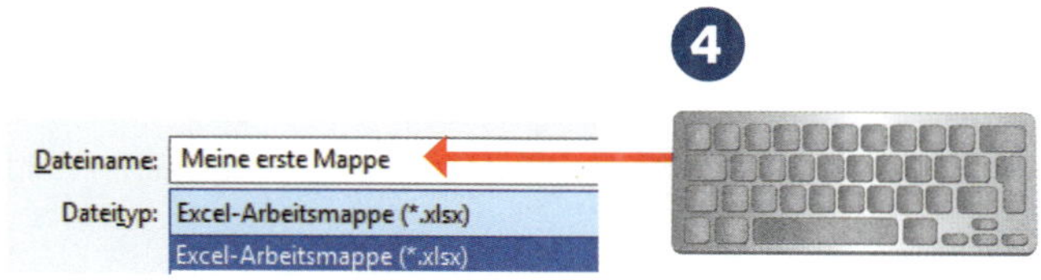

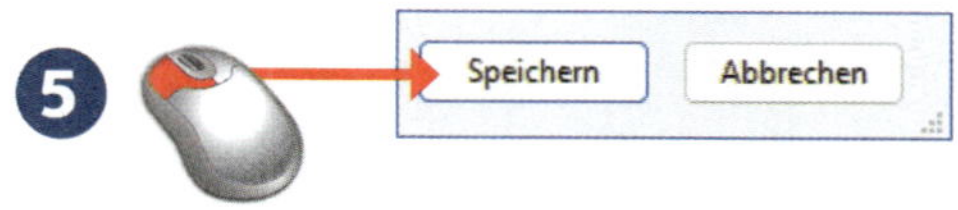

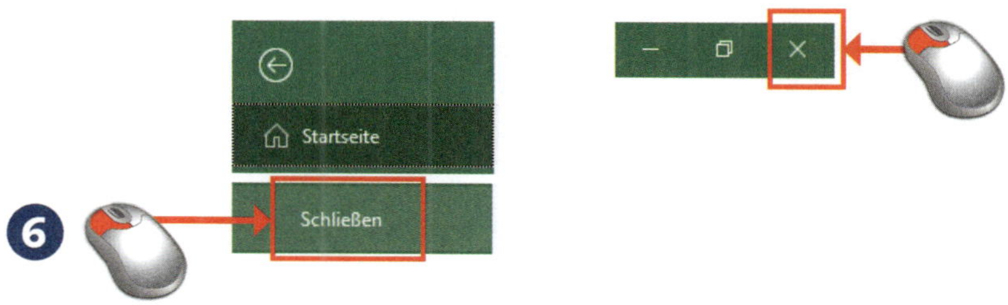

4 Leerzeichen und Zahlen sind erlaubt, geben Sie aber keine Sonderzeichen ein. Die Standard-Dateiendung (XLSX) weist Excel automatisch zu.

5 Klicken Sie auf *Speichern*, um die Arbeitsmappe unter dem angegebenen Namen und Dateityp zu speichern.

6 Schließen Sie die gespeicherte Mappe mit *Datei/Schließen* oder mit dem Schließen-Symbol. Schließen Sie die letzte offene Mappe, wird auch das Programmfenster geschlossen.

Ende

TIPP

Schalten Sie die Anzeige der Dateinamenerweiterung im Windows-Explorer ein, wird sie auch in Excel immer zum Dateinamen angezeigt.

HINWEIS

Die Dateiendung weist auf das Dateiformat hin:
XLSX: Excel ab Version 2007
XLS: Excel 2003/XP und ältere Versionen
XLSM: Excel-Dateien mit Makros

2

Mit Zellen arbeiten

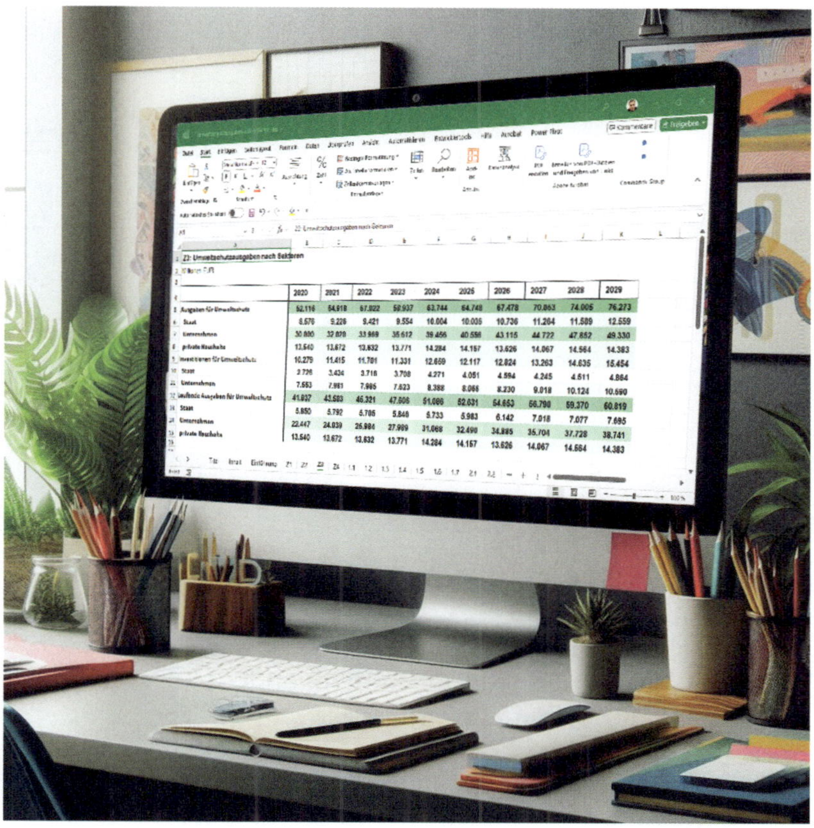

Start

1

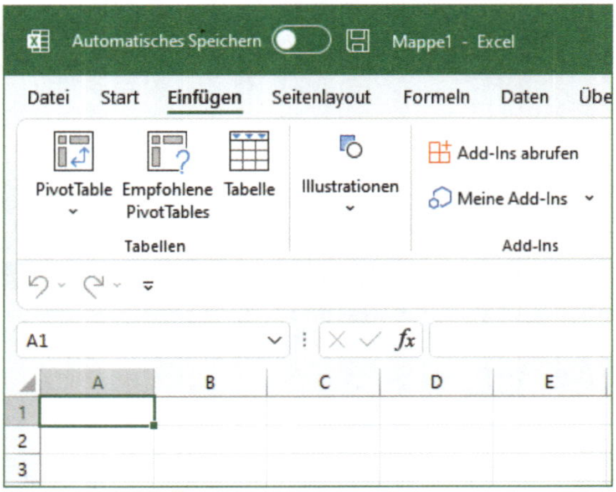

2

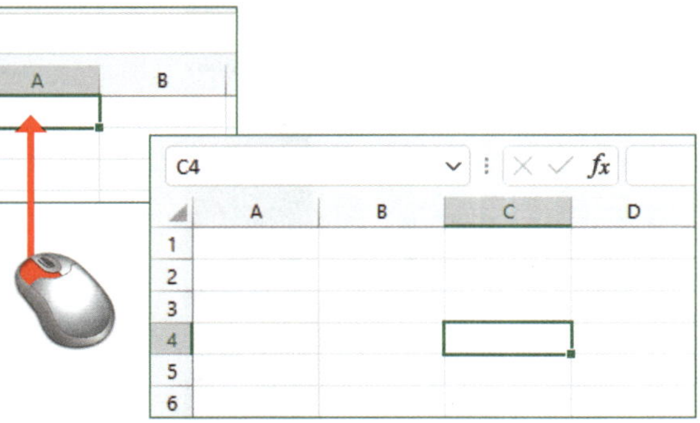

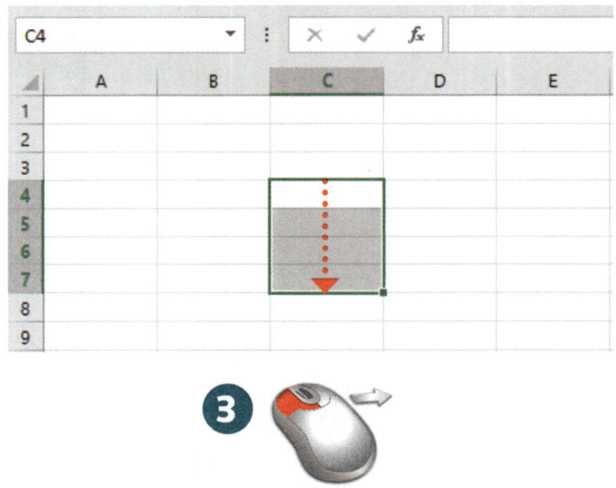

3

1. Bearbeiten Sie die erste Tabelle – *Tabelle1* –, der Zellzeiger steht in der ersten Zelle mit der Zelladresse A1.
2. Klicken Sie mit dem Mauszeiger (Kreuz) auf eine andere Zelle, um den Zellzeiger zu bewegen. Achten Sie auf die neue Zelladresse.
3. Um mehr als eine Zelle zu markieren, ziehen Sie den Mauszeiger mit gedrückter Maustaste in eine Richtung ...

WISSEN

Alles Leben entsteht aus der Zelle, und das Prinzip gilt auch für Excel. Lernen Sie die Grundlagen der Tabellenkalkulation mit Zellen, Zellzeiger, Zeilen- und Spalteneinteilung kennen.

HINWEIS

Das Namensfeld links oben zeigt immer die Adresse der aktiven Zelle, d. h. der Zelle, in der sich der Zellzeiger befindet.

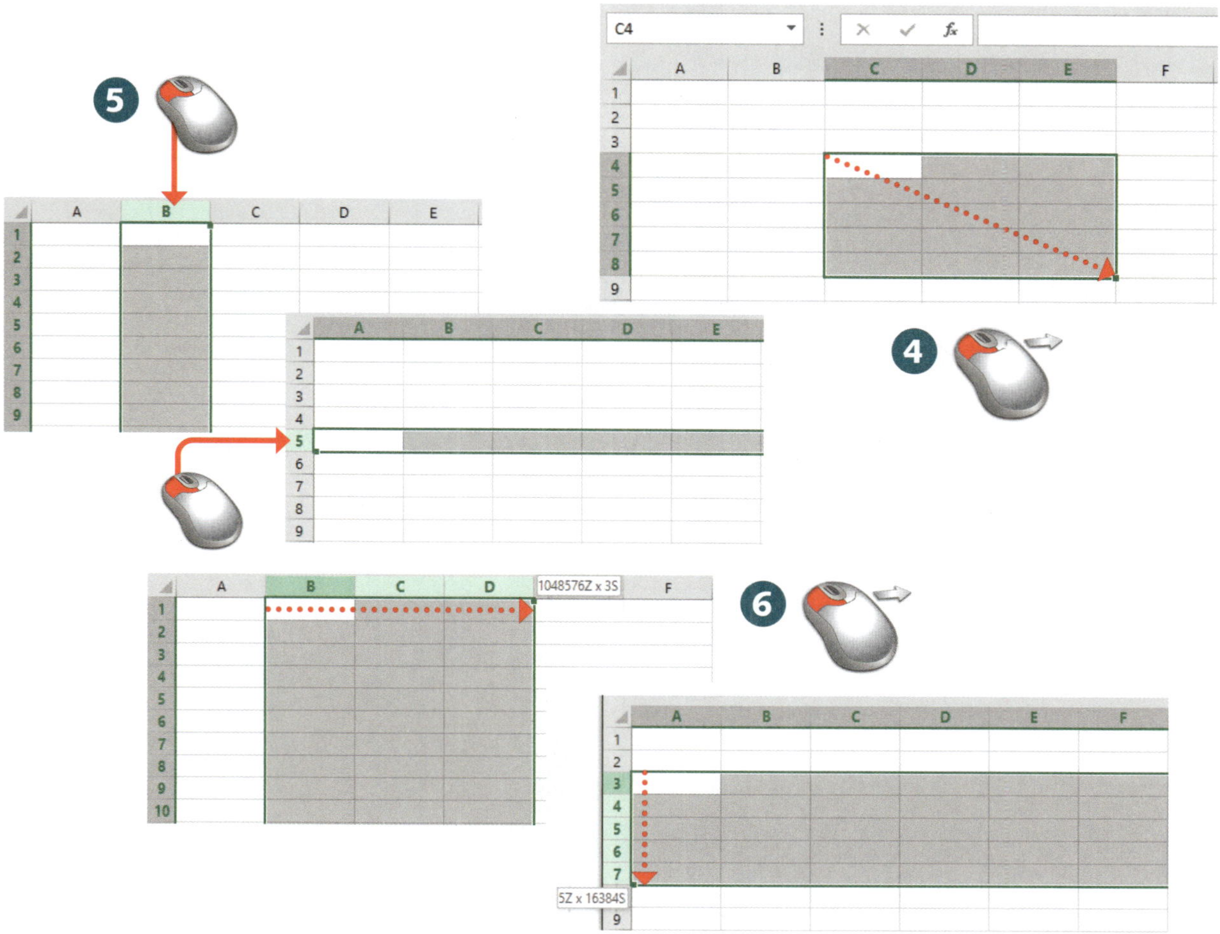

❹ ... oder gleichzeitig nach rechts unten bzw. links oben. Lassen Sie die Maustaste los, ist der Zellbereich markiert.

❺ Um eine ganze Zeile oder Spalte zu markieren, klicken Sie auf die Zeilennummer oder den Spaltenbuchstaben.

❻ Auch hier können Sie den Bereich erweitern. Ziehen Sie den Mauszeiger über mehrere Zeilennummern oder Spaltenbuchstaben.

TIPP

Solange Sie beim Markieren die Maustaste gedrückt halten, können Sie die Anzahl markierter Zeilen und Spalten im Namensfeld links oben im Schnittpunkt von Zeilen und Spalten ablesen.

HINWEIS

Ein Tabellenblatt besteht aus 1.048.576 Zeilen und 16.384 Spalten. Die Werte berechnen sich über 2er-Potenzen: 2^20 Zeilen und 2^14 Spalten.

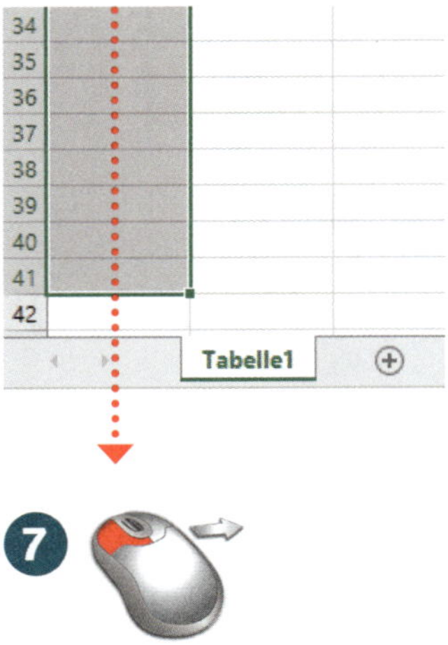

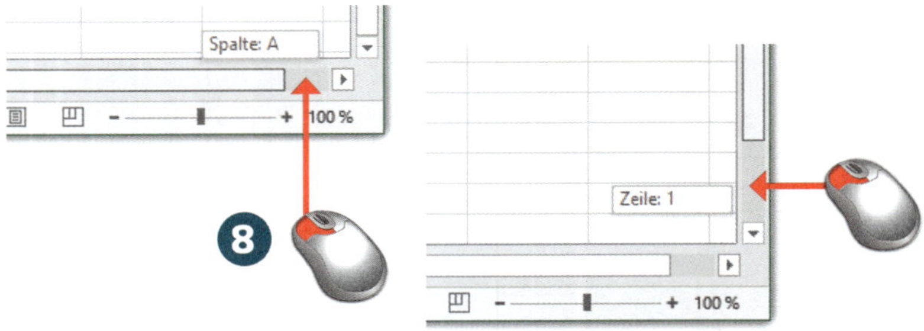

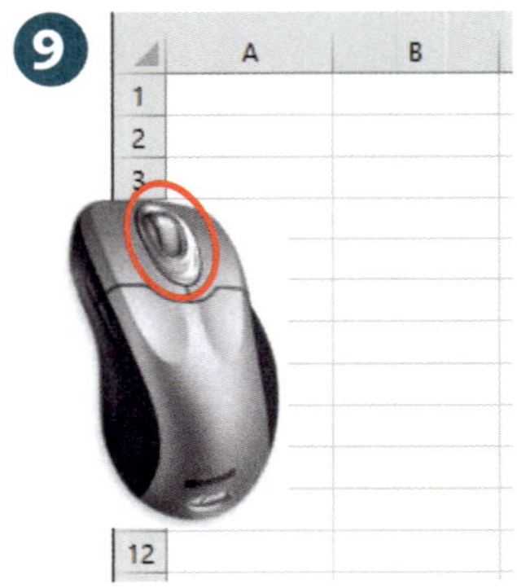

7 Ziehen Sie die Markierung über den Fensterrand hinaus, rollt die Tabelle automatisch weiter.

8 Mit den Rollbalken rechts außen und unten können Sie horizontal und vertikal rollen. Klicken Sie auf den Pfeil oder in die Leiste.

9 Benutzen Sie auch das Mausrad zwischen den Tasten, um die Tabelle zu rollen.

WISSEN

Gut markiert ist halb kalkuliert. Verschieben Sie den Zellzeiger oder markieren Sie Zellen per Mauszeiger und mit der Tastatur. Lernen Sie am besten beide Methoden kennen und nutzen Sie die jeweils schnellste.

HINWEIS

Achten Sie auf die Taste Rollen. Ist sie aktiviert, bewegen die Pfeiltasten das Tabellenblatt anstelle des Zellzeigers.

10

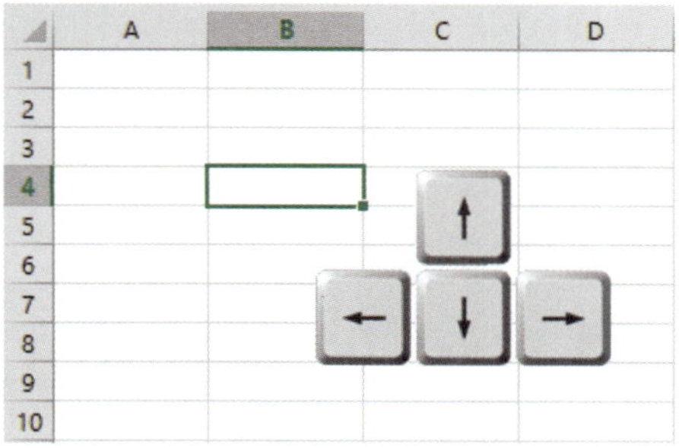

11

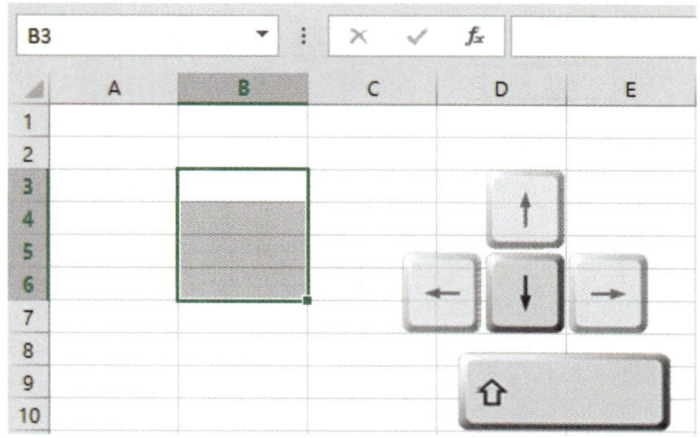

12

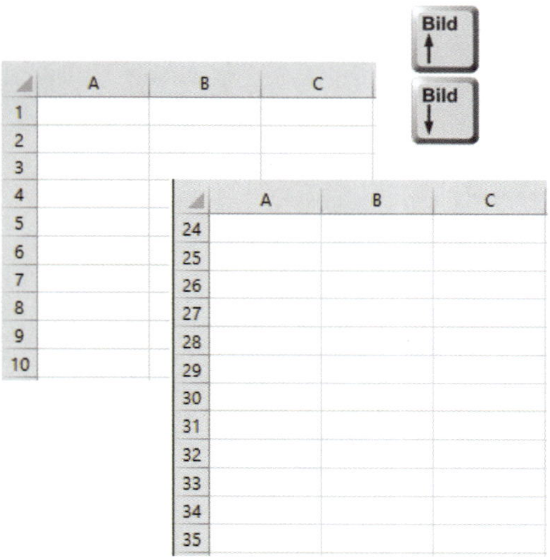

10 Die Pfeiltasten in der Mitte der Tastatur bewegen den Zellzeiger in alle vier Richtungen.

11 Um mehrere Zellen zu markieren, drücken Sie gleichzeitig eine Pfeiltaste und die [⇧]-Taste.

12 Nutzen Sie auch die Bildtasten, um seitenweise nach unten oder nach oben zu blättern.

Ende

TIPP

Mit der [↹]-Taste bewegen Sie den Zellzeiger innerhalb einer Markierung. Mit [⇧]+[↹] springt er rückwärts.

HINWEIS

Ziehen Sie den Mauszeiger mit gedrückter Maustaste bis zur Taskleiste, rollt die Tabelle schneller nach unten.

Start

1
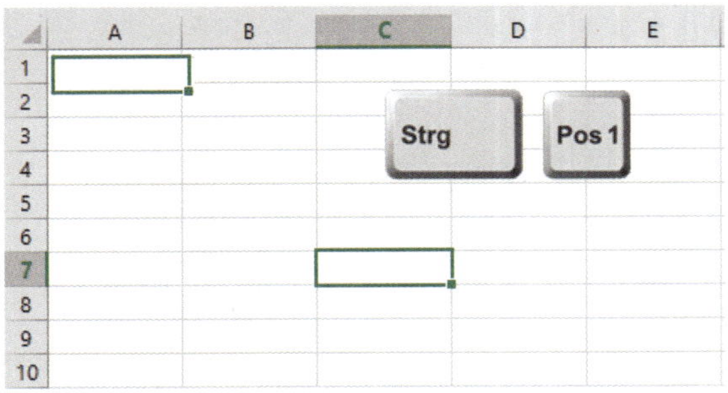

2
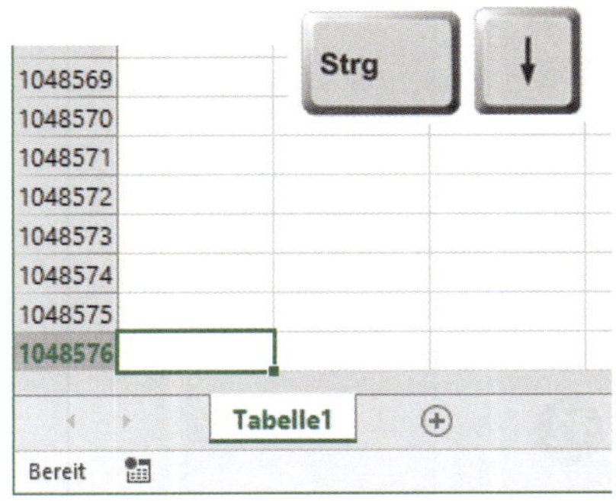

3

1. Drücken Sie [Strg]+[Pos 1], um den Zellzeiger nach links oben auf die Zelle A1 zu setzen.
2. Mit [Strg]+[↓] setzen Sie den Zellzeiger in die letzte Zeile.
3. Drücken Sie [Strg]+[→], um den Zellzeiger in die letzte Spalte zu setzen.

WISSEN

Ein Tabellenblatt hat 1.048.576 Zeilen und 16.384 Spalten. Um an die Randbereiche der riesigen Tabellen zu kommen, brauchen Sie spezielle Tastenkombinationen. Lernen Sie, wie Sie den Zellzeiger auf dem schnellsten Weg durch das Zellenlabyrinth bewegen.

HINWEIS

In welche Richtung der Zellzeiger nach [↵] springt, stellen Sie unter *Datei/Optionen/Erweitert* ein.

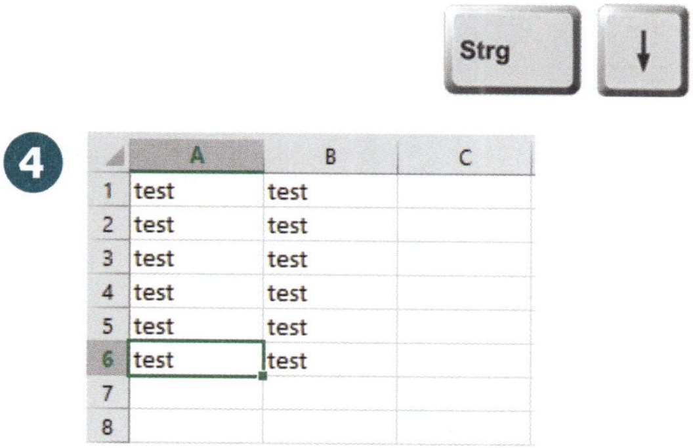

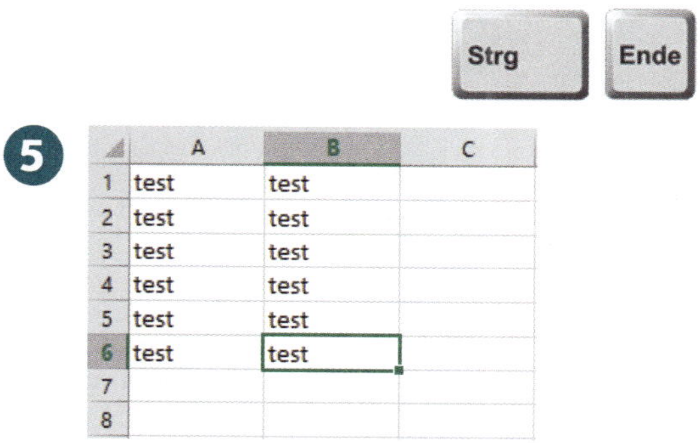

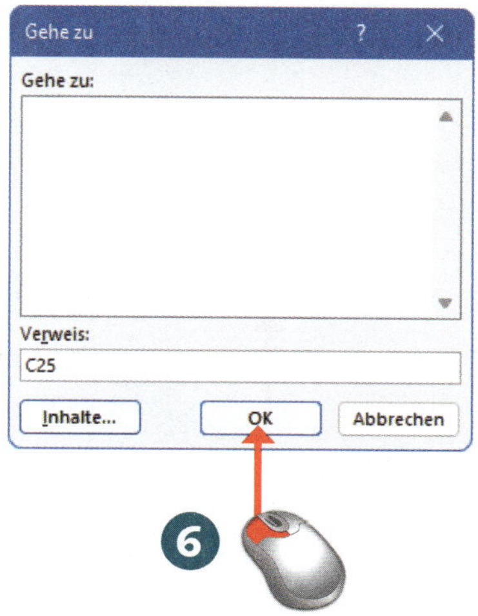

4 Enthält die Tabelle bereits Einträge, setzt Strg+↓/→ den Zeiger auf die letzte Zelle vor der ersten Leerzeile oder Leerspalte.

5 Mit Strg+Ende springt der Zellzeiger an die letzte beschriftete Zelle der Tabelle.

6 Für direkte Sprünge drücken Sie F5 und geben die Zelladresse ein. Bestätigen Sie mit einem Klick auf *OK* oder mit der ↵-Taste.

Ende

TIPP

Schnelle Sprünge auch mit der Maus? Klicken Sie doppelt auf die Randlinie des Zellzeigers, steuert dieser die nächste erreichbare »Ecke« der (beschrifteten) Tabelle an.

HINWEIS

Verwenden Sie die Pfeiltasten zwischen Ziffern- und Nummernblock. Die Pfeile auf dem Nummernblock funktionieren nur bei ausgeschalteter Num-Taste.

Start

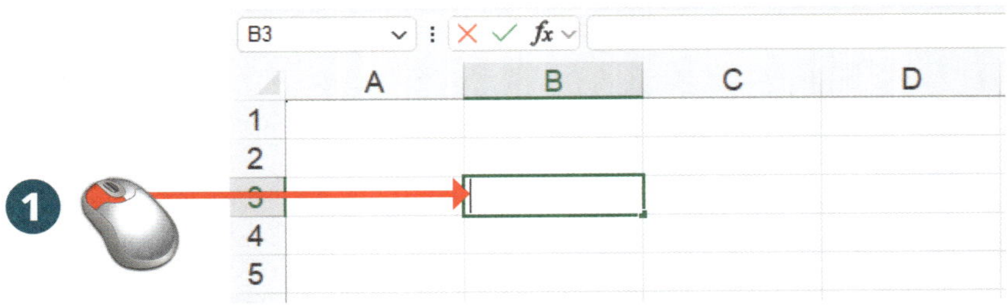

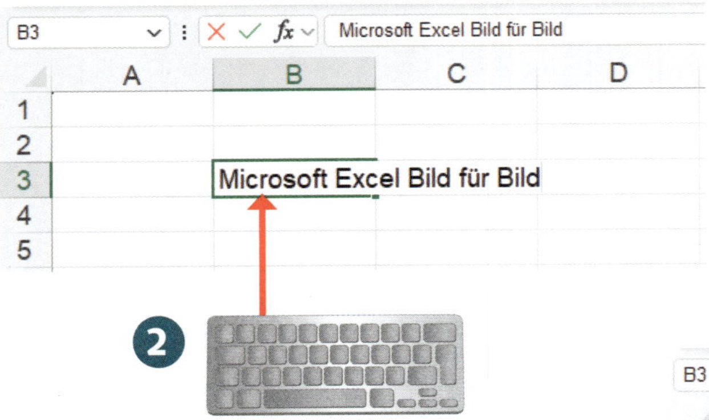

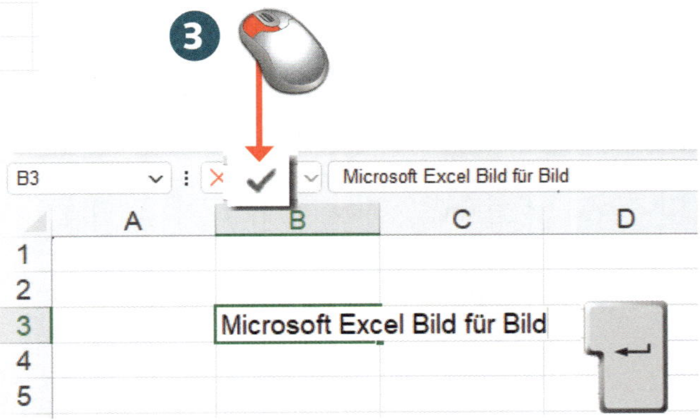

1. Um die Tabelle zu beschriften, setzen Sie den Zellzeiger in die gewünschte Zelle …

2. … und schreiben einfach los. Der eingetippte Text wird in der Zelle und in der Bearbeitungsleiste angezeigt.

3. Sie können die Eingabe abschließen, indem Sie mit dem Mauszeiger auf das Häkchen klicken oder einfach [↵] drücken.

WISSEN

Tabellen mit Text oder Zahlen zu füllen, ist einfach. Markieren Sie die Zelle und schreiben Sie los. Wollen Sie etwas ändern, bearbeiten Sie die Zelle direkt im Tabellenblatt oder in der Bearbeitungsleiste. Eine neue Eingabe überschreibt automatisch den Zellinhalt, Sie müssen die Zelle nicht vorher löschen.

TIPP

Schnelle Taste zum Öffnen der aktuellen Zelle: Drücken Sie [F2].

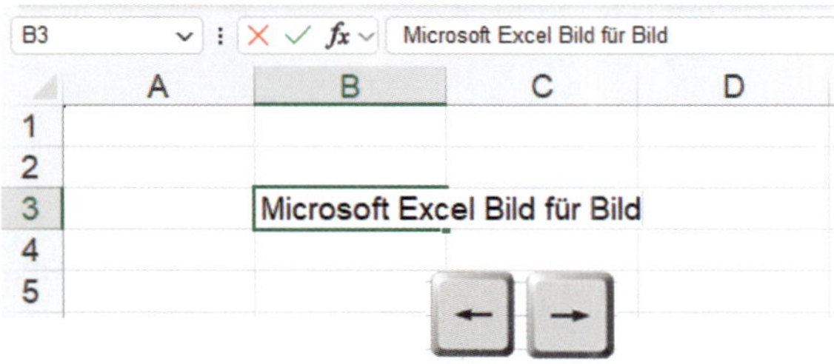

4

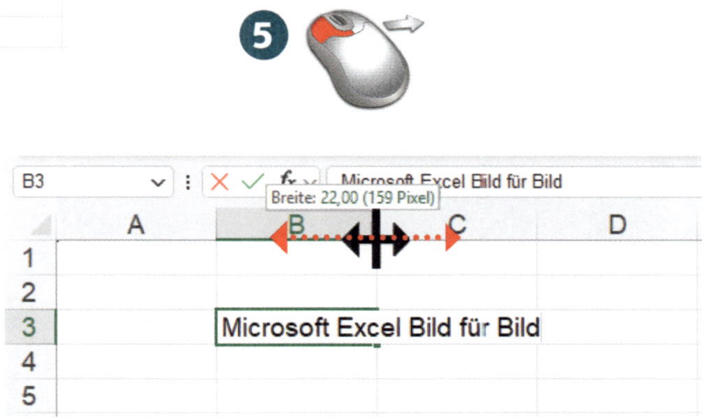

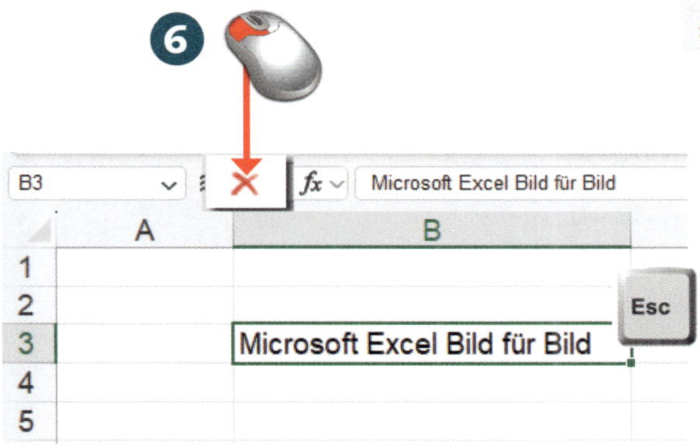

4 Setzen Sie die Schreibmarke (Cursor) per Doppelklick in die Zelle, verschieben Sie sie mit den Pfeiltasten und bearbeiten Sie den Text.

5 Wenn die Spalte nicht breit genug ist, zeigen Sie auf die rechte Spaltenlinie im Spaltenkopf und ziehen diese mit gedrückter Maustaste nach rechts.

6 Um eine Eingabe oder eine Änderung in der Zelle rückgängig zu machen, klicken Sie auf das Kreuzsymbol oder drücken [Esc].

HINWEIS

Wenn Sie mit [↵] abschließen, springt der Zellzeiger automatisch in die nächste Zeile. Haben Sie den Bereich vorher markiert, bleibt der Zellzeiger in den markierten Zellen.

HINWEIS

Achten Sie auf die Zellzeigerinfo, wenn Sie die Spaltenbreite ändern, sie zeigt die Breite an (in Anzahl Zeichen und Pixel).

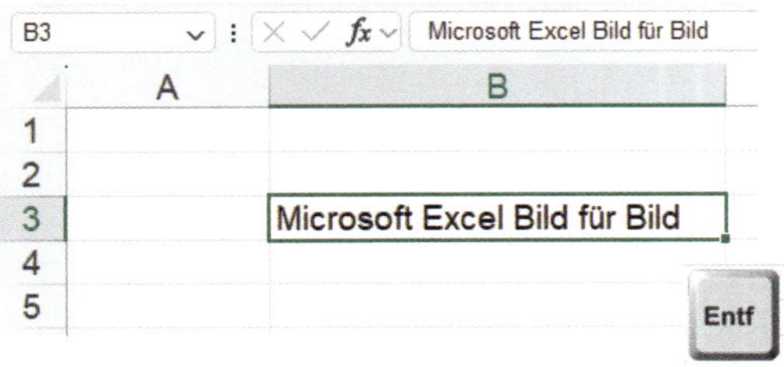

7

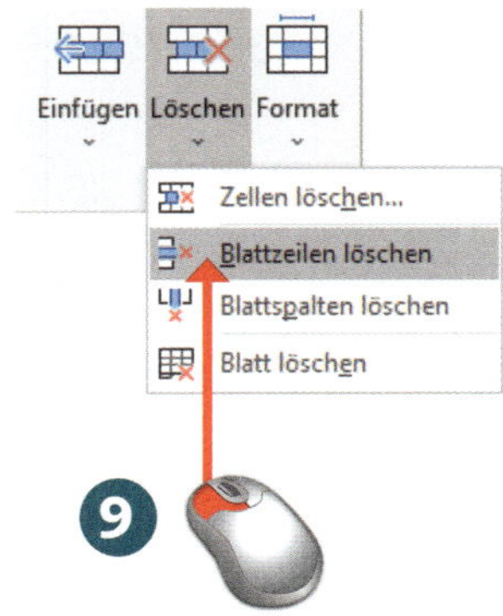

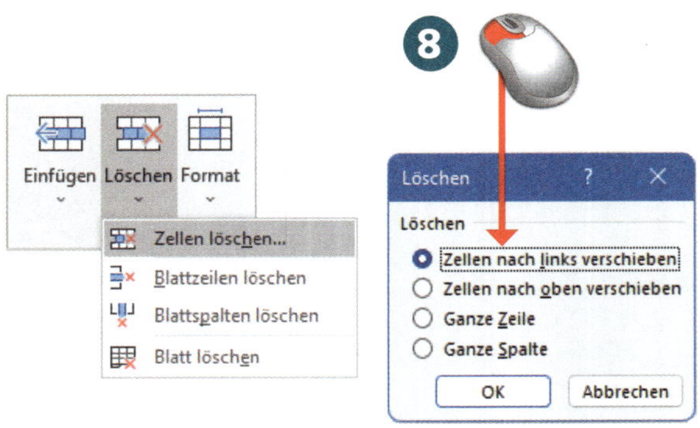

7 Mit der [Entf]-Taste löschen Sie den Zellinhalt aller markierten Zellen.

8 Unter *Start/Zellen* finden Sie einen Löschbefehl. Löschen Sie Zellen und verschieben Sie den Rest nach links oder oben, ...

9 ... oder löschen Sie gleich ganze Zeilen oder Spalten oder die gesamte Tabelle.

WISSEN

So einfach wie die Eingabe von Text und Zahl ist auch das Löschen der Zellen. Und wenn Ihnen ein Fehler passiert, kein Problem: Mit der Rückgängig-Funktion können Sie die letzten Aktionen wieder zurücknehmen.

HINWEIS

Bis zu 100 Aktionen lassen sich rückgängig machen. Das *Wiederholen*-Symbol ist erst verfügbar, wenn mindestens eine Aktion zurückgenommen wurde.

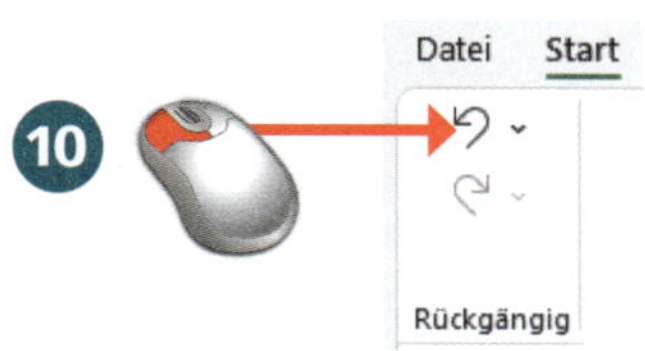

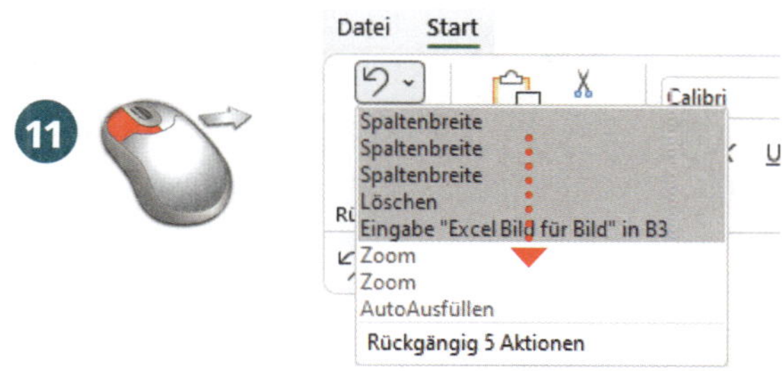

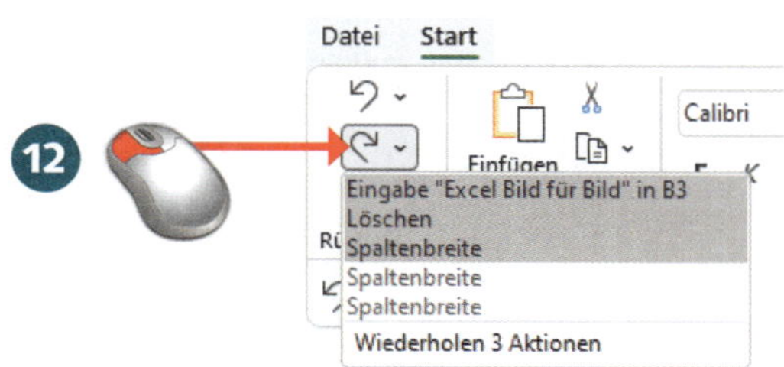

10 Wenn Sie eine Eingabe oder einen Befehl rückgängig machen wollen, klicken Sie auf das *Rückgängig*-Symbol im Startmenü.

11 Die letzte Änderung wird zurückgenommen. Sie können im Symbolmenü auch mehrere Aktionen markieren und zurücknehmen.

12 Das *Wiederholen*-Symbol bietet eine Liste der zurückgenommenen Aktionen an.

Ende

TIPP

Tastenkombinationen:
Rückgängig: Alt+⇦ oder Strg+Z
Wiederholen: Strg+Y

HINWEIS

Wenn Sie ganze Zeilen oder Spalten löschen wollen, markieren Sie diese vorher. Drücken Sie Entf, um den Zellinhalt zu löschen, oder Strg+- für ganze Zeilen bzw. Spalten.

Start

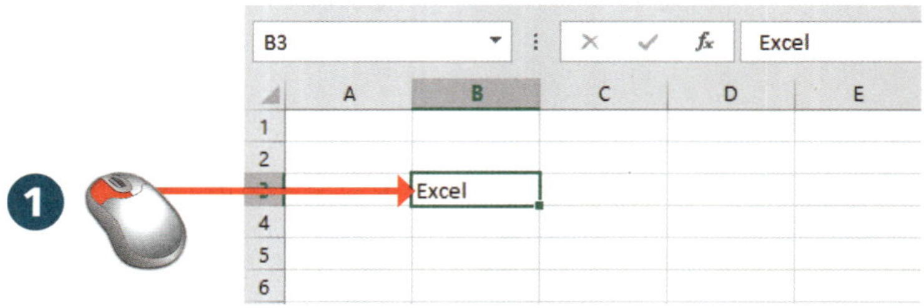

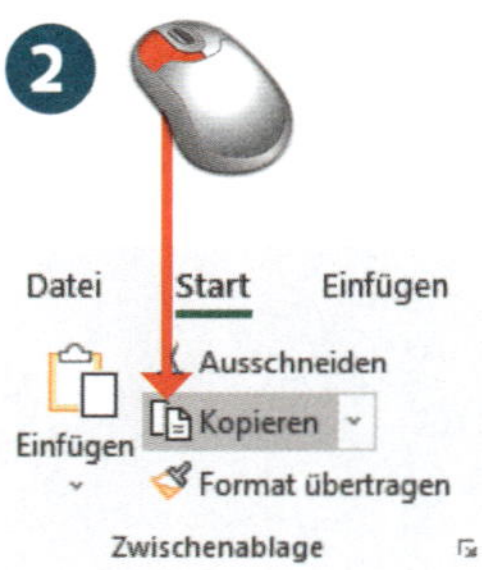

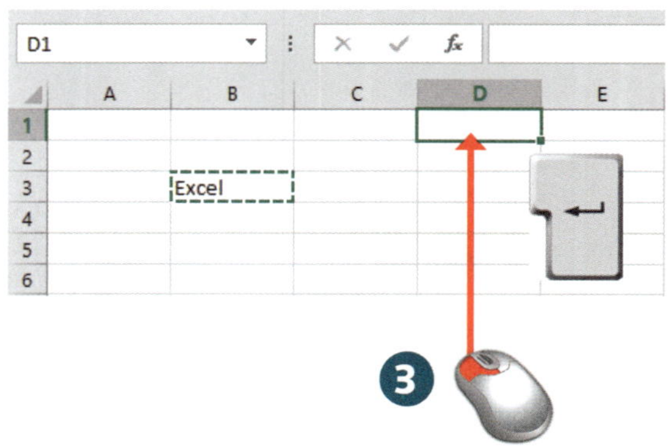

1. Um eine Zelle oder einen Bereich aus mehreren Zellen zu kopieren, markieren Sie diesen zunächst.
2. Klicken Sie auf das Kopiersymbol der Gruppe *Start/Zwischenablage*.
3. Der Kopierbereich wird umrandet, setzen Sie den Zellzeiger in die Zielzelle und drücken Sie ↵.

WISSEN

Um Zellen zu kopieren oder zu verschieben, benutzen Sie die Vier-Stufen-Technik: 1. Markieren, 2. Kopieren (oder Ausschneiden), 3. Ziel markieren, 4. ↵ zum Abschluss.

HINWEIS

Den Kopierrahmen entfernen Sie, wenn er stehen geblieben ist, mit der Taste Esc.

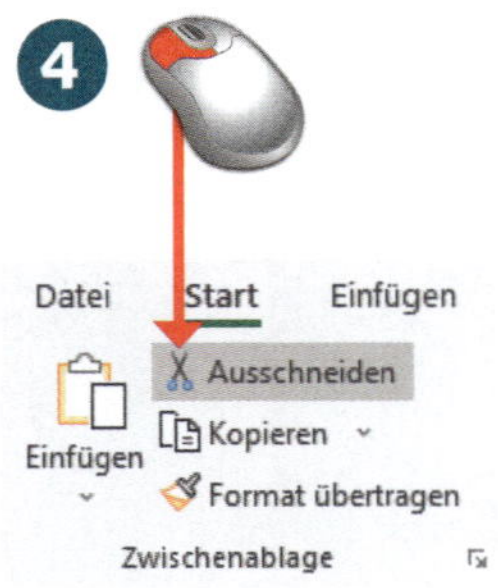

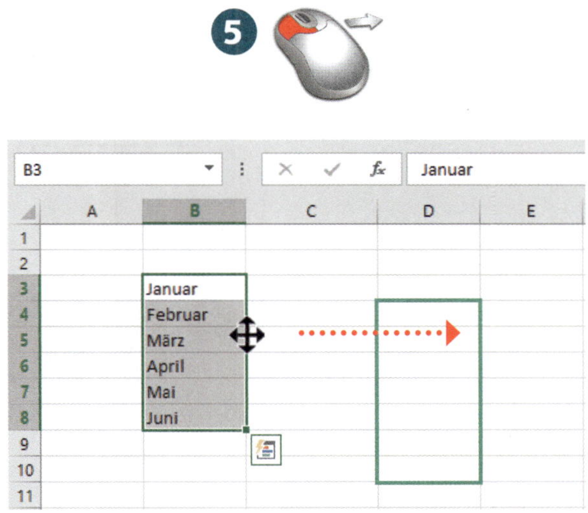

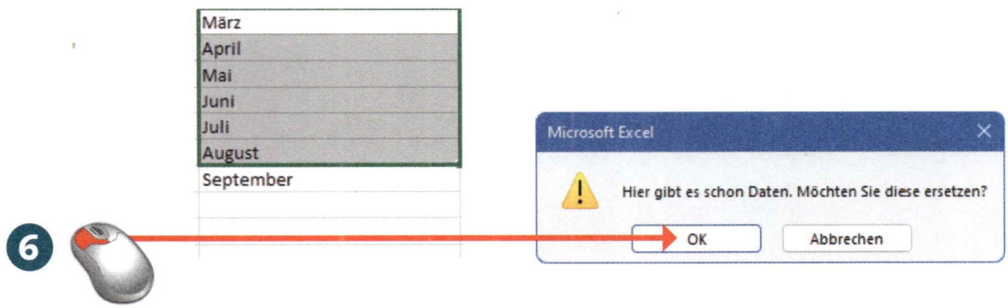

4 Wollen Sie die Markierung ausschneiden, verwenden Sie das Symbol mit der Schere.

5 Um einen Bereich zu verschieben oder zu kopieren, ziehen Sie ihn mit gedrückter Maustaste am Rand. Mit Strg wird eine Kopie daraus.

6 Diese Meldung erhalten Sie, wenn der Zielbereich bereits Daten enthält. Bestätigen Sie mit *OK*, werden diese überschrieben.

Ende

TIPP

Schnelle Tastenkombinationen gelten für alle Office-Programme:
Strg+C: Kopieren
Strg+X: Ausschneiden
Strg+V: Einfügen

HINWEIS

Wenn Sie nicht mit ↵, sondern mit *Start/Zwischenablage/Einfügen* abschließen, können Sie die Kopie an weiteren Positionen absetzen.

Start

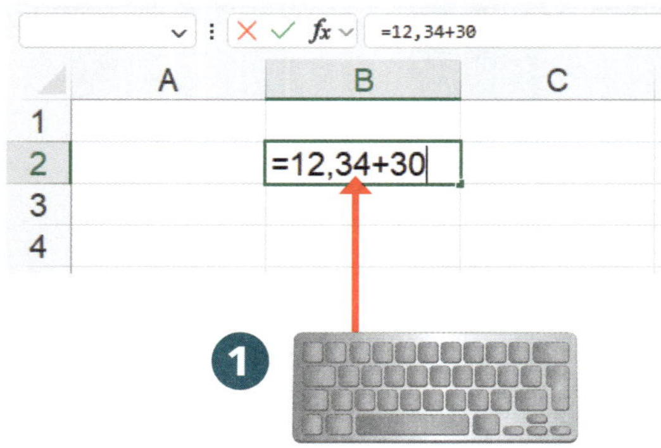

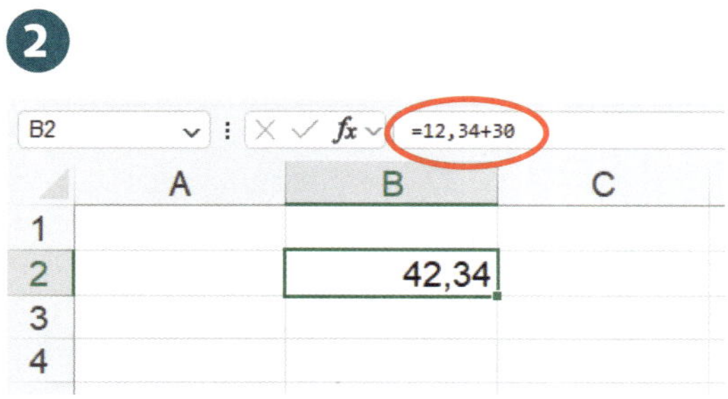

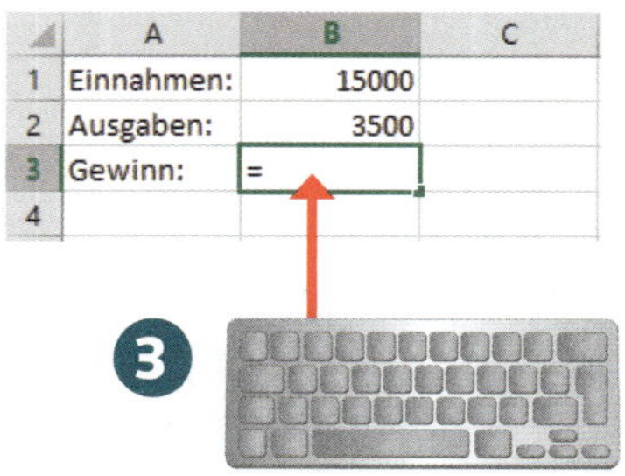

1. Eine Rechenoperation beginnen Sie mit dem =-Zeichen. Addieren Sie zum Beispiel zwei Zahlen.
2. Das Ergebnis wird in der Zelle angezeigt, wenn Sie mit [↵] abschließen. Die Bearbeitungsleiste zeigt die Formel an.
3. In Excel rechnen Sie aber nicht direkt mit Zahlen, sondern mit Zelladressen. Geben Sie zum Beispiel Zahlen in die Zellen B1 und B2 ein …

WISSEN

Holen Sie Ihre Mathematik-Grundkenntnisse aus der Schublade, jetzt wird gerechnet. Excel verpackt alles, was zu kalkulieren ist, in Formeln, zum Rechnen werden Zahlen, Zelladressen und die Rechenoperatoren benutzt.

TIPP

Wenn Sie Zelladressen in der Formel angeben, können Sie diese eintippen oder mit dem Mauszeiger anklicken.

B3 | =B1-B2

	A	B	C	D	E
1	Einnahmen:	15000			
2	Ausgaben:	3500			
3	Gewinn:	11500			
4					
5					
6					

4

B7 | =B6/B3

	A	B	C	D
1	Artikel:	Trikots für die Fußballmannschaft		
2	Kosten pro Stück:	62		
3	Anzahl Spieler:	26		
4	Zwischensumme:	1612		
5	Zuschuss vom Verein:	500		
6	Kosten gesamt:	1112		
7	Kosten pro Spieler:	42,76923077		
8				

5

	A	
1	Artikel:	Triko … annschaft
2	Kosten pro Stück:	62
3	Anzahl Spieler:	26
4	Zwischensumme:	=B2*B3
5	Zuschuss vom Verein:	500
6	Kosten gesamt:	=B4-B5
7	Kosten pro Spieler:	=B6/B3

6

B6 | =WURZEL(B4^2+B5^2)

	A	B	C	D	E	F	G
1	Der Satz des Pythagoras:						
2	c²=a²+b²						
3							
4	a	20					
5	b	40					
6	c	44,72135955					
7							
8							
9							

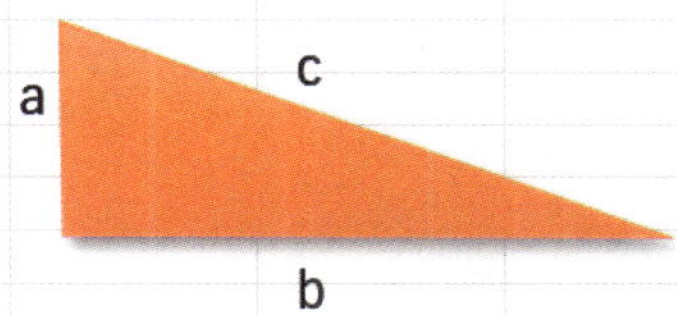

4 ... und berechnen Sie die Differenz zwischen Einnahmen und Ausgaben mit Angabe der Zelladressen in der Formel.

5 Hier ein weiteres Beispiel: Berechnen Sie die Kosten für die Trikots mit den Grundrechenarten Multiplikation (*) und Division (/).

6 Potenziert wird mit dem Potenzzeichen. Berechnen Sie die Länge der Hypotenuse mit dem berühmten Satz des Pythagoras. Für die Potenzumkehr brauchen Sie die WURZEL-Funktion.

HINWEIS

Das Potenzzeichen (^) wird erst angezeigt, wenn Sie die nächste Zahl schreiben. Für Eurobeträge geben Sie die Zahl, ein Leerzeichen und das Eurozeichen ein.

HINWEIS

Fehler? Wenn kein Ergebnis oder die Fehlermeldung #WERT! angezeigt wird, stimmt Ihre Formel nicht. Prüfen Sie noch mal alles nach.

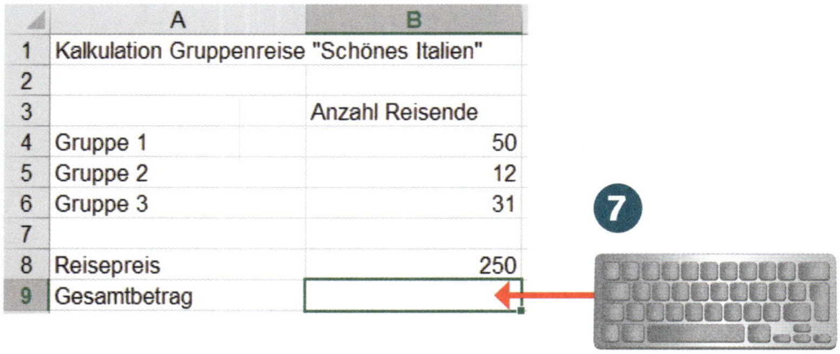

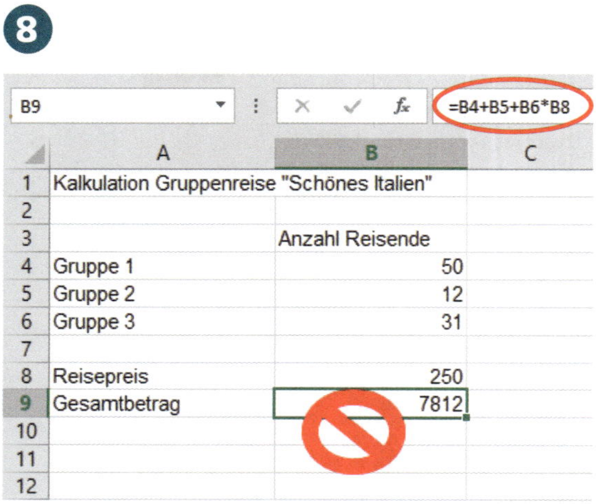

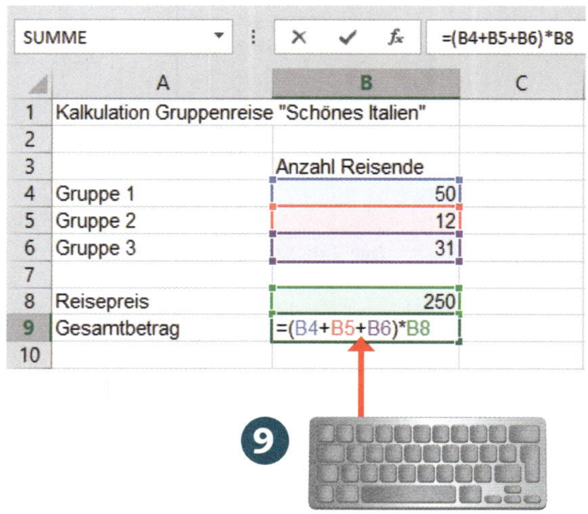

7. In diesem Beispiel berechnen Sie die Einnahmen aus einer Gruppenreise. Tragen Sie die Beschriftungen und die Zahlen ein.

8. Achten Sie auf die Punkt-vor-Strich-Regel: Diese Formel liefert das falsche Ergebnis.

9. Klammern Sie die zu addierenden Zellen ein, damit die Summe als Erstes berechnet wird.

WISSEN

Üben Sie das Rechnen in Tabellen mit zwei Beispielen aus der Praxis: Kalkulieren Sie die Kosten einer Gruppenreise und rechnen Sie mit Prozentwerten in einer Investitionsübersicht.

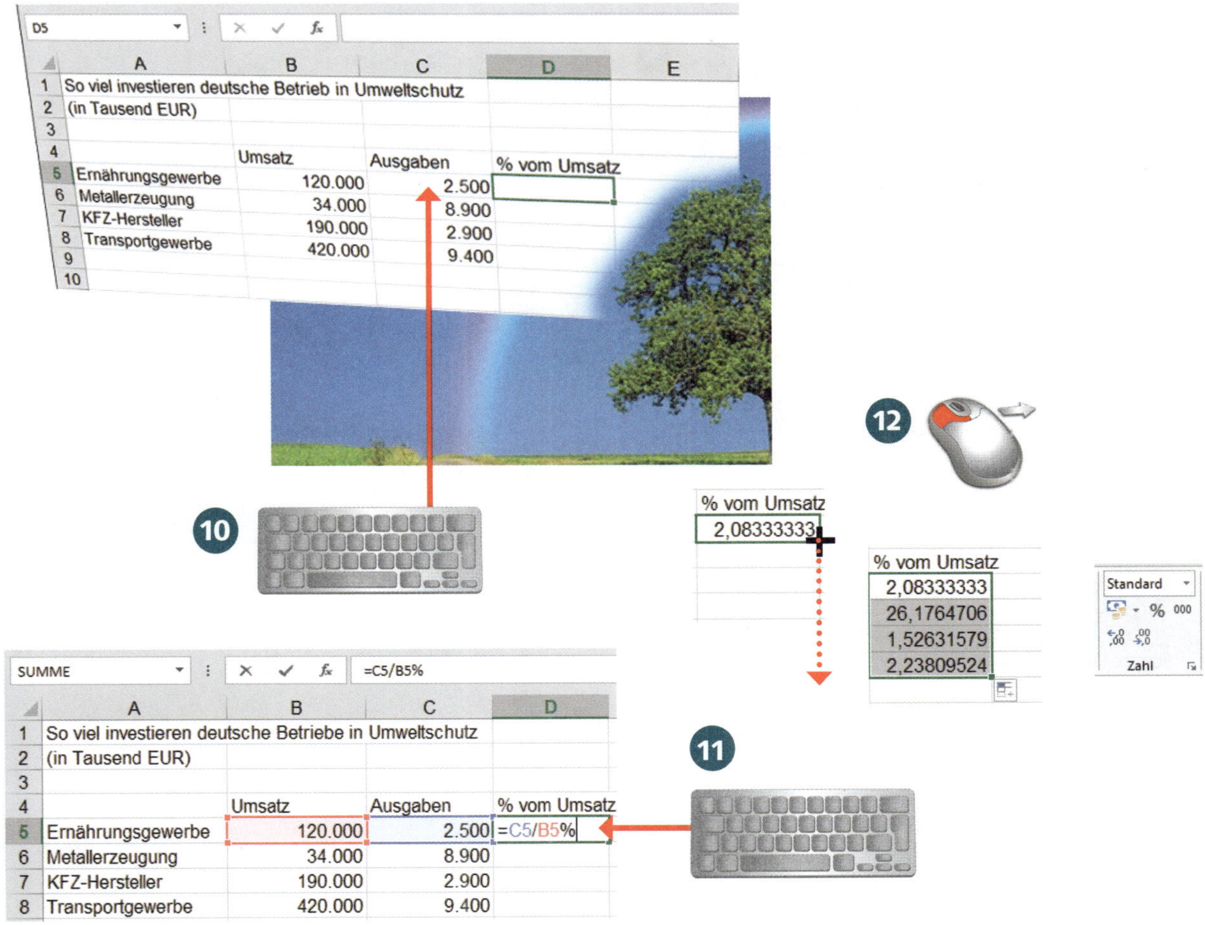

10 Hier eine Investitionsübersicht aus dem Umweltschutzbericht. Geben Sie Zahlen mit Tausenderpunkt ein.

11 Um die Prozentzahl zu berechnen, dividieren Sie den Ausgabenanteil durch den Umsatz. Das Prozentzeichen multipliziert das Ergebnis mit 100.

12 Ziehen Sie das Füllkästchen nach unten, um die Formel zu kopieren. Das Dezimalzeichensymbol reduziert die Anzahl der Nachkommastellen.

Ende

HINWEIS

Wie eine Zahl angezeigt wird, bestimmen Sie oft schon durch die Eingabe, zum Beispiel mit dem Tausenderpunkt. Alles Weitere regelt das Zahlenformat der Zelle (siehe Kapitel 4).

HINWEIS

Die Punkt-vor-Strich-Regel gilt natürlich auch in Excel-Tabellen: In einer Formel werden zuerst Multiplikationen und Divisionen berechnet, dann Addition und Subtraktion. Setzen Sie einen Ausdruck in eine Klammer, wird dieser zuerst aufgelöst.

Start

3

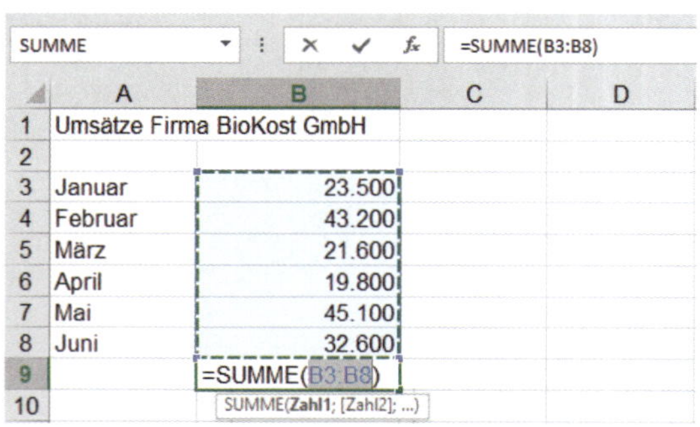

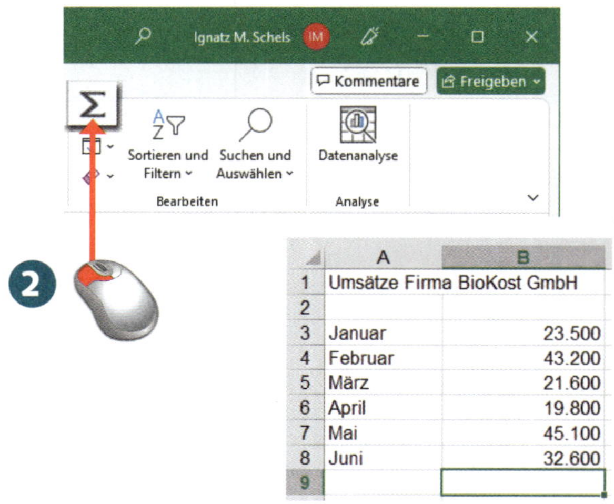

1. Ihre Firma verkauft Biolebensmittel. Geben Sie die Umsatzzahlen für das erste Halbjahr ein.
2. Setzen Sie den Zellzeiger unter die letzte Zahl und klicken Sie in der *Bearbeiten*-Gruppe auf das *Summe*-Symbol.
3. Der zu summierende Bereich wird vorgeschlagen, bestätigen Sie mit einem weiteren Klick auf das Symbol oder mit ⏎.

WISSEN

Längere Zahlenkolonnen müssen Sie natürlich nicht mit Plus und Minus aufaddieren, hier bietet Excel die Funktion SUMME() an, die den zwischen den Klammern eingetragenen Zellbereich summiert.

FACHWORT

AutoSumme: Bezeichnung für das *Summe*-Symbol in der Gruppe *Bearbeiten* der Symbolleiste *Start*.

4

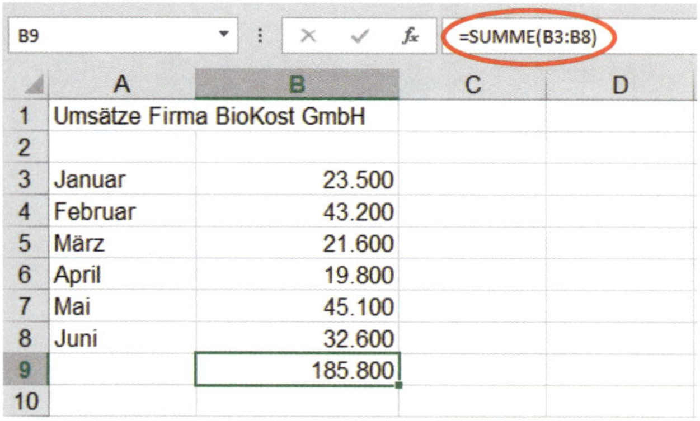

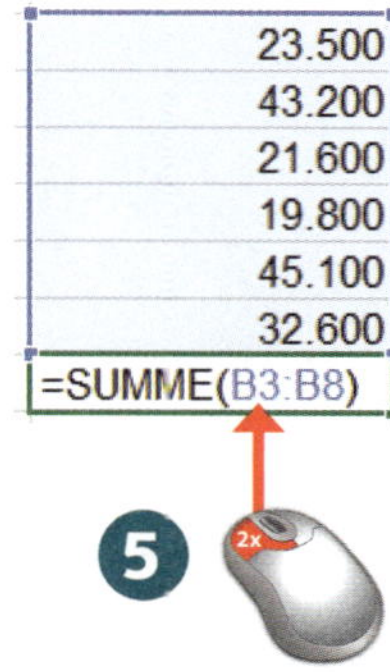

5

6

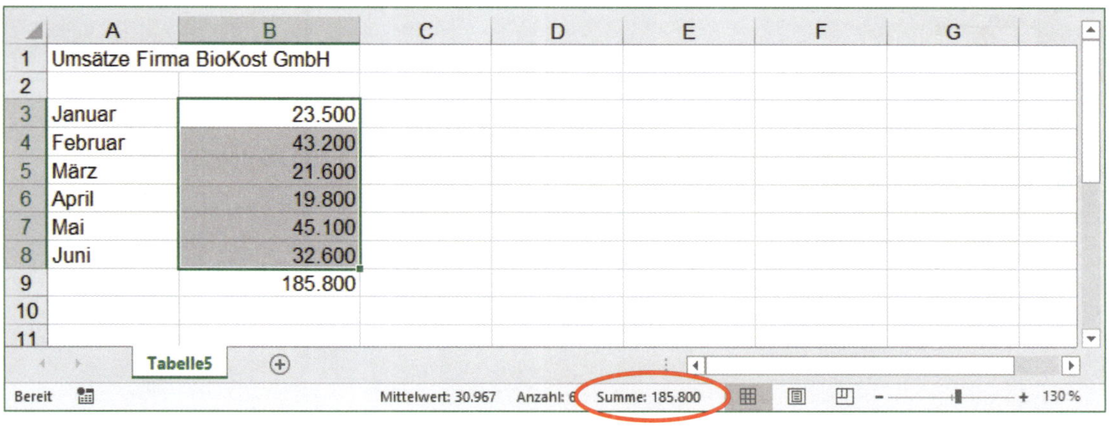

4 Die Funktion wird eingetragen, der Bereich in der Klammer wird mit Doppelpunkt zwischen der ersten und der letzten Zelle angegeben: B3:B8.

5 Öffnen Sie die Zelle mit der Formel noch einmal mit einem Doppelklick, kennzeichnet Excel den summierten Bereich mit einem blauen Rand.

6 In der Statuszeile lässt sich die Summe der markierten Zahlen überprüfen und mit dem Ergebnis der Summe vergleichen.

Ende

HINWEIS

Die Statusleiste lässt sich umfangreich konfigurieren. Klicken Sie mit der rechten Maustaste in den Bereich und schalten Sie die Informationen ein, die Sie sehen möchten.

HINWEIS

Achten Sie auf die unterschiedlichen Trennzeichen in der SUMME-Funktion: =SUMME(B3:B8) summiert von B3 bis B8 =SUMME(B3;B8) summiert die Zellen B3 und B8.

Start

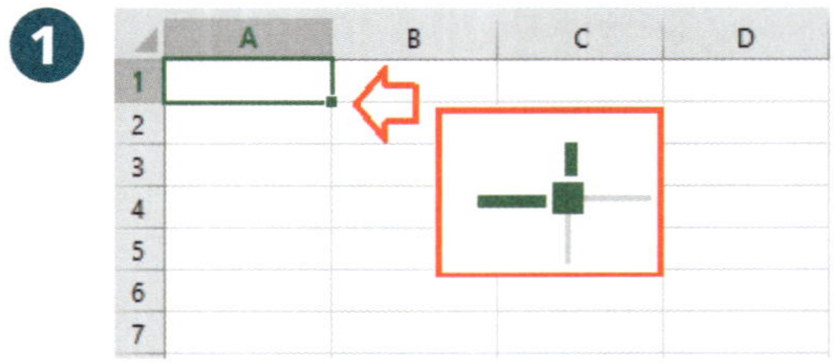

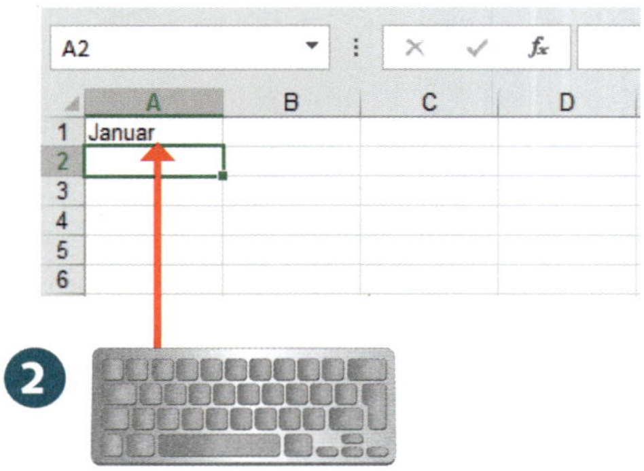

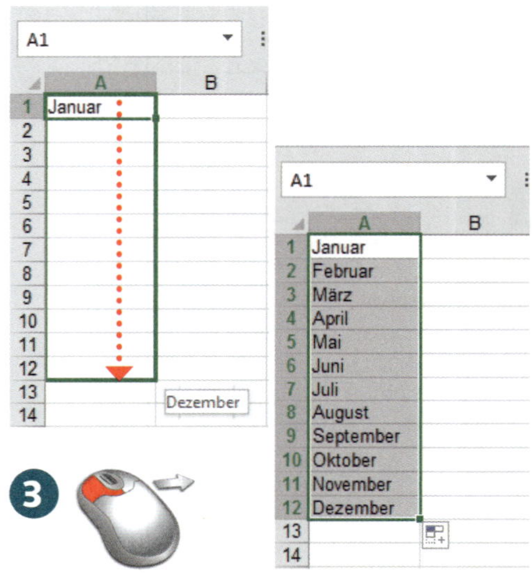

1. Das kleine Kästchen rechts unten am Zellzeiger heißt Ausfüllkästchen.
2. Schreiben Sie das Wort *Januar* in die erste Zelle der aktiven Tabelle und drücken Sie zum Abschluss [↵].
3. Setzen Sie den Zellzeiger wieder in die Zelle und ziehen Sie das Ausfüllkästchen nach unten bis zur Zelle A12. Excel kopiert den Januar bis zum Dezember.

WISSEN

Ein wichtiges und nützliches Werkzeug, das Sie oft für Text- und Zahlenreihen oder zum Kopieren von Formeln benutzen werden, ist das Füllkästchen. Üben Sie damit und lernen Sie die verschiedenen Fülltechniken kennen. In Kapitel 11 finden Sie Tipps zu eigenen Füllreihen für das Füllkästchen.

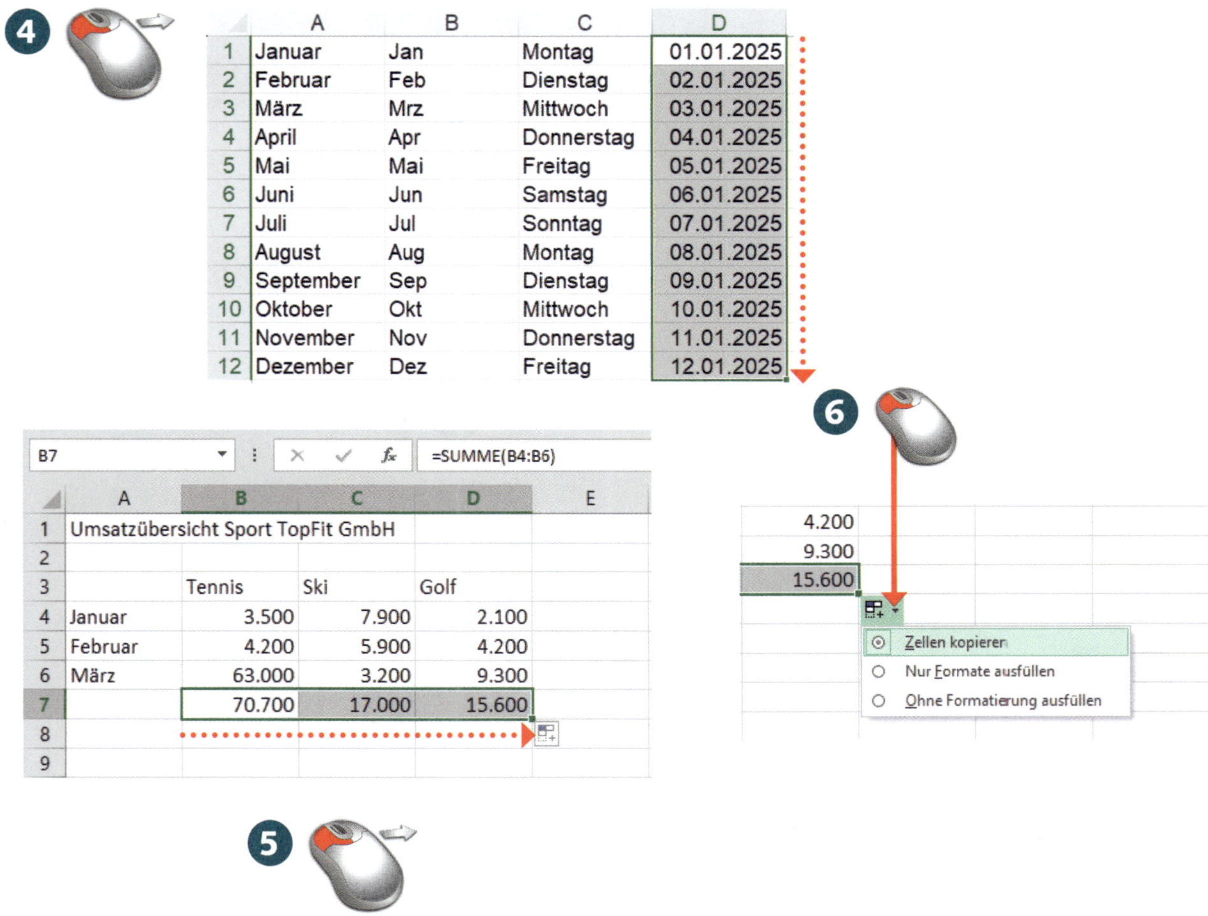

4. Probieren Sie weitere Füllreihen, zum Beispiel abgekürzte Monatsnamen (Jan, Feb, ...), Wochentage oder Datumswerte.

5. Mit dem Füllkästchen können auch Formeln kopiert werden, hier zum Beispiel die Summe der Spalte B auf Spalte C und D.

6. Das kleine Kästchen, das nach dem Ausfüllen rechts unten auftaucht, heißt *AutoAusfülloptionen*. Klicken Sie es an, wenn Sie die Füllung ändern wollen.

Ende

TIPP

Für fortlaufende Zahlenreihen geben Sie zwei Zahlen ein, markieren diese und ziehen das Füllkästchen an der zweiten Zelle nach unten.

HINWEIS

Monate, Wochentage und Datum liefert das Betriebssystem. In einem englischsprachigen Windows starten Sie mit »January«, in Österreich ist es der »Jänner«.

Start

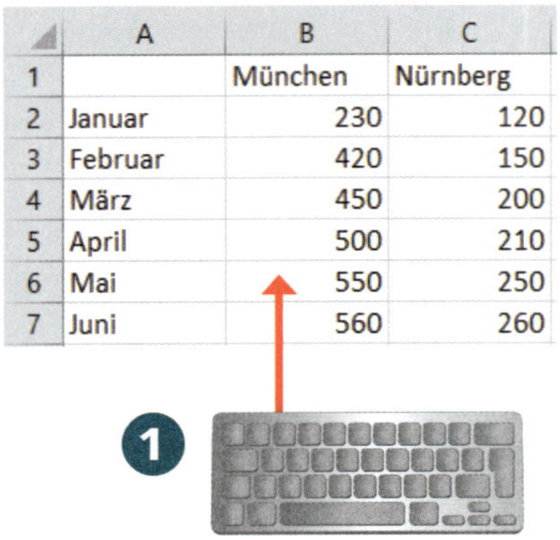

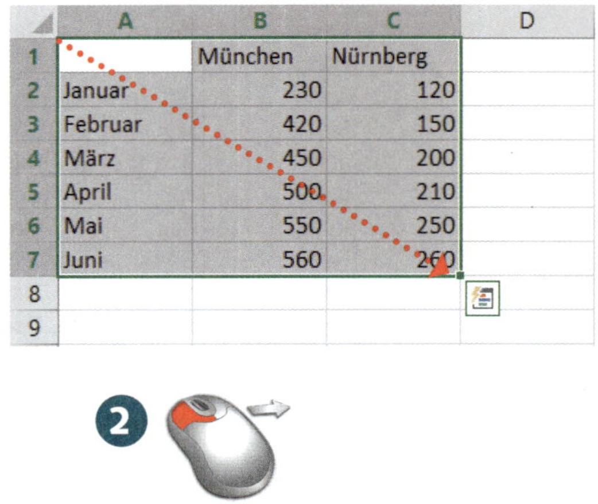

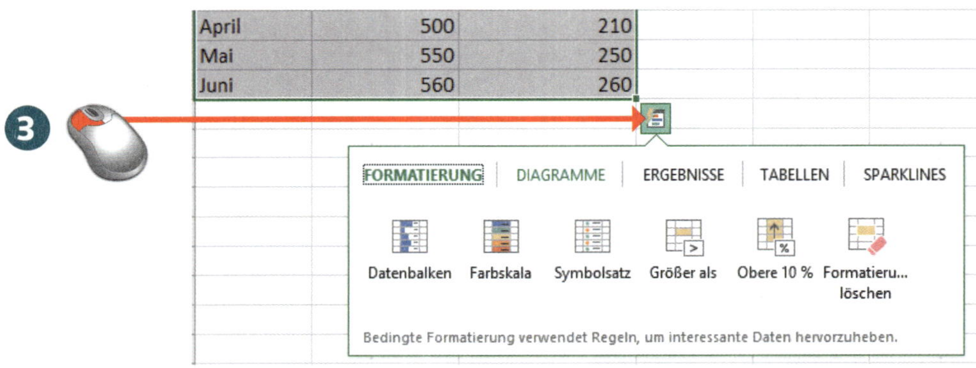

1. Legen Sie eine Liste mit Verkaufszahlen für die Regionen München und Nürnberg über das erste Halbjahr an.
2. Markieren Sie die gesamte Liste mit gedrückter Maustaste, …
3. … und klicken Sie auf das Schnellanalyse-Symbol, das rechts unten an der Markierung angezeigt wird.

WISSEN

Mit der Schnellanalyse bietet Excel die wichtigsten Analysewerkzeuge auf einen Blick: bedingte Formate, Diagramme, Zeilen- und Spaltenergebnisse, Tabellen und Sparklines.

HINWEIS

Achten Sie bei den Ergebnissen auf die Farbe der Balken: Blau = Zeilenergebnis, Orange = Spaltenergebnis.

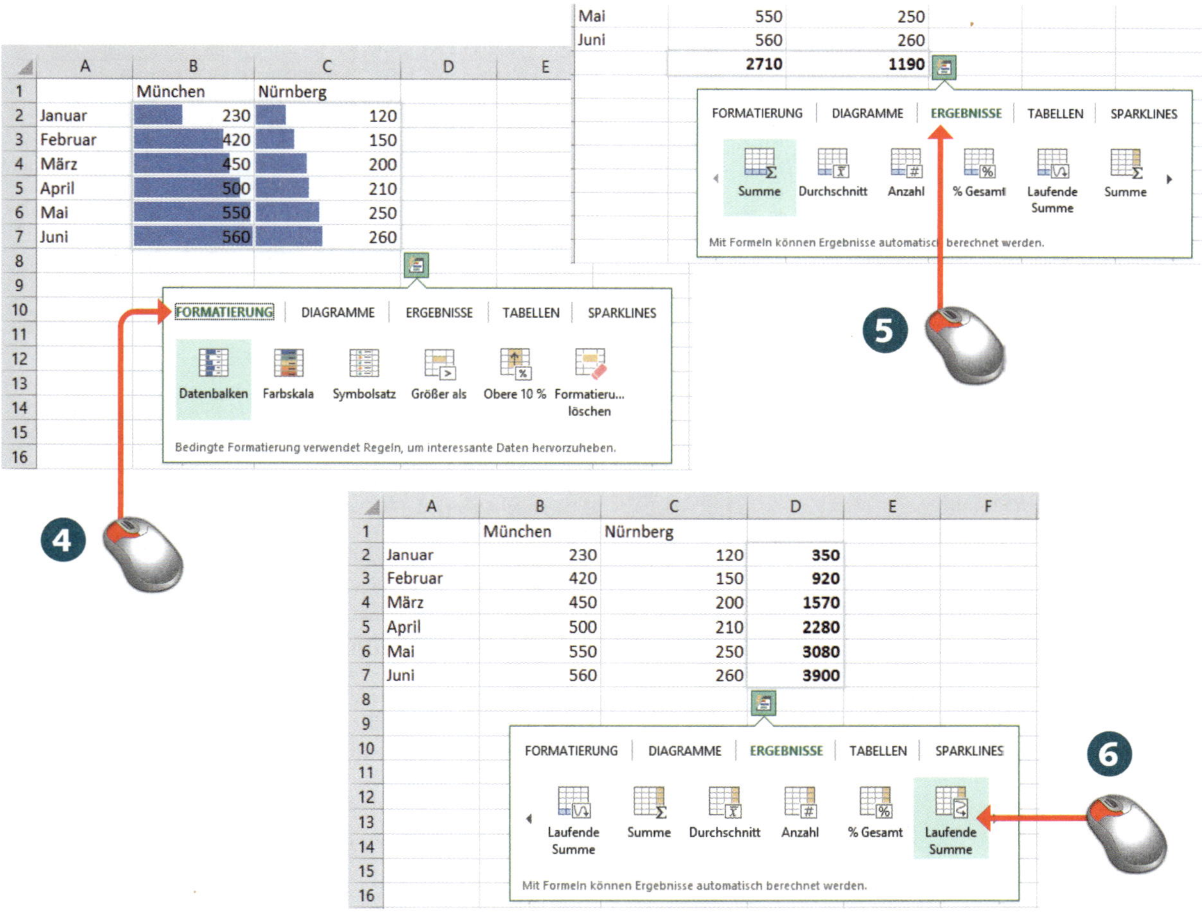

4 Unter *Formatierung* können Zellen nach ihrer Wertigkeit mit bedingten Formaten (Datenbalken, Farben, Symbolen) formatiert werden.

5 Schalten Sie um auf *Ergebnisse* und berechnen Sie automatisch Spaltenergebnisse wie Summe, Durchschnitt oder Anzahl.

6 Blättern Sie nach rechts und berechnen Sie die Zeilenergebnisse, hier zum Beispiel die laufende Summe aus den einzelnen Zeilen.

Ende

TIPP

Diagramme werden als Objekte in das Tabellenblatt gezeichnet, sie können mit der Entf-Taste wieder gelöscht werden.

HINWEIS

Tabellen sind spezielle Listenformatierungen, die eine andere Art Formelsprache haben (strukturierte Verweise, siehe Kapitel 7).

Start

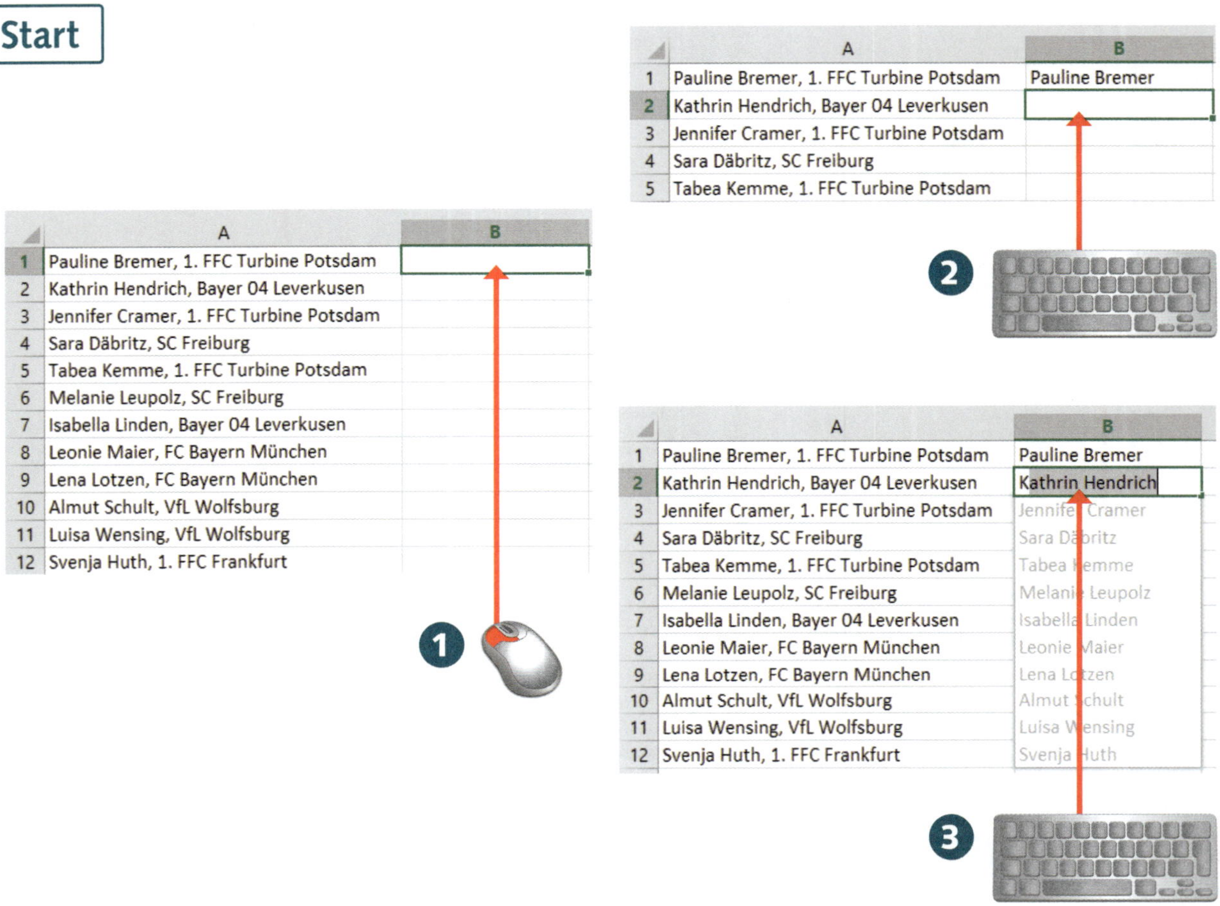

1. Die Liste in Spalte A enthält Namen und die Vereine von Fußballnationalspielerinnen. Um diese zu trennen, markieren Sie Zelle B1.
2. Geben Sie den ersten Namen aus Spalte A ein und drücken Sie die [↵]-Taste.
3. Tippen Sie den ersten Buchstaben des nächsten Namens, zeigt die Blitzvorschau alle Namen getrennt nach Vornamen und Nachnamen an. Bestätigen Sie mit [↵].

WISSEN

Mit der Blitzvorschau können Sie Textdaten bequem und ohne Rechenformeln oder Analysetechniken in Spalten aufteilen.

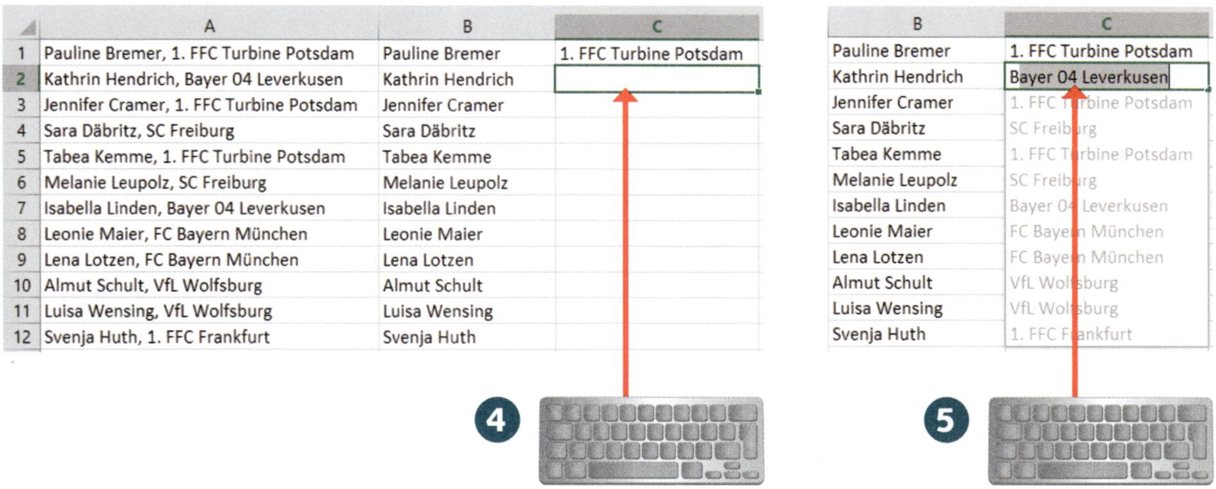

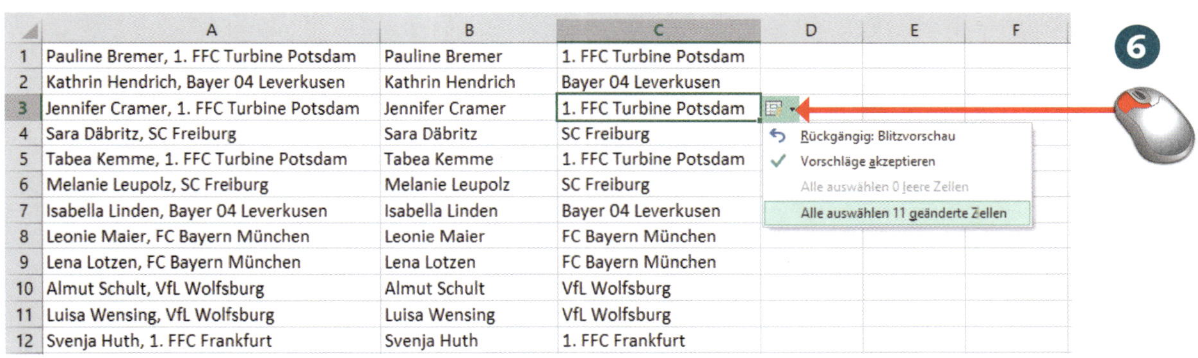

4. In der nächsten Spalte tragen Sie die Vereine ein, geben Sie den Verein der ersten Spielerin ein.

5. Mit dem ersten Buchstaben des Vereins der nächsten Spielerin berechnet die Blitzvorschau wieder alle restlichen Einträge.

6. Über die Vorschläge des Optionsfelds können Sie die Einträge der Blitzvorschau markieren oder die Aktion rückgängig machen.

Ende

TIPP

Die Vorschläge werden nur unmittelbar nach der Eingabe angeboten. Geben Sie den ersten Eintrag noch einmal ein, um die Blitzvorschau zu wiederholen.

HINWEIS

Teilen Sie mit der Blitzvorschau auch Namen und Vornamen, Postleitzahlen und Ortsnamen oder Telefon-Vorwahlnummern und Telefonnummern.

3

Tabellenblätter und Arbeitsmappen

Start

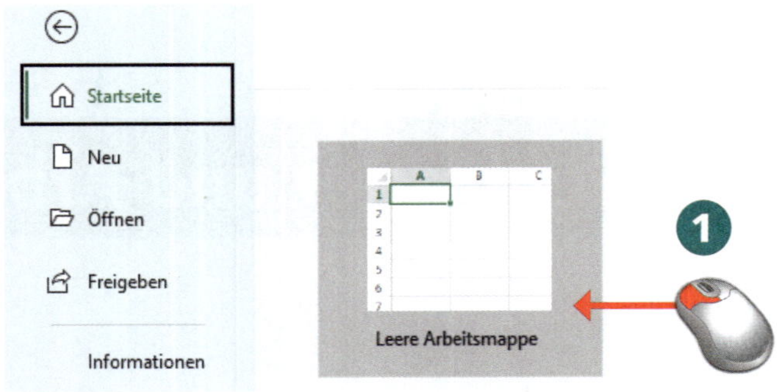

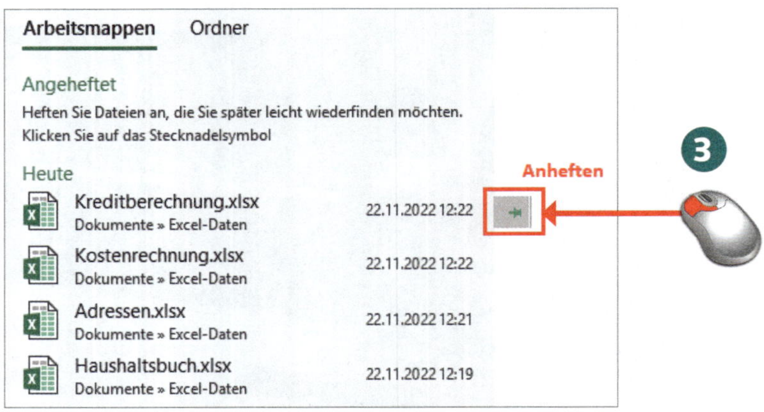

1. Klicken Sie auf dem Startbildschirm auf *Leere Arbeitsmappe*, um eine neue Arbeitsmappe anzulegen, oder laden Sie eine Vorlage.
2. Um eine weitere Mappe anzulegen, klicken Sie auf *Neu*. Mit *Öffnen* aktivieren Sie eine gespeicherte Mappe.
3. Sehen Sie zuerst in die Liste der zuletzt gespeicherten Mappen. Heften Sie eine Mappe an, wenn Sie diese immer sehen wollen.

WISSEN

Eine Arbeitsmappe ist eine Sammlung von Tabellen. Wie viele davon aktiv sind, bestimmen Sie selbst. Sie können Ihre Mappen in Excel öffnen oder über Windows direkt aus einem Ordner oder aus der Cloud abholen. Wenn Sie die Datei im Windows-Explorer-Fenster sehen, genügt ein Doppelklick auf das Symbol, um das Programm zu aktivieren und die Mappe zu öffnen.

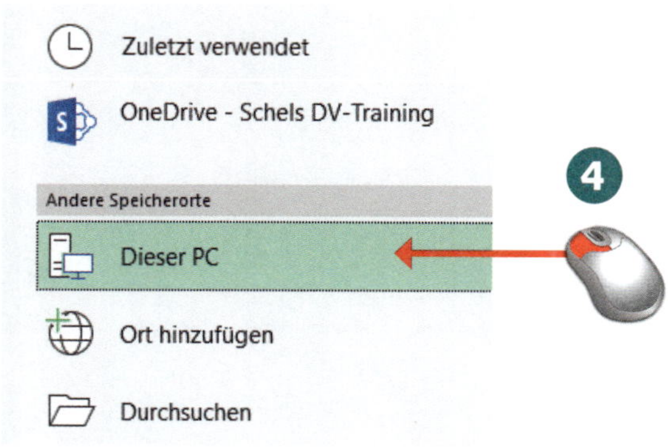

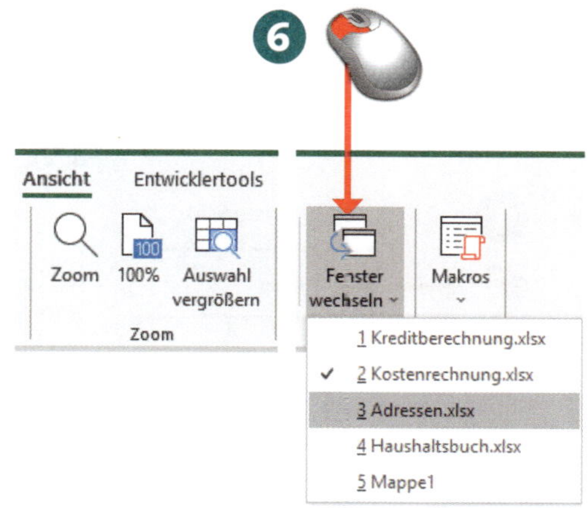

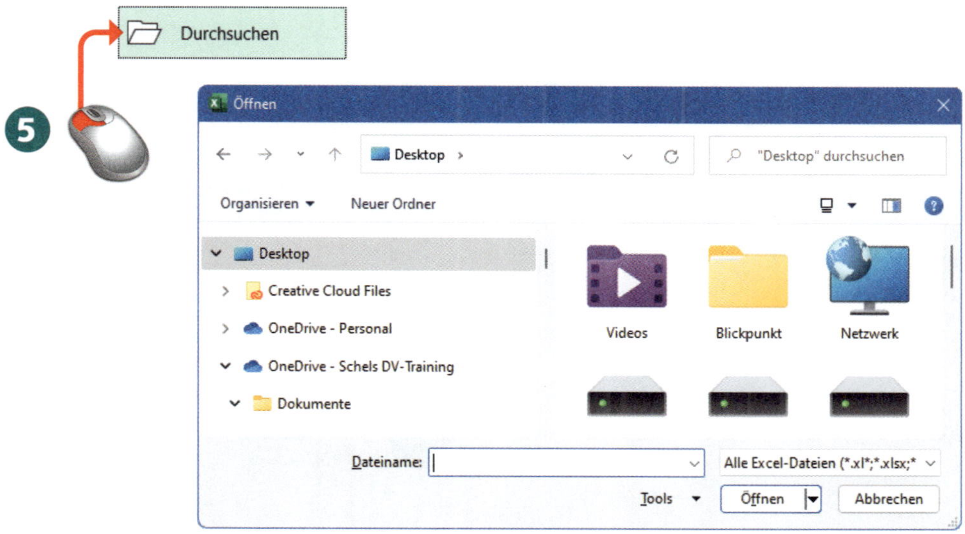

4 Suchen Sie Ihre Datei auf dem PC oder Laptop, in der Cloud (OneDrive) oder fügen Sie einen Suchort hinzu.

5 Klicken Sie auf *Durchsuchen*, wählen Sie das Laufwerk und den Ordner aus und markieren Sie eine Datei.

6 Mit *Ansicht/Fenster wechseln* schalten Sie zwischen den aktiven Arbeitsmappen um.

Ende

HINWEIS

OneDrive ist der virtuelle Speicherort, der mit einem Microsoft-Konto automatisch zur Verfügung steht. Sie können Ihre Daten direkt in der Cloud speichern oder aus der Cloud abrufen.

TIPP

Tastenkombinationen:
Windows-Explorer: ⊞+E
Fensterwechsel: F6 (vorwärts) oder ⇧+F6 (rückwärts)
Neue Arbeitsmappe: Strg+N

Start

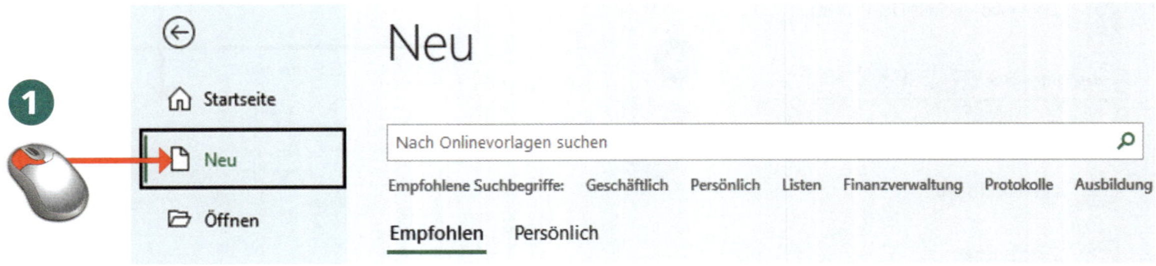

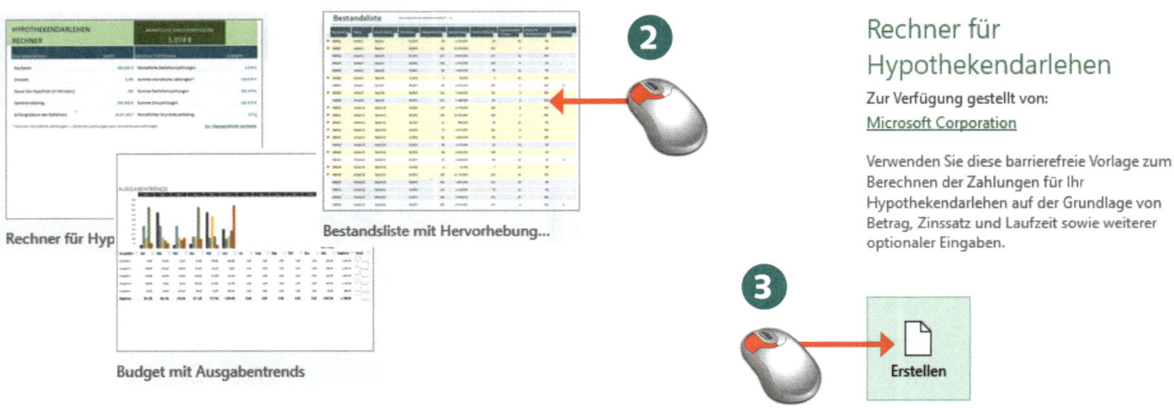

1. Klicken Sie auf der Startseite auf *Neu*, geben Sie einen Suchbegriff ein oder wählen Sie einen der angebotenen Suchbegriffe.
2. Klicken Sie auf eine der angebotenen Vorlagen, um diese zu übernehmen.
3. Ein Klick auf *Erstellen* lädt die Vorlage vom Microsoft-Server und legt eine neue Mappe damit an.

WISSEN

Vorlagen sind Arbeitsmappen mit fertig kalkulierten und formatierten Anwendungen. Nutzen Sie das reichhaltige Angebot an Beispielvorlagen oder surfen Sie auf die Microsoft-Seite und stöbern Sie dort im Vorlagenarchiv.

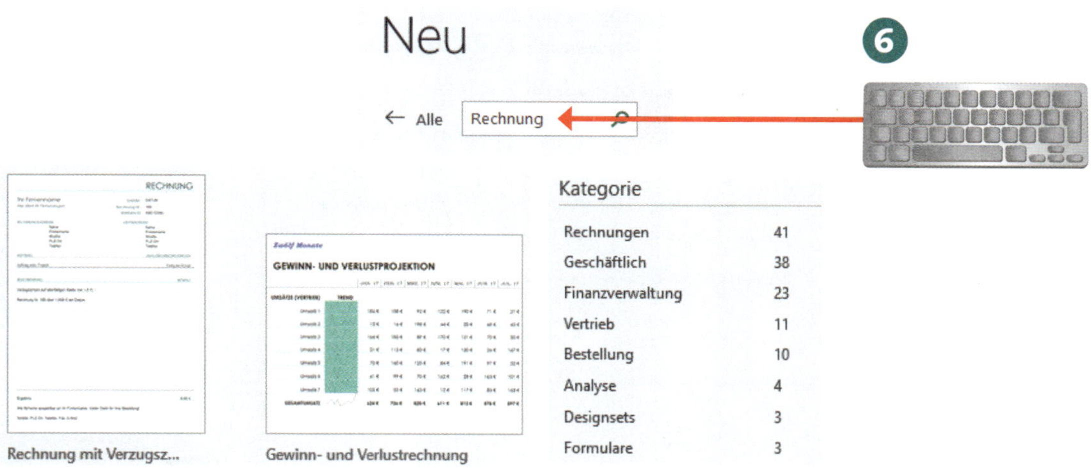

4 *Eine Tour unternehmen* ist keine Vorlage, sondern eine Beispielmappe mit Tricks und neuen Techniken.

5 Probieren Sie die Tutorials, sie führen Schritt für Schritt durch ein Thema.

6 Geben Sie einen Suchbegriff ein, erhalten Sie eine Liste mit allen Vorlagen, die das Archiv zu bieten hat.

Ende

HINWEIS

Um eine eigene Arbeitsmappe als Vorlage zu speichern, wählen Sie *Speichern unter* in der Backstage-Ansicht (erreichbar über *Datei*) und schalten auf den Dateityp *Excel-Vorlagen* um.

HINWEIS

Hier finden Sie die Excel-Vorlagen im Internet: *https://templates.office.com/de-DE/templates-for-Excel*.

Start

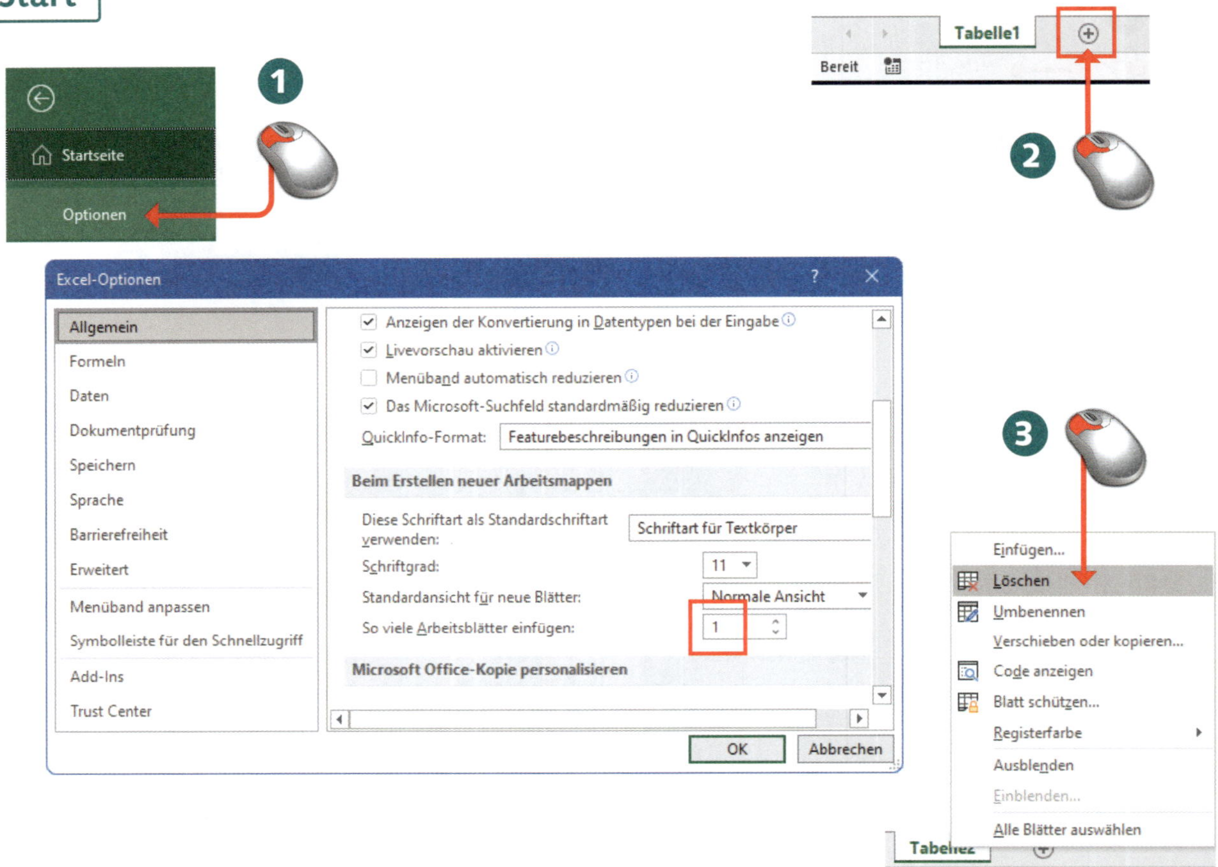

1. Eine neue Mappe enthält ein leeres Tabellenblatt. In den Excel-Optionen (Startbildschirm) können Sie diese Voreinstellung ändern.
2. Klicken Sie auf das Symbol rechts in der Registerleiste, um weitere Tabellenblätter einzufügen.
3. Mit *Löschen* im Kontextmenü (rechte Maustaste) kann ein Tabellenblatt wieder entfernt werden. Bestätigen Sie mit *OK*.

WISSEN

Packen Sie so viele Tabellenblätter in Ihre Arbeitsmappen, wie Sie wollen. Neue Blätter lassen sich einfach und schnell hinzufügen. In der Registerleiste verwalten Sie Ihre Tabellenblätter.

HINWEIS

Die Anzahl Tabellen, die eine Arbeitsmappe enthalten kann, ist nur vom Speicherplatz abhängig, den Ihr Computersystem Excel zur Verfügung stellt.

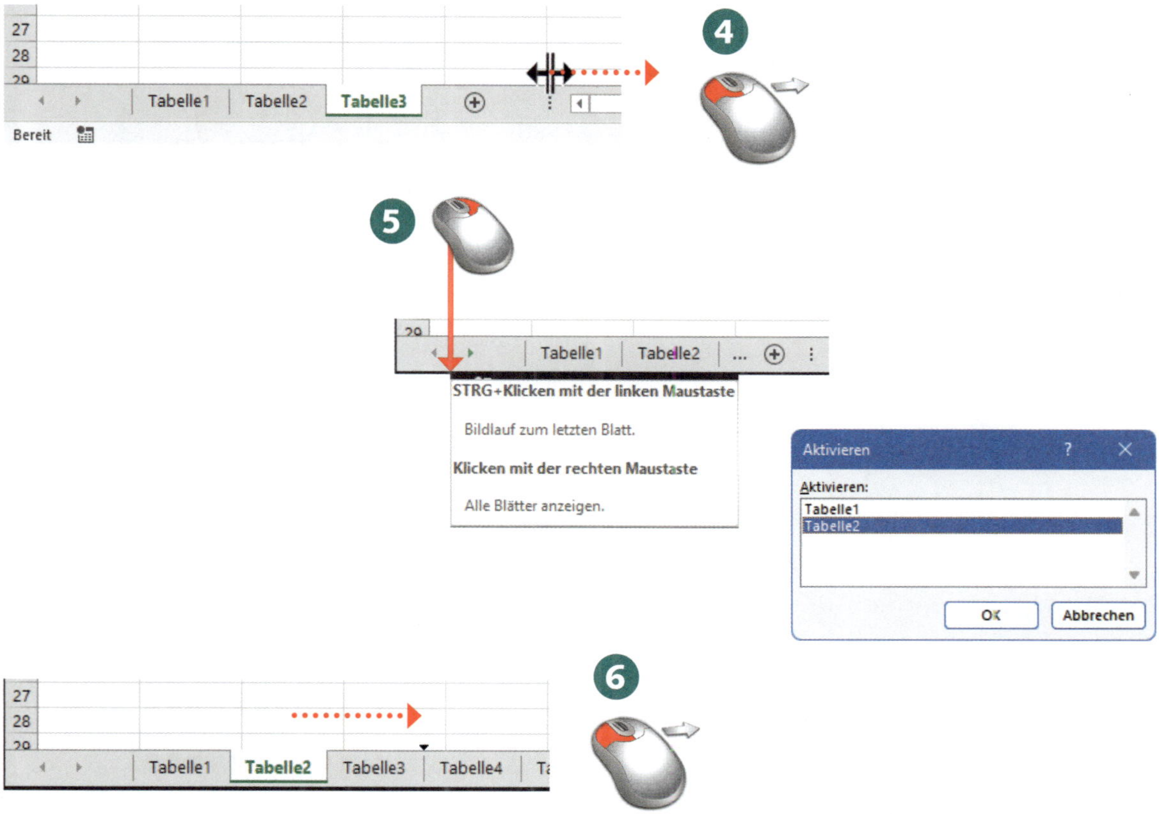

4 Ziehen Sie den Trennbalken zwischen den Blättern und dem horizontalen Rollbalken nach rechts, um den Registerbereich zu vergrößern.

5 Mit den Navigationspfeilen links unten können Sie die Register horizontal scrollen. Ein Rechtsklick öffnet die Liste mit allen Blättern.

6 Um ein Tabellenregister zu verschieben, ziehen Sie es einfach mit gedrückter Maustaste nach rechts oder links. Mit Strg wird eine Kopie daraus.

TIPP

Tastenkombinationen:
⇧+F11: Neues Tabellenblatt
Strg+Bild↓: Nächstes Tabellenblatt
Strg+Bild↑: Vorheriges Tabellenblatt

HINWEIS

Achten Sie beim Verschieben oder Kopieren eines Blattes auf das kleine Dreieck am oberen Registerrand, es zeigt die Einfügeposition an.

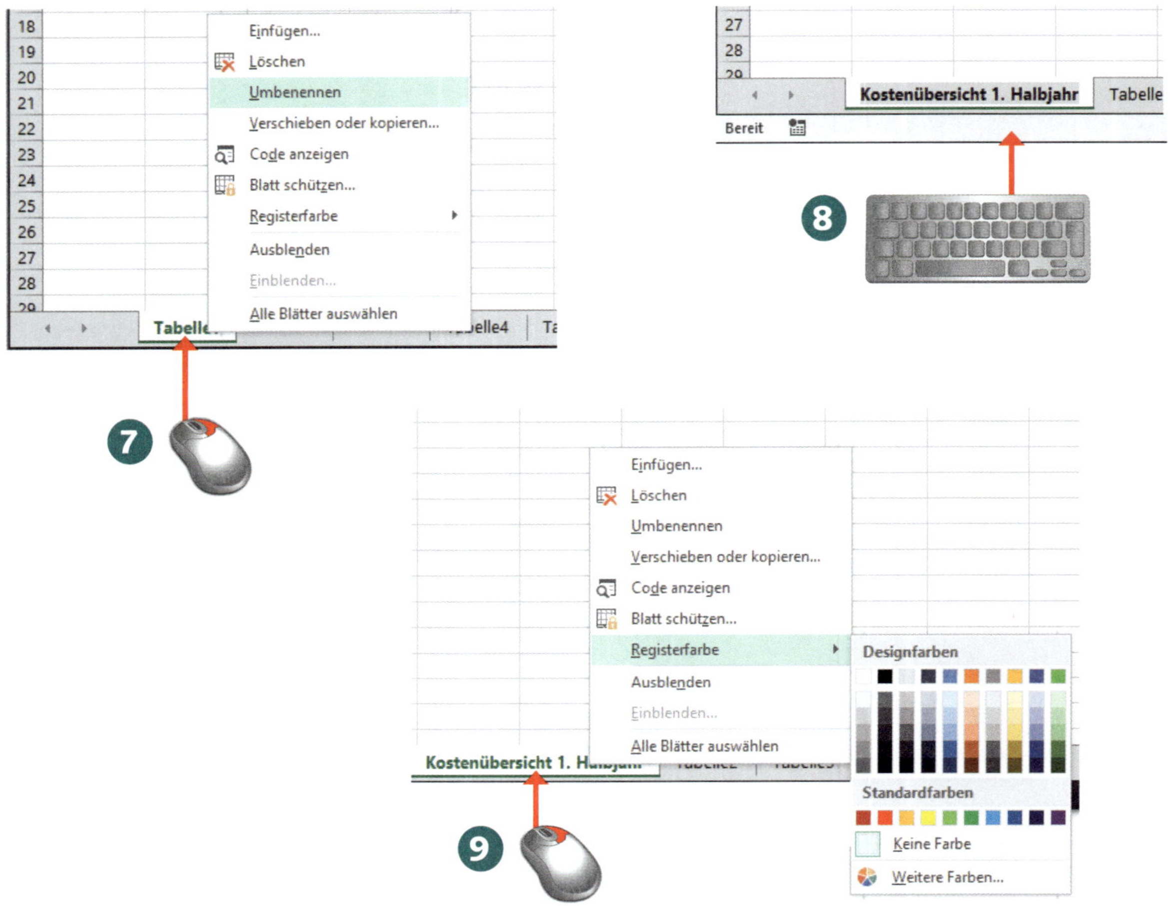

7. Klicken Sie mit der rechten Maustaste in ein Blattregister und wählen Sie *Umbenennen*.

8. Geben Sie den neuen Blattnamen ein und schließen Sie mit [↵] ab.

9. Die Registerfarbe ändern Sie per Klick mit der rechten Maustaste auf das Register.

WISSEN

Geben Sie Ihren Tabellenblättern aussagekräftige Namen und Farben zur besseren Unterscheidung. Sie können einzelne Blätter auch über das Kontextmenü aus- und einblenden.

HINWEIS

Wenn Sie den Registernamen ändern, dürfen Sie auch die Cursortasten (Pfeile, [Pos 1], [Ende]) nutzen und mit gedrückter [Strg]-Taste wortweise springen.

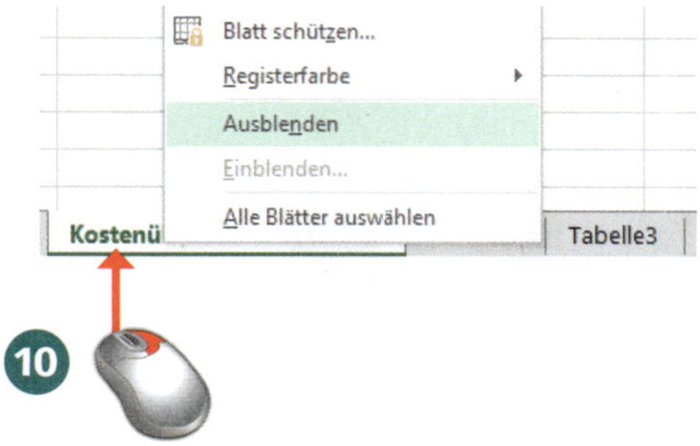

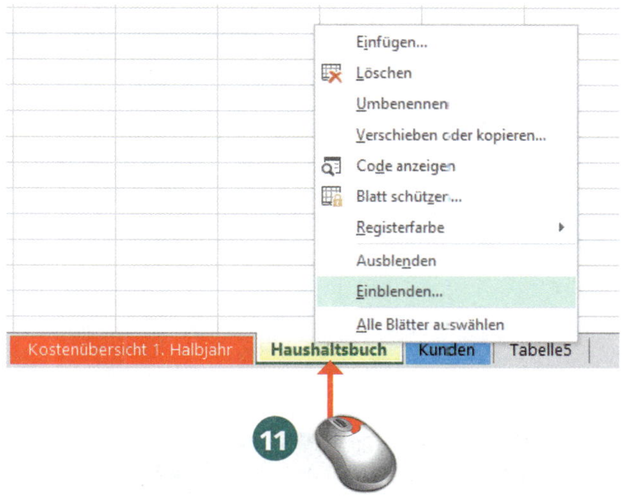

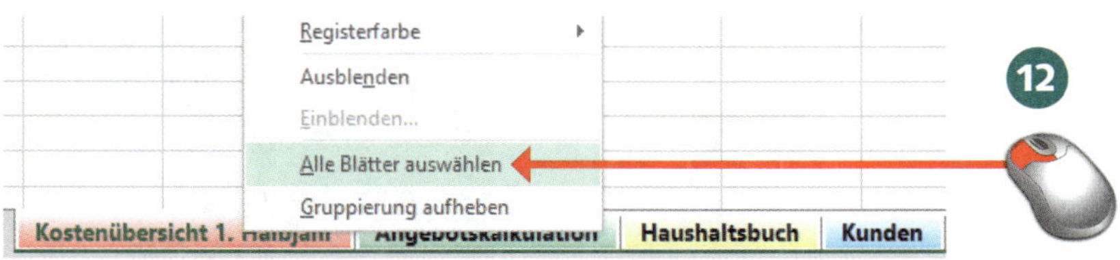

10 Um ein Blatt auszublenden, holen Sie mit einem rechten Mausklick den gleichnamigen Befehl aus dem Kontextmenü des Registers.

11 Wählen Sie ebenfalls im Kontextmenü *Einblenden* und holen Sie ausgeblendete Tabellenblätter wieder zurück in die Arbeitsmappe.

12 Mit *Alle Blätter auswählen* werden alle Tabellenblätter in der Arbeitsmappe markiert.

Ende

TIPP

So benennen Sie ein Register schneller um: Klicken Sie doppelt auf den Registernamen und tragen Sie den neuen Tabellennamen ein. Bestätigen Sie mit der [↵]-Taste.

HINWEIS

Diese Sonderzeichen sind im Tabellenregister nicht erlaubt, Excel nimmt sie bei der Eingabe gar nicht an: [,], \, *, :

Start

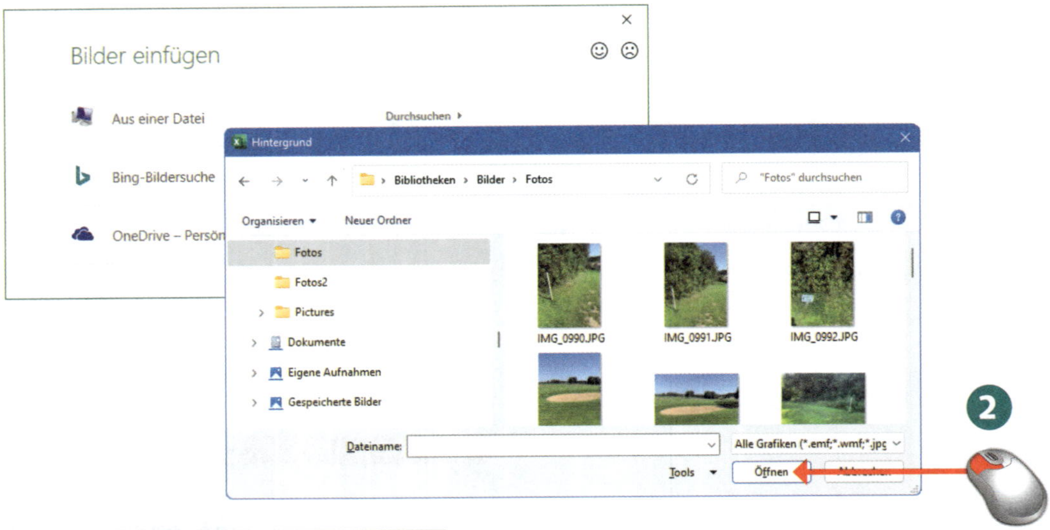

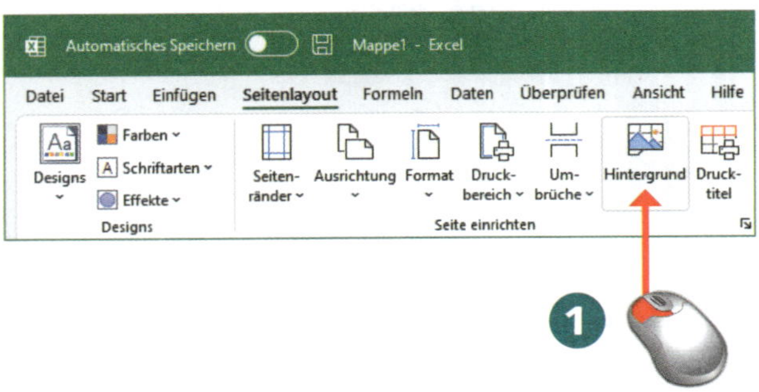

1. Mit dem Symbol *Hintergrund* aus dem *Seitenlayout*-Register lässt sich der Hintergrund der Tabelle mit einer Grafik schmücken.
2. Wählen Sie die Grafik, am besten eine Datei im JPEG-Format, aus dem *Bilder*-Ordner oder einem anderen Ordner Ihrer Festplatte.
3. Die Grafik wird im Hintergrund angezeigt, Sie können die einzelnen Zellen wie gewohnt beschriften.

WISSEN

Gitternetze, Zeilen- und Spaltenköpfe können Sie bei Bedarf ein- und ausblenden, und ein schönes Hintergrundbild macht Ihre Tabelle zum Schmuckstück.

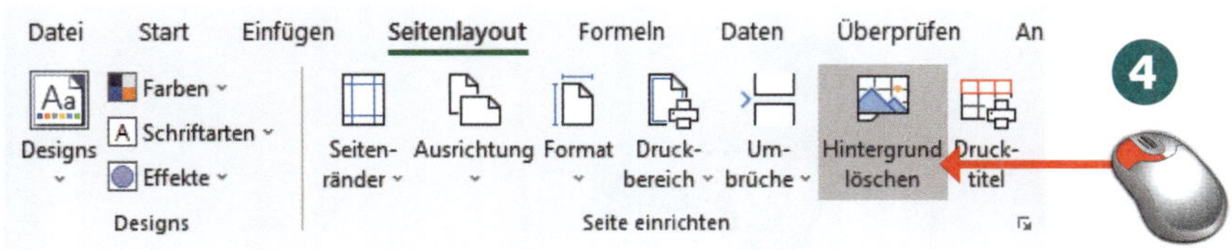

4

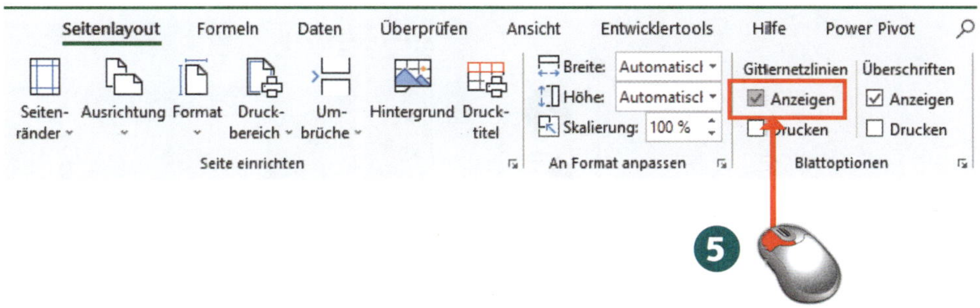

6

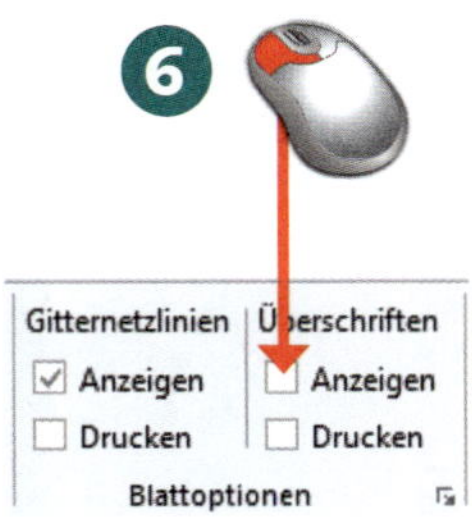

5

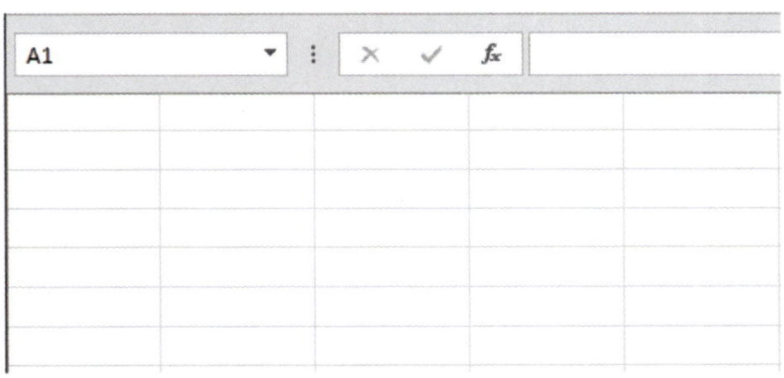

4 Mit einem Klick auf *Hintergrund löschen* entfernen Sie die Hintergrundgrafik wieder.

5 Die auf der Tabelle automatisch angezeigten Gitternetzlinien blenden Sie mit der Option *Blattoptionen/Anzeigen* im Seitenlayout ein oder aus.

6 Wenn Sie die Option *Anzeigen* für die Überschriften deaktivieren, werden die Zeilennummern und Spaltenbuchstaben des aktiven Tabellenblatts ausgeblendet.

Ende

TIPP

Das Hintergrundbild sollte mindestens Bildschirmgröße (800 x 600 oder 1.280 x 768 Punkte) haben, damit es nicht »gekachelt« werden muss.

HINWEIS

Das Hintergrundbild wird in die Mappe integriert, die Dateigröße nimmt entsprechend der Bildgröße zu. Achten Sie darauf, dass das Bild nicht zu groß ist.

Start

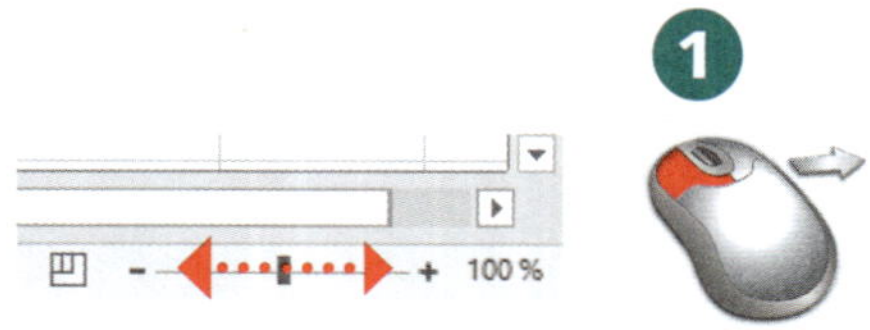

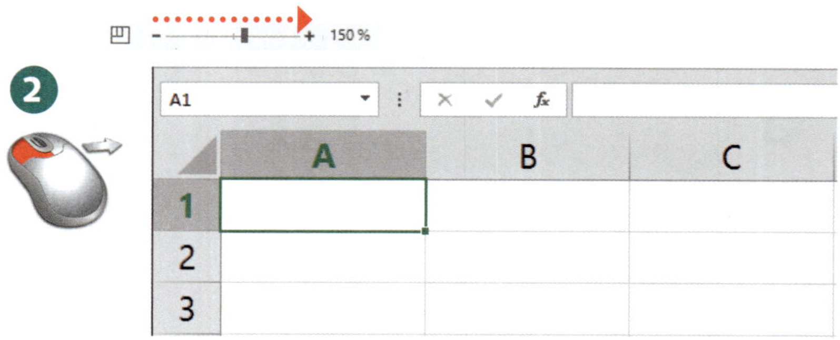

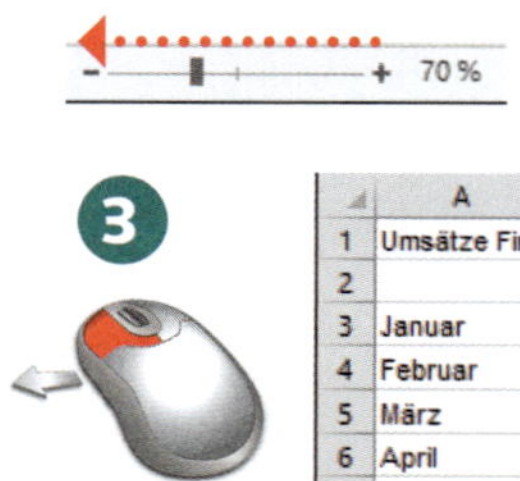

	A	B	C
1	Umsätze Firma BioKost GmbH		
2			
3	Januar	23.500	
4	Februar	43.200	
5	März	21.600	
6	April	19.800	
7	Mai	45.100	
8	Juni	32.600	
9		185.800	

1. Mit dem Schieberegler rechts unten zoomen Sie Ihre Tabelle in eine passende Ansichtsgröße. Ziehen Sie ihn mit gedrückter Maustaste.
2. Ziehen Sie den Regler nach rechts, wird die Tabelle größer. Auch die Zeilen- und Spaltenüberschriften vergrößern sich.
3. Ziehen Sie den Regler nach links, nimmt der Zoomfaktor ab und die Tabelle samt Inhalt wird kleiner.

WISSEN

In großen Tabellen ist der Zoom ein wichtiges Werkzeug. Stellen Sie den richtigen Zoomfaktor für ein angenehmes Arbeiten ein und drehen Sie die Ansicht zurück, um Zellbereiche schneller ansteuern zu können.

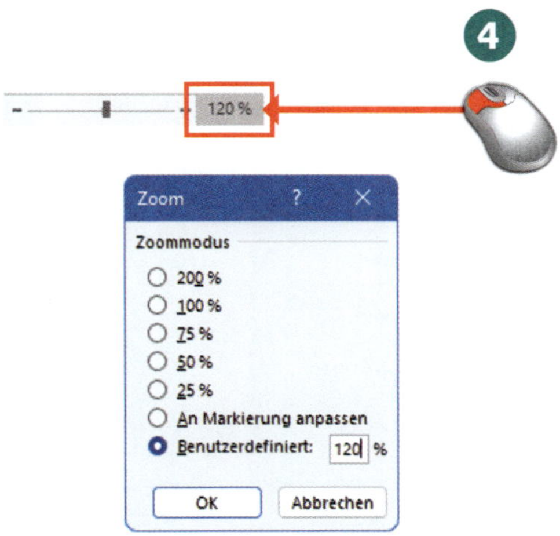

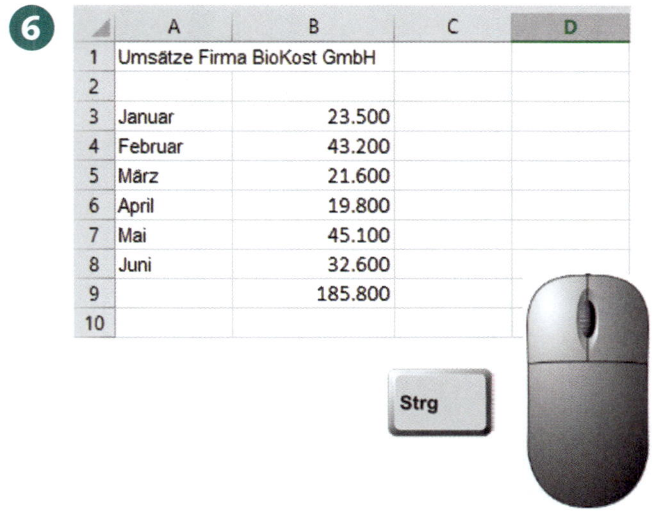

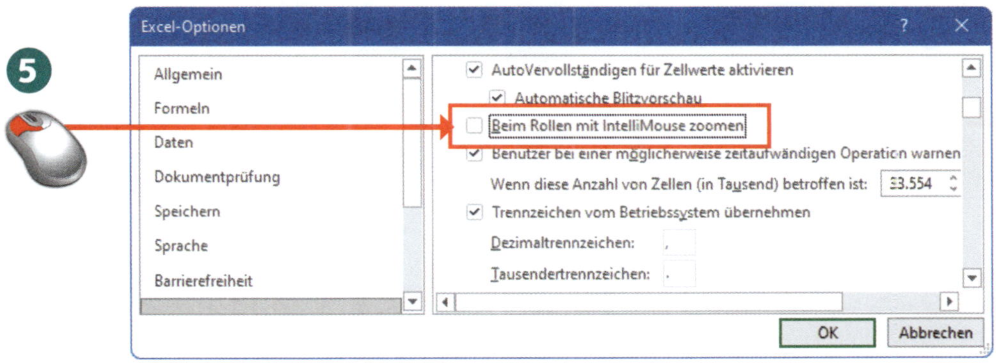

4 Klicken Sie auf den angezeigten Zoomfaktor und stellen Sie den Zoom über ein Dialogfenster ein.

5 Auf der Startseite finden Sie unter *Optionen* eine Funktion, die den Zoom über das Mausrad ermöglicht.

6 Sie können ohne diese Option auch per Maus zoomen: Drücken Sie die Strg-Taste und drehen Sie am Mausrad.

Ende

TIPP

Mit dem Zoom auf das Tabellenblatt werden auch die Zeilennummern und Spaltenköpfe entsprechend vergrößert oder verkleinert.

HINWEIS

Bis zu 400 % lässt sich der Zoom vergrößern, der kleinste Zoomfaktor ist 10 %. Der Zellzeiger oder der markierte Bereich bleibt immer auf dem Bildschirm sichtbar, egal, welchen Zoomfaktor Sie einstellen.

Start

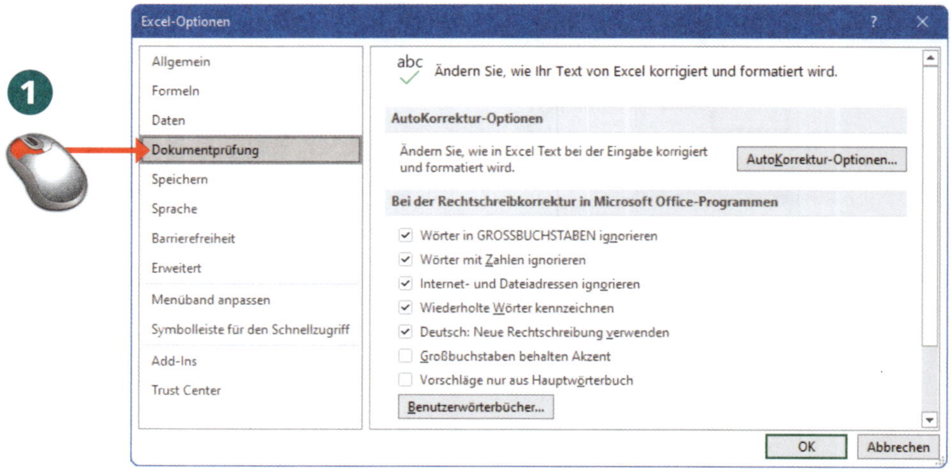

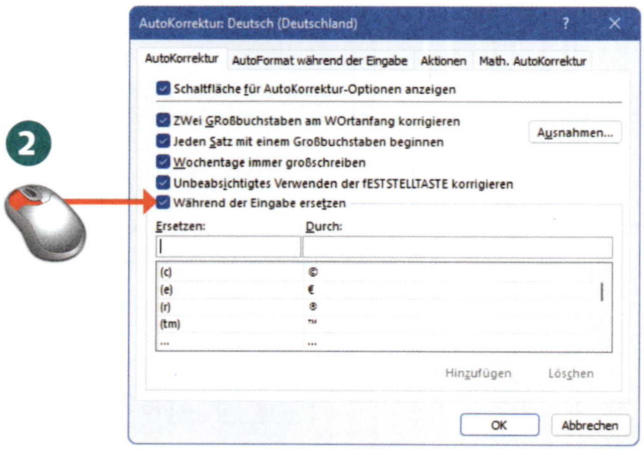

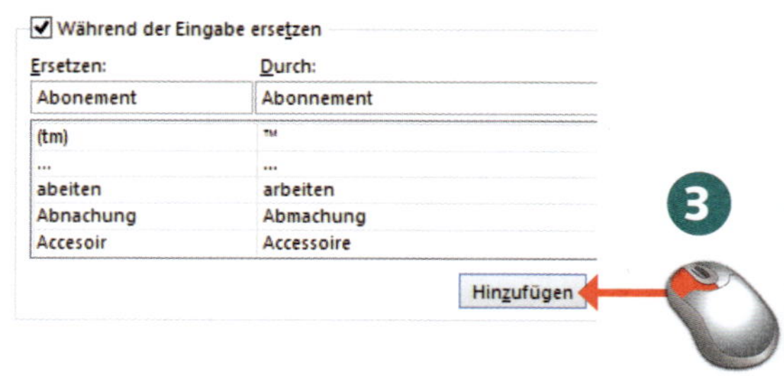

1. Öffnen Sie die Excel-Optionen auf der Startseite und wählen Sie *Dokumentprüfung*.

2. Klicken Sie auf *AutoKorrektur-Optionen* und kreuzen Sie die Option *Während der Eingabe ersetzen* an.

3. Um einen neuen Eintrag aufzunehmen, tragen Sie den falschen Begriff in das linke Feld ein und den richtigen daneben. Klicken Sie auf *Hinzufügen*.

WISSEN

Excel korrigiert häufig vorkommende Tippfehler schon bei der Eingabe. Nehmen Sie Ihre Lieblingstippfehler dazu und definieren Sie nützliche Textbausteine.

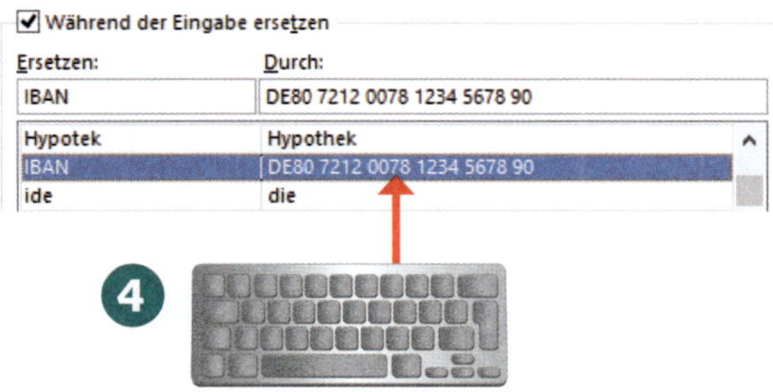

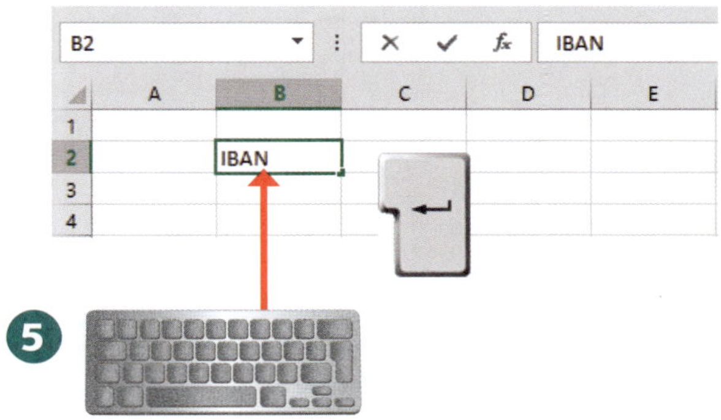

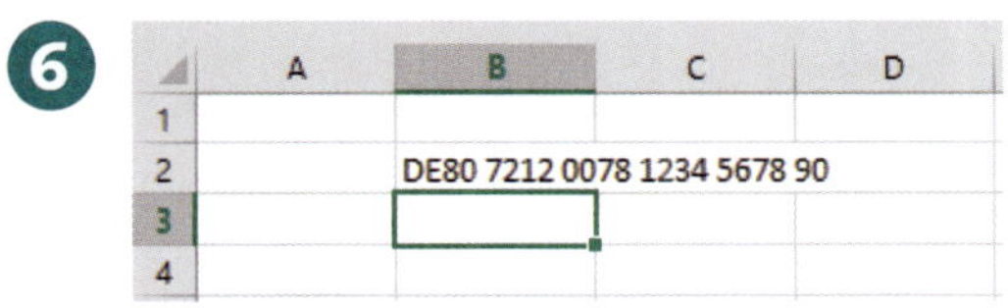

4 Speichern Sie so kleine, häufig benötigte Textbausteine, wie beispielsweise die IBAN.

5 Wenn Sie die IBAN in einer Zelle brauchen, geben Sie den Namen des Bausteins ein und drücken die ↵-Taste.

6 Excel ersetzt die Eingabe durch den gespeicherten Korrekturtext.

Ende

HINWEIS

Um eine definierte AutoKorrektur wieder zu löschen, markieren Sie den Eintrag in der Liste und klicken auf *Löschen*.

HINWEIS

AutoKorrekturen und Textbausteine werden global gespeichert und stehen für alle Arbeitsmappen und Tabellenblätter zur Verfügung.

Start

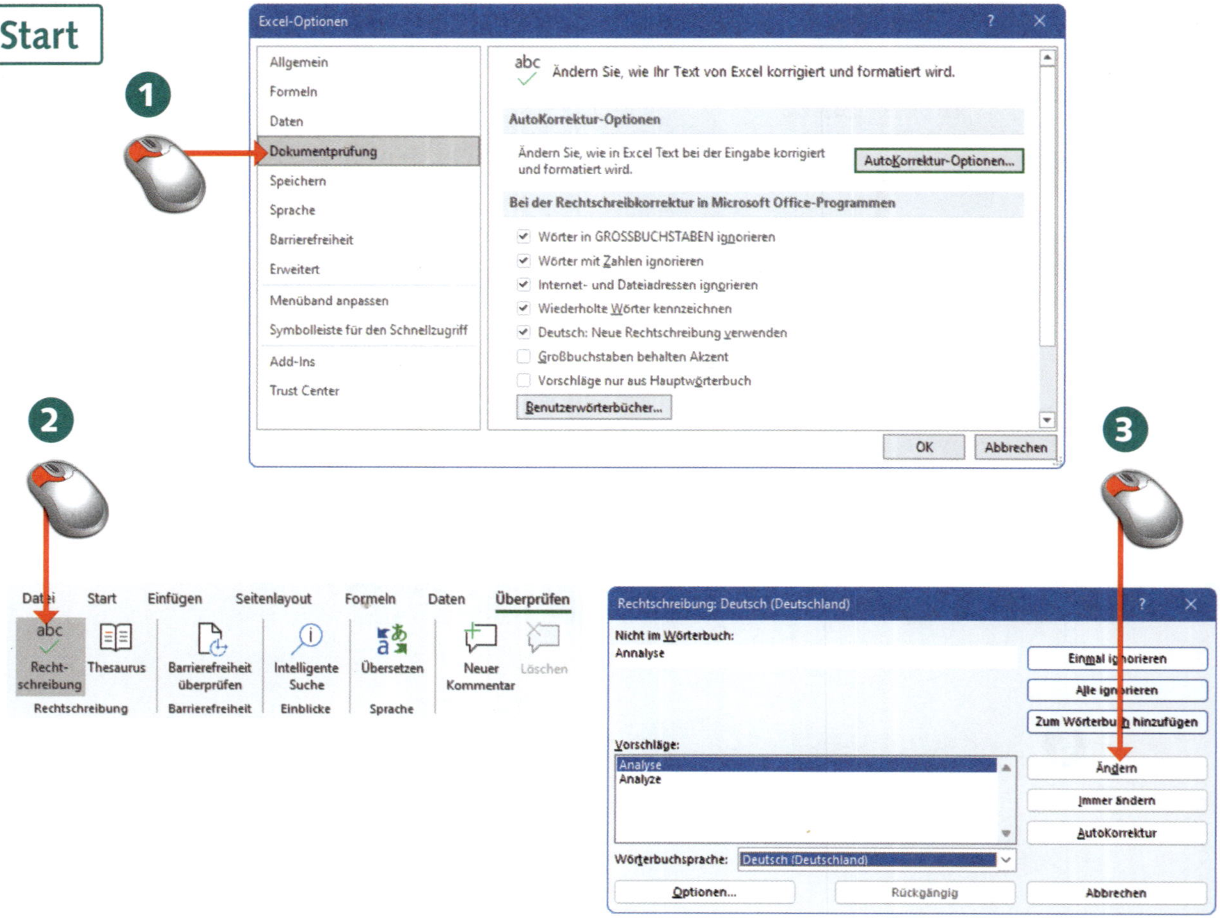

1. Überprüfen Sie auf der Startseite in den Excel-Optionen, ob alle Optionen für die Rechtschreibprüfung gesetzt sind.
2. Schalten Sie um auf das Register *Überprüfen* und klicken Sie auf *Rechtschreibung*.
3. Das erste falsch geschriebene Wort wird angezeigt, klicken Sie auf *Ändern*, um den Vorschlag aus dem Wörterbuch zu übernehmen.

WISSEN

Mit der Rechtschreibprüfung finden Sie Tippfehler und fehlerhafte Texte im Tabellenblatt oder im markierten Bereich. Excel vergleicht alles mit einem integrierten Wörterbuch, fehlende Einträge können Sie einfach einfügen.

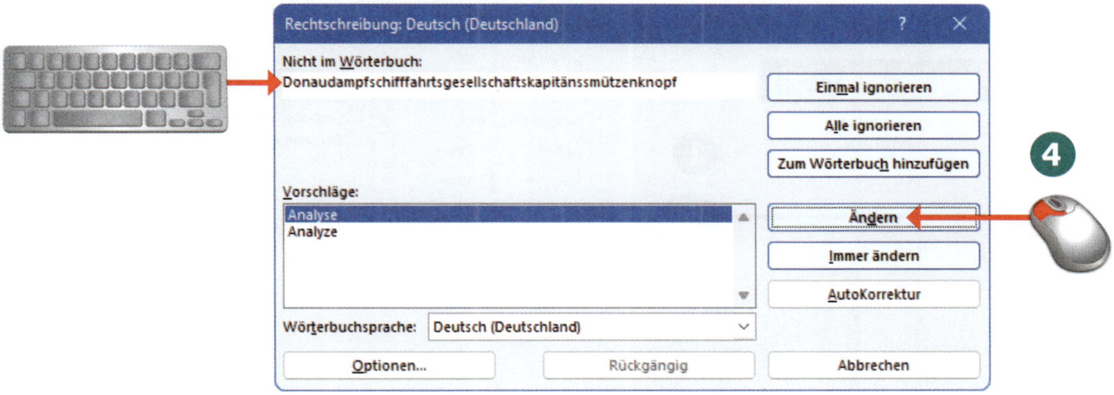

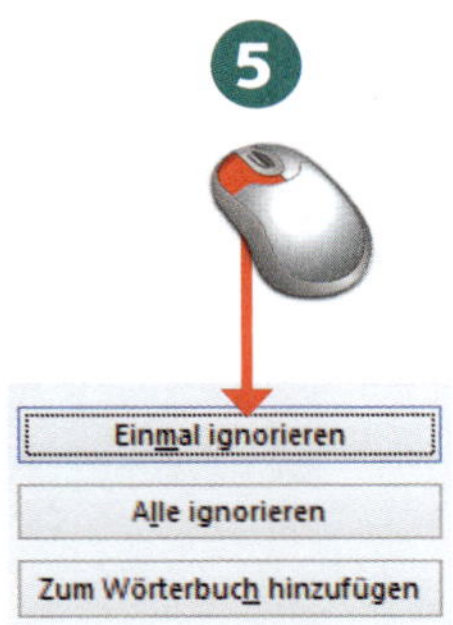

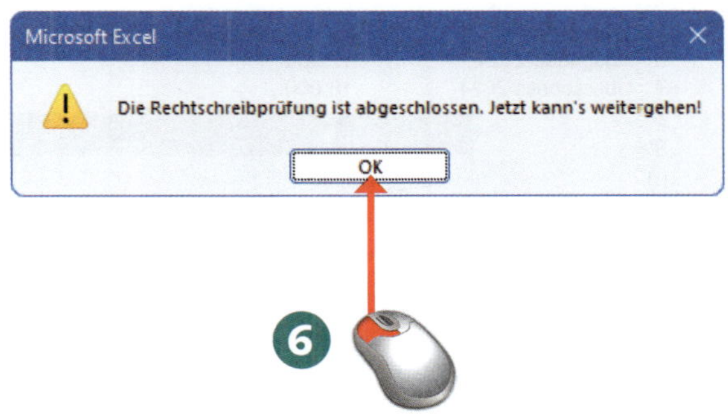

4 Wenn das Wort nicht im Wörterbuch steht, nehmen Sie selbst die Änderung vor und klicken auf *Ändern*.

5 *Einmal ignorieren* lässt den angezeigten Begriff unverändert, mit *Alle ignorieren* wird er nicht mehr als falsch geschrieben angemahnt.

6 Nach Überprüfung der Tabelle erscheint eine abschließende Meldung, klicken Sie auf *OK*, um die Rechtschreibprüfung zu beenden.

Ende

TIPP

Klicken Sie auf *AutoKorrektur*, wenn Sie ein korrigiertes Wort in die Liste der AutoKorrekturen aufnehmen wollen.

HINWEIS

Das Benutzerwörterbuch ist eine Datei mit der Bezeichnung *CUSTOM.DIC*, es gilt für alle Office-Programme (Word, PowerPoint etc.).

Start

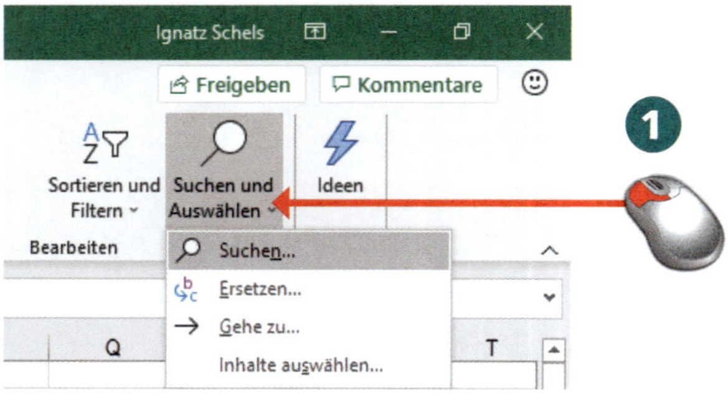

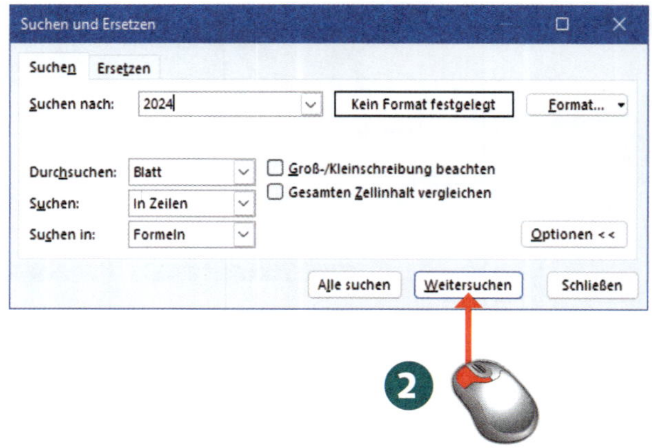

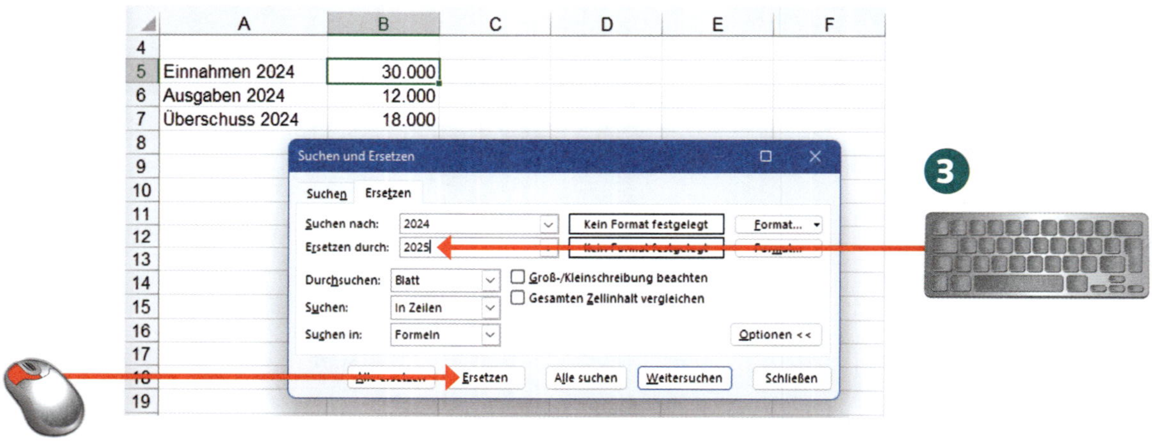

1. Setzen Sie den Zellzeiger in die erste Zelle der Tabelle und wählen Sie *Start/Suchen und Auswählen/Suchen*.

2. Geben Sie den Suchbegriff in das Eingabefeld ein und klicken Sie auf *Weitersuchen*.

3. Schalten Sie um auf *Ersetzen* und tragen Sie einen Ersatzbegriff ein. Mit einem Klick auf *Ersetzen* wird der nächste Begriff ersetzt.

WISSEN

Wenn Sie alte Tabellendaten auffrischen müssen, werden Sie die Suchen/Ersetzen-Funktion brauchen. Geben Sie den Suchbegriff ein und ersetzen Sie automatisch alle Fundstellen. Die Auswählen-Funktion bietet die Möglichkeit, Zellen direkt anzusteuern oder gezielt Texte und Zahlen, Formeln oder Formate zu markieren.

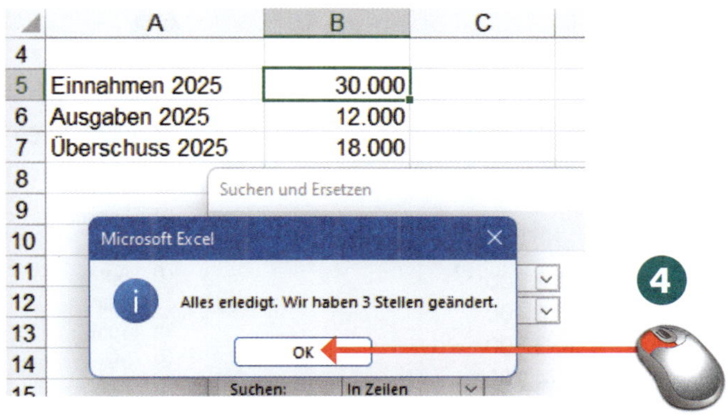

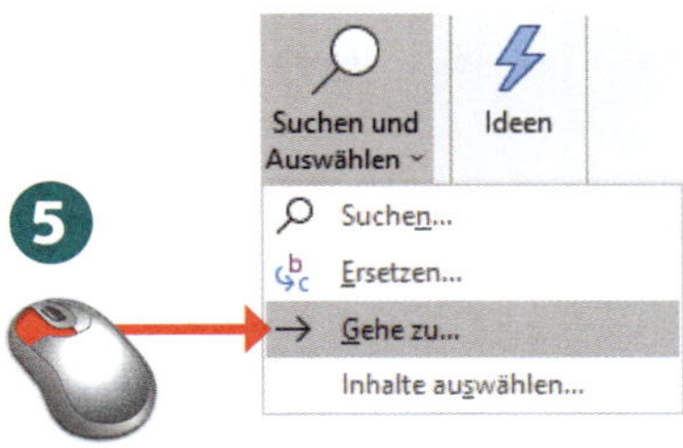

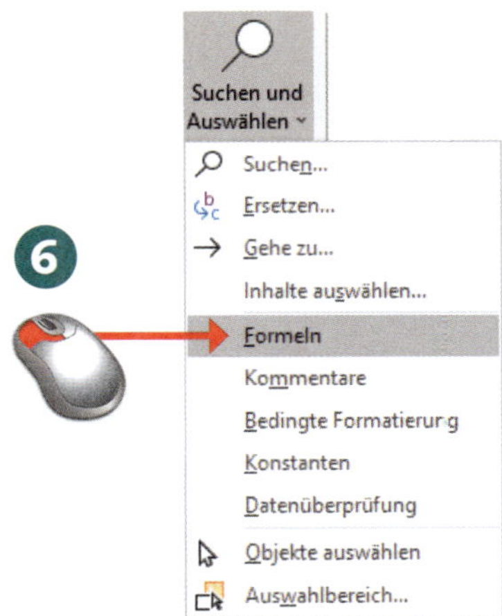

4 *Alle ersetzen* tauscht alle Fundstellen gegen den Ersatzbegriff aus. Zum Abschluss erscheint eine Meldung.

5 Wählen Sie *Suchen und Auswählen/Gehe zu* und tragen Sie eine Zelladresse oder einen Bezug ein.

6 Unter *Suchen und Auswählen* lässt sich auch gezielt nach Formeln, Konstanten (Text und Zahl), Kommentaren oder Bedingungsformaten suchen.

Ende

TIPP

Markieren Sie nur dann Zellbereiche, wenn Sie in diesen suchen und ersetzen wollen. Setzen Sie den Zellzeiger nach A1, wenn Sie die ganze Tabelle meinen.

HINWEIS

Mit der Schaltfläche *Optionen* können Sie auch Formatierungen suchen und ersetzen oder den Suchbegriff für die ganze Zelle bestimmen. Kreuzen Sie *Groß-/Kleinschreibung beachten* an, um die Schreibweise zu berücksichtigen.

Start

1

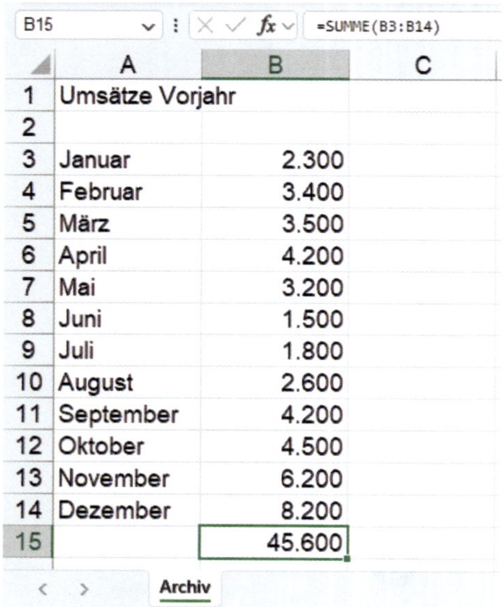

B15 | =SUMME(B3:B14)

	A	B	C
1	Umsätze Vorjahr		
2			
3	Januar	2.300	
4	Februar	3.400	
5	März	3.500	
6	April	4.200	
7	Mai	3.200	
8	Juni	1.500	
9	Juli	1.800	
10	August	2.600	
11	September	4.200	
12	Oktober	4.500	
13	November	6.200	
14	Dezember	8.200	
15		45.600	

Archiv

2

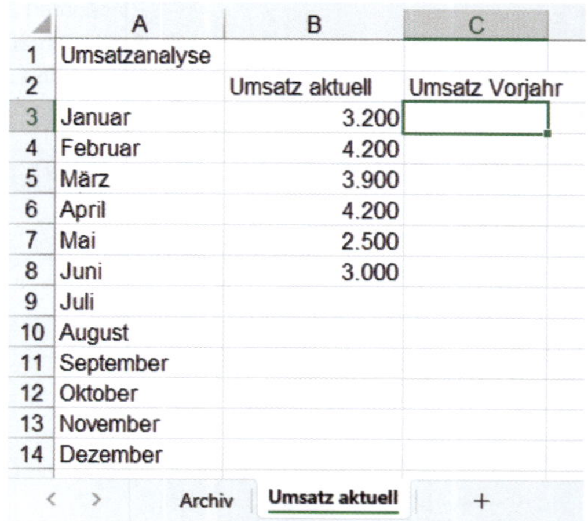

	A	B	C
1	Umsatzanalyse		
2		Umsatz aktuell	Umsatz Vorjahr
3	Januar	3.200	
4	Februar	4.200	
5	März	3.900	
6	April	4.200	
7	Mai	2.500	
8	Juni	3.000	
9	Juli		
10	August		
11	September		
12	Oktober		
13	November		
14	Dezember		

Archiv | Umsatz aktuell | +

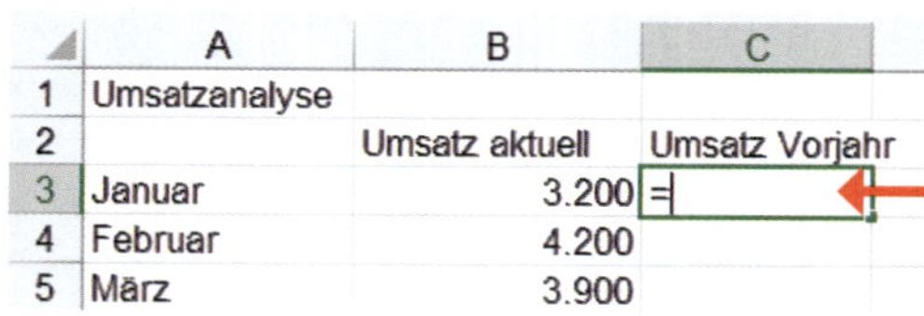

	A	B	C
1	Umsatzanalyse		
2		Umsatz aktuell	Umsatz Vorjahr
3	Januar	3.200	=
4	Februar	4.200	
5	März	3.900	

3

1. Im Tabellenblatt *Archiv* sind die Umsätze des Vorjahres gespeichert, die Gesamtsumme steht in Zelle B15.
2. Die aktuellen Umsätze befinden sich in der Tabelle *Umsatz aktuell*. Zum Vergleich brauchen Sie den Vorjahresumsatz aus dem Archiv.
3. Markieren Sie die Zelle, in der die Verknüpfung zum ersten Monat im Archiv stehen soll, und geben Sie ein =-Zeichen ein.

WISSEN

In der Praxis sind die Daten häufig auf verschiedenen Tabellenblättern verteilt. Holen Sie Zellinhalte aus externen Zellen einfach mit einer Verknüpfung in die Tabelle.

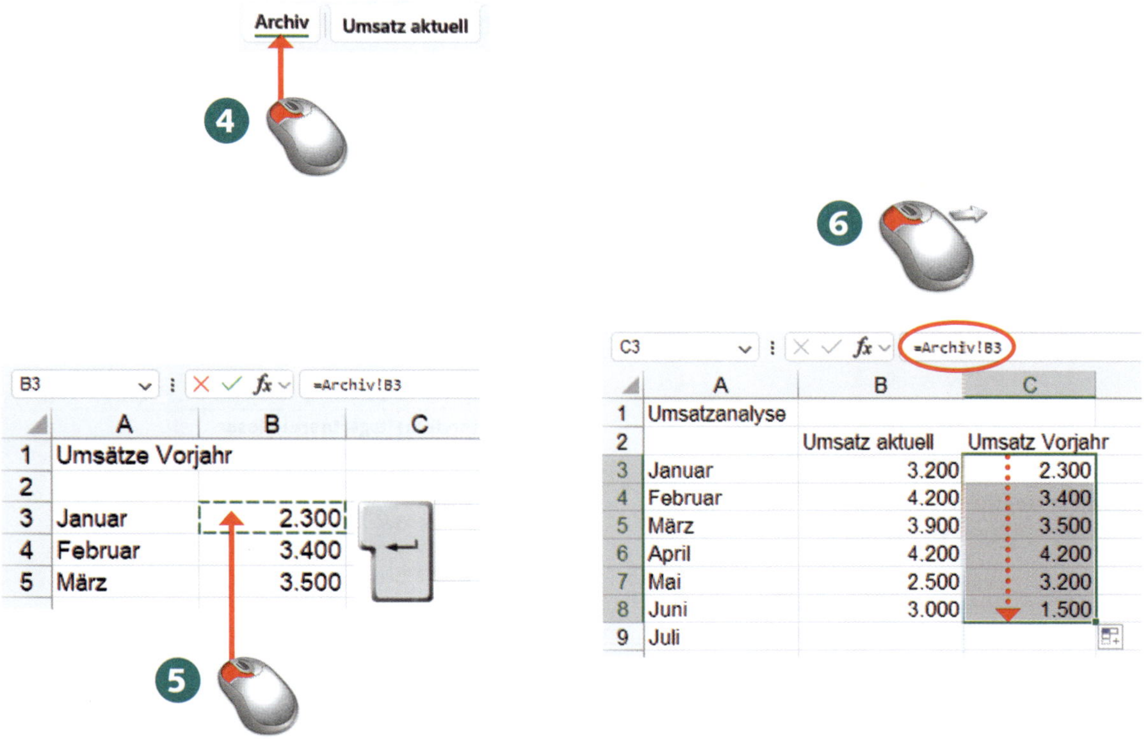

4 Schalten Sie um auf das Tabellenregister *Archiv* …

5 … und klicken Sie auf den ersten Vorjahresumsatz. Schließen Sie mit der [↵]-Taste ab.

6 Die Verknüpfungsformel wird erstellt, Sie können die Formel mit dem relativen Bezug nach unten auf das andere Tabellenblatt kopieren.

HINWEIS

Ihre Verknüpfungen werden automatisch angepasst, wenn Tabellen umbenannt werden, auch wenn Sie Zellen verschieben oder Zeilen und Spalten einfügen.

FACHWORT

Eine Verknüpfung ist ein Zellbezug mit Angabe der Tabelle. Das Ausrufezeichen verbindet Tabelle und Zelle: =Tabelle!Zelle

7

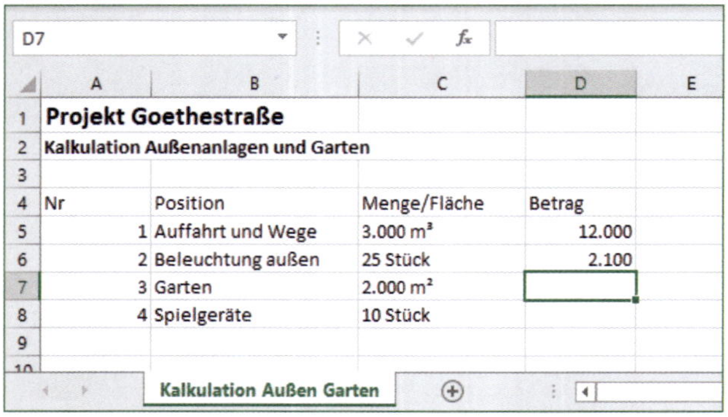

8

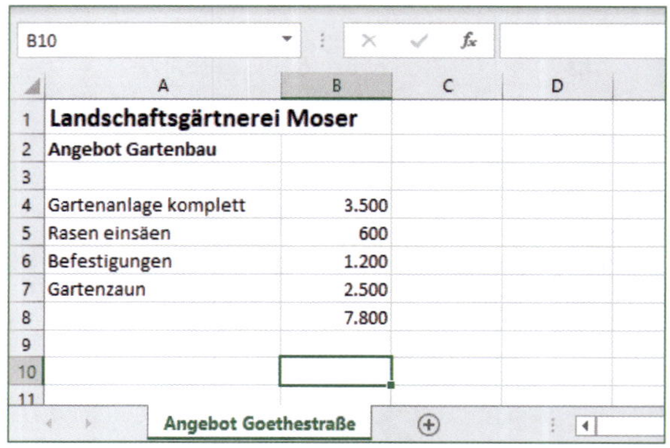

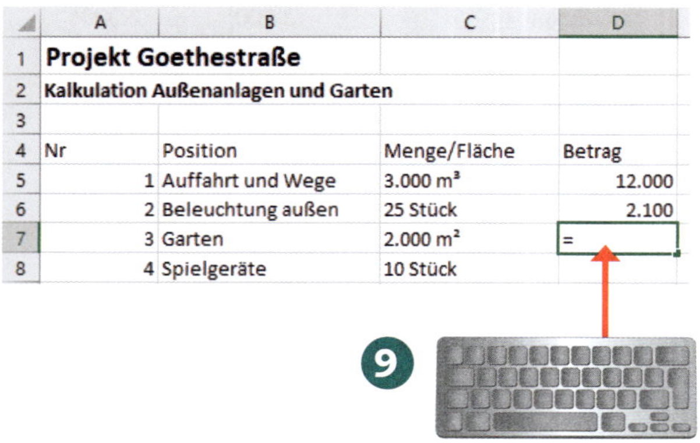

9

7 In dieser Kalkulation sind die ersten beiden Beträge eingetragen, der dritte sollte aus einer anderen Arbeitsmappe geholt werden.

8 Das ist die zweite Arbeitsmappe, in der die Positionssumme steht. Aktivieren Sie beide Mappen.

9 Starten Sie die Verknüpfung in der ersten Mappe wieder mit einem =-Zeichen in der Zielzelle.

WISSEN

Verknüpfungen zwischen Arbeitsmappen sind etwas aufwendiger herzustellen. Öffnen Sie die beteiligten Mappen und konstruieren Sie die Formel über die Fenster hinweg.

TIPP

Tastenkombination für Fensterwechsel: Strg+F6 und Strg+⇧+F6

10
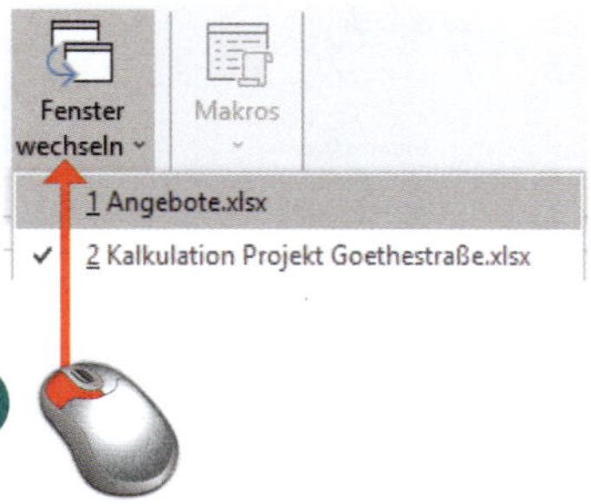

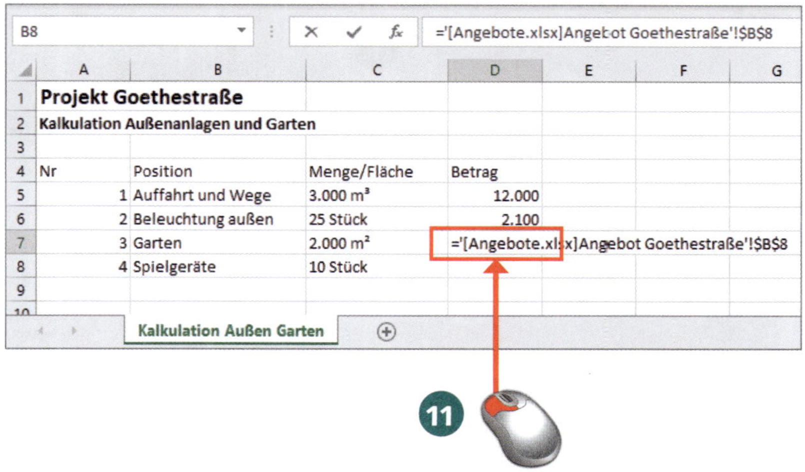

11

12
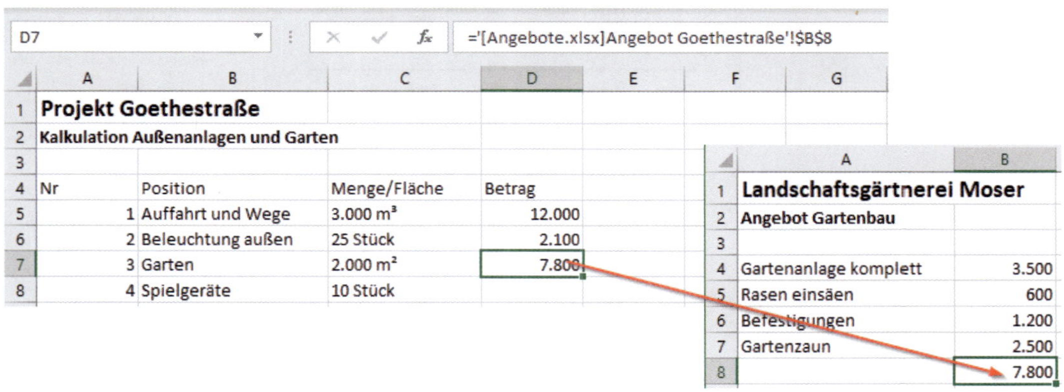

10 Wechseln Sie über *Ansicht/Fenster wechseln* zur zweiten Arbeitsmappe ...

11 ... und markieren Sie die gewünschte Zelle. Mit der [↵]-Taste schließen Sie die Aktion ab.

12 Die Verknüpfung enthält den Namen der Mappe, der Tabelle und den Bezug auf die Zielzelle.

Ende

HINWEIS

Stellen Sie die Fenster mit *Ansicht/Fenster* und *Alle anordnen* nebeneinander, dann können Sie die Verknüpfung einfach per Mausklick herstellen.

HINWEIS

Das Ergebnis der Verknüpfung bleibt erhalten, wenn die Zielmappe geschlossen wird. Excel speichert den gesamten Pfad (Laufwerk und Ordner) in der Verknüpfungsformel.

Start

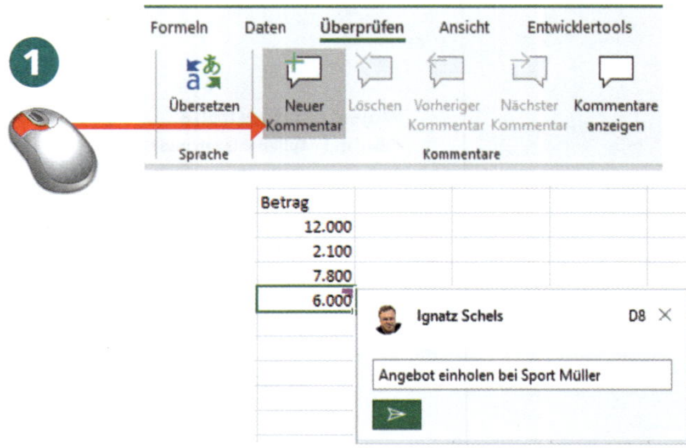

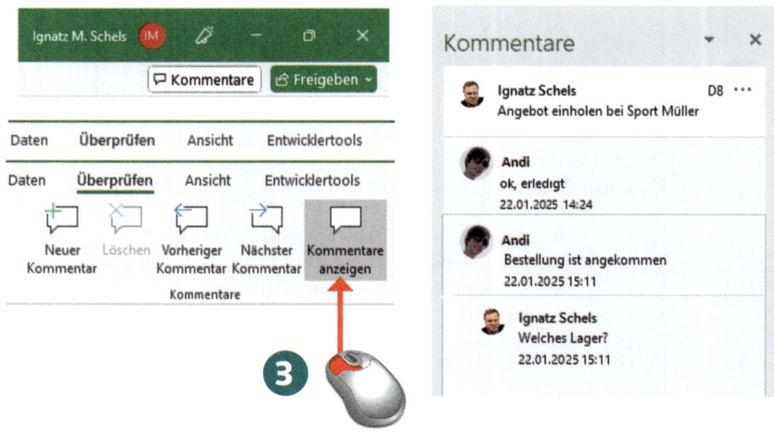

1. Markieren Sie eine Zelle, wählen Sie *Überprüfen/Kommentare/Neuer Kommentar*. Geben Sie einen Text ein und klicken Sie auf *Posten*.

2. Der Kommentar kann jetzt von jedem Benutzer beantwortet werden, jeder kann nur seine eigenen Kommentare bearbeiten oder löschen.

3. Klicken Sie auf *Kommentare anzeigen*, um alle Kommentare in der rechten Randleiste anzuzeigen.

WISSEN

Fügen Sie Kommentare für einzelne Zellen ein. Wenn mehrere Anwender mit einer Mappe arbeiten, können diese darauf antworten. Für größere Anmerkungen verwenden Sie Notizen. Kommentare und Notizen werden sichtbar, wenn der Mauszeiger auf die Zelle mit dem Indikator zeigt (lila Dreieck = Kommentar, rotes Dreieck = Notiz).

TIPP

Mit dem Drei-Punkte-Symbol rechts oben am ersten Kommentar löschen Sie den ganzen Thread (Kommentarfolge).

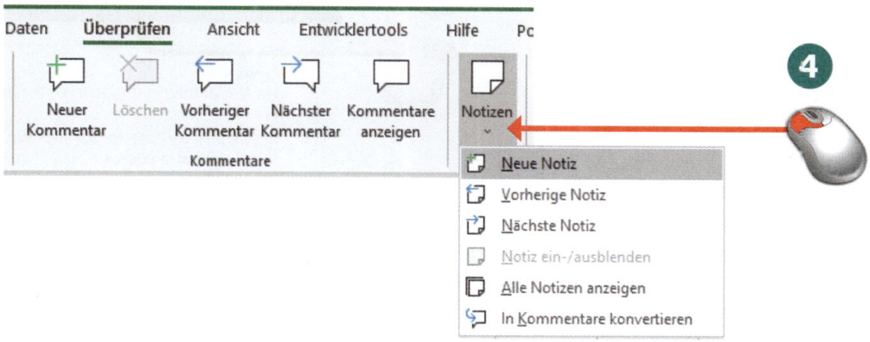

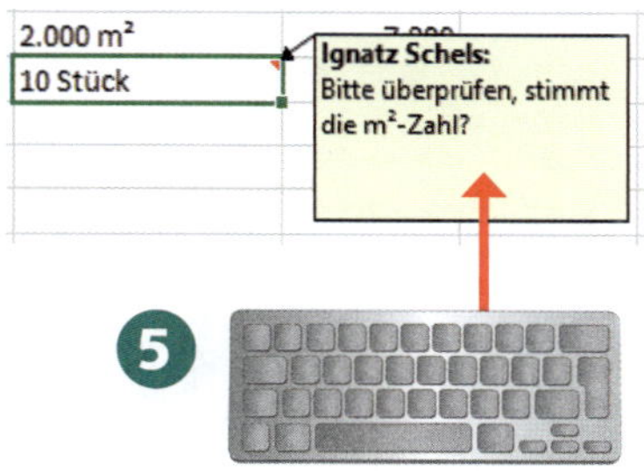

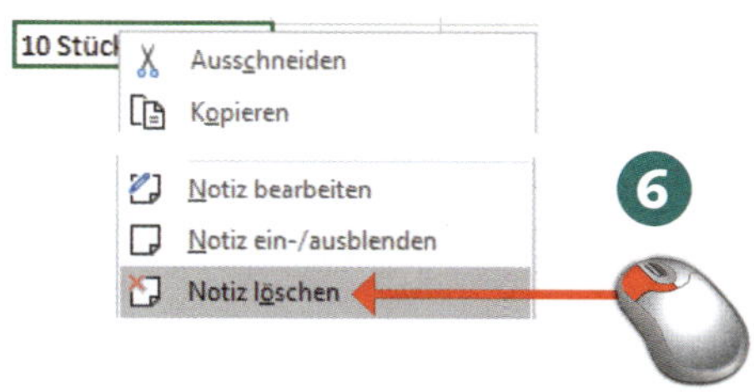

4 Fügen Sie mit diesem Symbol eine Notiz in die markierte Zelle ein. Ein rotes Dreieck kennzeichnet die Zelle anschließend.

5 Geben Sie den Text für die Notiz ein. Der Benutzername wird automatisch aus den Optionen übernommen.

6 Über das Notiz-Symbol unter *Überprüfen* oder mit den Befehlen im Kontextmenü können Sie Notizen bearbeiten und wieder löschen.

Ende

HINWEIS

Um Kommentare zu drucken, lassen Sie sich alle anzeigen. Im Dialogfeld unter *Seitenlayout/Seite einrichten* können Sie einstellen, wo die Kommentare gedruckt werden.

HINWEIS

Die Benutzerkennung für Kommentare stammt aus dem Microsoft-Konto. In der ersten Zeile einer Notiz steht automatisch der Benutzername (*Optionen/Allgemein*).

Start

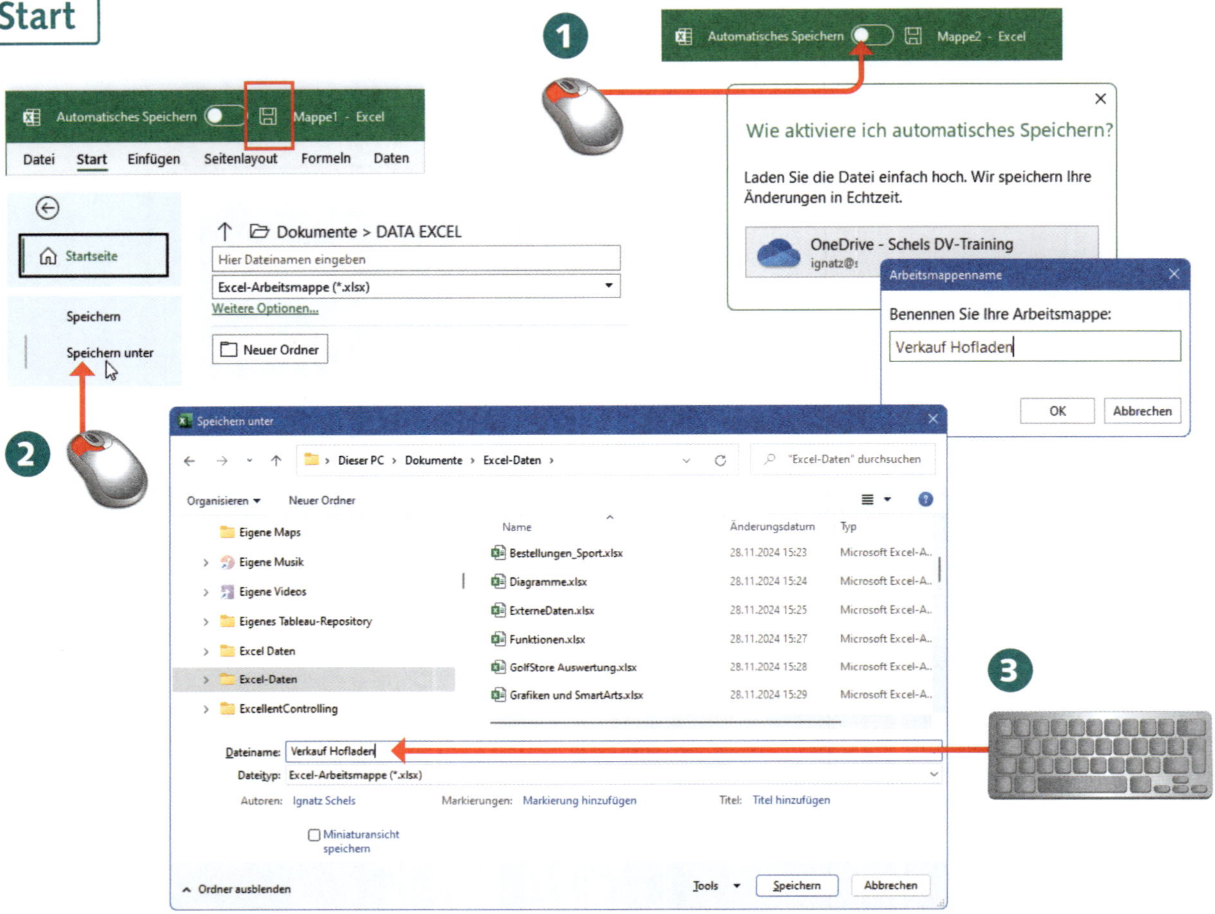

1. Aktivieren Sie in Excel 2024/365 *Automatisches Speichern*, wird die Arbeitsmappe auf OneDrive kopiert und automatisch gesichert. Geben Sie einen Dateinamen ein.
2. Um die Mappe auf einem Datenträger oder im Netzwerk zu speichern, klicken Sie auf das Diskettensymbol, wählen *Speichern unter* und klicken auf *Weitere Optionen*.
3. Geben Sie den Dateinamen ein. Der Dateityp *Excel-Arbeitsmappe* wird automatisch vorgeschlagen.

WISSEN

Vergessen Sie nicht, Ihre Arbeit zu speichern. Bisher haben Sie nur im Arbeitsspeicher Daten gesammelt, mit dem Speichern der Mappe werden diese auf einem Datenträger oder in der Cloud gesichert.

HINWEIS

In den Optionen ist unter *Speichern* festgelegt, welches Dateiformat beim Speichern vorgeschlagen wird.

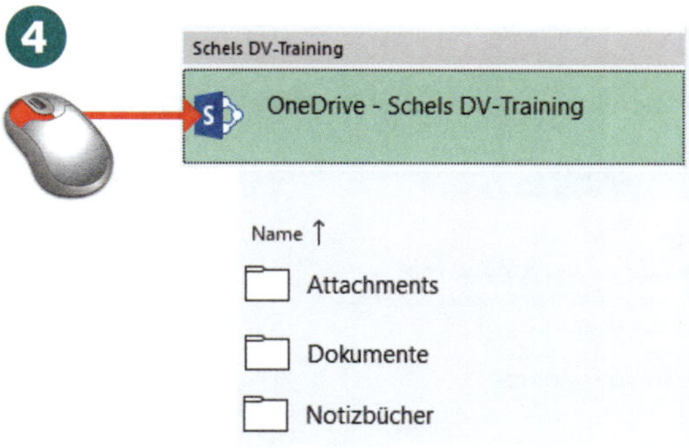

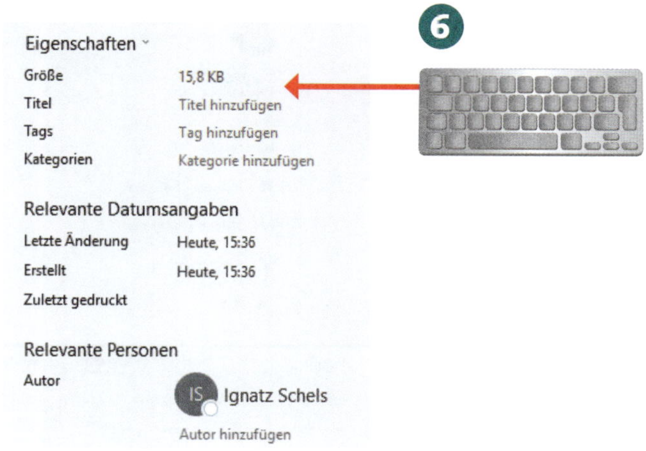

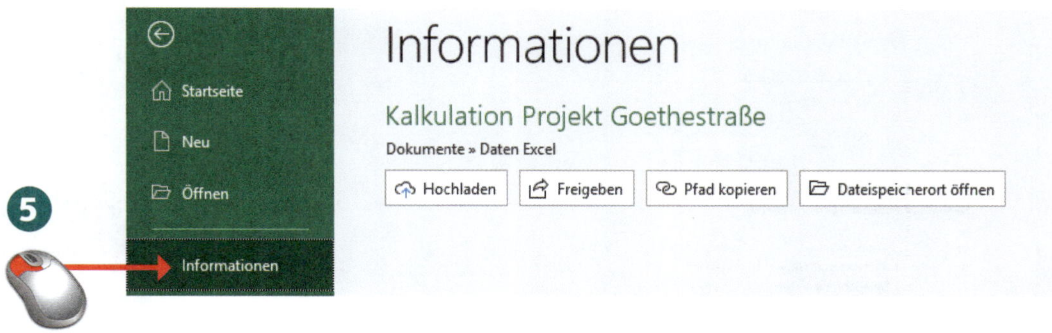

4 Schalten Sie auf OneDrive, wenn Sie die Datei in der Cloud speichern wollen. Auch hier finden Sie eine Auswahl an Ordnern.

5 Unter *Informationen* auf der Startseite sehen Sie alle Informationen zur gespeicherten Datei.

6 Geben Sie einen Titel, Schlüsselwörter (Tags) und eine Kategorie ein und fügen Sie bei Bedarf Autoren hinzu oder ändern Sie diese.

Ende

TIPP

Der Dateiname wird nur beim ersten Speichervorgang angefordert. *Speichern unter* fordert immer einen Dateinamen an. Existiert die Datei bereits, wird sie überschrieben.

HINWEIS

Dateinamenerweiterungen sind nur sichtbar, wenn Sie diese im Windows-Explorer eingeschaltet hatten:
Für Arbeitsmappen ab Excel 2007: XLSX
Für Arbeitsmappen bis Excel 97/2003: XLS

Start

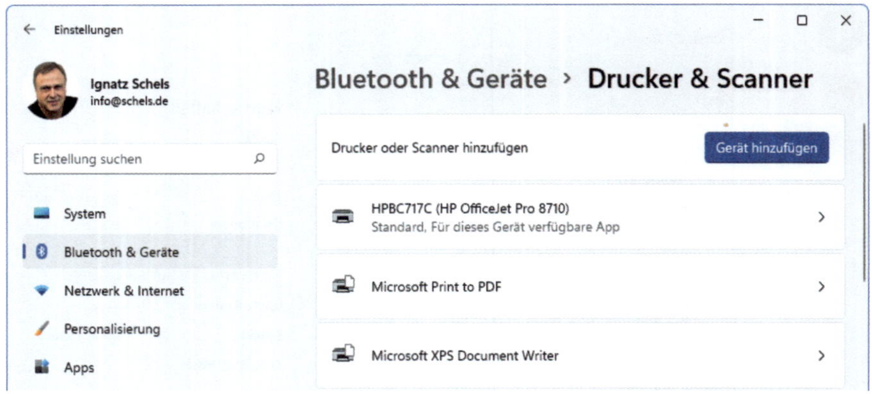

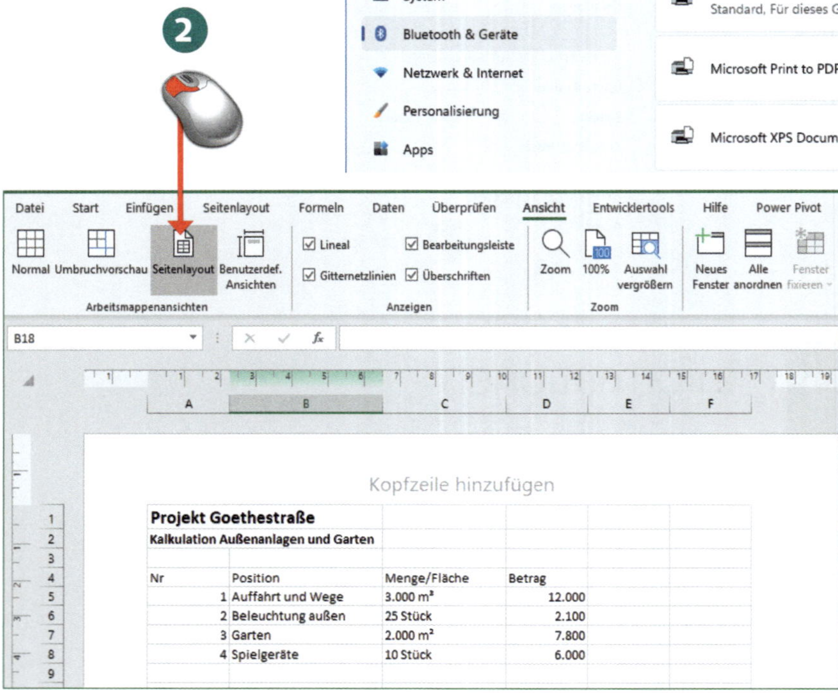

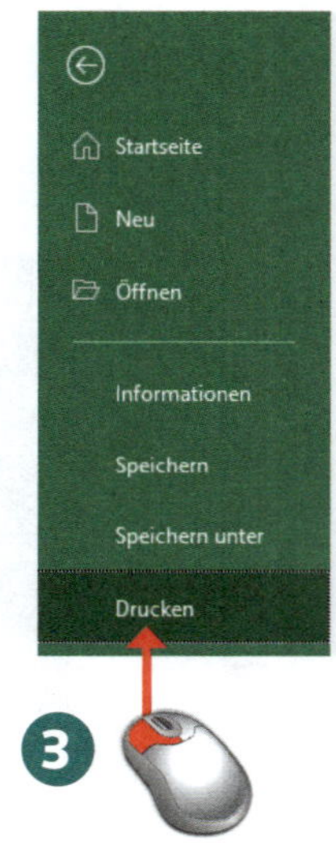

1. Für den Ausdruck der Tabelle muss ein Drucker installiert sein. Sehen Sie in den Windows-Geräteeinstellungen nach, ob ein Standarddrucker eingerichtet ist.

2. Klicken Sie im Register *Arbeitsmappenansichten* auf *Seitenlayout*, um den Ausdruck in dieser Ansicht zu überprüfen.

3. Wählen Sie *Drucken* in der Backstage-Ansicht (erreichbar über das *Datei*-Menü), um den Druck in der Druckvorschau anzuzeigen.

WISSEN

Drucken Sie Ihre fertigen Kalkulationen aus, bringen Sie Tabellen, Rechnungen, Angebote u. a. über den Windows-Standarddrucker zu Papier. Vorher können Sie das Ergebnis im Seitenlayout und in der Druckvorschau betrachten. Die Druckvorschau gibt den Druck auf dem aktuell eingerichteten Standarddrucker wieder. Unter *Datei/Drucken* kann aber auch ein anderer Drucker ausgewählt werden.

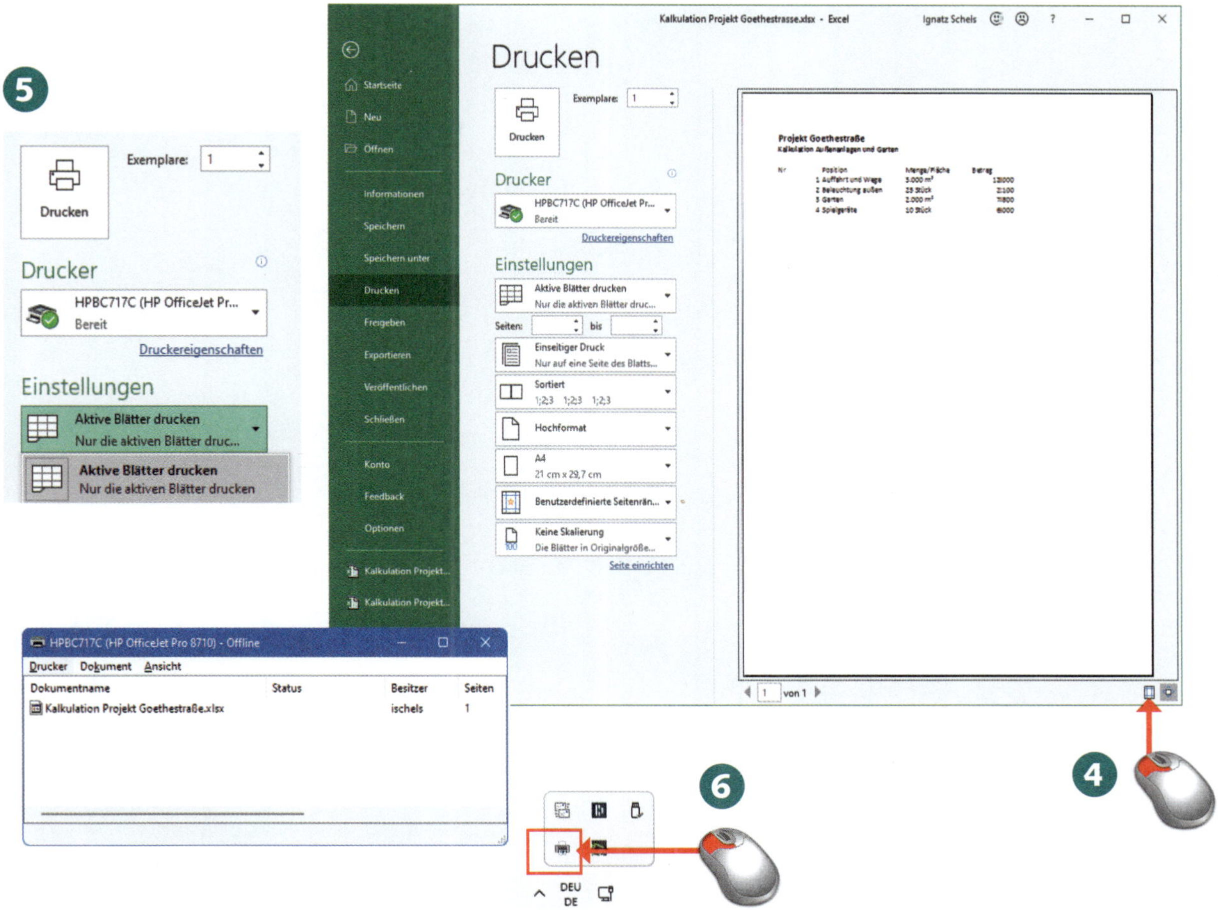

4 Überprüfen Sie die Druckeinstellungen. Schalten Sie die Ränder und Spaltenlinien ein. Sie lassen sich mit dem Mauszeiger in der Druckvorschau korrigieren.

5 Wählen Sie den passenden Drucker, die Anzahl der Seiten und der zu druckenden Exemplare.

6 Starten Sie den Druck mit Klick auf *Drucken*. Die Druckaufträge können über das Druckersymbol im Infobereich der Taskleiste überprüft und verwaltet werden.

Ende

TIPP

Die Umbruchvorschau ist eine weitere Druckansicht für größere Tabellen. Sie zeigt die Seitenumbrüche an, die Randlinien können Sie mit dem Mauszeiger neu positionieren.

HINWEIS

Achten Sie auf die Druckeinstellungen: *Aktive Blätter drucken* ist Standard, Sie können aber auch die gesamte Arbeitsmappe oder nur die aktuelle Auswahl (Markierung) drucken.

4

Schrift, Farben, Muster – Tabellen formatieren

Start

1

A1

	A	B	C	D
1				
2				
3				
4				
5				
6				
7				

Einnahmen und Ausgaben

B8 =SUMME(B3:B7)

	A	B	C	D	E	F	G	H	I	J	K	L	M
1	Einnahmen												
2		Jan	Feb	Mrz	Apr	Mai	Jun	Jul	Aug	Sep	Okt	Nov	Dez
3	Nettogehalt	3.200	3.200	3.200	3.200	3.200	3.200	3.200	3.200	3.200	3.200	3.200	3.200
4	Gehaltszulagen	300											1.500
5	Vermietung/Verpachtung	120	120	120	120	120	120	120	120	120	120	120	120
6	Nebenjob	300	300	300	150	150	150	150	150	150	300	300	300
7	Sonstiges	100	200										
8	Gesamt	4.020	3.820	3.620	3.470	3.470	3.470	3.470	3.470	3.470	3.620	3.620	5.120

2

3

B22 =SUMME(B12:B21)

	A	B	C	D	E	F	G	H	I	J	K	L	M
10	Ausgaben												
11		Jan	Feb	Mrz	Apr	Mai	Jun	Jul	Aug	Sep	Okt	Nov	Dez
12	Miete	650	650	650	650	650	650	650	650	650	650	650	650
13	Auto	350	350	350	350	350	350	350	350	350	350	350	350
14	Strom	120	120	120	120	120	120	120	120	120	120	120	120
15	Wasser	65	65	65	65	65	65	65	65	65	65	65	65
16	Telefon/Mobil	85	85	85	85	85	85	85	85	85	85	85	85
17	Internet Flatrate	25	25	25	25	25	25	25	25	25	25	25	25
18	Lebensmittel	650	650	650	650	650	650	650	650	650	650	650	650
19	Bekleidung	200	200	200	200	200	200	200	200	200	200	200	200
20	Kino/Theater/Kultur	80	80	80	80	80	80	80	80	80	80	80	80
21	Sonstiges	300	300	300	300	300	300	300	300	300	300	300	300
22	Gesamt	2.525	2.525	2.525	2.525	2.525	2.525	2.525	2.525	2.525	2.525	2.525	2.525

1. Legen Sie mit Strg+N eine neue Arbeitsmappe an. Die erste Tabelle erhält den Namen *Einnahmen und Ausgaben*.
2. Erstellen Sie ab Zelle A3 eine monatliche Einnahmenübersicht und summieren Sie die Einnahmen mit der Funktion SUMME().
3. Schreiben Sie ab Zelle A11 eine Ausgabenübersicht, ebenfalls mit einer Monatsreihe, und summieren Sie auch diese mit der SUMME-Funktion.

WISSEN

In diesem Praxisbeispiel können Sie testen, was Sie bisher gelernt haben. Erstellen Sie eine Tabelle zur Berechnung der monatlichen Einnahmen und Ausgaben in Ihrem Haushalt. Dieses Haushaltsbuch stellt die Einnahmen den Kosten gegenüber und berechnet, was übrig bleibt.

4

24	Jahreseinkommen:	44.640	=SUMME(B8:M8)
25	Ausgaben gesamt:	30.300	=SUMME(B22:M22)
26	Jahresüberschuss:	14.340	=B24-B25

5

	A	B	C
28	Ausgabenstatistik		
29			
30		Ausgaben/Jahr	%/Jahr
31	Miete	7800	17,47
32	Auto	4200	9,41
33	Strom	1440	3,23
34	Wasser	780	1,75
35	Telefon/Mobil	1020	2,28
36	Internet Flatrate	300	0,67
37	Lebensmittel	7800	17,47
38	Bekleidung	2400	5,38
39	Kino/Theater/Kultur	960	2,15
40	Sonstiges	3600	8,06

	B	C
30	Ausgaben/Jahr	%/Jahr
31	=SUMME(B12:M12)	=B31/$B$24%
32	=SUMME(B13:M13)	=B32/$B$24%
33	=SUMME(B14:M14)	=B33/$B$24%
34	=SUMME(B15:M15)	=B34/$B$24%
35	=SUMME(B16:M16)	=B35/$B$24%
36	=SUMME(B17:M17)	=B36/$B$24%
37	=SUMME(B18:M18)	=B37/$B$24%
38	=SUMME(B19:M19)	=B38/$B$24%
39	=SUMME(B20:M20)	=B39/$B$24%
40	=SUMME(B21:M21)	=B40/$B$24%

6

B22 =SUMME(B12:B21)

	A	B	C	D	E	F	G	H	I	J	K	L	M	N	O	P
1	Einnahmen															
2		Jan	Feb	Mrz	Apr	Mai	Jun	Jul	Aug	Sep	Okt	Nov	Dez			
3	Nettogehalt	3200	3200	3200	3200	3200	3200	3200	3200	3200	3200	3200	3200			
4	Gehaltszulagen	300											1500			
5	Vermietung/Verpachtung	120	120	120	120	120	120	120	120	120	120	120	120			
6	Nebenjob	300	300	300	150	150	150	150	150	300	300	300	300			
7	Sonstiges	100	200			500										
8	Gesamt	4020	3820	3620	3470	3970	3470	3470	3470	3620	3620	3620	5120			
9																
10	Ausgaben															
11		Jan	Feb	Mrz	Apr	Mai	Jun	Jul	Aug	Sep	Okt	Nov	Dez			
12	Miete	650	650	650	650	650	650	650	650	650	650	650	650			
13	Auto	350	350	350	350	350	350	350	350	350	350	350	350			
14	Strom	120	120	120	120	120	120	120	120	120	120	120	120			
15	Wasser	65	65	65	65	65	65	65	65	65	65	65	65			
16	Telefon/Handy	85	85	85	85	85	85	85	85	85	85	85	85			
17	DSL Flatrate	25	25	25	25	25	25	25	25	25	25	25	25			
18	Lebensmittel	650	650	650	650	650	650	650	650	650	650	650	650			
19	Bekleidung	200	200	200	200	200	200	200	200	200	200	200	200			
20	Kino/Theater/Kultur	80	80	80	80	80	80	80	80	80	80	80	80			
21	Sonstiges	300	300	300	300	300	300	300	300	300	300	300	300			
22	Gesamt	2525	2525	2525	2525	2525	2525	2525	2525	2525	2525	2525	2525			
23																

Einnahmen und Ausgaben

4 Berechnen Sie ab Zelle A24 das Jahreseinkommen, die jährlichen Ausgaben und die Differenz zwischen Einnahmen und Ausgaben.

5 Erstellen Sie ab Zelle A28 eine Ausgabenstatistik, die Ihnen die prozentualen Anteile der einzelnen Kosten an den Gesamtkosten zeigt.

6 Speichern Sie Ihre Arbeitsmappe mit einem Klick auf das Diskettensymbol in der Symbolleiste für den Schnellzugriff, nennen Sie sie *Haushaltsbuch.xlsx*.

Ende

TIPP

Für die Monatsreihe schreiben Sie den ersten Monat und ziehen das Füllkästchen nach unten. Auch die Summenformeln lassen sich so kopieren.

HINWEIS

Die Prozentwerte können Sie auf zwei Dezimalstellen runden. Verwenden Sie *Start/Zahl/Dezimalstelle* oder diese Funktion: =RUNDEN(B31/$B$24%;2)

Start

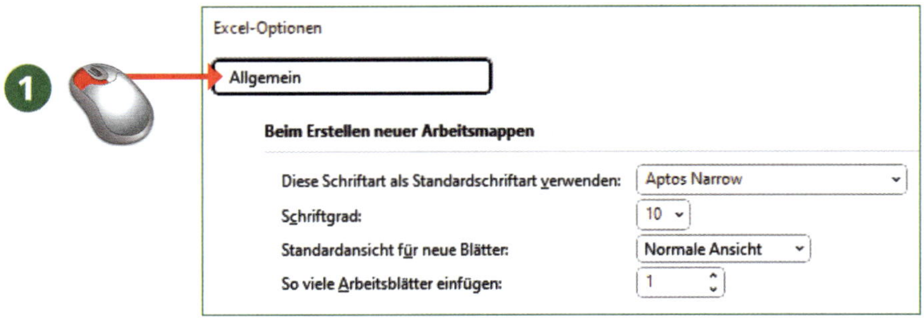

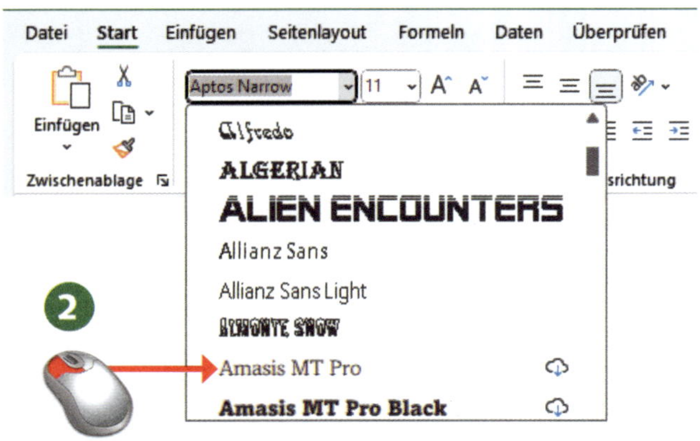

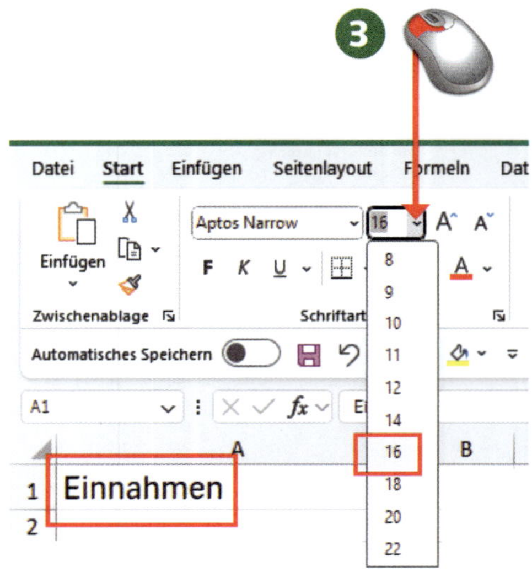

1. Unter *Datei/Optionen/Allgemein* finden Sie die für neue Arbeitsmappen voreingestellte Schriftart. *Aptos Narrow* ist die Standardschriftart für Excel 2024/365.

2. Markieren Sie einen Tabellenbereich und wechseln Sie unter *Start/Schriftart* zu einer anderen Schriftart.

3. Holen Sie aus der Schriftgrößenliste eine größere Zahl, formatieren Sie zum Beispiel alle Überschriften mit der Schriftgröße 16 Punkt.

WISSEN

Aptos Narrow heißt die Standardschrift in Excel 2024/365. Die Schriftartenliste bietet aber noch viele weitere »Fonts«. Verleihen Sie Ihren Tabellen mit unterschiedlichen Schriftarten und Schriftgrößen eine ansprechende Optik. Aber Vorsicht: nicht zu viele verschiedene Schriften verwenden (»Zirkusplakat« ...).

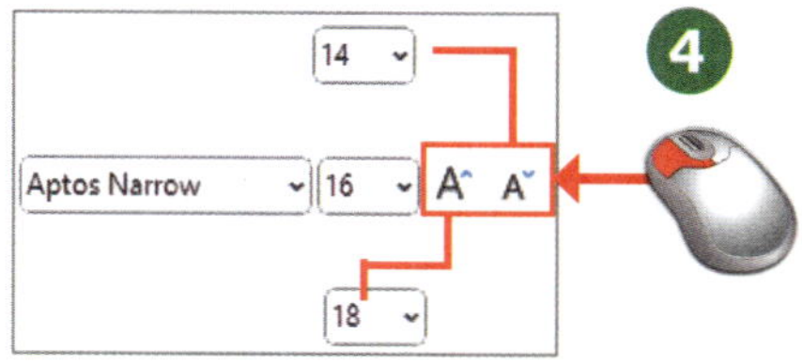

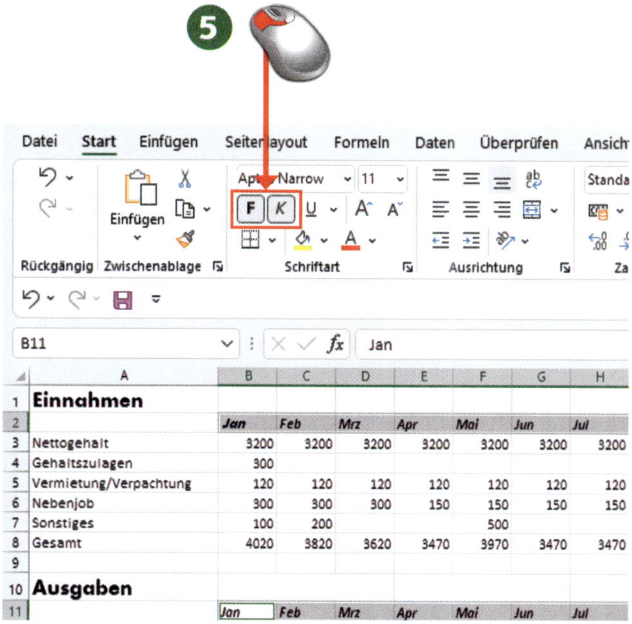

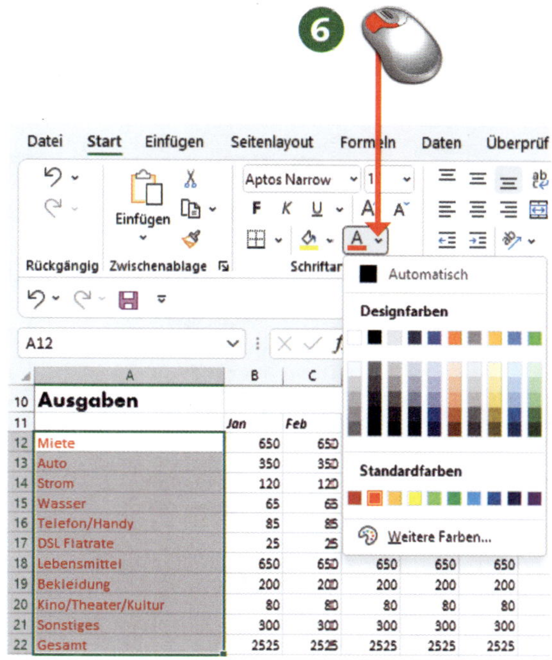

4 Klicken Sie auf die Schriftgrößensymbole, um die Schrift der markierten Zellen schrittweise um jeweils 2 Punkt zu vergrößern oder zu verkleinern.

5 Mit den Symbolen für Fett und Kursiv zeichnen Sie die Monatsnamen der Einnahmen und Ausgaben aus.

6 Die Beschriftungen der Einnahmen und Ausgaben erhalten zur besseren Unterscheidung eine andere Schriftfarbe. Holen Sie diese aus dem Schriftfarbensymbol.

HINWEIS

Zeigt die Schrift in der Schriftartenauswahl ein Symbol mit Wolke an, ist das eine Cloud-Schrift. Sie muss erst aus der Cloud heruntergeladen werden (nur unter Microsoft 365), wird dann aber nicht in der Windows-Schriftartenliste angeboten.

HINWEIS

Die Schriftgröße wird im typografischen Maß »Punkt« gemessen:
1 Punkt = 0,352 mm.

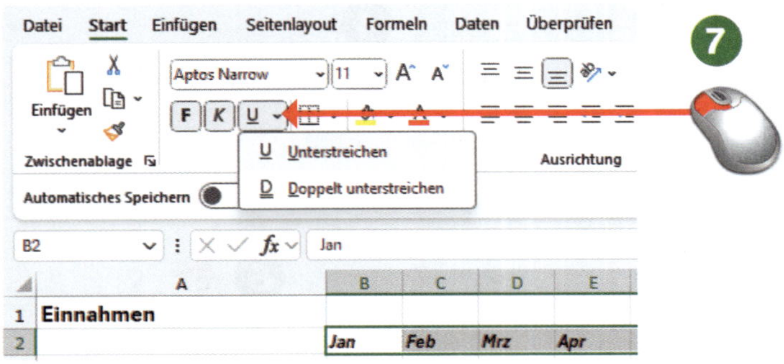

7

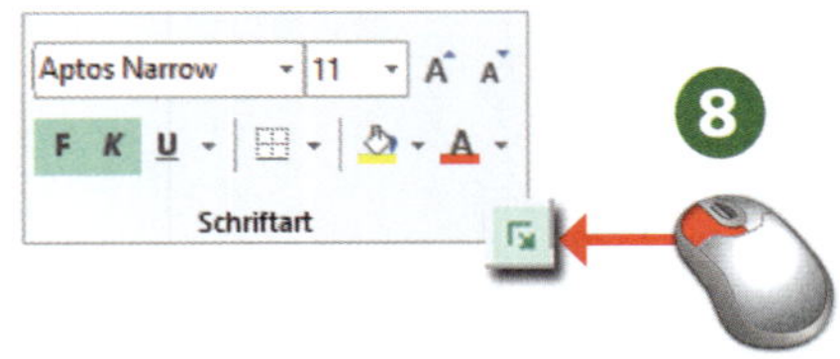

8

9

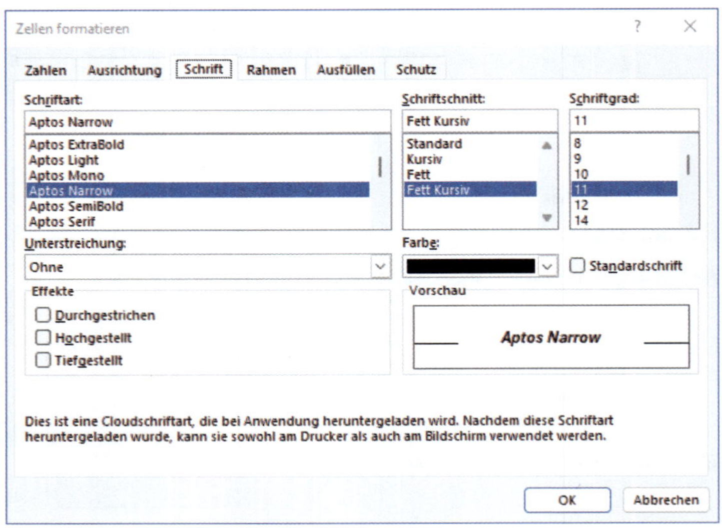

7 Unterstreichen Sie die Monatsnamen noch mit dem Unterstreichen-Symbol.

8 Im Dialogfeld der Gruppe sind alle Befehle zusammengefasst. Klicken Sie auf das Dialogfeldsymbol.

9 Die Formate *Durchgestrichen*, *Hochgestellt* und *Tiefgestellt* werden nur im Dialog angeboten.

WISSEN

Weitere Schriftformatierungen wie Unterstreichungen und Hoch-/Tiefstellen bietet Excel ebenfalls an, dazu brauchen Sie aber das Dialogfenster. Und Schriftelemente, die nicht auf der Tastatur zu finden sind, holen Sie aus der Symbolauswahl.

FACHWORT

Font: Englisch für Schriftart.

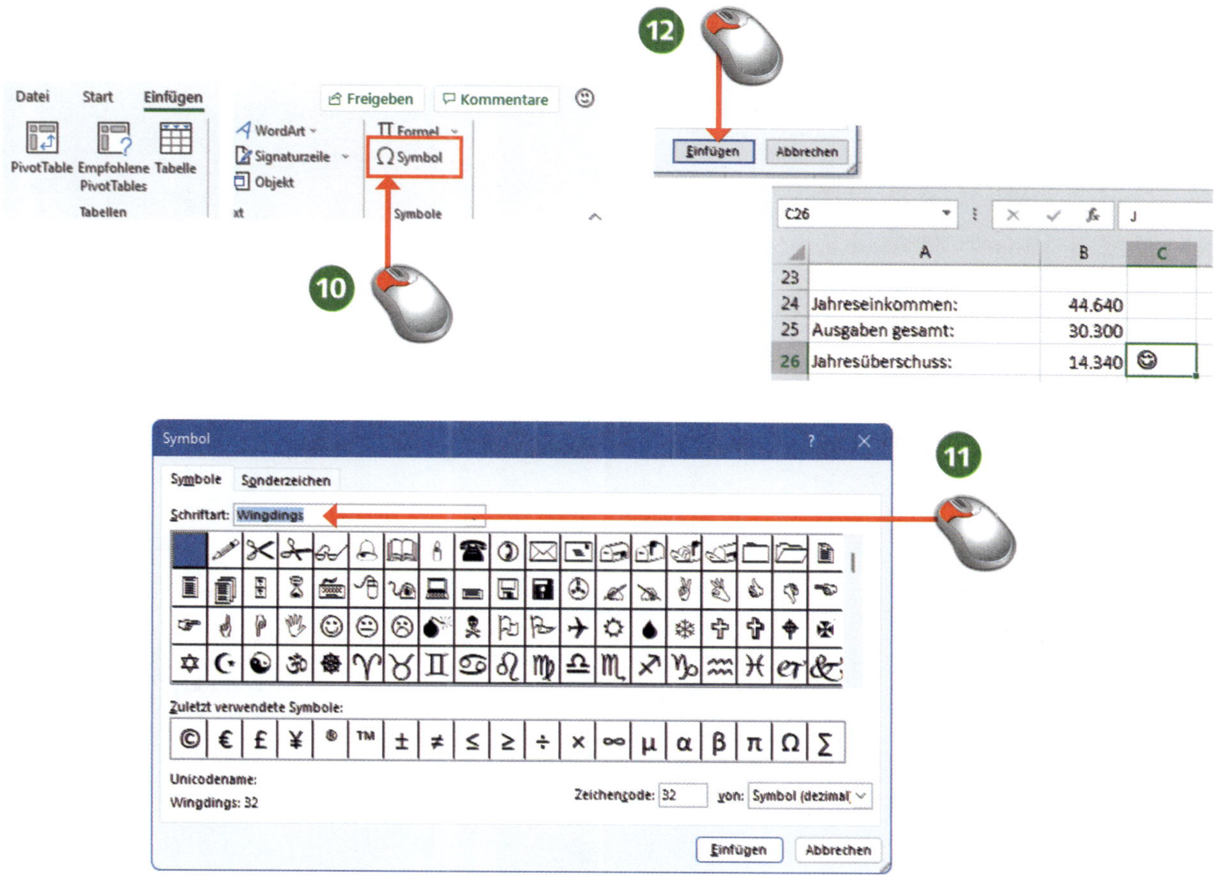

10 Alle Zeichen, die nicht auf der Tastatur zu finden sind, holen Sie als Symbole in das Tabellenblatt. Wählen Sie *Einfügen/Symbole/Symbol*.

11 Schalten Sie auf die passende Schriftart um oder suchen Sie einen Zeichensatz (hier *Wingdings*) mit Sonderzeichen.

12 Markieren Sie das Symbol und klicken Sie auf *Einfügen*, um es an der Zellzeigerposition in die Tabelle zu holen.

Ende

TIPP

Die hochgestellten Zahlen 2 und 3 produzieren Sie mit AltGr+2 bzw. AltGr+3.

HINWEIS

Das Angebot an Schriftarten und Zeichentabellen wird unter Windows verwaltet. Sehen Sie in den *Einstellungen* unter *Personalisierung* und *Schriftarten* nach.

Start

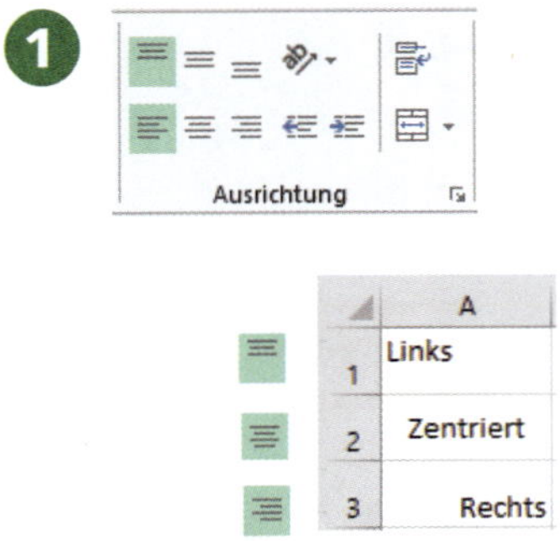

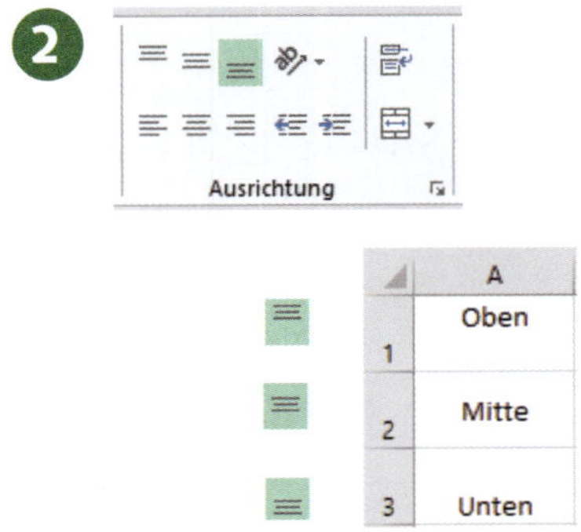

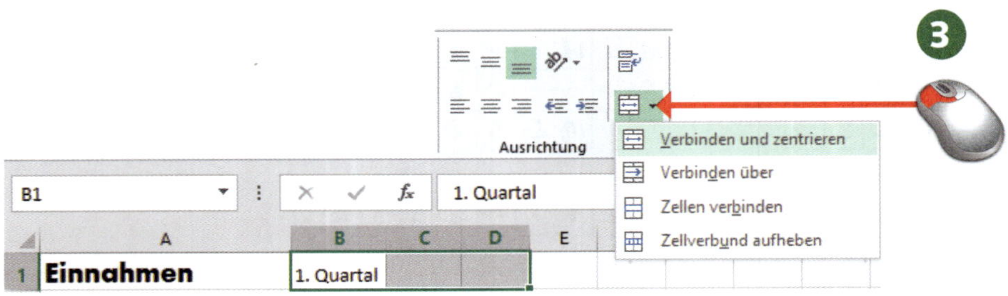

1. Mit diesen Symbolen ändern Sie die Ausrichtung des Zellinhalts oder den Einzug (Abstand vom linken Zellenrand).
2. Diese Symbole regeln die vertikale Ausrichtung bei größeren Zeilen. Ziehen Sie die untere Linie der Zeilenzahl nach unten, um die Zeile zu vergrößern.
3. Mit diesem Symbol verbinden Sie mehrere markierte Zellen zu einer Zelle.

WISSEN

Im Excel-Tabellenblatt ist Text standardmäßig linksbündig, Zahlen stehen immer rechtsbündig in der Zelle. Sie können diese Automatik aufheben und jede Zelle so ausrichten, wie es Ihnen gefällt. Stellen Sie Texte schräg oder senkrecht, wenn Sie Platz sparen wollen oder einfach mehr Abwechslung in der Tabellenoptik haben möchten.

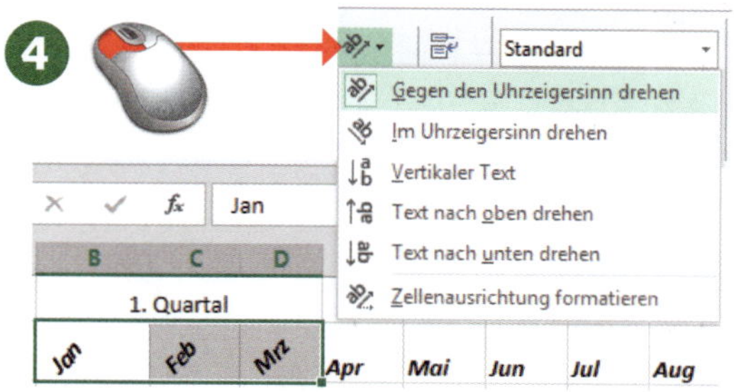

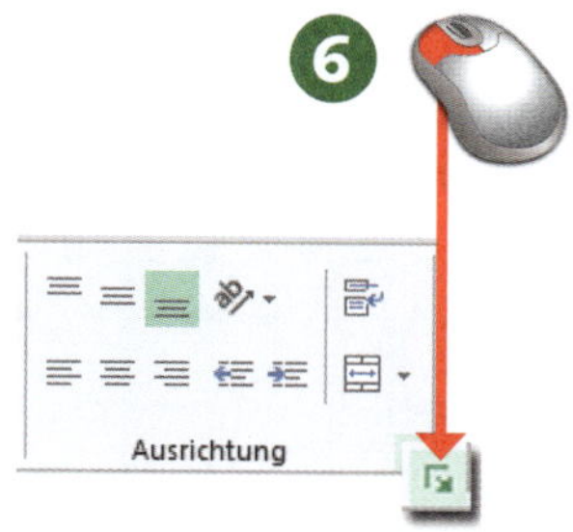

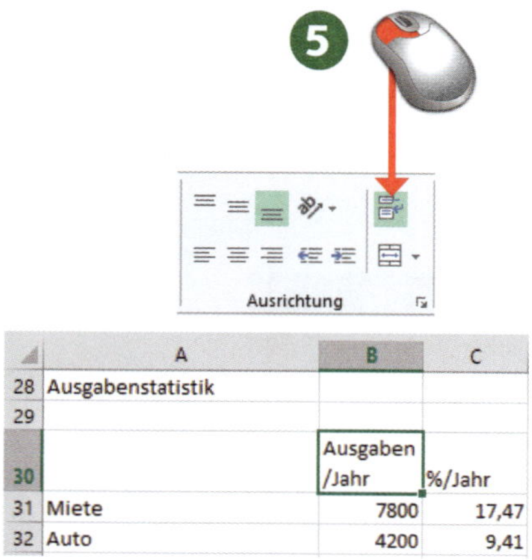

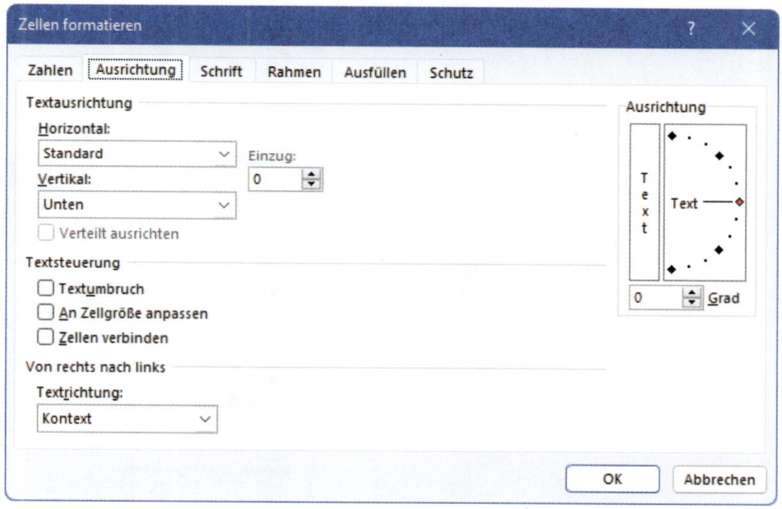

4 Stellen Sie mit diesem Symbol den Zellinhalt schräg oder senkrecht.

5 Der Zeilenumbruch sorgt dafür, dass der Text horizontal umbrochen wird. Dazu wird die Zeilenhöhe automatisch angepasst.

6 Klicken Sie auf das Dialogfeldsymbol der Gruppe *Ausrichtung* und lassen Sie sich alle Ausrichtungsoptionen im Dialog anzeigen.

Ende

TIPP

Ein gezielter Zeilenumbruch an der Cursorposition im Text wird mit Alt+↵ eingefügt.

HINWEIS

Die Option *An Zellgröße anpassen* sorgt dafür, dass der Inhalt so weit verkleinert wird, bis er vollständig in die Zelle passt.

HINWEIS

Heben Sie Zellverbindungen wieder auf, indem Sie die ganze Zeile markieren und die Option *Zellen verbinden* entfernen.

Start

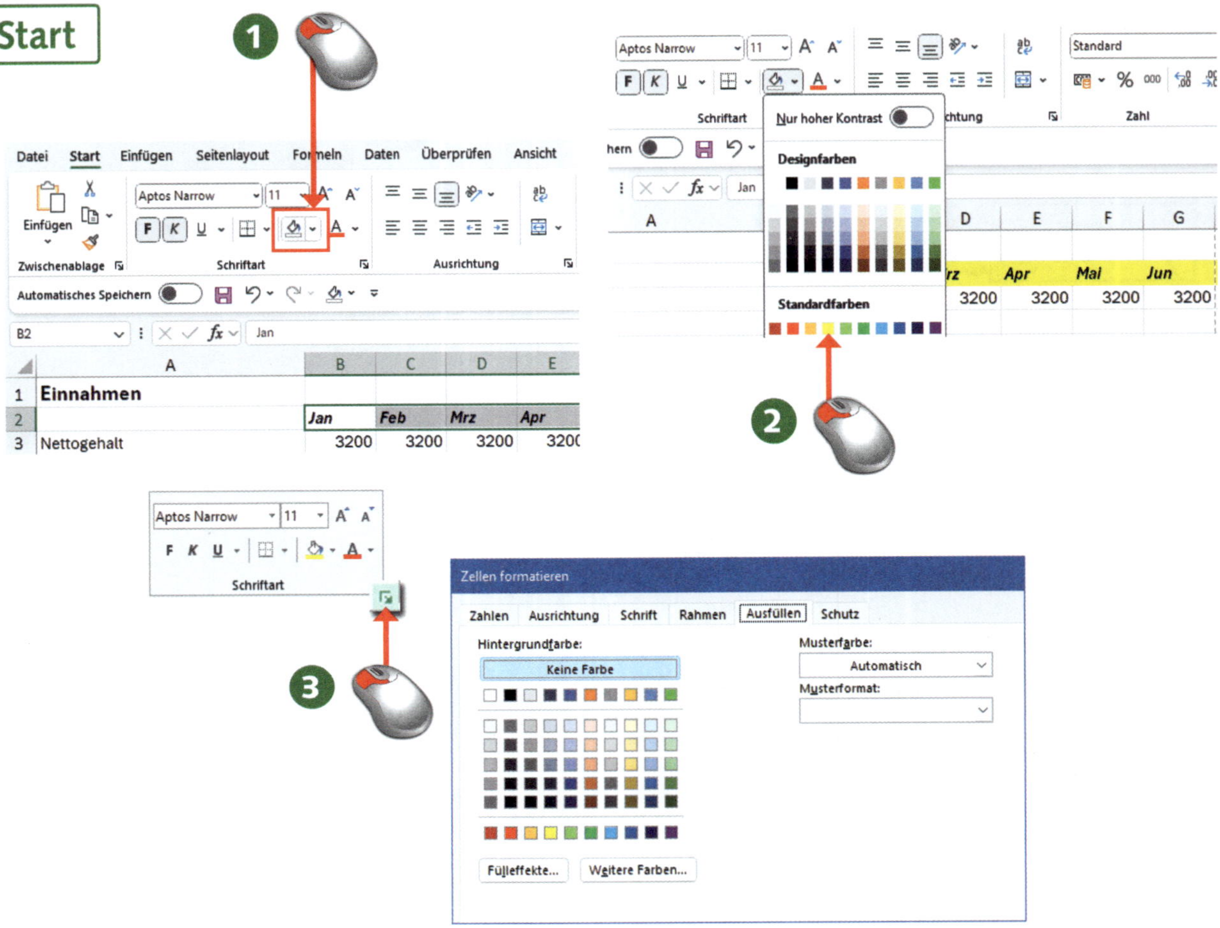

1. Um die markierten Zellen einzufärben, öffnen Sie das Füllkannensymbol in der Gruppe *Schriftart*.
2. Zeigen Sie auf die gewünschte Farbe, sie wird im Hintergrund sofort zugewiesen. Mit einem Klick auf das Farbfeld weisen Sie die Farbe zu.
3. Klicken Sie auf das Dialogfeldsymbol. Auf der Registerkarte *Ausfüllen* finden Sie weitere Fülleffekte wie Farbverläufe und Muster.

WISSEN

Jetzt kommt Farbe ins Spiel. Zellmuster, Rahmenlinien und Schraffuren machen – richtig dosiert – Tabellen besser lesbar und heben Wichtiges hervor. Aber auch hier gilt: Weniger ist mehr ...

HINWEIS

Gitternetzlinien sind keine Rahmen, sondern Layoutelemente. Schalten Sie sie ein oder aus über *Seitenlayout/Blattoptionen*.

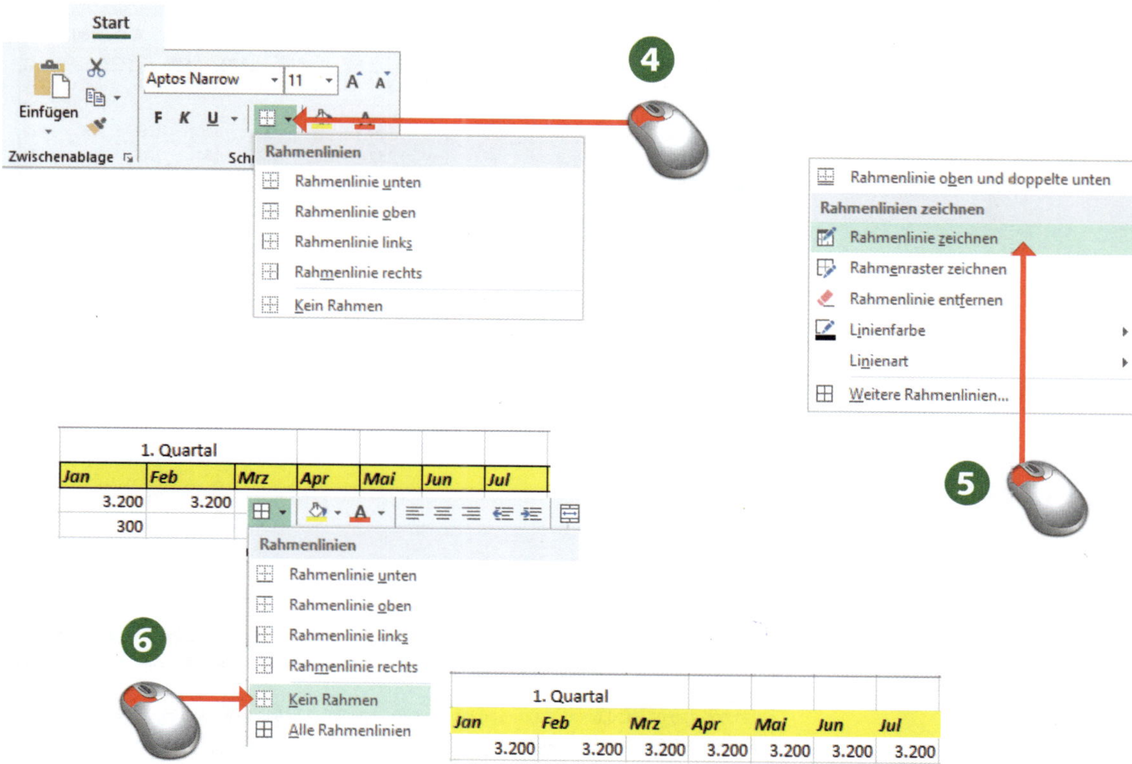

4 Mit dem Rahmenlinien-Symbol weisen Sie den markierten Zellen Linien oder Rahmen zu. Zeigen Sie auf die gewünschte Linie und klicken Sie die Auswahl an.

5 Mit *Rahmenlinie zeichnen* schaltet der Mauszeiger auf einen Stift um, zeichnen Sie Ihre Rahmen direkt damit. Drücken Sie Esc, um ihn abzuschalten.

6 Mit *Rahmenlinie entfernen* radieren Sie einzelne Linien. Um alle Rahmen zu löschen, klicken Sie auf *Kein Rahmen*.

Ende

TIPP

Die unter *Rahmenlinie zeichnen* eingestellte Linienfarbe gilt auch für die Rahmen, die per Symbol zugewiesen werden.

HINWEIS

Im Dialogfeld finden Sie alle Funktionen zum Rahmenzeichnen auf einer Registerkarte. Klicken Sie auf das Symbol rechts unten am Gruppenfeld.

Start

1

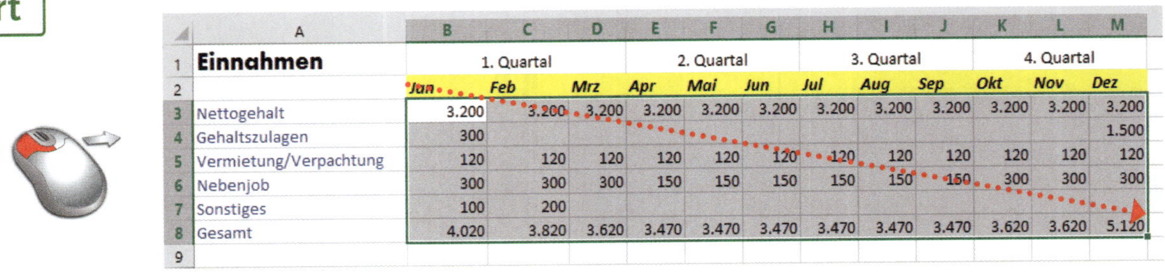

2

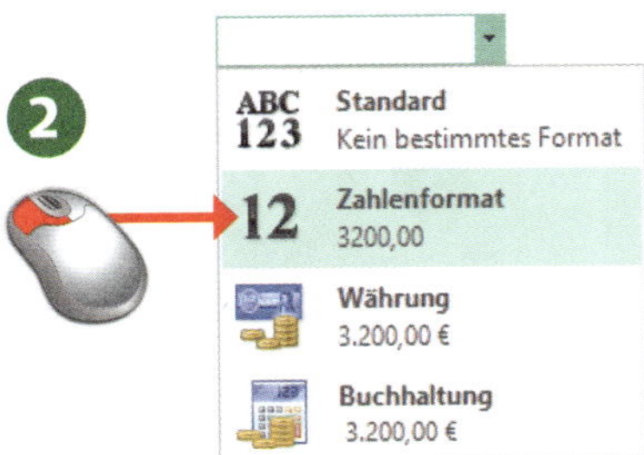

3

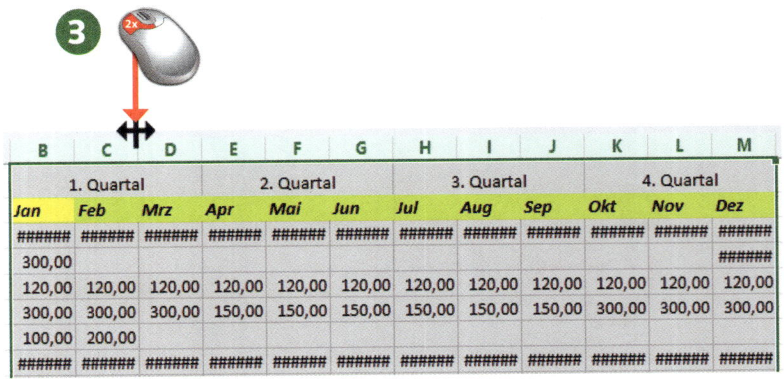

1. Markieren Sie die Zahlen, die Sie als Dezimalzahlen formatieren wollen.

2. Öffnen Sie unter *Start/Zahl* die Liste der Zahlenformate und wählen Sie das *Zahlenformat* für Dezimalzahlen mit zwei Nachkommastellen.

3. Wenn die Spalte zu klein ist für die neu formatierte Zahl, vergrößern Sie alle Spaltenbreiten mit einem Doppelklick auf eine der Spaltenlinien.

WISSEN

Zahlen werden standardmäßig ohne führende und folgende Nullen und mit der eingegebenen Anzahl an Dezimalstellen nach dem Komma angezeigt. Das Zahlenformat zwingt sie in eine andere optisch bessere Darstellung, der Wert selbst wird nicht verändert.

TIPP

Tastenkombination für Zahlenformate: Strg+1

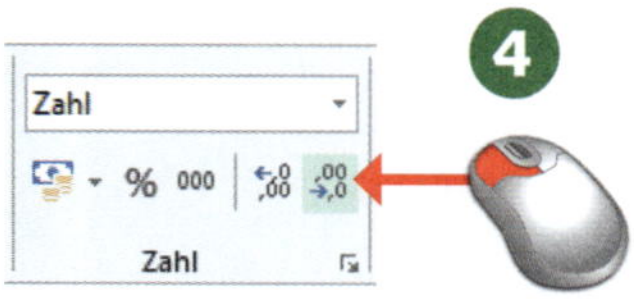

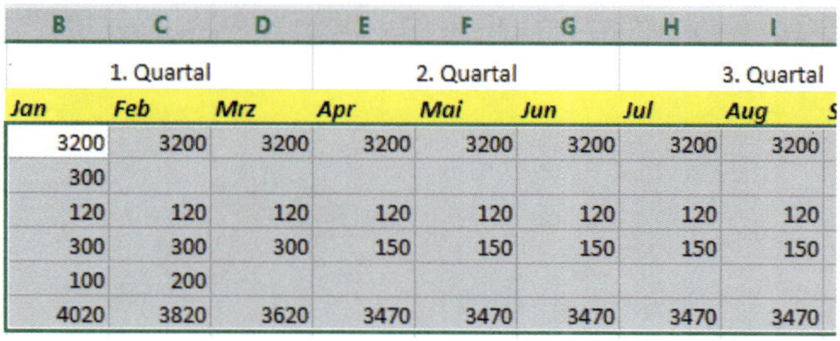

B	C	D	E	F	G	H	I
	1. Quartal			2. Quartal			3. Quartal
Jan	Feb	Mrz	Apr	Mai	Jun	Jul	Aug
3200	3200	3200	3200	3200	3200	3200	3200
300							
120	120	120	120	120	120	120	120
300	300	300	150	150	150	150	150
100	200						
4020	3820	3620	3470	3470	3470	3470	3470

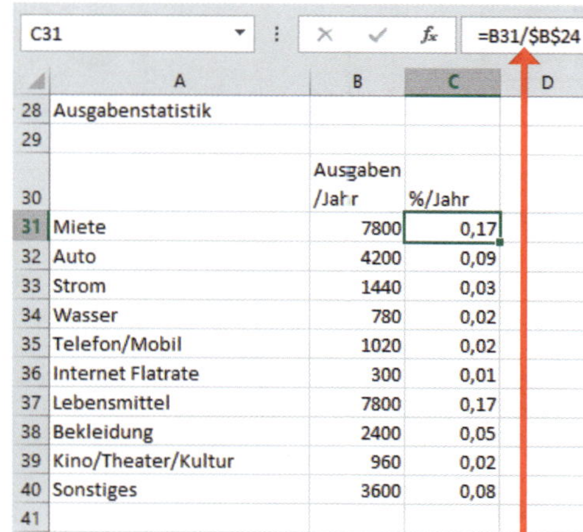

C31 =B31/$B$24

	A	B	C	D
28	Ausgabenstatistik			
29				
30		Ausgaben /Jahr	%/Jahr	
31	Miete	7800	0,17	
32	Auto	4200	0,09	
33	Strom	1440	0,03	
34	Wasser	780	0,02	
35	Telefon/Mobil	1020	0,02	
36	Internet Flatrate	300	0,01	
37	Lebensmittel	7800	0,17	
38	Bekleidung	2400	0,05	
39	Kino/Theater/Kultur	960	0,02	
40	Sonstiges	3600	0,08	
41				

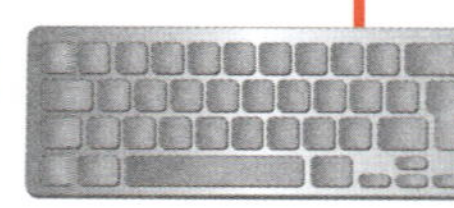

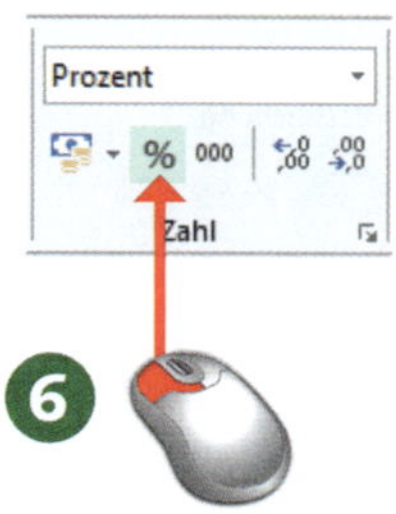

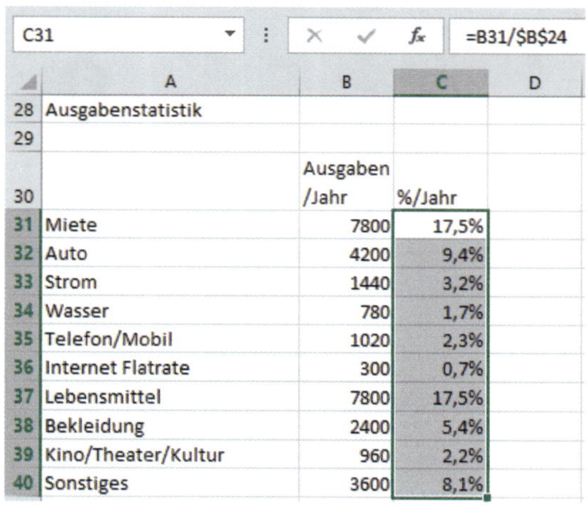

C31 =B31/$B$24

	A	B	C	D
28	Ausgabenstatistik			
29				
30		Ausgaben /Jahr	%/Jahr	
31	Miete	7800	17,5%	
32	Auto	4200	9,4%	
33	Strom	1440	3,2%	
34	Wasser	780	1,7%	
35	Telefon/Mobil	1020	2,3%	
36	Internet Flatrate	300	0,7%	
37	Lebensmittel	7800	17,5%	
38	Bekleidung	2400	5,4%	
39	Kino/Theater/Kultur	960	2,2%	
40	Sonstiges	3600	8,1%	

4 Die Anzahl der angezeigten Nachkommastellen legen Sie mit diesen Symbolen fest.

5 Um Prozentzahlen als solche auszuweisen, schreiben Sie die Formel ohne Prozentzeichen.

6 Klicken Sie auf das %-Symbol, um das Prozentformat zuzuweisen, und passen Sie die Nachkommastellen an.

Ende

HINWEIS

Der Unterschied zwischen Prozent und Prozentformat in Formeln: Das Format multipliziert den Wert mit 100. Das Prozentzeichen in der Formel dividiert das Ergebnis durch 100.

HINWEIS

Wenn das Zahlenformat die Nachkommastellen verkürzt, wird kaufmännisch gerundet (bis 5 abwärts, ab 5 aufwärts). Der Zellwert wird weiter mit maximal 14 Nachkommastellen berechnet.

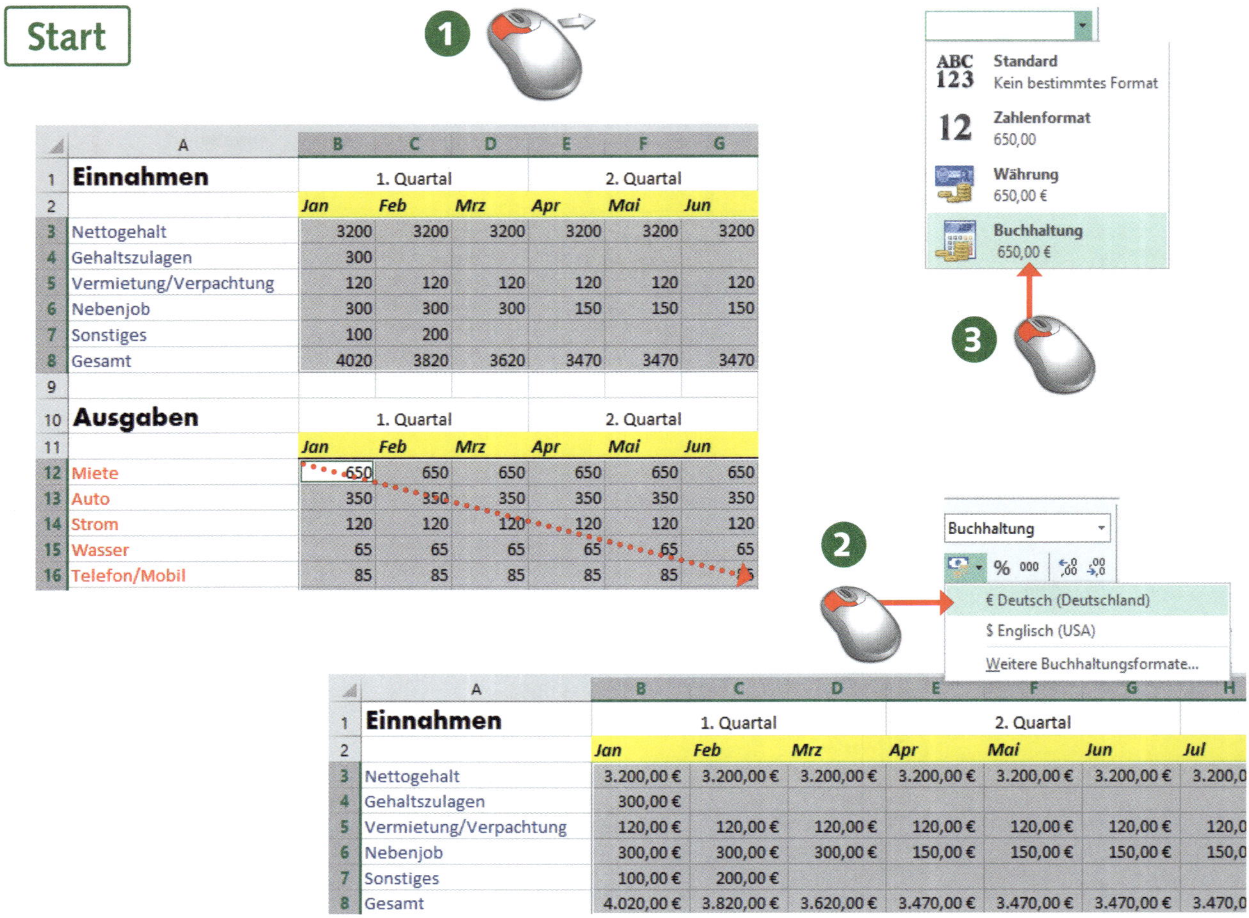

1. Markieren Sie die Zellen mit den Einnahmen- und Ausgabenbeträgen.
2. Holen Sie das Währungsformat unter *Start/Zahl* aus der Zahlenformatliste.
3. Das Buchhaltungsformat ist auch ein Währungsformat, es richtet Zahlen mit und ohne Währungszeichen gleichmäßig innerhalb der Spalte aus.

WISSEN

Wenn Sie Ihre Zahlen als Eurobeträge ausweisen wollen, schreiben Sie das €-Zeichen neben die Zahl oder formatieren die Zellen nachträglich mit dem Währungssymbol. Für die Anzeige und die Auswahl an Symbolen ist Windows zuständig.

HINWEIS

Schreiben Sie das Währungszeichen neben die Zahl, weist Excel automatisch das Währungsformat zu.

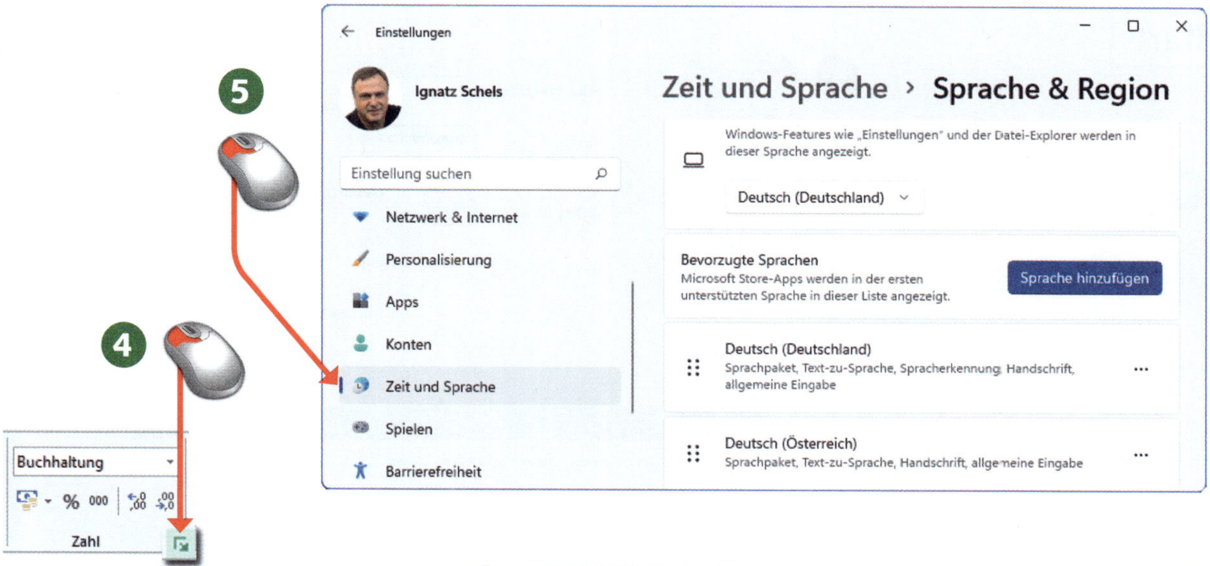

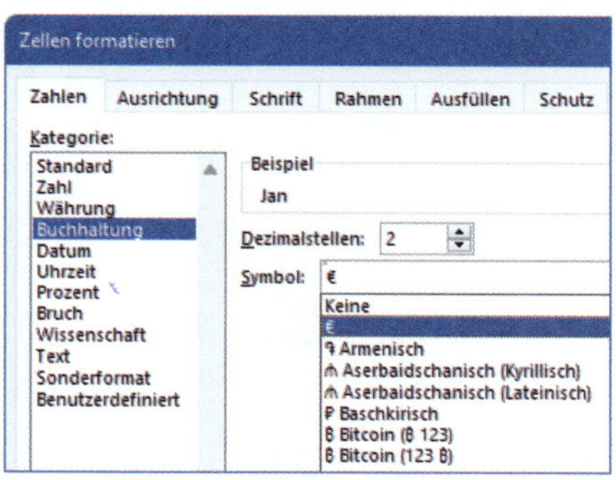

4 Öffnen Sie das Dialogfenster, und sehen Sie sich das Währungsformat an. Hier können Sie auch das Symbol ändern, zum Beispiel in EUR (ISO-Norm).

5 Für die Anzeige der Währung ist Windows verantwortlich. In den *Einstellungen* finden Sie die landesspezifischen Angaben.

6 Überprüfen Sie die regionalen Einstellungen für Währung, Datum und Uhrzeit.

Ende

TIPP

Fremdwährungen geben Sie am besten als benutzerdefiniertes Zahlenformat ein. Setzen Sie das Währungszeichen in Hochkommas:
0,00" £"
0,00" CHF"

HINWEIS

Währungsformate stellen sicher, dass die Zahl korrekt formatiert bleibt, wenn die Tabelle in einer anderen Währungsumgebung geöffnet wird.

Start

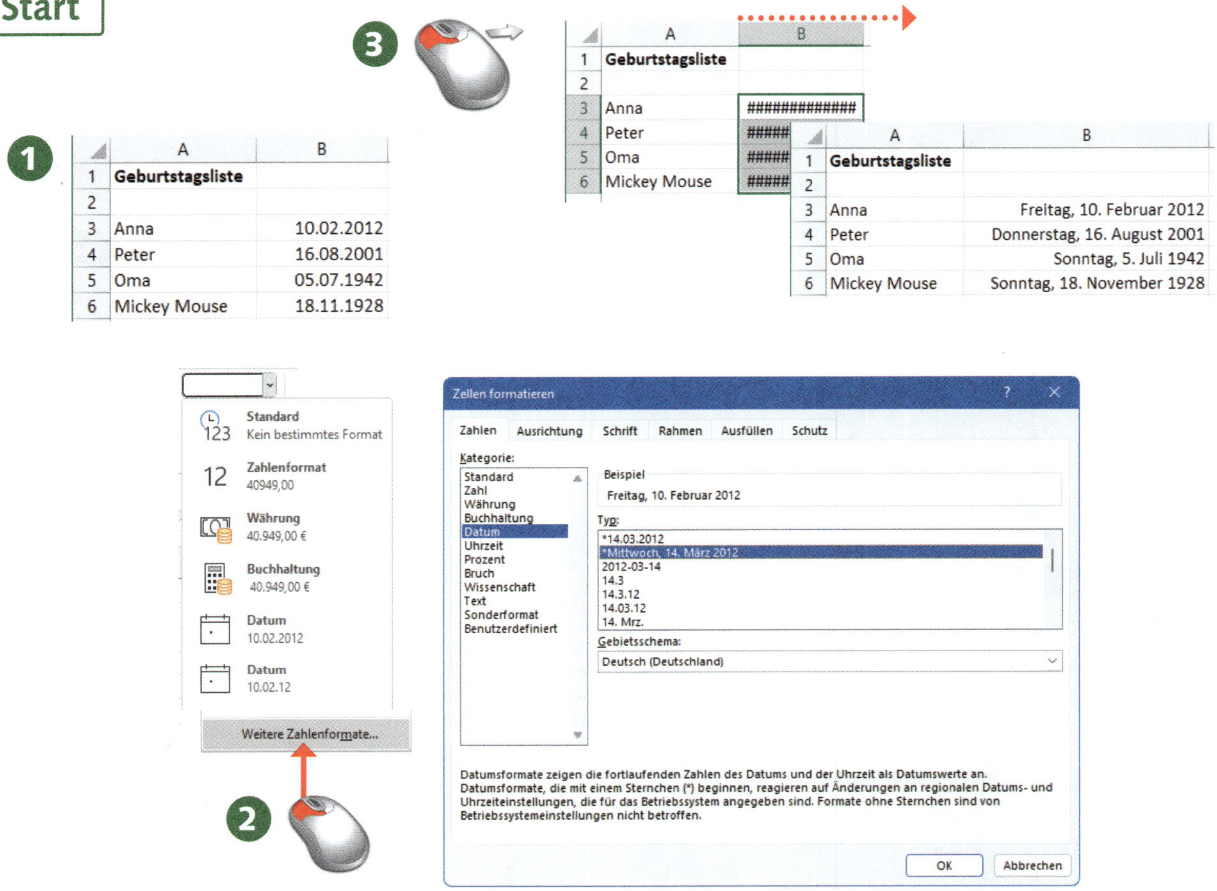

1. Geben Sie ein gültiges Datum in eine Zelle ein, weist Excel diesem automatisch das Zahlenformat *Datum* zu.
2. Wählen Sie ein kurzes oder langes Datumsformat aus der Gruppe *Zahlen*. Klicken Sie auf *Weitere Zahlenformate* für das Dialogfeld und fügen Sie den Wochentag hinzu
3. Ziehen Sie die Spalte breiter, um das neu formatierte Datum mit Wochentag anzuzeigen.

WISSEN

Für Datumswerte hat Excel einen internen Kalender. Schaltjahre werden natürlich richtig erkannt. Datums- und Zeitwerte werden automatisch formatiert, wenn sie in der Form TT.MM.JJ oder hh:mm:ss eingegeben werden.

HINWEIS

Der Excel-Kalender beginnt am 1.1.1900 und endet am 31.12.9999. Ein ungültiges Datum (z. B. 30.2.2025) behandelt Excel als Text.

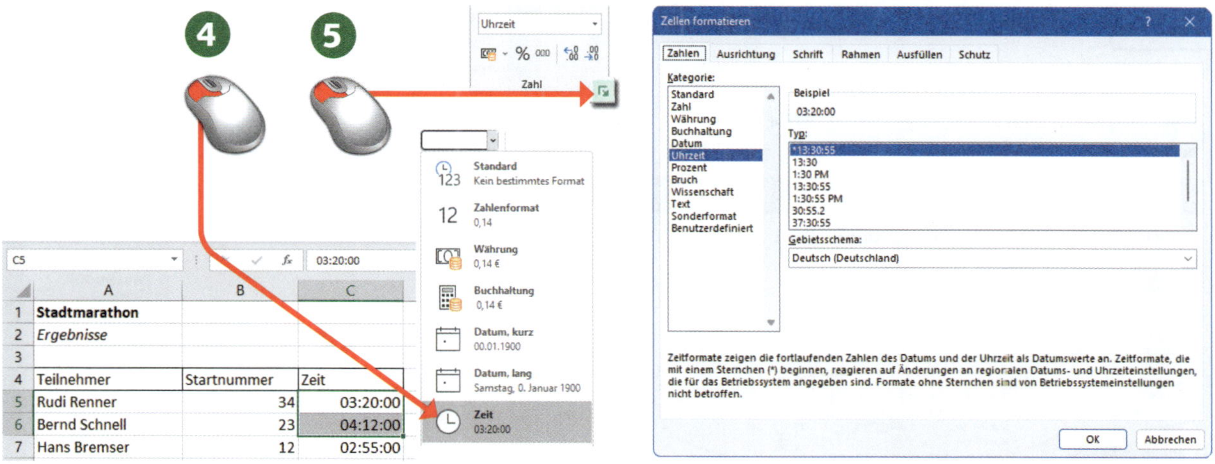

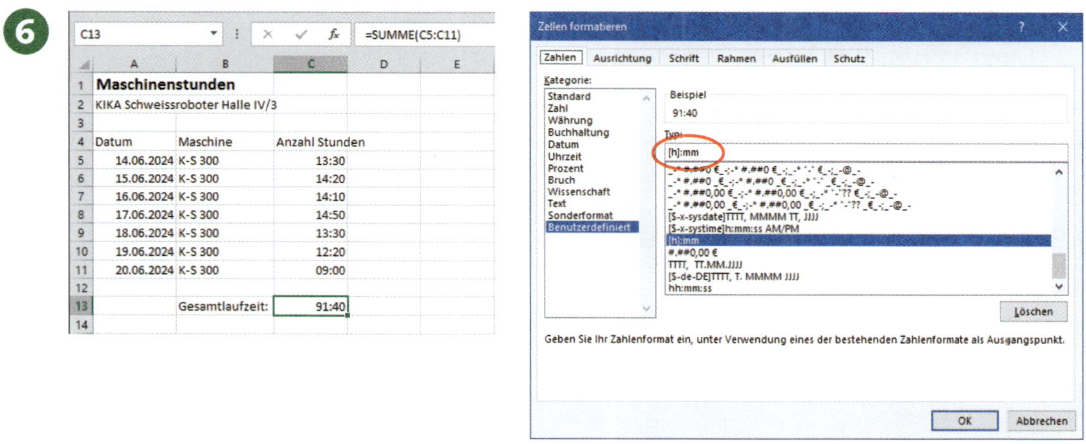

4. Für Zeitwerte finden Sie ebenfalls ein passendes Format in der Liste der Zahlenformate. Formatieren Sie diese Zeiten im Format hh:mm:ss.

5. Aktivieren Sie das Dialogfenster der Zahlengruppe für alternative Zeitformate.

6. In diesem Beispiel überschreitet die Zeitsumme die Datumsgrenze, formatieren Sie die Zelle mit [hh]:mm, um die richtige Summe anzuzeigen.

Ende

TIPP

Datumswerte können Sie mit diesen Trennzeichen eingeben:
31.12.22
31-12-22
31/12/22

HINWEIS

Ein Zeitwert ist eine Zahl zwischen 0 und 1, also der Bruchteil eines einzelnen Tages (genauer gesagt des 1.1.1900, des ersten Kalendertages).

Start

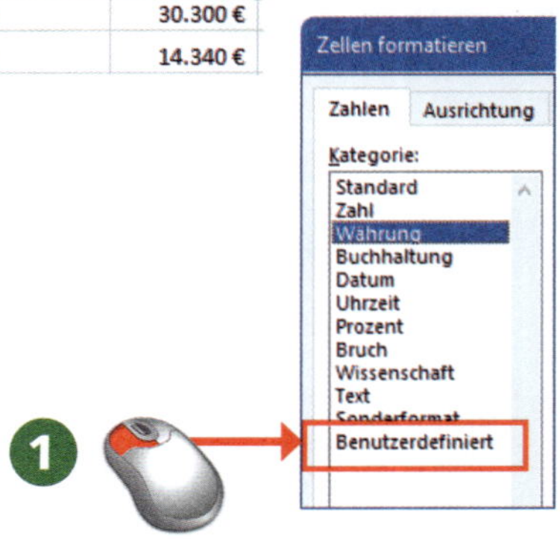

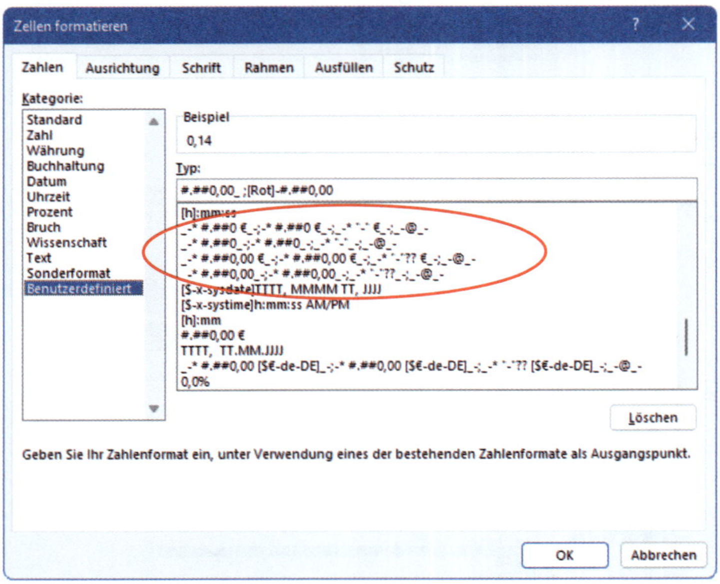

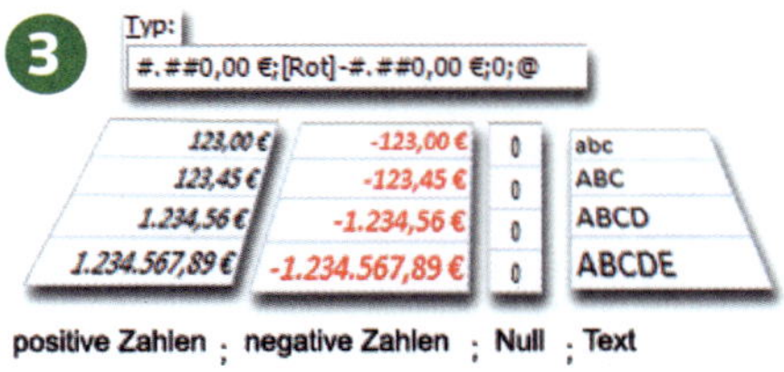

1. Zahlenformate sind im Dialogfenster in Kategorien unterteilt. Schalten Sie um auf die Kategorie *Benutzerdefiniert*, ...

2. ... sehen Sie den Aufbau des aktuellen Zahlenformats mit den Platzhalterzeichen # und 0.

3. Jedes Zahlenformat kann vier verschiedene Zellwerte formatieren: positive Zahlen, negative Zahlen, Null und Text.

WISSEN

Zahlenformate sind Codes, die aus Platzhalterzeichen zusammengesetzt sind. Sehen Sie sich die Standardformate an und bauen Sie sich Ihre eigenen Zahlenformate für ganz spezifische Formatierungen.

TIPP

Benutzerdefinierte Zahlenformate gelten nur für die aktuelle Tabelle. Kopieren Sie einfach die formatierte(n) Zelle(n) in die neue Tabelle, um das Zahlenformat zu übertragen.

4

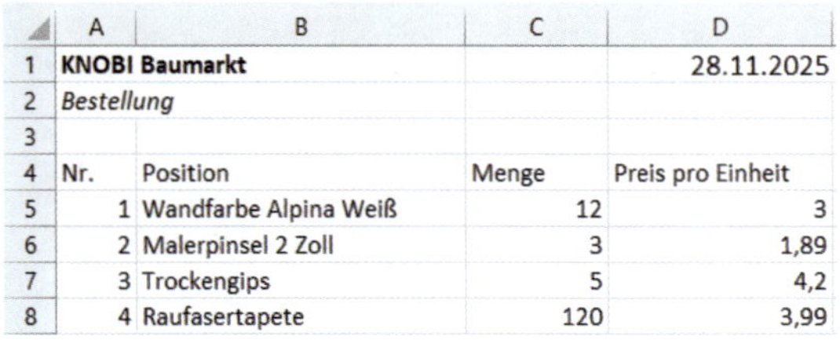

	A	B	C	D
1	**KNOBI Baumarkt**			28.11.2025
2	*Bestellung*			
3				
4	Nr.	Position	Menge	Preis pro Einheit
5	1	Wandfarbe Alpina Weiß	12	3
6	2	Malerpinsel 2 Zoll	3	1,89
7	3	Trockengips	5	4,2
8	4	Raufasertapete	120	3,99

5

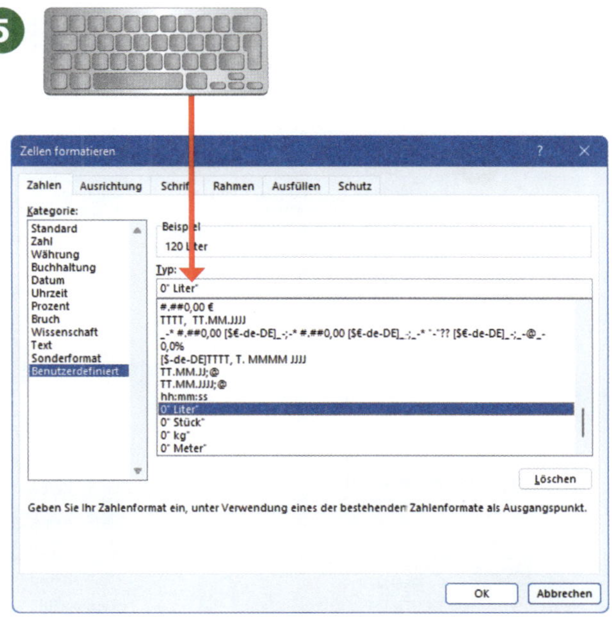

6

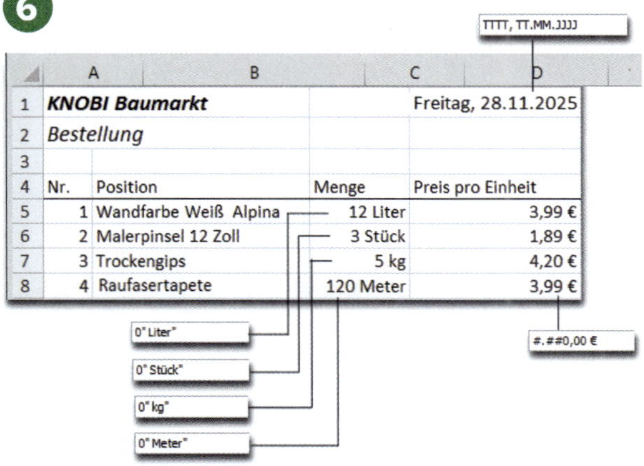

	A	B	C	D
1	***KNOBI Baumarkt***			Freitag, 28.11.2025
2	*Bestellung*			
3				
4	Nr.	Position	Menge	Preis pro Einheit
5	1	Wandfarbe Weiß Alpina	12 Liter	3,99 €
6	2	Malerpinsel 12 Zoll	3 Stück	1,89 €
7	3	Trockengips	5 kg	4,20 €
8	4	Raufasertapete	120 Meter	3,99 €

4 Ein Beispiel aus der Praxis: Die Bestellung enthält in der Mengenspalte Zahlen, für die es kein Zahlenformat gibt.

5 Tragen Sie für jede einzelne Position ein Zahlenformat in die *Benutzerdefiniert*-Liste ein.

6 So sieht das Ergebnis aus: Alle Zahlenwerte sind individuell formatiert.

Ende

HINWEIS

Die Platzhalter im Zahlenformat:
nicht gedruckte Zeichen (für die Position des Tausenderpunkts)
0 die Zahl links vom Komma
,0 die erste Kommastelle, ,00 zwei Kommastellen usw.
@ Text wird abgebildet (nur in der Textsektion)
"" Zellinhalt wird gelöscht

Start

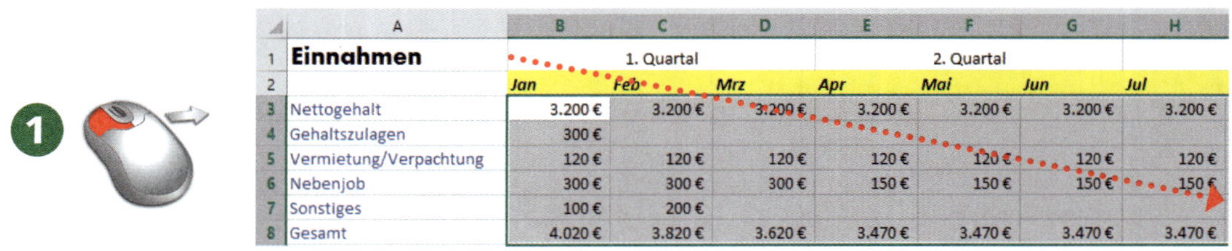

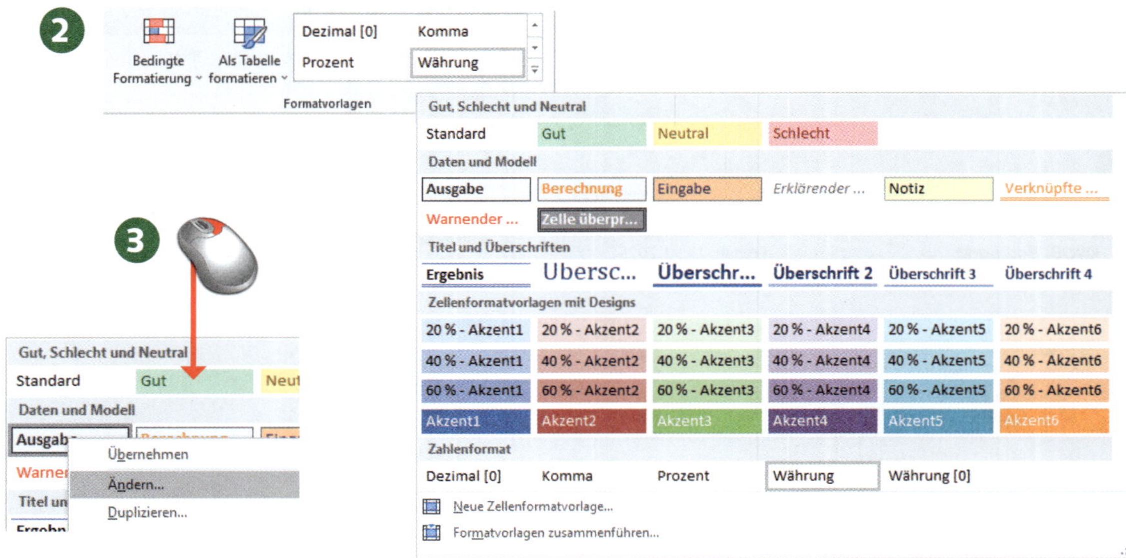

1. Bevor Sie eine Zellenformatvorlage zuweisen, markieren Sie den Bereich in der Tabelle.

2. Wählen Sie *Start/Formatvorlagen/Zellenformatvorlagen* und zeigen Sie auf eine Vorlage. Der Effekt wird angezeigt, ein Klick weist die Vorlage zu.

3. Klicken Sie mit der rechten Maustaste in das Symbol und wählen Sie *Ändern*, um die Zellenformatvorlage anzupassen.

WISSEN

Formatvorlagen sind Gruppen von Formatzuweisungen und eine bequeme Möglichkeit, Tabellen gleich mit mehreren Formatierungen zu versehen. Und sollte die Vorlagenliste gar keinen passenden Stil haben, gestalten Sie einfach Ihre eigene Vorlage.

TIPP

Mit Zuweisung der ersten Vorlage *Standard* löschen Sie alle Formatierungen.

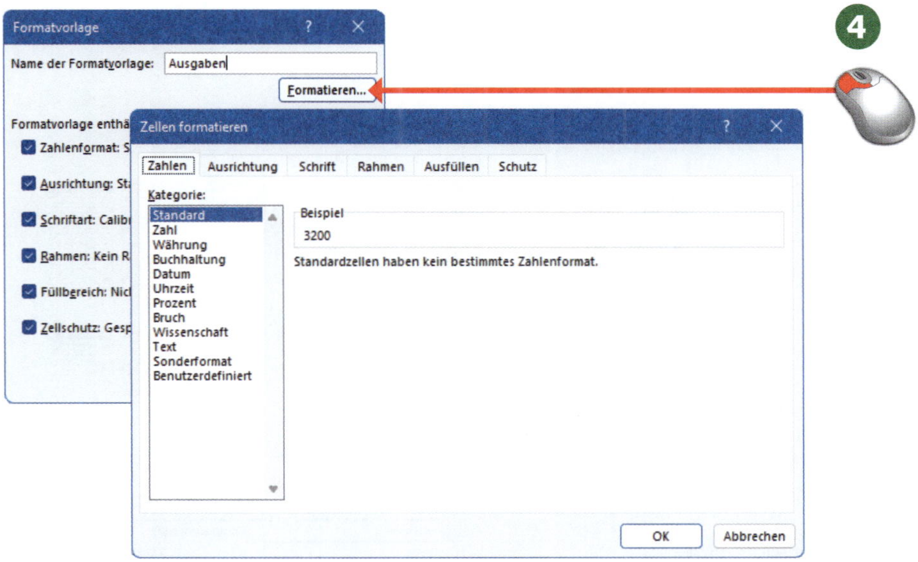

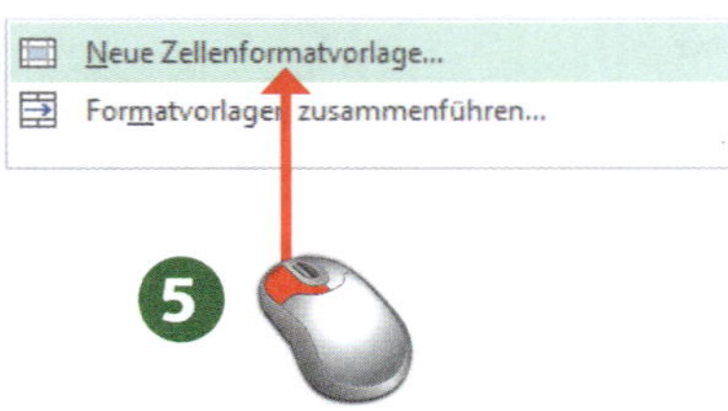

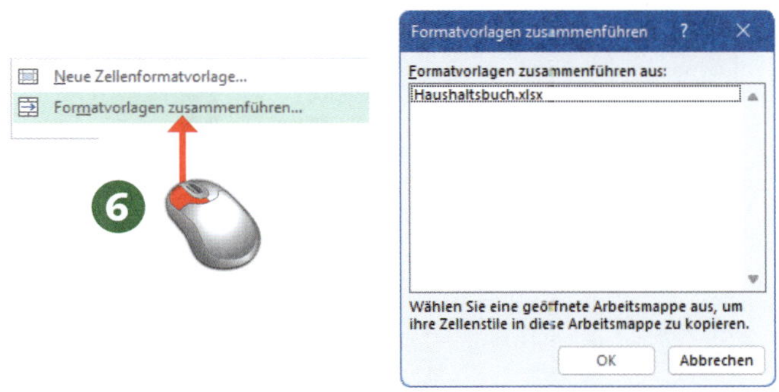

4 Hier können Sie die einzelnen Teilbereiche der Vorlage ändern, beispielsweise das Zahlenformat oder die Schriftart.

5 Erstellen Sie eine neue Zellenformatvorlage, wenn Sie Ihre eigenen Formatierungen als Vorlage für weitere Tabellen speichern wollen.

6 Mit *Formatvorlagen zusammenführen* holen Sie Vorlagen aus anderen geöffneten Arbeitsmappen in die aktive Mappe.

Ende

HINWEIS

Jede Zellenformatvorlage hat je ein Zahlen- und Währungsformat ohne Nachkommastellen und mit zwei Nachkommastellen.

HINWEIS

Wenn Sie mit dem Mauszeiger auf eine Vorlage zeigen, sehen Sie das Ergebnis schon im Hintergrund. Diese Live-Vorschau kann in den Excel-Optionen ein- oder ausgeschaltet werden.

Start

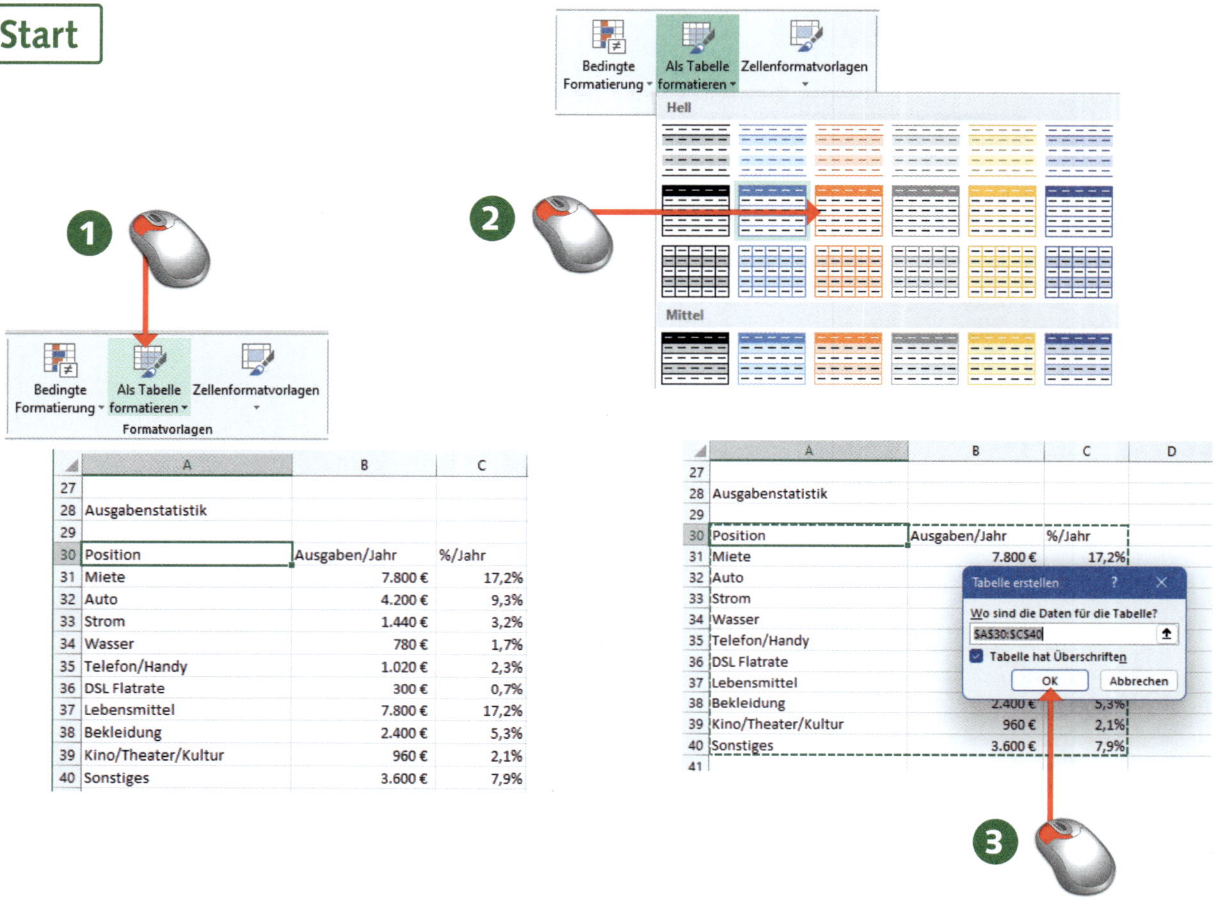

1. Setzen Sie den Zellzeiger in eine Liste und klicken Sie unter *Start/Formatvorlagen* auf *Als Tabelle formatieren*, um eine Tabellenvorlage zuzuweisen.
2. Wählen Sie eine der angebotenen Vorlagen. Die Formatierung wird bereits angezeigt, wenn der Mauszeiger auf das Symbol zeigt.
3. Bestätigen Sie die Abfrage nach dem Tabellenbereich oder markieren Sie diesen im Hintergrund neu.

WISSEN

Tabellenformatvorlagen sind automatische Formatzuweisungen für Tabellen. Mit Tabelle ist in diesem Zusammenhang nicht das Tabellenblatt gemeint, sondern eine Sonderform von Listen, die automatisch Filter und Ergebniszeilen enthalten (siehe Kapitel 7).

4

30	Position	Ausgaben/Jahr	%/Jahr
31	Miete	7.800 €	17,2%
32	Auto	4.200 €	9,3%
33	Strom	1.440 €	3,2%
34	Wasser	780 €	1,7%
35	Telefon/Handy	1.020 €	2,3%
36	DSL Flatrate	300 €	0,7%
37	Lebensmittel	7.800 €	17,2%
38	Bekleidung	2.400 €	5,3%
39	Kino/Theater/Kultur	960 €	2,1%
40	Sonstiges	3.600 €	7,9%

5

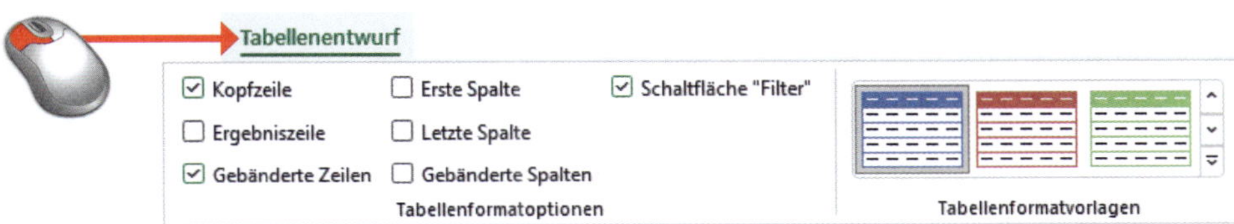

6

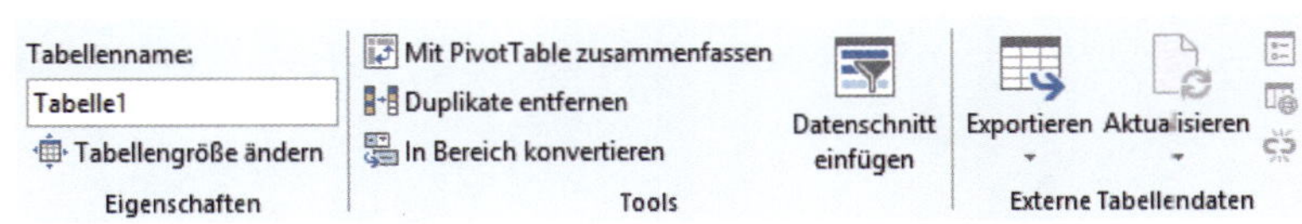

4 Die markierte Liste wird formatiert und in eine Tabelle umgewandelt. Alle Spalten der Tabellen erhalten einen Filterpfeil.

5 Das Menüband bietet jetzt ein neues Register *Tabellenentwurf* mit einer Liste von Tabellenvorlagen.

6 Hier können Sie die Eigenschaften der Tabelle ändern und Datenschnitte hinzufügen.

Ende

HINWEIS

Wenn der markierte Bereich bereits eine Formatierung über eine Zellenformatvorlage hat, bleibt diese erhalten, wenn Sie ein Tabellenformat zuweisen. Im Kontextmenü der Tabellenvorlage finden Sie *Übernehmen und Formate löschen.*

HINWEIS

Das Register *Tabellenentwurf* wird nur angeboten, solange der Zellzeiger in der Tabelle steht.

5

Seitenlayout und Druck

Start

1

	A	B	C	D	E	F
1	**Wellness-Seminare**					
2						
3	Seminar	Beginn	Dauer	Ende	Preis	Anmeldungen
4	Vitalmassage	14.06.2025	3	16.06.2025	299	6
5	Aroma/Energiemassage	15.06.2025	3	17.06.2025	299	7
6	Ganzkörpermassage	16.06.2025	2	17.06.2025	299	12
7	Reflexzonenmassage	16.06.2025	2	17.06.2025	199	6
8	Chiu-Chan-Fußmeridianmassage	17.06.2025	3	19.06.2025	399	10
9	Ayurveda-Massagen	17.06.2025	3	19.06.2025	399	13

2

Typ: 0" Tage"

Typ: #.##0,00 €

Typ: 0" Teilnehmer"

	A	B	C	D	E	F
3	Seminar	Beginn	Dauer	Ende	Preis	Anmeldungen
4	Vitalmassage	14.06.2025	3 Tage	16.06.2025	299,00 €	6 Teilnehmer
5	Aroma/Energiemassage	15.06.2025	3 Tage	17.06.2025	299,00 €	7 Teilnehmer
6	Ganzkörpermassage	16.06.2025	2 Tage	17.06.2025	299,00 €	12 Teilnehmer
7	Reflexzonenmassage	16.06.2025	2 Tage	17.06.2025	199,00 €	6 Teilnehmer
8	Chiu-Chan-Fußmeridianmassage	17.06.2025	3 Tage	19.06.2025	399,00 €	10 Teilnehmer
9	Ayurveda-Massagen	17.06.2025	3 Tage	19.06.2025	399,00 €	13 Teilnehmer

3

	G	H	I	J
2				
3	Einnahmen	Tagessatz Trainer	Ausgaben	Deckungsbeitrag
4	=C4*E4*F4	600	=H4*C4	=G4-I4
5	=C5*E5*F5	600	=H5*C5	=G5-I5
6	=C6*E6*F6	600	=H6*C6	=G6-I6
7	=C7*E7*F7	600	=H7*C7	=G7-I7
8	=C8*E8*F8	850	=H8*C8	=G8-I8

1. Legen Sie eine Liste mit Seminarterminen an und nennen Sie das Tabellenblatt *Seminarplanung*.
2. Weisen Sie passende Schrift- und Zellformatierungen zu und formatieren Sie die Zahlenspalten mit benutzerdefinierten Zahlenformaten.
3. Geben Sie die Trainerhonorare ein und berechnen Sie Einnahmen, Ausgaben und Deckungsbeiträge für die einzelnen Kurse.

WISSEN

Als Layout bezeichnet man die Kombination aus Text und Bild, und damit diese stimmt, bietet Excel eine Reihe von Seitenlayout-Funktionen. Üben Sie diese am Beispiel einer Seminarliste, testen Sie gleich Ihre Kenntnisse über Formate und Formeln.

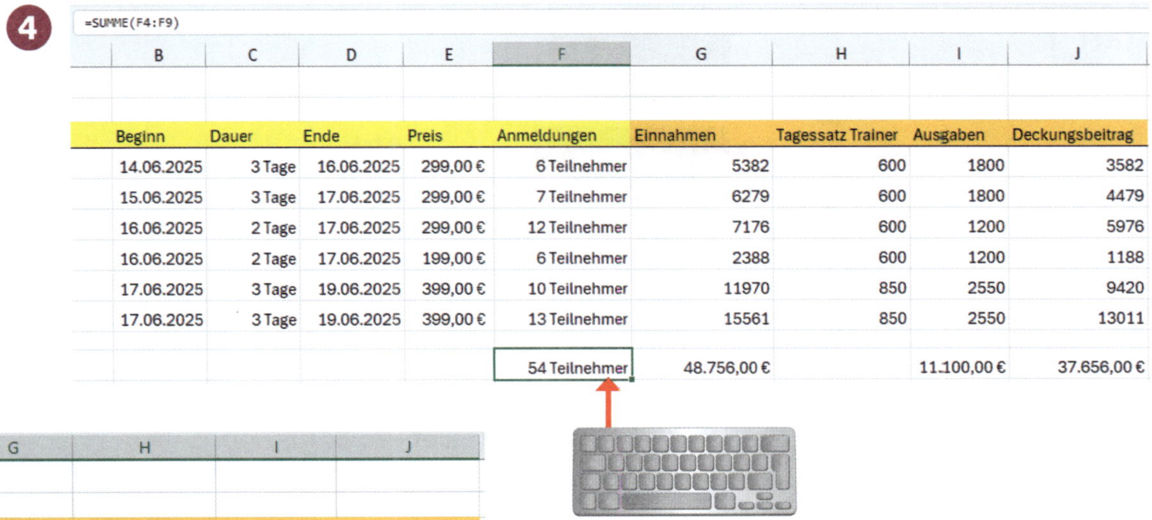

Beginn	Dauer	Ende	Preis	Anmeldungen	Einnahmen	Tagessatz Trainer	Ausgaben	Deckungsbeitrag
14.06.2025	3 Tage	16.06.2025	299,00 €	6 Teilnehmer	5382	600	1800	3582
15.06.2025	3 Tage	17.06.2025	299,00 €	7 Teilnehmer	6279	600	1800	4479
16.06.2025	2 Tage	17.06.2025	299,00 €	12 Teilnehmer	7176	600	1200	5976
16.06.2025	2 Tage	17.06.2025	199,00 €	6 Teilnehmer	2388	600	1200	1188
17.06.2025	3 Tage	19.06.2025	399,00 €	10 Teilnehmer	11970	850	2550	9420
17.06.2025	3 Tage	19.06.2025	399,00 €	13 Teilnehmer	15561	850	2550	13011
				54 Teilnehmer	48.756,00 €		11.100,00 €	37.656,00 €

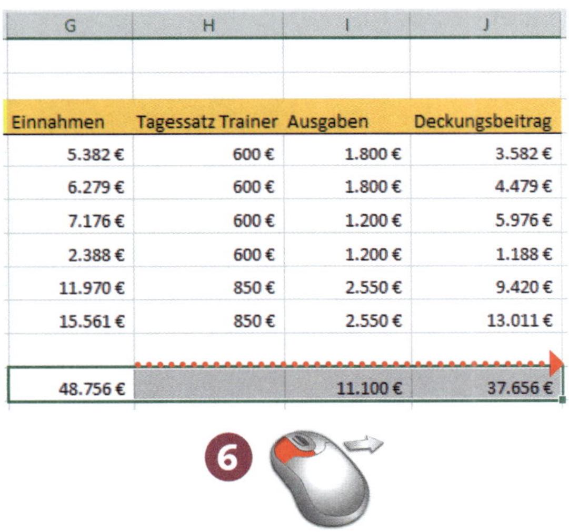

Einnahmen	Tagessatz Trainer	Ausgaben	Deckungsbeitrag
5.382 €	600 €	1.800 €	3.582 €
6.279 €	600 €	1.800 €	4.479 €
7.176 €	600 €	1.200 €	5.976 €
2.388 €	600 €	1.200 €	1.188 €
11.970 €	850 €	2.550 €	9.420 €
15.561 €	850 €	2.550 €	13.011 €
48.756 €		11.100 €	37.656 €

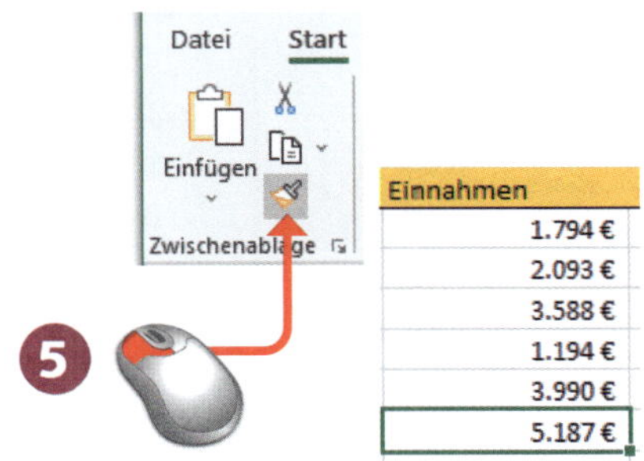

Einnahmen
1.794 €
2.093 €
3.588 €
1.194 €
3.990 €
5.187 €

4 Berechnen Sie die Gesamtsummen unterhalb der Liste.

5 Um eine Zellformatierung zu kopieren, markieren Sie die Ausgangszelle. Klicken Sie auf das Symbol *Format übertragen*.

6 Markieren Sie die Zielzellen, und alle Formatierungen werden übertragen.

Ende

HINWEIS

Für die Spalten *Dauer* und *Anmeldungen* verwenden Sie selbst erstellte Zahlenformate. Aktivieren Sie das Dialogfenster für Zahlenformate und schalten Sie um auf *Benutzerdefiniert*.

TIPP

Optimale Spaltenbreiten erhalten Sie, wenn Sie doppelt auf die Spaltenlinien zwischen zwei Buchstaben klicken.

Start

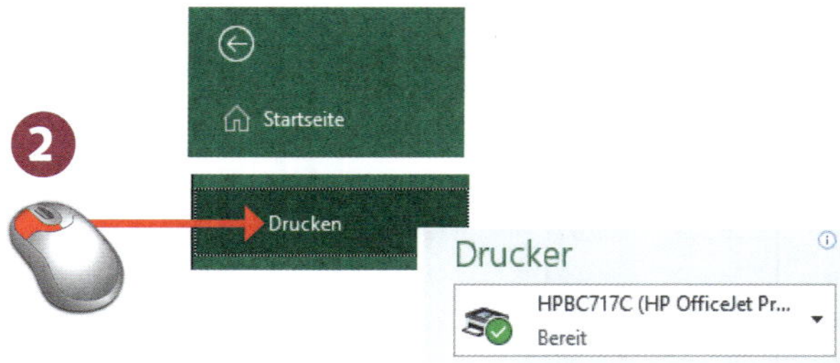

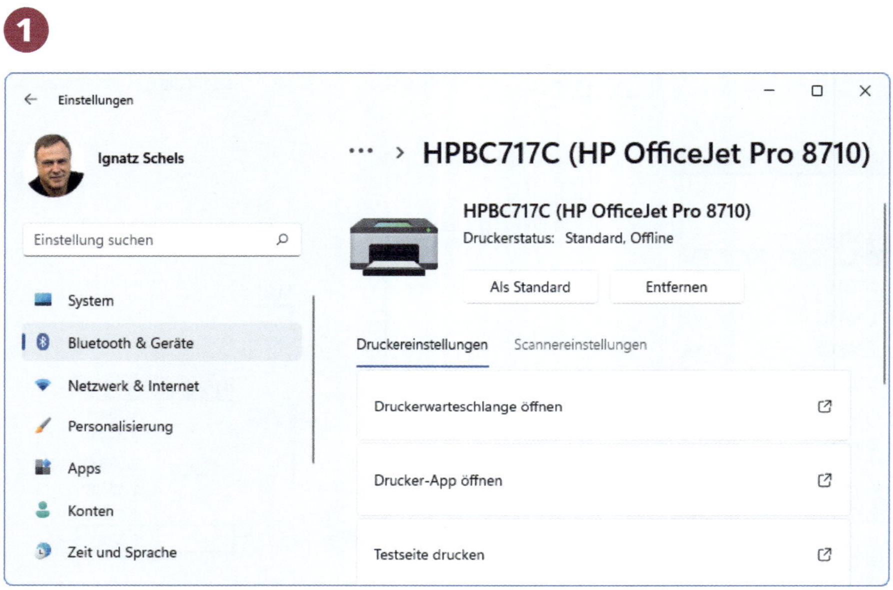

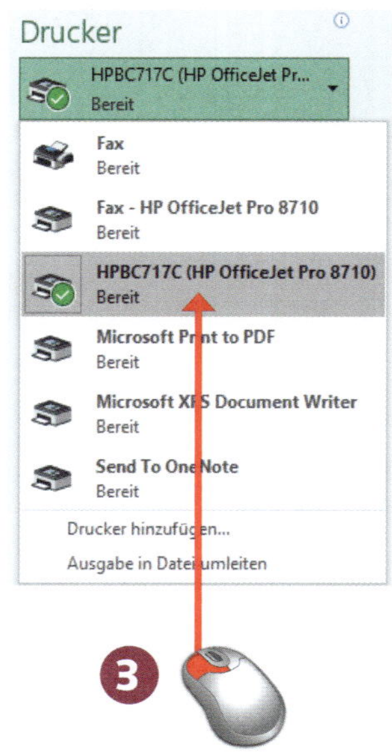

1. Überprüfen Sie über die Windows-Einstellungen, ob der angeschlossene Drucker richtig konfiguriert ist.
2. Wählen Sie *Drucken/Drucker* aus dem *Datei*-Menü.
3. Suchen Sie unter *Drucker* das Gerät, auf dem Sie drucken wollen.

WISSEN

Ohne Drucker kein Seitenlayout: Der unter Windows installierte Drucker ist wichtig für die Layouteinstellungen, er bestimmt, in welcher Form und Farbe gedruckt werden kann. Richten Sie zuerst Ihren Drucker ein.

HINWEIS

Leere Tabellen werden nicht gedruckt, Excel bringt eine Fehlermeldung, wenn keine Daten vorliegen.

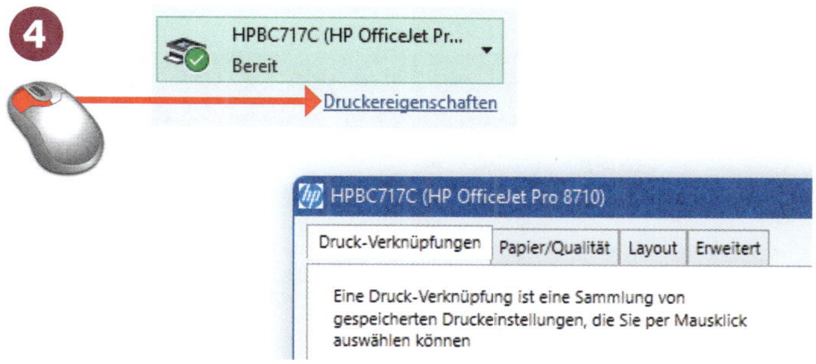

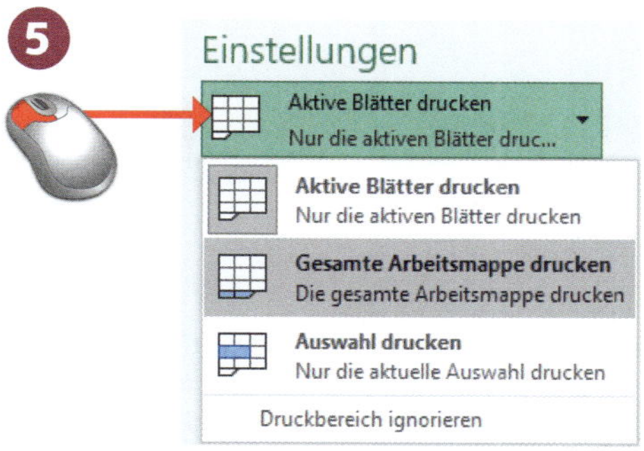

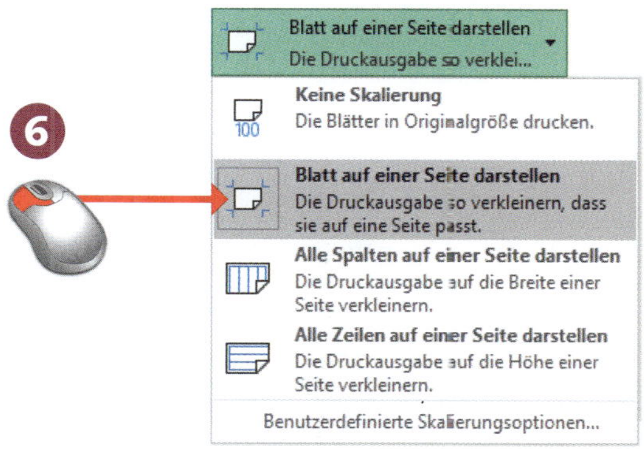

4 Mit Klick auf *Druckereigenschaften* können Sie alle druckerspezifischen Eigenschaften wie Papierformat, Einzug, Farbe u. a. einstellen.

5 Entscheiden Sie unter *Einstellungen*, ob Sie das Tabellenblatt, die Mappe oder die markierten Zellen drucken wollen.

6 Schalten Sie auf das passende Format um. Die Seitenansicht zeigt immer aktuell das Druckergebnis.

Ende

TIPP

Stellen Sie die Druckqualität auf *Entwurf*, wenn Sie keine Grafiken oder Fotos drucken, das spart Druckzeit und Toner oder Tinte.

HINWEIS

Jeder Drucker hat andere Eigenschaften, und entsprechend anders sieht die Eigenschaften-Dialogbox bei anderen Geräten aus.

Start

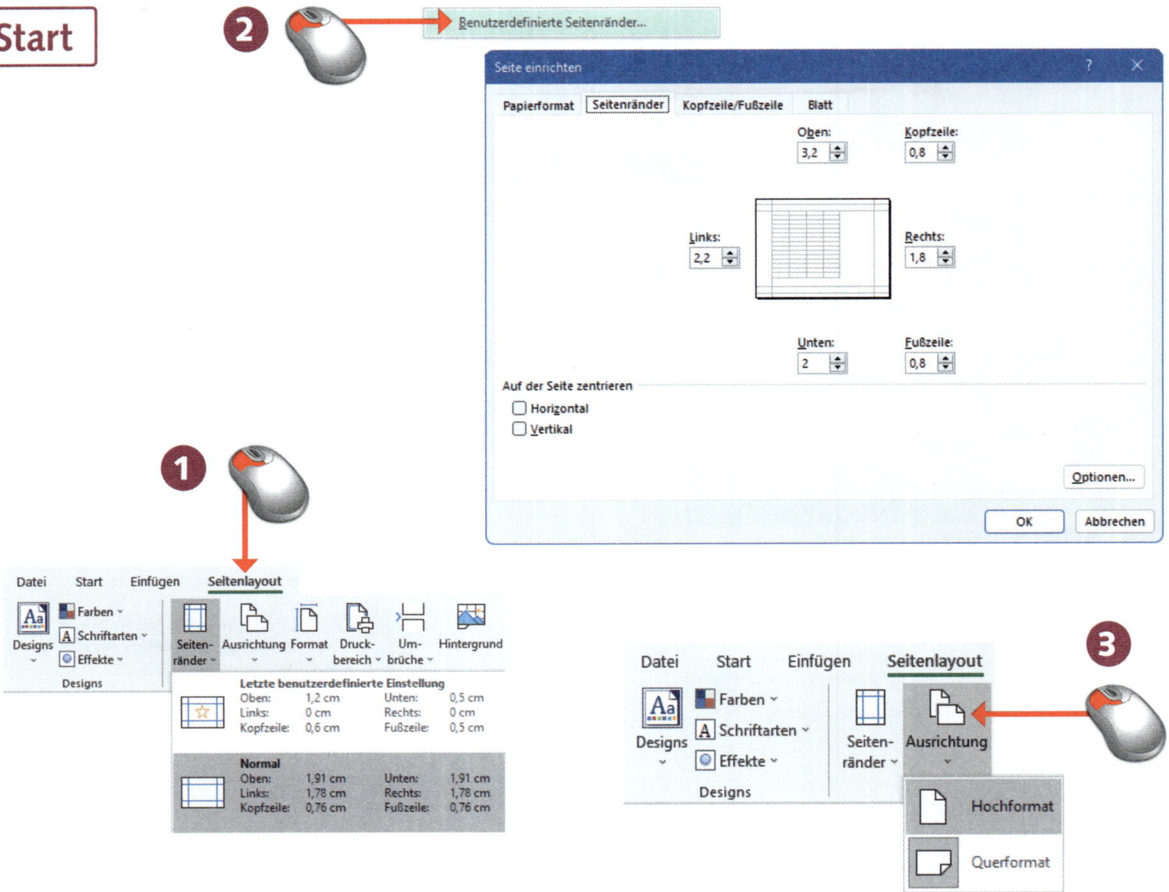

1. Schalten Sie auf die Registerkarte *Seitenlayout* und bestimmen Sie die Seitenränder, die nicht bedruckt werden.
2. Unter *Benutzerdefinierte Seitenränder* können Sie die Ränder manuell einstellen und den Ausdruck auf der Seite zentrieren.
3. Die Schaltfläche *Ausrichtung* bietet Hochformat oder Querformat an.

WISSEN

Wenn der Drucker eingerichtet ist, bereiten Sie Ihr Tabellenlayout für den Ausdruck auf. Bestimmen Sie Papierformat, Druckränder und Skalierung, falls die Tabelle für den Druck verkleinert werden muss.

Die Druckränder können Sie auch manuell unter *Ansicht/Seitenlayout einstellen.*

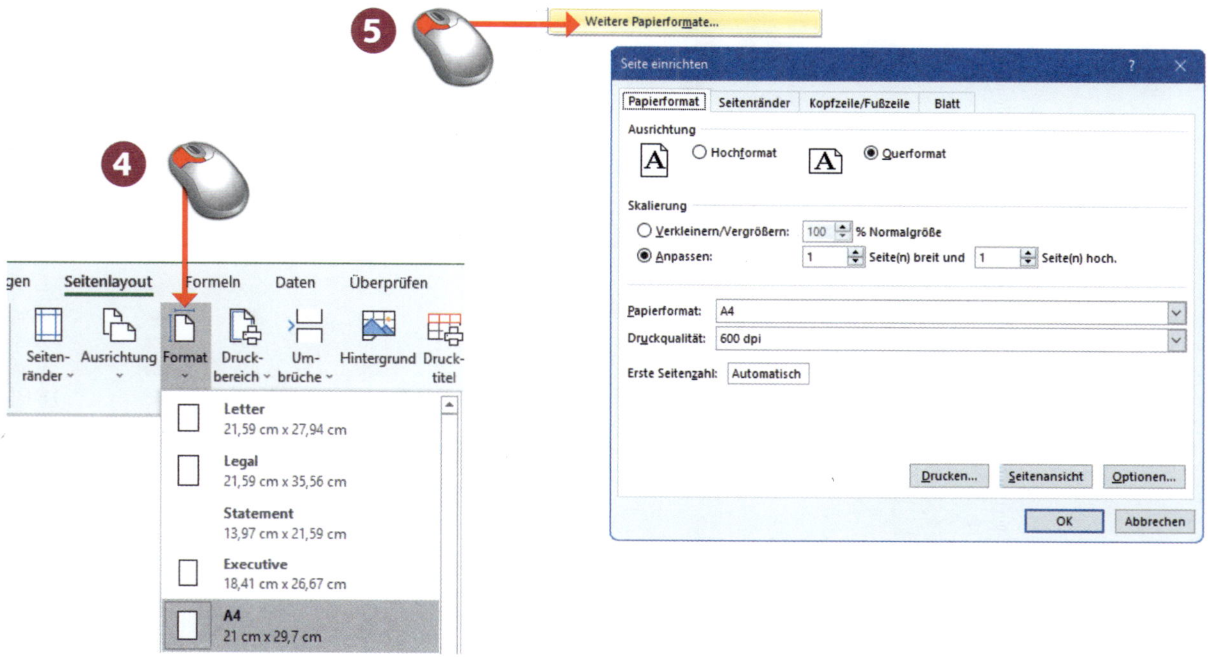

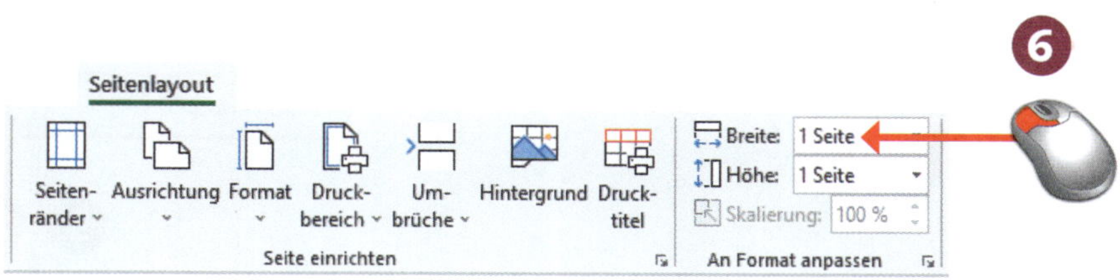

4 Wählen Sie das passende Papierformat (meist A4) aus der Liste unter *Format*.

5 Unter *Weitere Papierformate* können Sie weitere Ausgabegrößen sowie die Druckqualität einstellen.

6 Wählen Sie *Seitenlayout/An Format anpassen* und ändern Sie die Skalierung der Tabelle, wenn diese für den Ausdruck zu groß ist.

Ende

HINWEIS

Definieren Sie die Skalierung unter *Seitenlayout/An Format anpassen* auf eine Anzahl Seiten, stellt Excel automatisch in der Option *Verkleinern/Vergrößern* auf die passende Prozentzahl.

HINWEIS

Achten Sie darauf, dass Sie nur Papierformate wählen, die der Drucker auch »kann«. Wählen Sie das (amerikanische) Letter-Format für ein Gerät mit A4-Papier, wird Windows die Druckausgabe blockieren.

Start

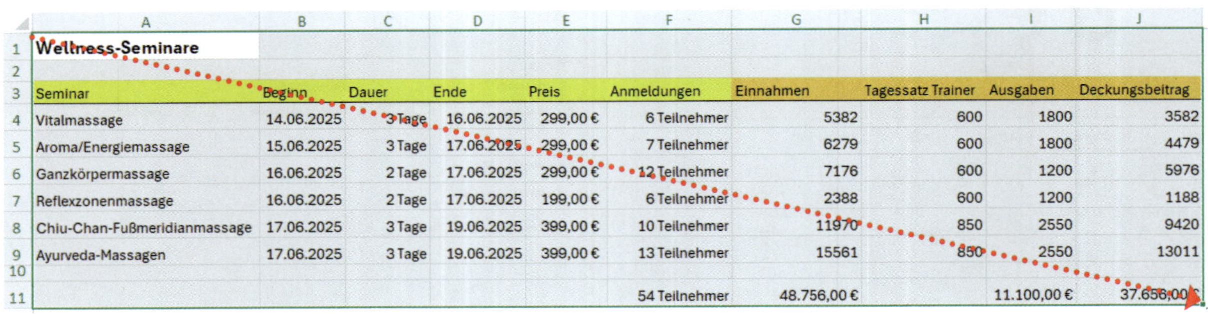

	A	B	C	D	E	F	G	H	I	J
1	Wellness-Seminare									
2										
3	Seminar	Beginn	Dauer	Ende	Preis	Anmeldungen	Einnahmen	Tagessatz Trainer	Ausgaben	Deckungsbeitrag
4	Vitalmassage	14.06.2025	3 Tage	16.06.2025	299,00 €	6 Teilnehmer	5382	600	1800	3582
5	Aroma/Energiemassage	15.06.2025	3 Tage	17.06.2025	299,00 €	7 Teilnehmer	6279	600	1800	4479
6	Ganzkörpermassage	16.06.2025	2 Tage	17.06.2025	299,00 €	12 Teilnehmer	7176	600	1200	5976
7	Reflexzonenmassage	16.06.2025	2 Tage	17.06.2025	199,00 €	6 Teilnehmer	2388	600	1200	1188
8	Chiu-Chan-Fußmeridianmassage	17.06.2025	3 Tage	19.06.2025	399,00 €	10 Teilnehmer	11970	850	2550	9420
9	Ayurveda-Massagen	17.06.2025	3 Tage	19.06.2025	399,00 €	13 Teilnehmer	15561	850	2550	13011
10										
11						54 Teilnehmer	48.756,00 €		11.100,00 €	37.656,00 €

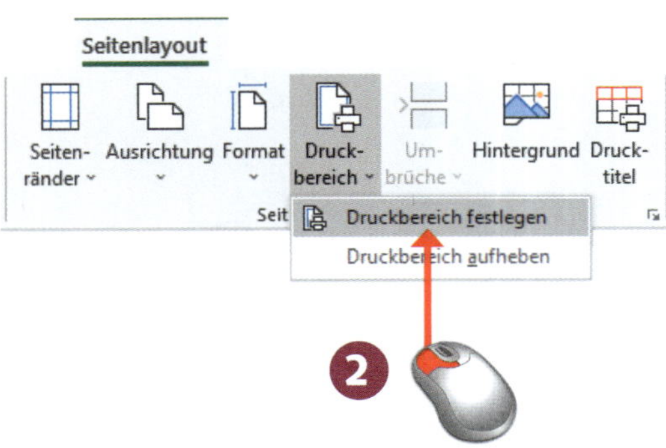

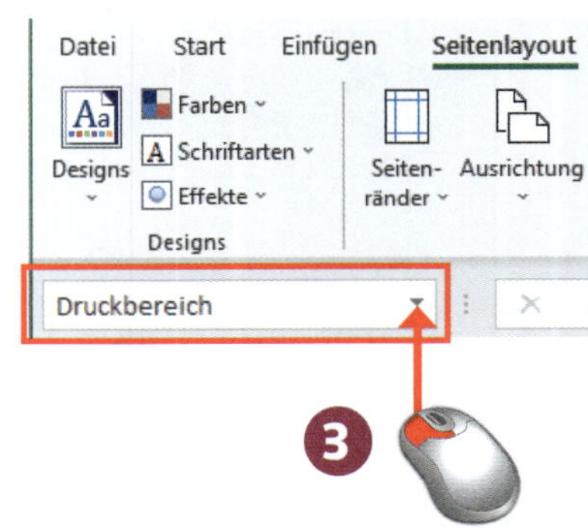

1. Markieren Sie den Bereich der Tabelle, den Sie zum Druckbereich erklären wollen.

2. Wählen Sie *Seitenlayout/Druckbereich/Druckbereich festlegen*.

3. Der Druckbereich wird fixiert, im Namensfeld links oben können Sie ihn als Bereichsname abholen und markieren.

WISSEN

In größeren Tabellen ist es besser, einen Druckbereich zu fixieren, als zu viel Papier zu produzieren. Wenn die Tabelle mehrere Seiten lang ist, bestimmen Sie einen Drucktitel, der auch mehrere Zeilen groß sein kann.

TIPP

Bereichsnamen verwalten Sie im Namens-Manager. Drücken Sie Strg+F3 .

4

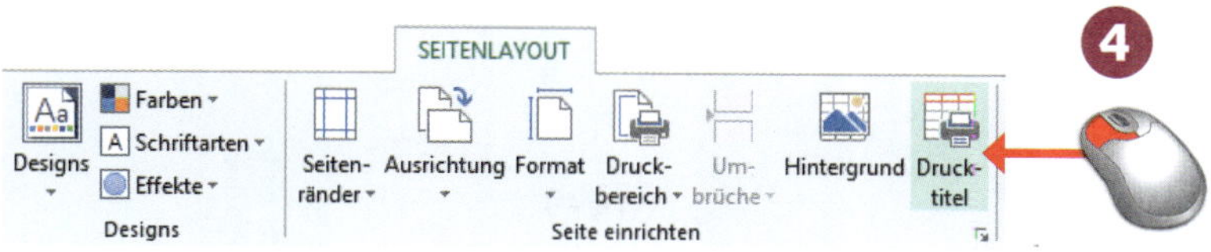

5

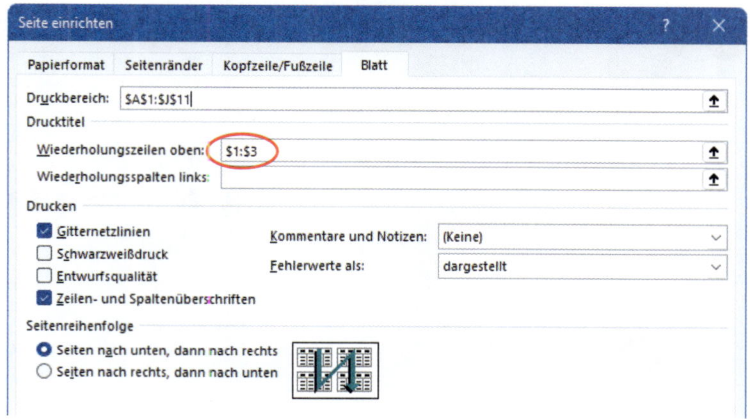

6

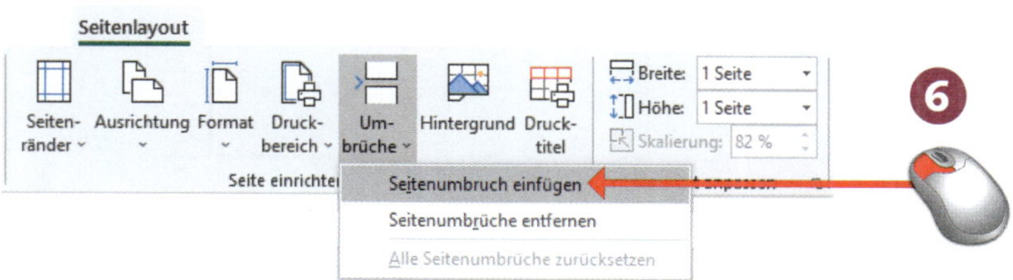

4 Damit die Überschrift und die Kopfzeile auf allen gedruckten Seiten erscheinen, fixieren Sie sie als *Drucktitel*. Klicken Sie auf das gleichnamige Symbol.

5 Klicken Sie unter *Drucktitel* auf *Wiederholungszeilen oben* und markieren Sie im Hintergrund die ersten drei Zeilennummern.

6 Für einen Seitenumbruch markieren Sie die Zeile, die als Erste auf der nächsten Seite stehen soll, und wählen *Seitenlayout/Umbrüche/Seitenumbruch einfügen*.

Ende

HINWEIS

Die auf jeder Seite wiederholten Drucktitel sehen Sie nicht in der Normalansicht, schalten Sie dazu um auf *Ansicht/Arbeitsmappen-ansichten/Seitenlayout*.

HINWEIS

Druckbereich und Drucktitel sind Bereichsnamen, die Sie im Namensfeld abholen können. Die beiden Bereichsnamen gelten nur für die jeweils aktive Tabelle, es sind »lokale« Bereichsnamen (siehe Kapitel 6).

Start

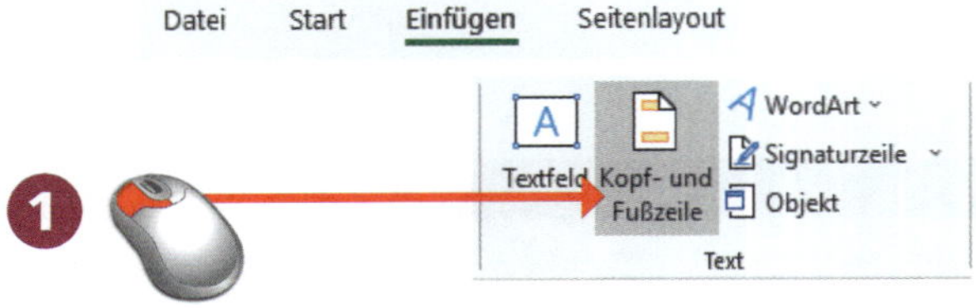

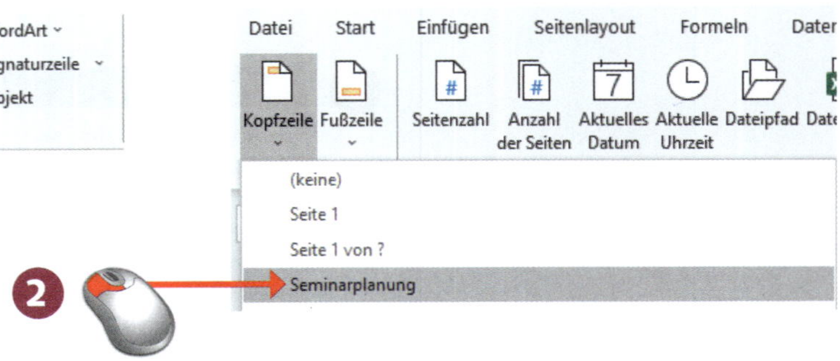

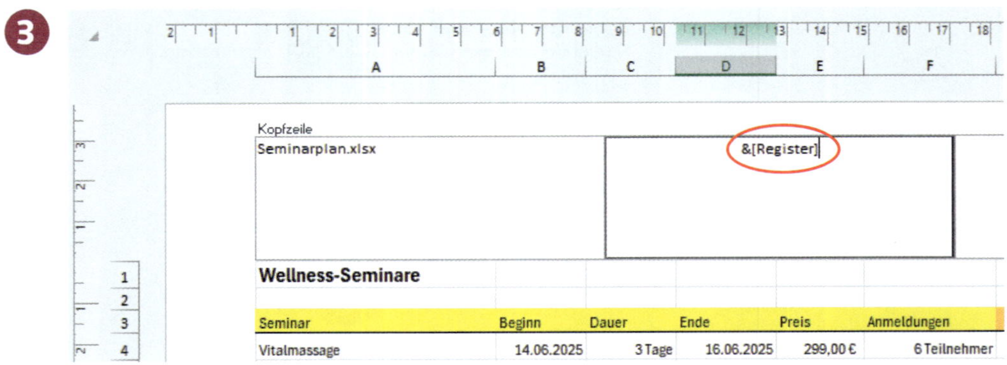

1. Um die Kopf- oder Fußzeilen der Tabellen zu beschriften, schalten Sie im Register *Einfügen* auf *Text/Kopf- und Fußzeile*.
2. Excel schaltet zur Ansicht *Seitenlayout* um, wählen Sie nun einen vordefinierten Eintrag.
3. Für berechnete Elemente wird ein Code eingetragen, hier *&[Register]* für den Namen des Tabellenblatts.

WISSEN

Nutzen Sie Kopf- und Fußzeilen, um Ihr Firmenlogo auf allen Seiten zu drucken oder automatische Informationen wie Seitenzahlen, Druckdatum oder Name und Dateipfad der Arbeitsmappe auszugeben. Excel arbeitet hier mit Formatcodes, die über Symbole zugewiesen werden.

HINWEIS

Die Formatcodes werden in der Seitenlayout-Ansicht und im Ausdruck durch ihre Inhalte ersetzt. Sie können sie auch händisch in die Kopf-/Fußzeilen eintragen.

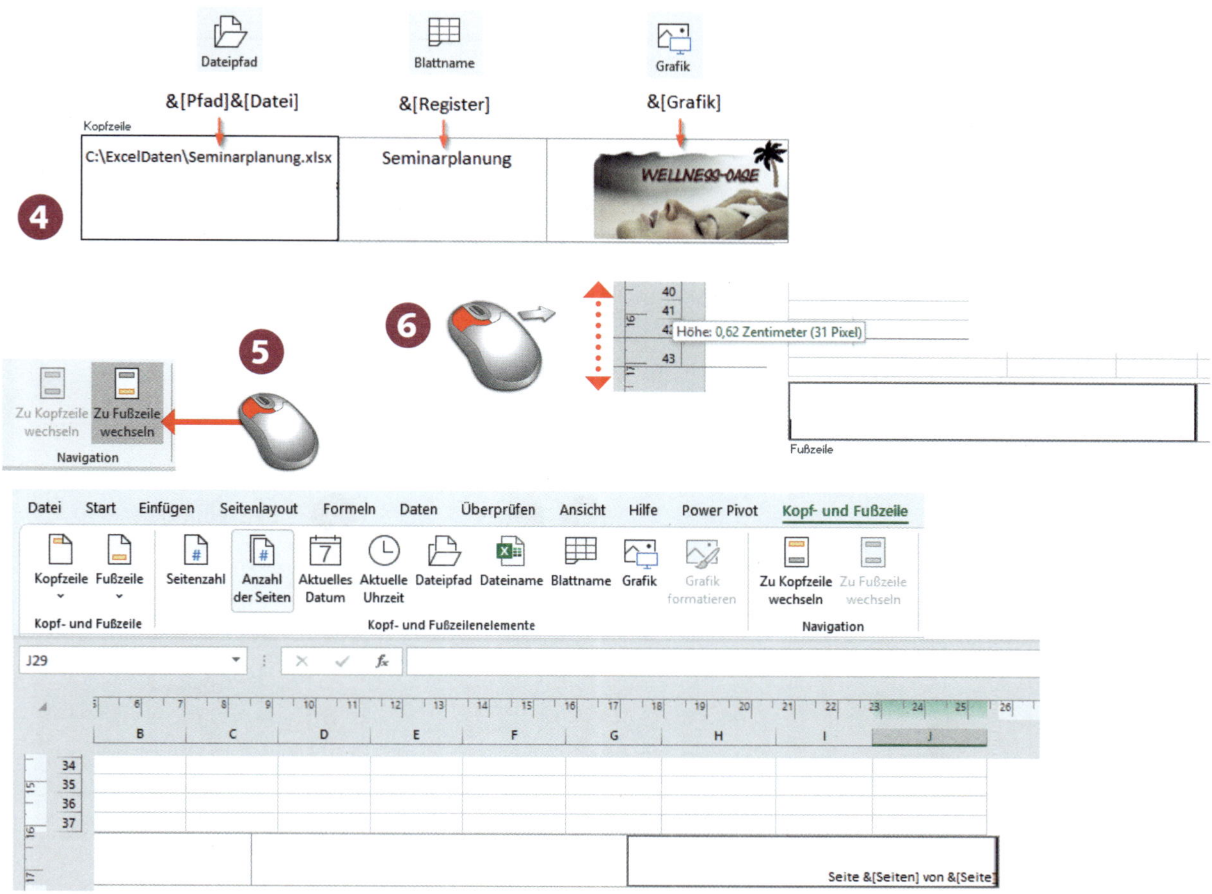

4 Holen Sie weitere Codes aus dem Register *Kopf- und Fußzeilentools*. Klicken Sie in die Tabelle, wird das Ergebnis der Codes angezeigt.

5 Wechseln Sie zur Fußzeile und tragen Sie auch für diese Codes ein, hier zum Beispiel die Seitennummer und die Anzahl der Seiten.

6 Um die Größe des Kopf-/Fußzeilenbereichs zu ändern, ziehen Sie die Randlinie im Lineal mit gedrückter Maustaste.

Ende

TIPP

Mit der [Tab]-Taste schalten Sie auf den nächsten Bereich in der Kopf-/Fußzeile, [Shift]+[Tab] schaltet zurück.

HINWEIS

Der Kopf-/Fußzeilenentwurf aktiviert automatisch die Ansicht *Seitenlayout*. Schalten Sie unter *Ansicht/Arbeitsmappenansichten* wieder zur Normalansicht zurück.

Start

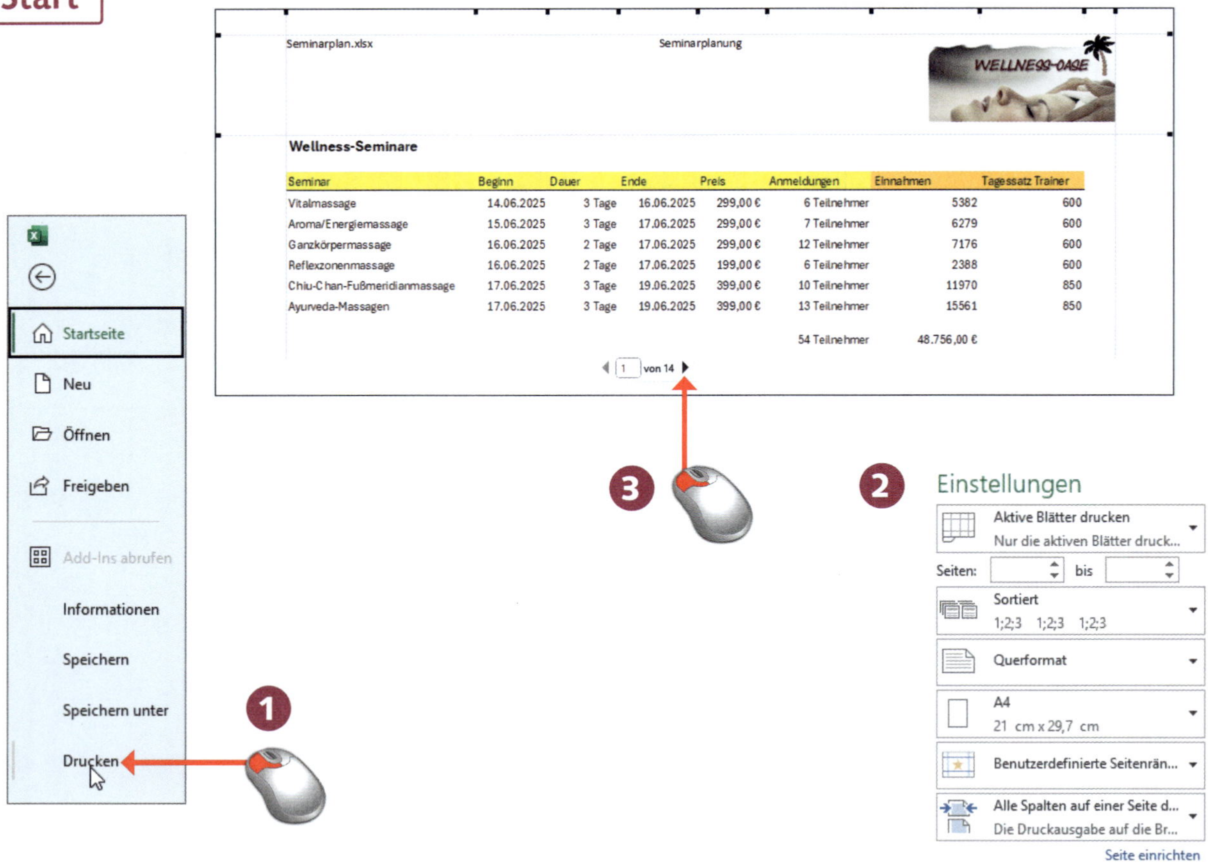

1. Schalten Sie im *Datei*-Menü auf *Drucken*, um das Tabellenblatt in der Seitenansicht zu sehen.
2. Unter *Einstellungen* können Sie hier ebenfalls alle wichtigen Layouteinstellungen vornehmen.
3. Klicken Sie auf die Pfeilsymbole, um bei mehrseitigen Drucken einzelne Seiten vor- und zurückzublättern.

WISSEN

In der Seitenansicht sehen Sie Ihre Tabelle so, wie sie ausgedruckt wird. Nutzen Sie diese Ansicht, um Randeinstellungen zu ändern und Spaltenbreiten so zu setzen, dass alles im Ausdruck zu sehen ist, was das Tabellenblatt enthält. Klicken Sie auf den Link *Seite einrichten*, erhalten Sie alle Layouteinstellungen im Dialogfenster.

4

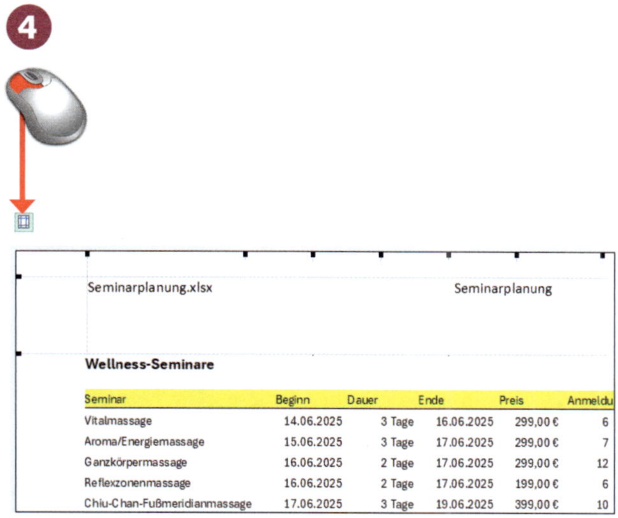

5

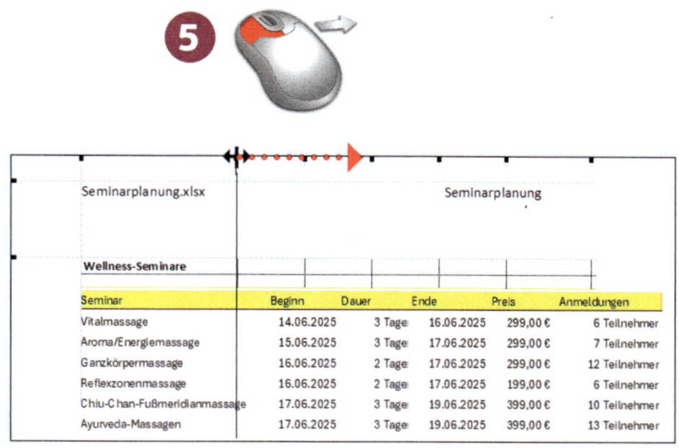

6

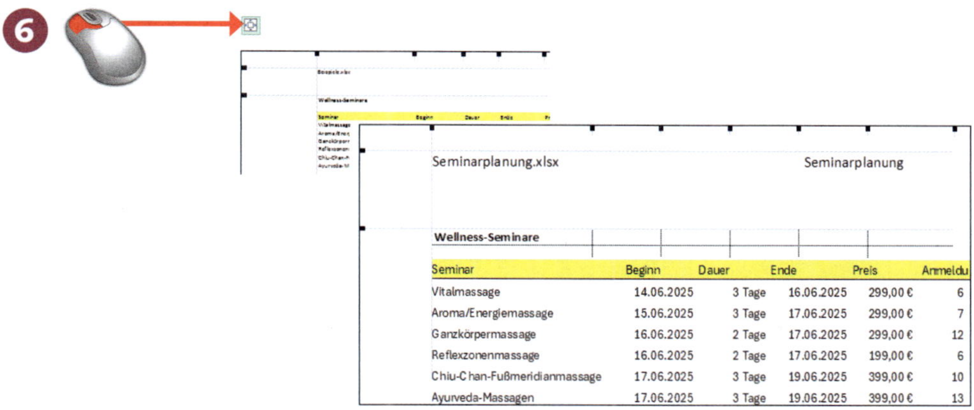

4. Mit diesem Symbol schalten Sie die Seitenränder und Spaltenlinien ein und wieder aus.

5. Ziehen Sie die Linien mit gedrückter Maustaste, um die Ränder oder Spaltenbreiten in der Seitenansicht anzupassen.

6. Klicken Sie auf dieses Symbol, um die Ansicht zu vergrößern oder auf eine ganze Seite zu zoomen.

Ende

TIPP

Schnelle Tasten für die nächste bzw. vorherige Seite in der Seitenansicht: Bild ↓/Bild ↑

HINWEIS

Mit der Skalierung in den Druckeinstellungen können Sie das Layout so einstellen, dass die Seite automatisch auf eine Druckseite passt (Blatt auf einer Seite darstellen).

Start

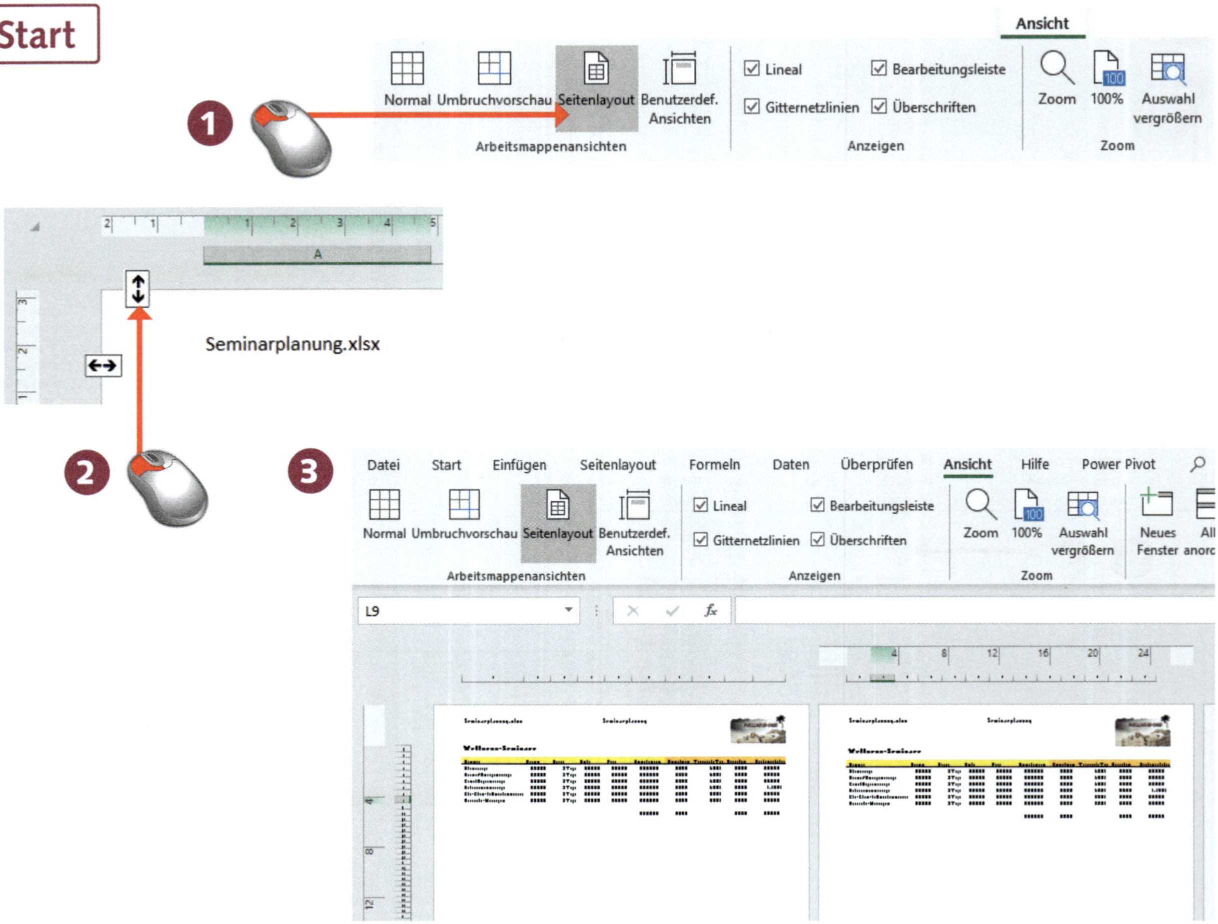

1. Wählen Sie *Ansicht/Arbeitsmappenansichten/Seitenlayout*, um die Tabelle in der Druckansicht bearbeiten zu können.
2. Die Leerflächen mit den Kopf- und Fußzeilen können Sie per Mausklick aus- oder einschalten.
3. In dieser Ansicht sehen Sie alle Druckseiten der Tabelle, zoomen Sie die Ansicht herunter und kontrollieren Sie den Seitenzähler in der Statusleiste.

WISSEN

Die Ansicht *Seitenlayout* präsentiert Ihre Tabelle so, wie sie gedruckt wird, mit Kopf-/Fußzeilen und Seitenaufteilung. Im Unterschied zur Seitenansicht können Sie hier ganz normal arbeiten. Verwenden Sie die Seitenumbruchvorschau, wenn Sie in großen Tabellen die Seitenumbrüche gezielt setzen müssen.

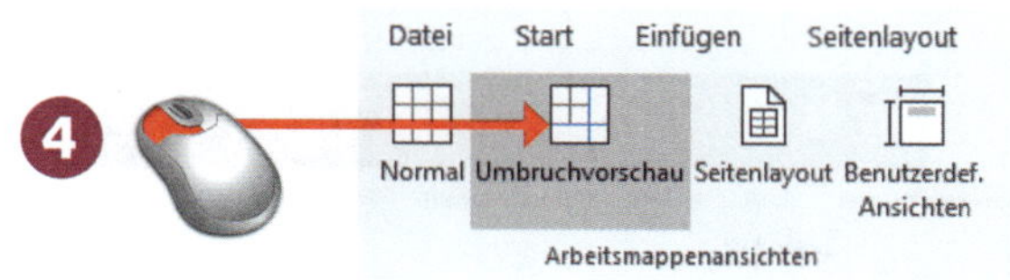

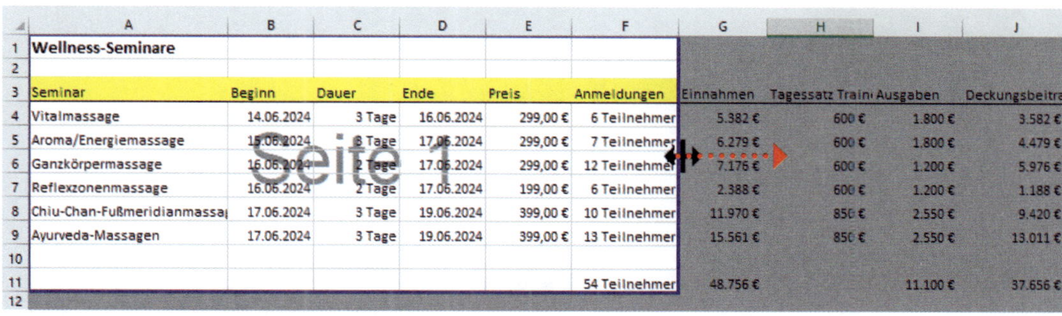

	A	B	C	D	E	F	G	H	I	J
1	**Wellness-Seminare**									
2										
3	Seminar	Beginn	Dauer	Ende	Preis	Anmeldungen	Einnahmen	Tagessatz Traini	Ausgaben	Deckungsbeitrag
4	Vitalmassage	14.06.2024	3 Tage	16.06.2024	299,00 €	6 Teilnehmer	5.382 €	600 €	1.800 €	3.582 €
5	Aroma/Energiemassage	15.06.2024	3 Tage	17.06.2024	299,00 €	7 Teilnehmer	6.279 €	600 €	1.800 €	4.479 €
6	Ganzkörpermassage	16.06.2024	2 Tage	17.06.2024	299,00 €	12 Teilnehmer	7.176 €	600 €	1.200 €	5.976 €
7	Reflexzonenmassage	16.06.2024	2 Tage	17.06.2024	199,00 €	6 Teilnehmer	2.388 €	600 €	1.200 €	1.188 €
8	Chiu-Chan-Fußmeridianmassa	17.06.2024	3 Tage	19.06.2024	399,00 €	10 Teilnehmer	11.970 €	850 €	2.550 €	9.420 €
9	Ayurveda-Massagen	17.06.2024	3 Tage	19.06.2024	399,00 €	13 Teilnehmer	15.561 €	850 €	2.550 €	13.011 €
10										
11						54 Teilnehmer	48.756 €		11.100 €	37.656 €
12										

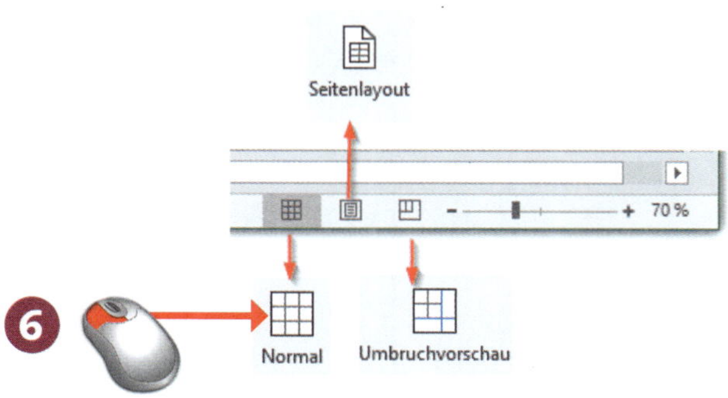

4 Wählen Sie *Ansicht/Arbeitsmappenansichten/Umbruchvorschau*, wenn Sie die Seitenumbrüche kontrollieren und anpassen wollen.

5 Um mehr oder weniger Zellen in den Ausdruck zu bringen, ziehen Sie die blauen Randlinien mit gedrückter Maustaste.

6 Schalten Sie mit *Ansicht/Arbeitsmappenansichten/Normal* zurück zur Normalansicht. In der Statusleiste finden Sie drei Symbole für alle Ansichten.

Ende

TIPP

Seitenumbrüche fügen Sie über *Seitenlayout/Umbrüche* ein. Markieren Sie vorher die erste Zeile, die auf der nächsten Seite stehen soll.

HINWEIS

In der Seitenumbruchvorschau zeigt eine gestrichelte Linie den natürlichen Seitenumbruch. Wenn Sie den Seitenbereich vergrößern, wird das Seitenlayout automatisch skaliert. Sehen Sie unter *Seitenlayout/Größe/Weitere Papierformate* nach, um welchen Faktor.

Start

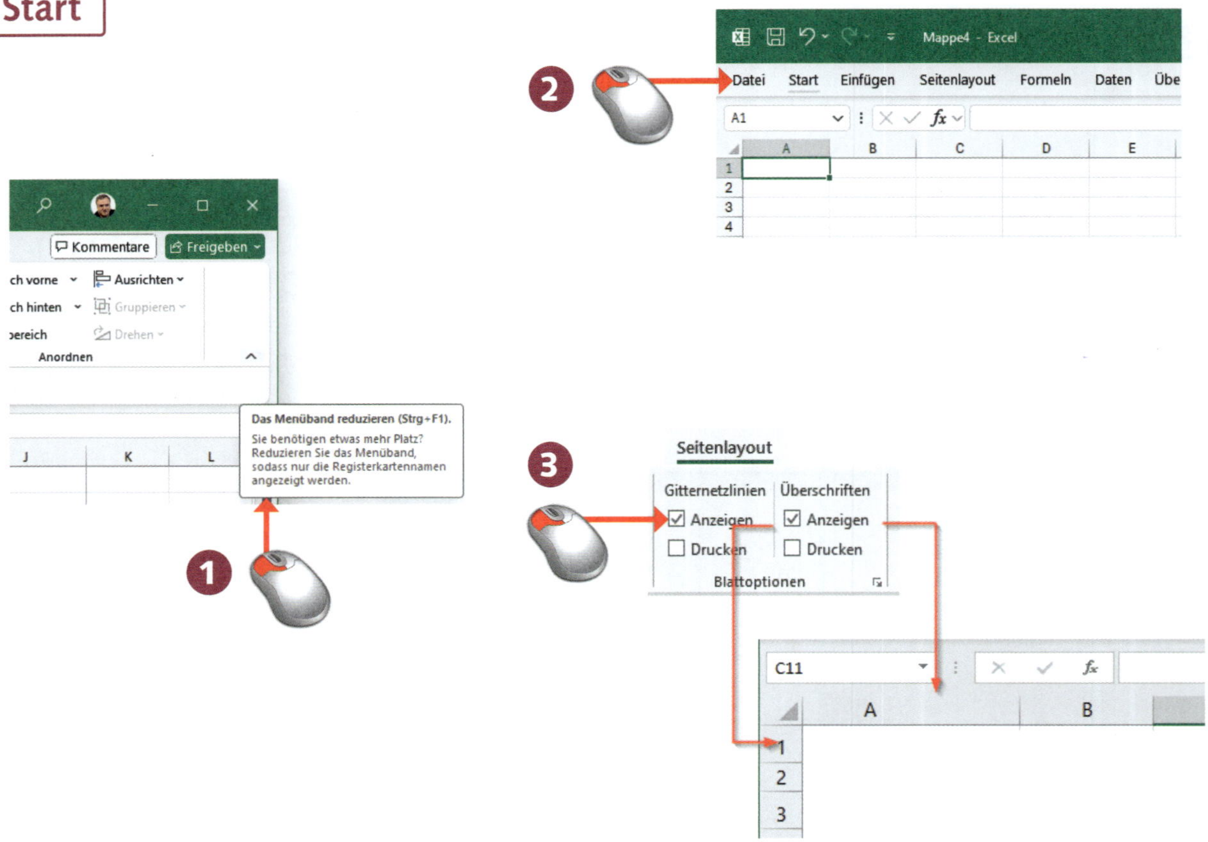

1. Um den ganzen Bildschirm ohne Menüband anzuzeigen, schalten Sie dieses mit dem Symbol rechts unten aus.
2. Das Menüband wird ausgeblendet, es erscheint nur per Klick auf ein Menü. Mit Strg+F1 oder per Doppelklick auf ein Menü wird es wieder permanent sichtbar.
3. Schalten Sie die Bearbeitungsleiste und die Überschriften (Spaltenbuchstaben und Zeilennummern) aus, wenn Sie mehr Platz brauchen.

WISSEN

Oft werden Sie für die Bearbeitung von Tabellen einfach mehr Platz brauchen. Blenden Sie störende Elemente wie den Kopfbereich mit Menüband und die Zeilen-/Spaltenköpfe aus und schalten Sie für Druck oder Bildschirm auch die Gitternetze ab.

4

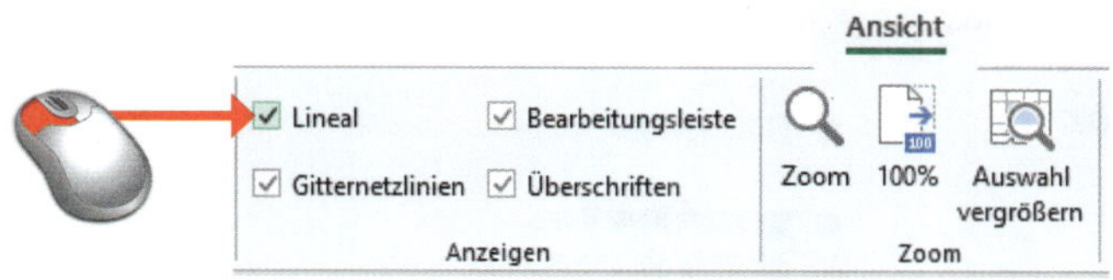

5

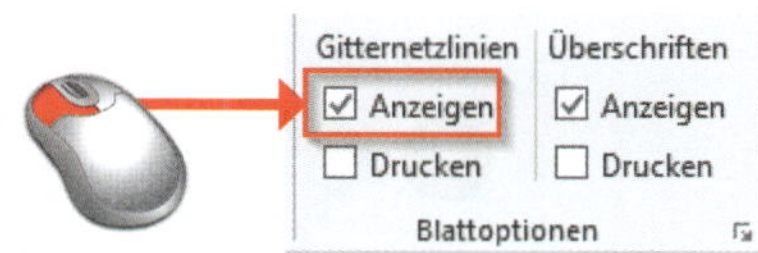

6

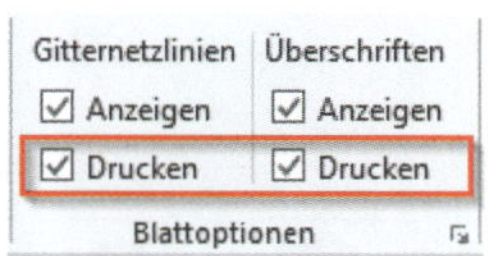

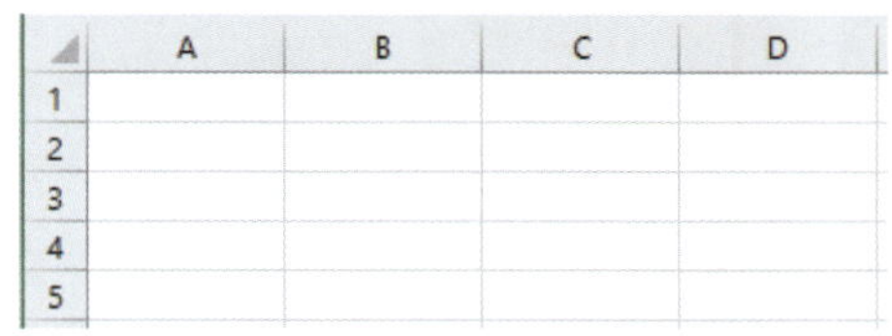

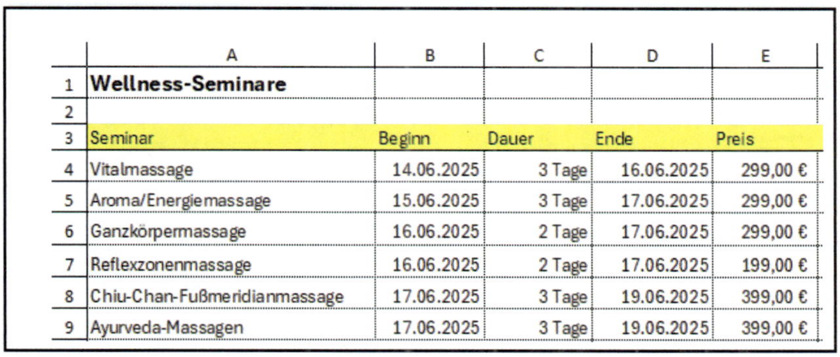

	A	B	C	D	E
1	**Wellness-Seminare**				
2					
3	Seminar	Beginn	Dauer	Ende	Preis
4	Vitalmassage	14.06.2025	3 Tage	16.06.2025	299,00 €
5	Aroma/Energiemassage	15.06.2025	3 Tage	17.06.2025	299,00 €
6	Ganzkörpermassage	16.06.2025	2 Tage	17.06.2025	299,00 €
7	Reflexzonenmassage	16.06.2025	2 Tage	17.06.2025	199,00 €
8	Chiu-Chan-Fußmeridianmassage	17.06.2025	3 Tage	19.06.2025	399,00 €
9	Ayurveda-Massagen	17.06.2025	3 Tage	19.06.2025	399,00 €

4 Die Lineale am oberen und linken Rand lassen sich nur in der Seitenlayout-Ansicht anzeigen und ausschalten.

5 Blenden Sie die Gitternetze für die Bildschirmansicht aus ...

6 ... und drucken Sie die Tabelle wahlweise mit Gitternetzlinien, Zeilennummern und Spaltenbuchstaben.

Ende

HINWEIS

In den *Optionen* (*Datei*-Menü) stellen Sie unter *Erweitert* die Anzeige einzelner Elemente wie Gitternetze oder Lineale für den Start der Arbeitsmappen ein.

HINWEIS

Gitternetzlinien für Tabellen werden getrennt für Ansicht und Druck verwaltet. Schalten Sie die gedruckten Linien aus, können Sie als Alternative Rahmenlinien benutzen (*Start/Schriftart*).

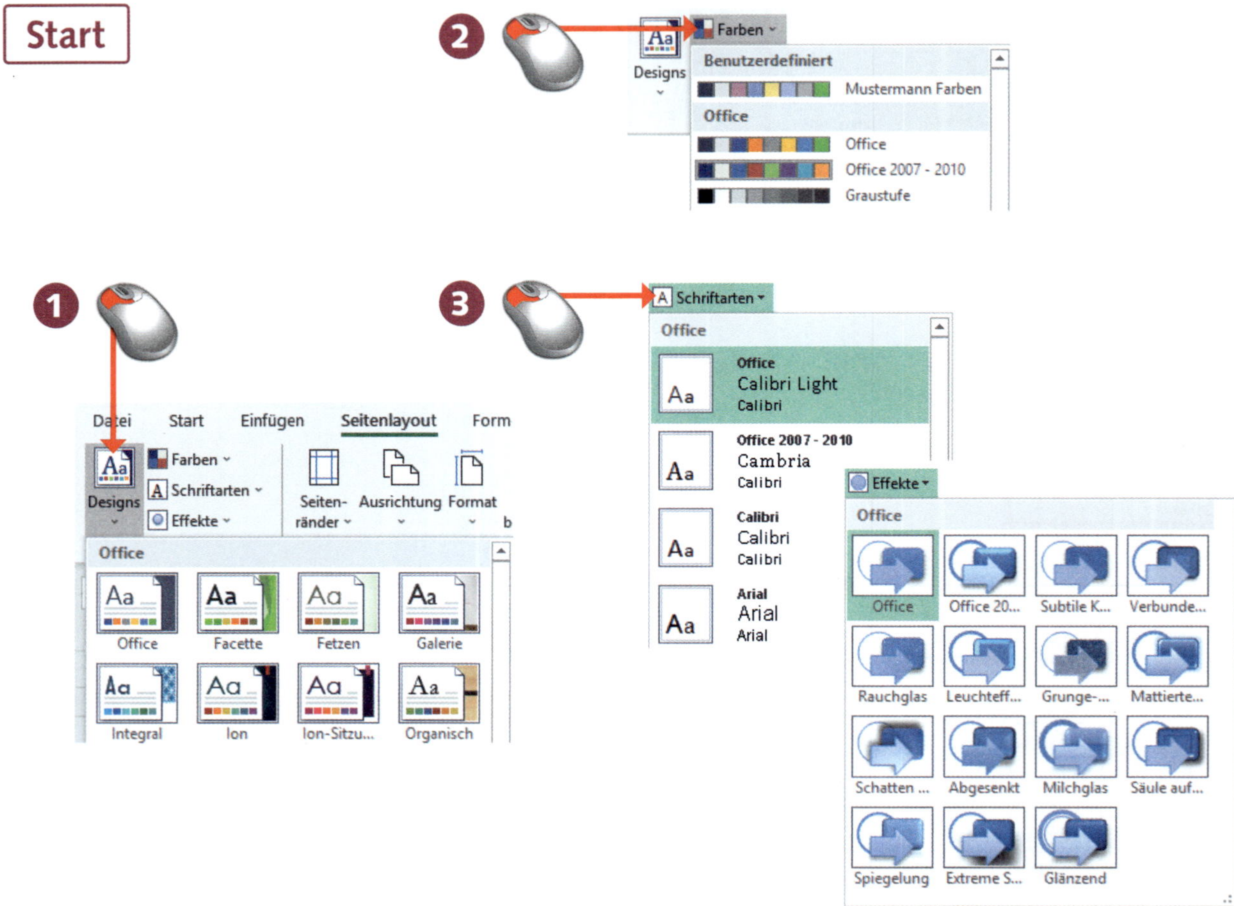

1. Auf der Registerkarte *Seitenlayout* finden Sie eine Auswahl von Designs. Das aktuelle Design ist gekennzeichnet.
2. Ändern Sie die Farben des eingestellten Designs mit einer Auswahl aus der Farbpalette.
3. Schriftarten und Effekte für Objekte in der Tabelle können Sie ebenfalls neu wählen oder anpassen.

WISSEN

Designs sind Formatvorlagen, die für Excel, Word und PowerPoint gelten. Verwenden Sie das gleiche Design für Ihre Tabellenblätter, das Sie auch der PowerPoint-Präsentation oder dem Word-Text zugewiesen haben, dann stellen Sie ein einheitliches Erscheinungsbild sicher.

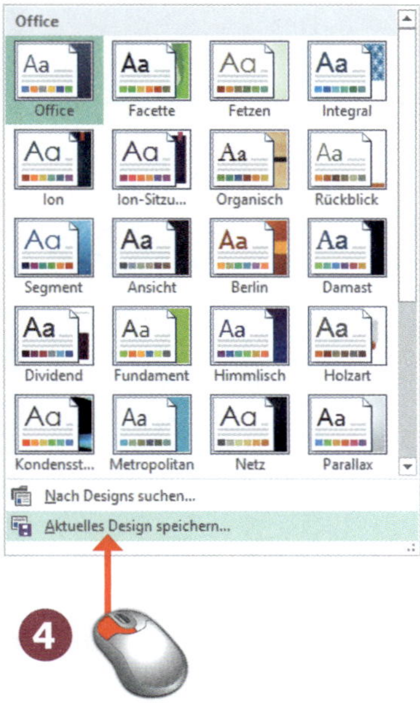

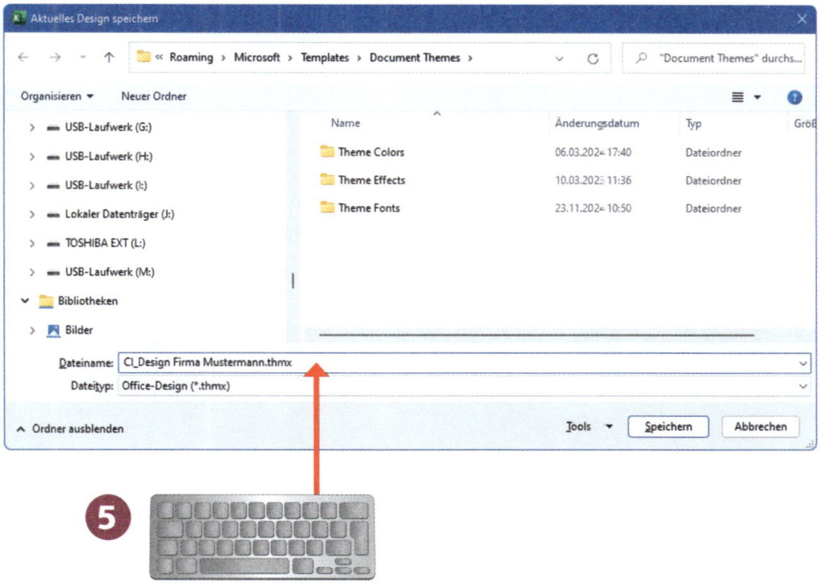

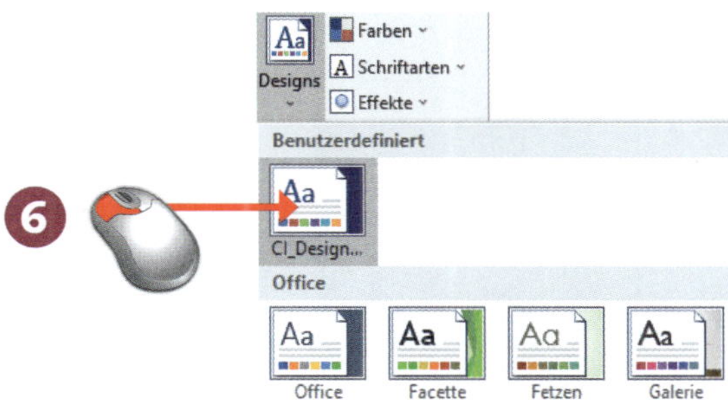

4 Mit *Aktuelles Design speichern* sichern Sie Ihre Änderungen.

5 Tragen Sie einen Namen für das neue Design ein und klicken Sie auf *Speichern*.

6 Das neue Design steht ab sofort in der Gruppe *Benutzerdefiniert* zur Auswahl. Klicken Sie es an, um der Tabelle alle Designeinstellungen zuzuweisen.

Ende

TIPP

In einem Design sind Farben, Schriften und Objekteffekte harmonisch aufeinander abgestimmt.

HINWEIS

Designs werden mit der Dateiendung *.thmx* im Benutzerordner abgespeichert. Unter dieser Dateiendung finden Sie auch Designdateien, zum Beispiel im Internet.

6

Formeln und Funktionen

Start

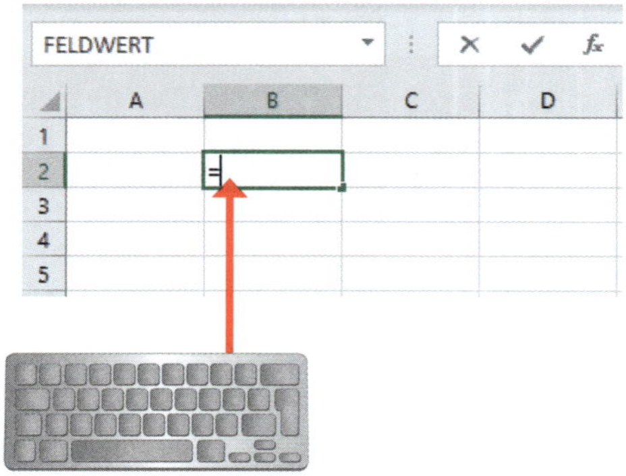

1

2

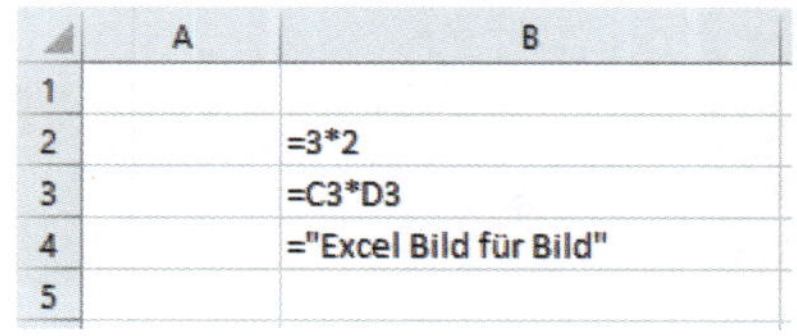

3

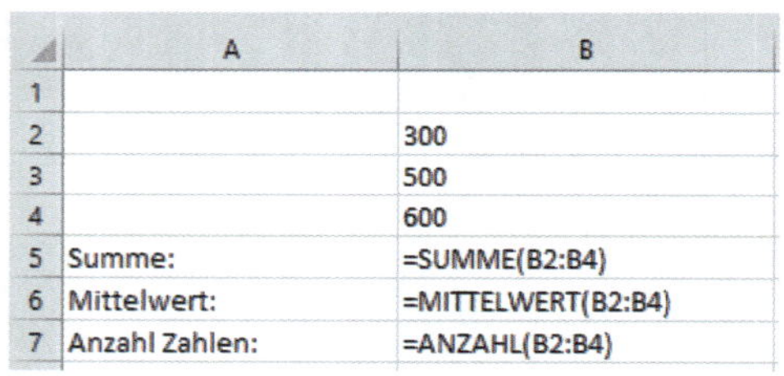

1. Mit einem =-Zeichen starten Sie eine Formel in der aktiven Zelle.
2. In die Formel können Sie Zahlen oder Texte einbauen (Texte immer in Anführungszeichen) und Verknüpfungen auf Zellen (Bezüge) verwenden.
3. Für komplexere Berechnungen enthalten Formeln Funktionen, wie hier die SUMME-Funktion.

WISSEN

Die Formel ist das Herz der Kalkulation, sie rechnet arithmetisch und geometrisch, baut logische Bedingungen, vergleicht und verknüpft Zellbezüge. Nehmen Sie sich die Zeit und üben Sie das Konstruieren von Formeln.

4
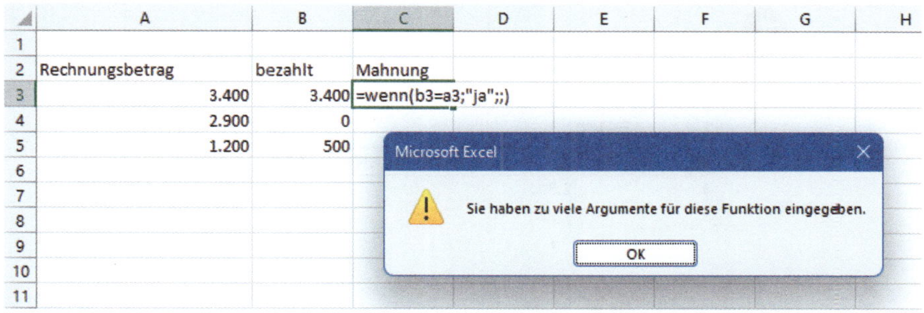

5
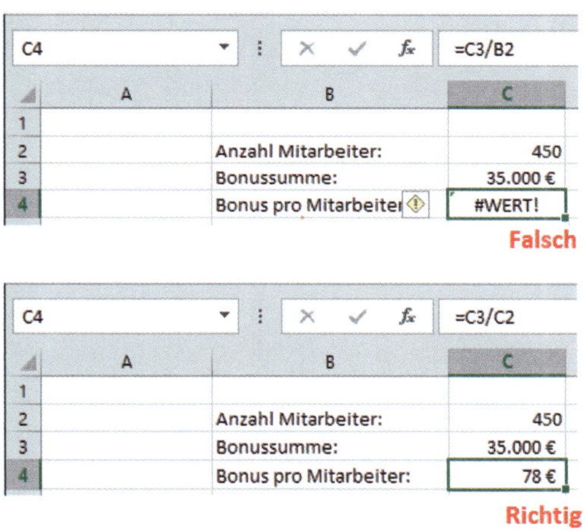

6
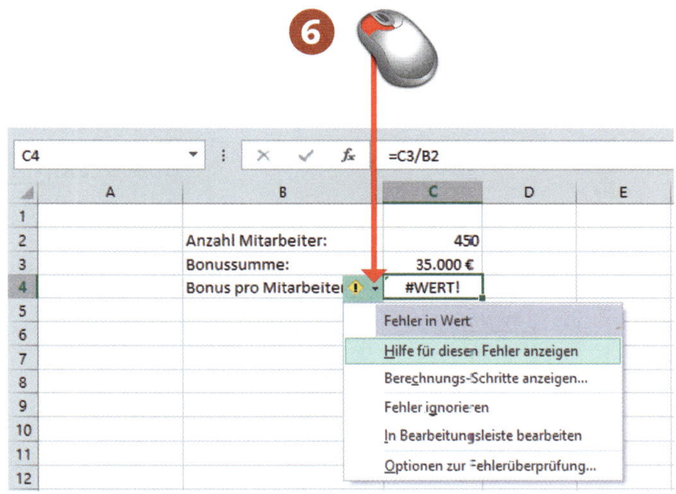

4 Wenn die Formel nicht korrekt ist, erhalten Sie eine Fehlermeldung unmittelbar nach der Eingabe. Richtige Formel: =WENN(B3<A3;"ja";"nein").

5 Ist die Formel mathematisch oder logisch falsch, zeigt die Zelle eine Fehlermeldung an. Das gilt auch für falsche Bezüge und falsch geschriebene Formeln.

6 Achten Sie auf das Symbol am Zellzeiger. Der Fehlerindikator zeigt den Grund für den Fehler an.

Ende

TIPP

Ohne =-Zeichen behandelt Excel die Formel als einfachen Text. Wenn Sie die Fehlermeldung nicht wegbekommen, schreiben Sie vorläufig ein Leerzeichen vor das =-Zeichen und suchen dann den Fehler.

HINWEIS

Alle Formelergebnisse in der Tabelle werden automatisch berechnet, wenn eine Zelle geändert wird. Diese automatische Berechnung lässt sich in den Excel-Optionen ausschalten.

Start

1

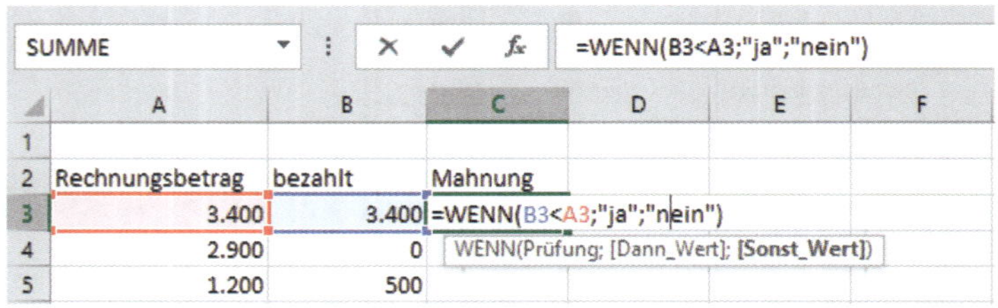

2

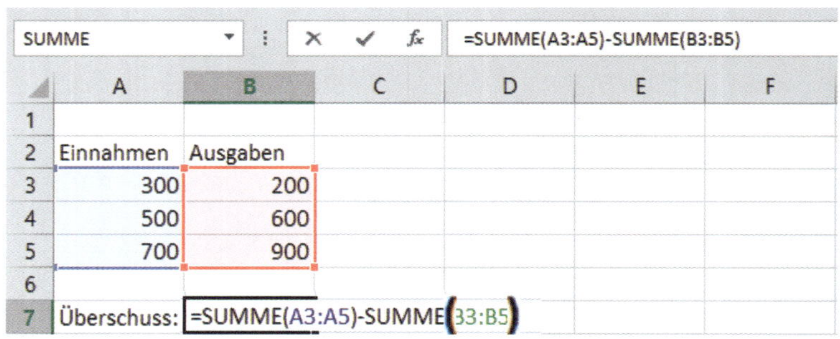

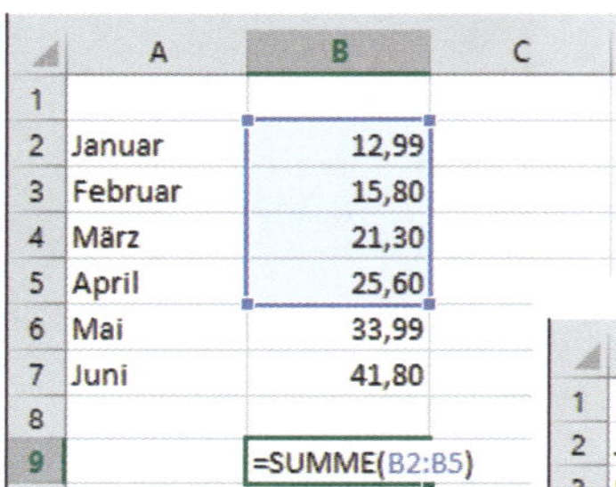

3

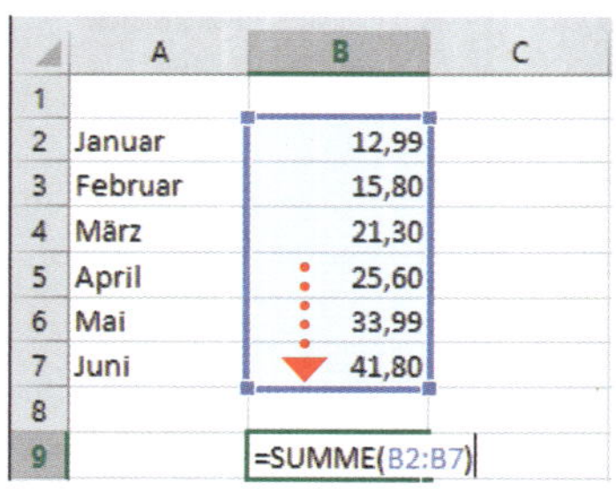

1. Die QuickInfo zeigt bei der Konstruktion von Funktionen die Argumentfolge an. Das fett gedruckte Argument ist an der Cursorposition erforderlich.
2. Achten Sie auf die Klammerpaar-Hilfe: Zusammengehörende Klammern werden fett angezeigt, wenn der Cursor über eine Klammer bewegt wird.
3. Zellbezüge in Formeln markiert Excel mit Farben. Ziehen Sie mit dem Mauszeiger am Füllkästchen, wenn der Bezug nicht passt.

WISSEN

Excel lässt Sie nicht allein bei der Konstruktion von Formeln und bei der unvermeidbaren Fehlersuche. Die QuickInfo am Zellzeiger, die Farbmarkierungen und die vielen Korrekturhilfen auf der Registerkarte *Formeln* sind wichtige Werkzeuge für Formelbastler.

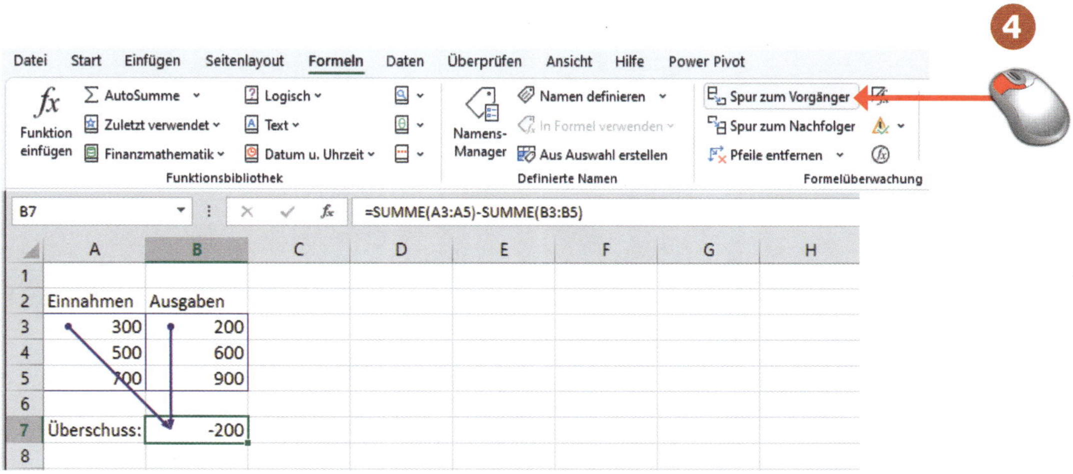

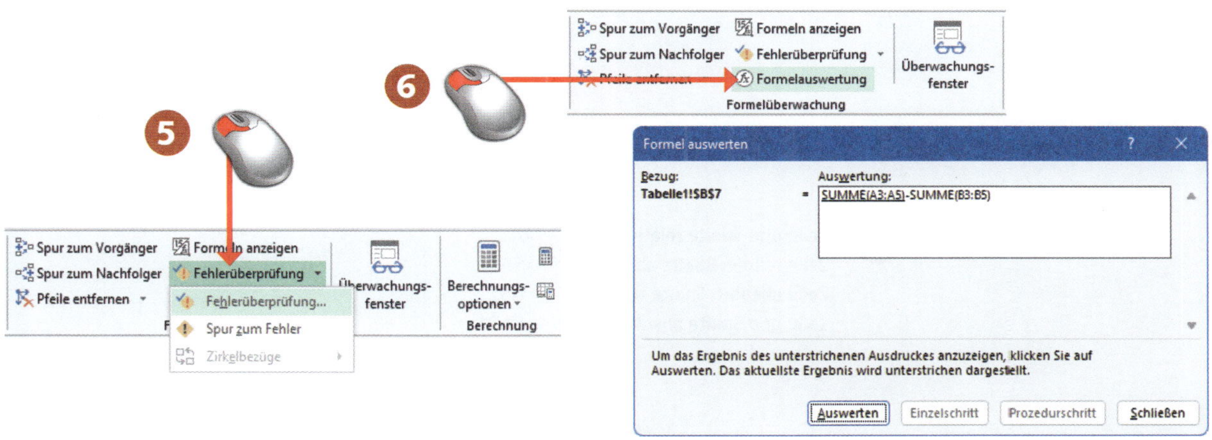

4 Auf der Registerkarte *Formeln* finden Sie Optionen zur Kennzeichnung der Bezüge. Ziehen Sie Pfeile zum Vorgänger oder Nachfolger ein.

5 Die *Fehlerüberprüfung* lässt sich wahlweise für die gesamte Tabelle oder für einen einzelnen Fehlerwert starten.

6 Mit der *Formelauswertung* können Sie komplexe, geschachtelte Formeln in ihre Bestandteile zerlegen und einzeln auswerten.

Ende

TIPP

Mit der Option *Formeln anzeigen* schalten Sie das ganze Tabellenblatt in die Formelansicht. Tastenkombination: Alt+O+F

TIPP

In den *Optionen* (Kategorie *Erweitert*) lässt sich die QuickInfo ein- und ausschalten.

HINWEIS

Die Formelauswertung ändert keine Formel, sie rechnet diese nur von innen nach außen durch und präsentiert jeweils die Teilergebnisse.

Start

1

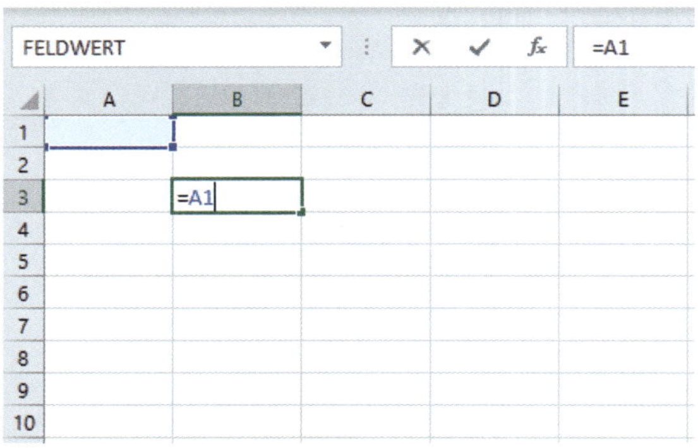

2

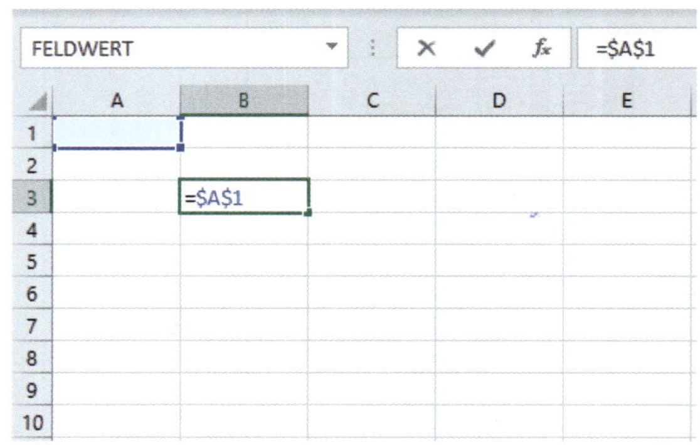

3

Zeile und Spalte relativ	=A1
Zeile relativ, Spalte absolut	=$A1
Zeile absolut, Spalte relativ	=A$1
Zeile und Spalte absolut	=$A$1

1. Im relativen Bezug werden Zeilennummer und Spaltenbuchstabe ohne Zusätze angegeben.
2. Der absolute Bezug verweist auf die Zelle mit je einem $-Zeichen vor der Zeilennummer und dem Spaltenbuchstaben.
3. In der gemischten Adressierung sind nur Zeilen oder Spalten relativ bzw. absolut.

WISSEN

Die Relativitätstheorie ist bei Excel einfacher als bei Einstein: Relative Bezüge passen sich an, wenn sie kopiert werden, absolute behalten ihre Adresse. Da diese Adressierungsformeln sehr wichtig in der Praxis sind, sollten Sie sie an diesem Beispiel mit der Mehrwertsteuer üben.

4

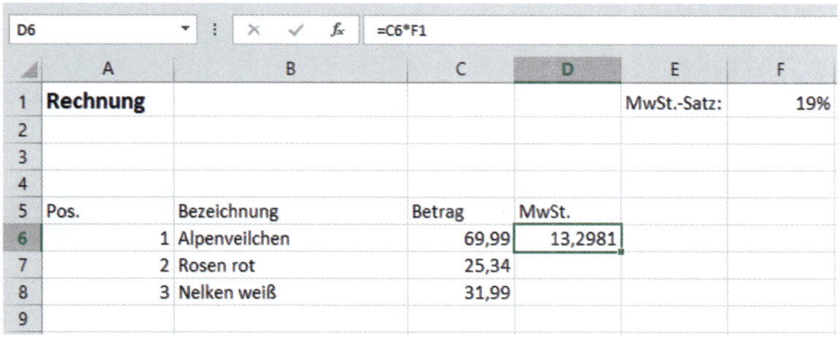

D6 =C6*F1

	A	B	C	D	E	F
1	**Rechnung**				MwSt.-Satz:	19%
2						
3						
4						
5	Pos.	Bezeichnung	Betrag	MwSt.		
6	1	Alpenveilchen	69,99	13,2981		
7	2	Rosen rot	25,34			
8	3	Nelken weiß	31,99			
9						

5

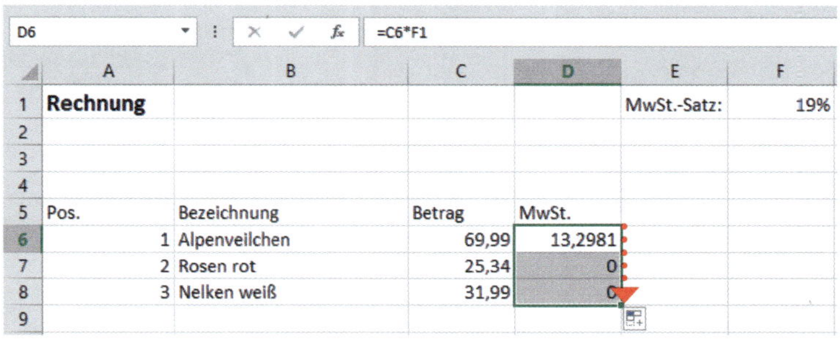

D6 =C6*F1

	A	B	C	D	E	F
1	**Rechnung**				MwSt.-Satz:	19%
2						
3						
4						
5	Pos.	Bezeichnung	Betrag	MwSt.		
6	1	Alpenveilchen	69,99	13,2981		
7	2	Rosen rot	25,34	0		
8	3	Nelken weiß	31,99	0		
9						

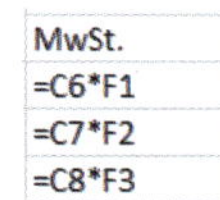

MwSt.
=C6*F1
=C7*F2
=C8*F3

6

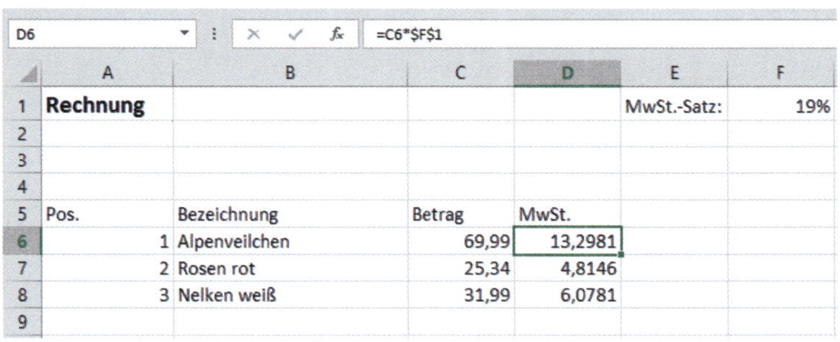

D6 =C6*$F$1

	A	B	C	D	E	F
1	**Rechnung**				MwSt.-Satz:	19%
2						
3						
4						
5	Pos.	Bezeichnung	Betrag	MwSt.		
6	1	Alpenveilchen	69,99	13,2981		
7	2	Rosen rot	25,34	4,8146		
8	3	Nelken weiß	31,99	6,0781		
9						

4 Ein Beispiel: Multiplizieren Sie die Rechnungsbeträge in C6:C8 mit dem Mehrwertsteuersatz in Zelle F1.

5 Wird die Formel aus D6 mit dem Füllkästchen kopiert, sind die Ergebnisse falsch, da der relative Bezug auf F1 angepasst wird.

6 Mit dem absoluten Bezug auf die Zelle mit dem Mehrwertsteuersatz kann die Formel sicher kopiert werden. Die Adresse ändert sich nicht.

Ende

TIPP

Mit der Funktionstaste [F4] adressieren Sie einen relativen Bezug absolut und umgekehrt. Drücken Sie [F4], nachdem die Adresse in die Bearbeitungsleiste eingetragen oder in dieser markiert wurde.

HINWEIS

Die Kopierrichtung ist entscheidend: Relative Zeilennummern passen sich an, wenn die Formel nach unten oder oben kopiert wird, relative Spaltenbuchstaben beim Kopieren nach links oder rechts.

Start

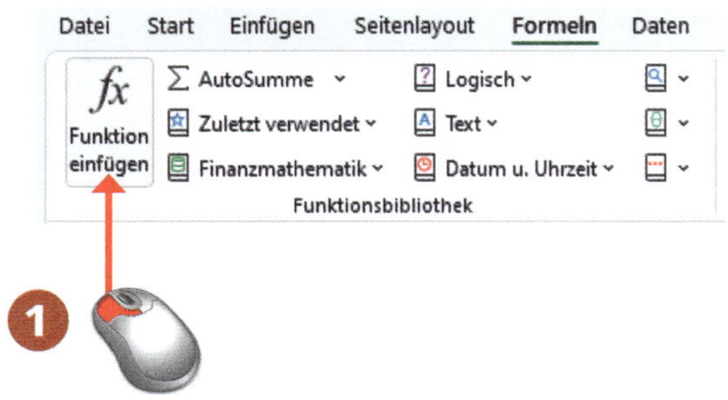

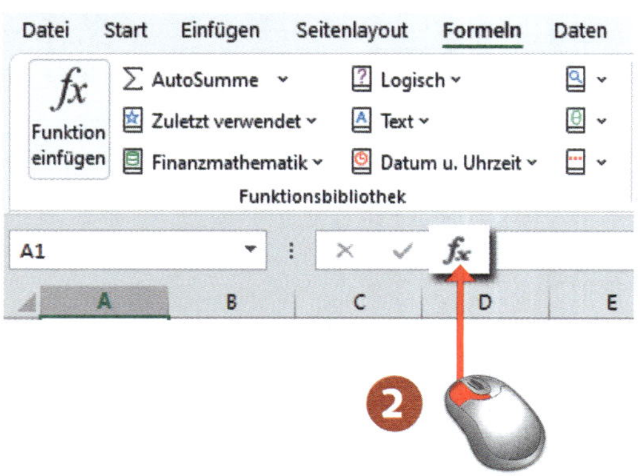

1. Schalten Sie auf die Registerkarte *Formeln* um, finden Sie die Symbolschaltfläche für den Funktionsassistenten (*fx*).
2. Der Funktionsassistent wird auch per Klick auf das Symbol links an der Bearbeitungsleiste aktiviert.
3. Der Funktionsassistent präsentiert ein Suchfenster, eine Kategorienliste und eine Auswahl an Funktionen.

WISSEN

Der Funktionsassistent hilft Ihnen, die einzelnen Funktionen kennenzulernen und den Überblick über alle zu bewahren. Aktivieren Sie ihn, wenn Sie gezielt nach einer Funktion suchen oder um komplexe Funktionen zu konstruieren.

4 Geben Sie einen Suchbegriff ein und klicken Sie auf *OK*, sucht der Assistent die passenden Funktionen.

5 Markieren Sie eine der angebotenen Funktionen und achten Sie auf den Beschreibungstext.

6 Ein Klick auf *Hilfe für diese Funktion* blendet die Excel-Hilfe mit einer genauen Beschreibung zur markierten Funktion ein.

TIPP

Tastenkombinationen:
Funktionsassistent: ⇧+F3
SUMME-Funktion: Alt+⇧+0

HINWEIS

Wenn der Zellzeiger bereits auf eine Funktion zeigt, aktiviert der Funktionsassistent nicht die Funktionsliste, sondern die Argumenteauswahl für die aktive Funktion.

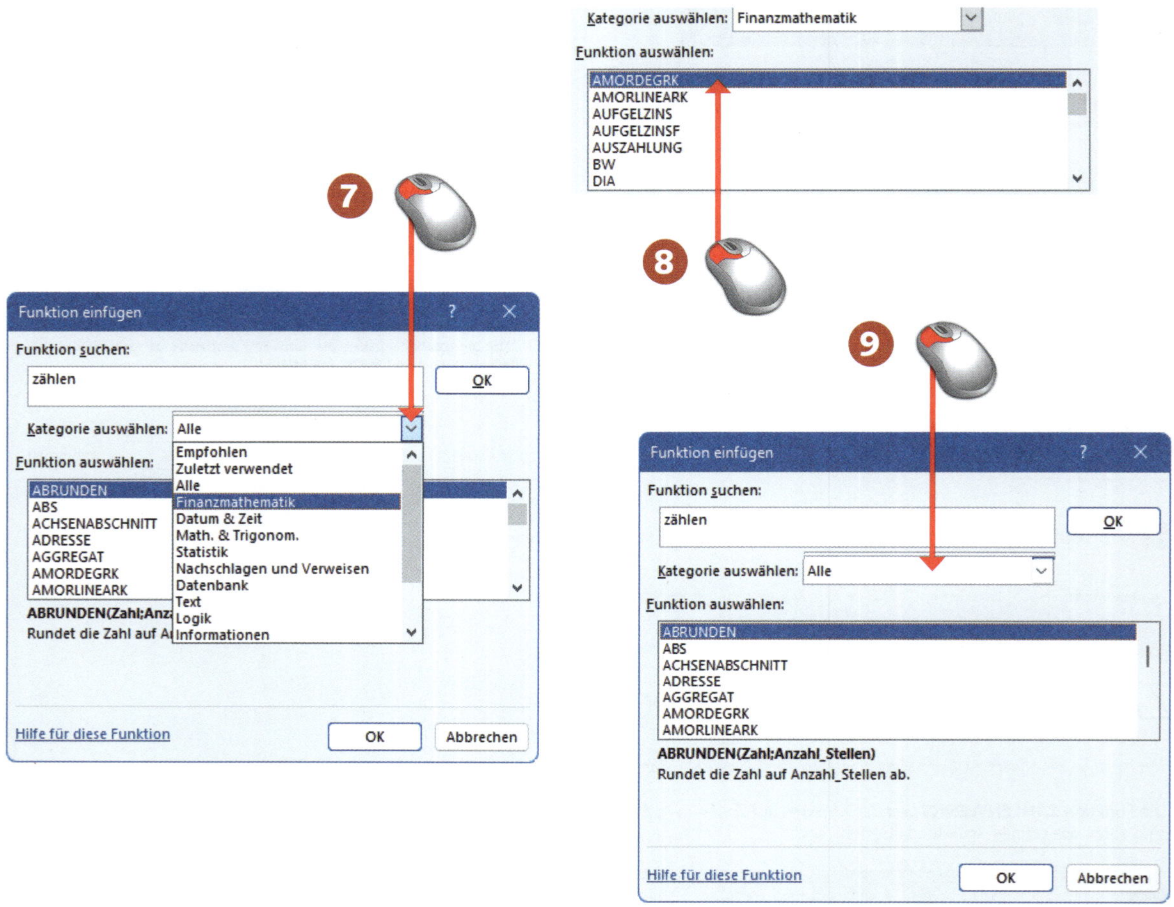

7 Wählen Sie eine Kategorie aus der Kategorienliste des Funktionsassistenten.

8 Die Funktionsliste zeigt jetzt die Funktionen aus dieser Kategorie an.

9 Ein Klick auf *Alle* präsentiert die komplette Liste mit allen Funktionen, alphabetisch aufsteigend sortiert.

WISSEN

Alle Excel-Funktionen sind in Kategorien unterteilt, was die Suche nach der richtigen Funktion etwas einfacher macht. Sehen Sie sich an, was die Funktionsauswahl zu bieten hat, und probieren Sie die ersten Funktionen an einfachen Beispielen aus.

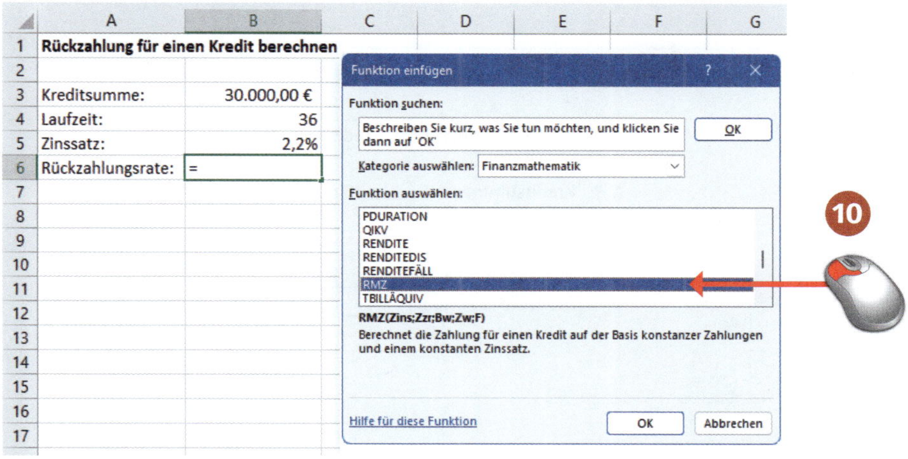

10

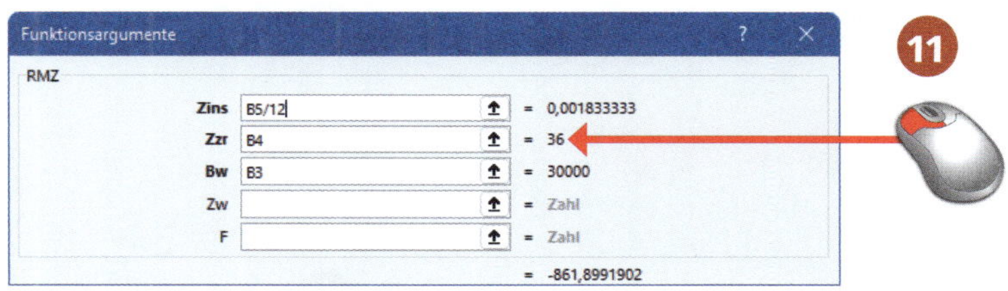

11

12

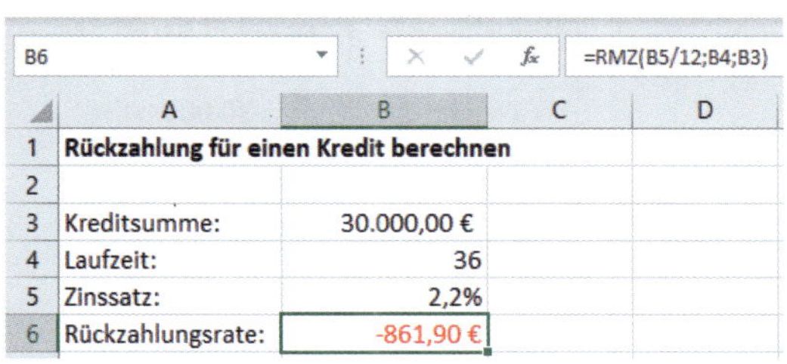

10 Hier ein Beispiel aus der Finanzmathematik: Berechnen Sie mit der Funktion *RMZ* die Rückzahlungsrate für einen Kredit.

11 Tragen Sie die Funktionsargumente in die einzelnen Felder ein. Zellbezüge können Sie im Hintergrund mit dem Mauszeiger markieren.

12 Bestätigen Sie die Funktion mit einem Klick auf *OK*, die Formel wird abgeschlossen und in die Zelle eingetragen.

Ende

HINWEIS

Klicken Sie in die Funktionsliste und tippen Sie den ersten Buchstaben ein, um eine gesuchte Funktion schneller zu finden.

TIPP

Achten Sie auf die Ergebnisrechnung in der Argumenteliste, sie zeigt gleich nach dem Eintrag eines Zellbezugs dessen Inhalt, und auch das (Teil-) Ergebnis wird sofort berechnet.

Start

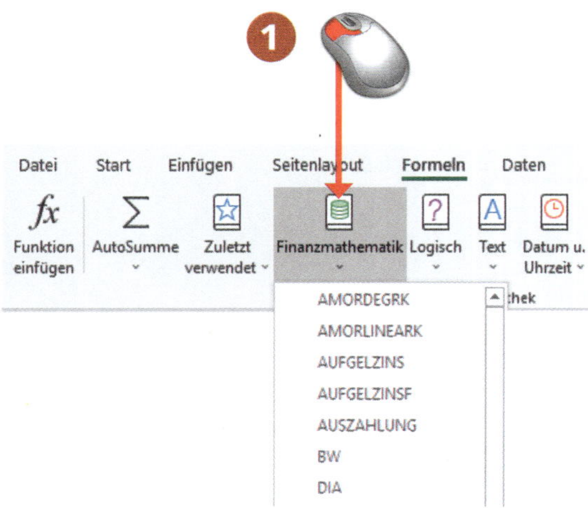

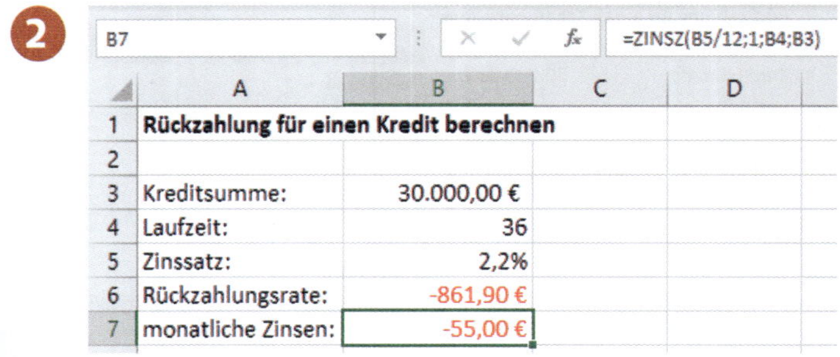

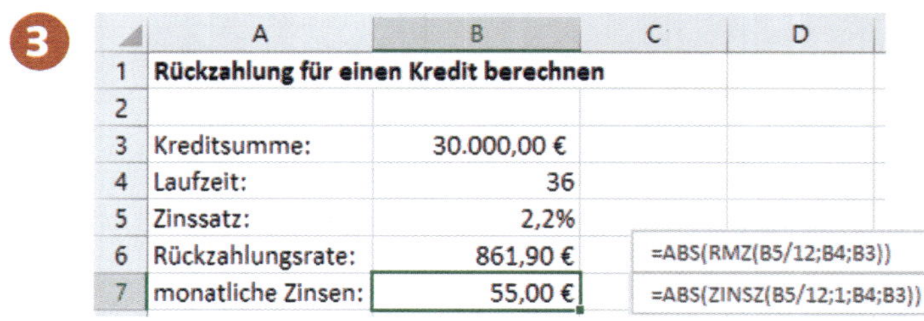

1. Auf der Registerkarte *Formeln* finden Sie die Kategorie *Finanzmathematik*. Holen Sie Funktionen nach einem Klick auf das Symbol aus der Liste.
2. Neben der Rückzahlungsrate mit RMZ können Sie mit ZINSZ auch die monatlichen Zinsen für ein Darlehen berechnen.
3. Schachteln Sie die Berechnungen in eine ABS-Funktion (Absolut), wird das Ergebnis positiv.

WISSEN

Zins und Tilgung, Rückzahlung von Darlehen und Renditen von Wertpapieren – rechnen Sie mit Excel, was Ihr Geld kostet und Ihre Anlagen wert sind. Die finanzmathematischen Funktionen bieten Rechenalgorithmen für Annuitäten, Abschreibungen und Aktienkurse.

B8 =DIA($B$3;$B$4;$B$5;A8)

	A	B	C	D
1	**Degressive Abschreibung**			
2				
3	Anschaffungswert:	50.000 €		
4	Restwert:	10.000 €		
5	Nutzungsdauer:	10 Jahre		
6				
7	**Jahr**	**Abschreibung**		
8	1	7.272,73 €		
9	2	6.545,45 €		
10	3	5.818,18 €		
11	4	5.090,91 €		
12	5	4.363,64 €		
13	6	3.636,36 €		
14	7	2.909,09 €		
15	8	2.181,82 €		
16	9	1.454,55 €		
17	10	727,27 €		

4

5

B9 =RENDITE(B3;B4;B5;B6;B7;B8)

	A	B	C	D	E	F
1	**Rendite**					
2						
3	Abrechnungstermin	15.02.2024				
4	Fällig am	15.11.2025				
5	Kuponzinssatz	2,80%				
6	Preis	85,35				
7	Rückzahlungswert	100 €				
8	Zahlungshäufigkeit	2				
9	Rendite	5,84%				

6

B4 =XKAPITALWERT(B3;$B$7:$B$11;$A$7:$A$11)

	A	B	C	D	E	F
1	**Kapitalwert**					
2						
3	effektiver Jahreszins:	6%				
4	Kapitelwert bei nicht periodischen Zahlungen	3134,9764				
5						
6	Datum	Zahlungen				
7	01.01.2025	0				
8	12.03.2025	500				
9	15.04.2025	700				
10	21.05.2025	1200				
11	20.06.2025	800				

4 Die Funktion DIA() liefert die degressive Abschreibung für ein Wirtschaftsgut über eine bestimmte Nutzungsdauer.

5 Berechnen Sie mit der gleichnamigen Funktion die Rendite eines Wertpapiers, das periodisch Zinsen auszahlt.

6 Mit der Funktion XKAPITALWERT berechnen Sie die Abzinsungen von Zahlungen bzw. den Kapitalwert einer Reihe nicht periodischer Zahlungen.

Ende

HINWEIS

Die Funktion DIA liefert die arithmetisch-degressive Abschreibung, mit LIA berechnen Sie die lineare Abschreibung.

HINWEIS

Weitere Darlehensfunktionen:
ZZR berechnet die Anzahl der Zahlungsperioden.
ZW berechnet den Barwert des Darlehens, wenn Zins und Rückzahlung bekannt sind.

Start

1

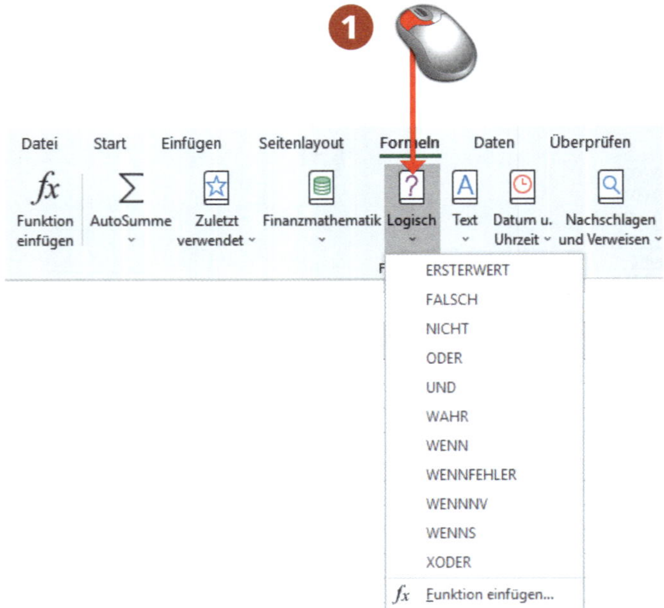

2

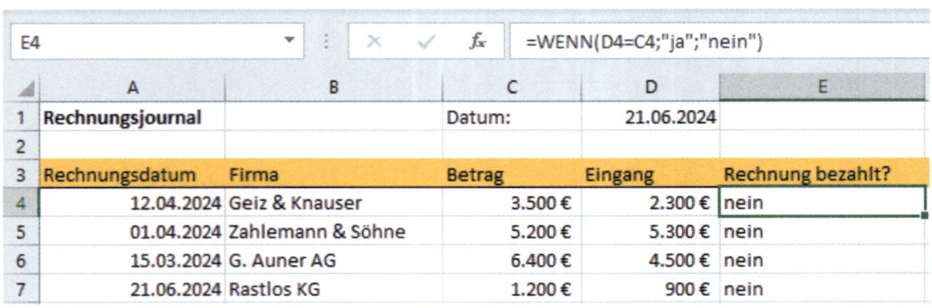

E4 =WENN(D4=C4;"ja";"nein")

	A	B	C	D	E
1	**Rechnungsjournal**		Datum:	21.06.2024	
2					
3	Rechnungsdatum	Firma	Betrag	Eingang	Rechnung bezahlt?
4	12.04.2024	Geiz & Knauser	3.500 €	2.300 €	nein
5	01.04.2024	Zahlemann & Söhne	5.200 €	5.300 €	nein
6	15.03.2024	G. Auner AG	6.400 €	4.500 €	nein
7	21.06.2024	Rastlos KG	1.200 €	900 €	nein

3

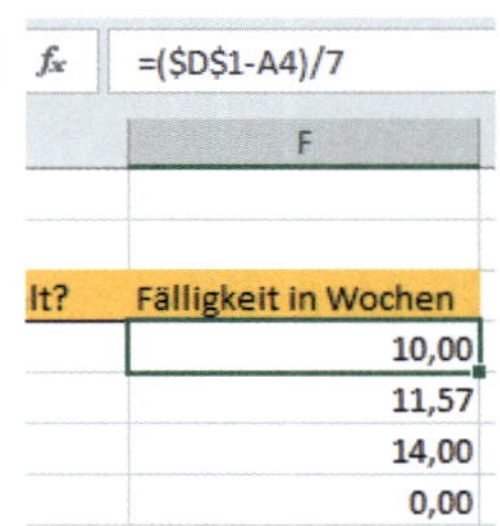

=($D$1-A4)/7

	F
lt?	Fälligkeit in Wochen
	10,00
	11,57
	14,00
	0,00

1. Die Funktionskategorie *Logisch* bietet Funktionen zur Herstellung von Wahrheitswerten.

2. Das Rechnungsjournal enthält offene Posten und Zahlungseingänge. Mit WENN wird berechnet, wer vollständig bezahlt hat.

3. Berechnen Sie in der nächsten Spalte die Fälligkeit der Zahlungen in Wochen. In Zelle D1 steht das Tagesdatum, Funktion =HEUTE().

WISSEN

Logik ist eine natürliche Begabung von Computerprogrammen, und die logischen Funktionen von Excel folgen den Gesetzen der »Booleschen Algebra«. Stellen Sie mit WENN Bedingungen auf und arbeiten Sie mit UND, ODER und WENNFEHLER.

4

```
=WENN(UND(F4>3;E4="nein");C4-D4;"")
```

F	G
Fälligkeit in Wochen	Mahnbetrag
10,00	1200
11,57	
14,00	1900
0,00	

5

```
=WENN(B2<20;"Jugend";WENN(B2<30;"Junioren";
WENN(B2<50;"Mannschaft";"Senioren")))
```

	A	B	C	D	E	F	G
1	Name	Alter	Altersgruppe				
2	Hugo Schnell	25	Junioren				
3	Fritz Renner	45	Mannschaft				
4	Bernd Eilig	20	Junioren				
5	Franz Läufer	16	Jugend				
6	Dieter Raser	62	Senioren				
7	Bruno Zehnkampf	41	Mannschaft				

6

B3

```
=WENNFEHLER(SVERWEIS(A3;$D$2:$E$16;2;FALSCH);"")
```

	A	B	C	D	E	F	G
1	2025			Feiertage 2025			
2	Januar	Termin		01.01.2025	Neujahrstag		
3	01 Mi	Neujahrstag		06.01.2025	Hl. Drei Könige		
4	02 Do			18.04.2025	Karfreitag		
5	03 Fr			20.04.2025	Ostersonntag		
6	04 Sa			21.04.2025	Ostermontag		
7	05 So			01.05.2025	Tag der Arbeit		
8	06 Mo	Hl. Drei Könige		29.05.2025	Christi Himmelfahrt		
9	07 Di			08.06.2025	Pfingstsonntag		
10	08 Mi			09.06.2025	Pfingstmontag		
11	09 Do			19.06.2025	Fronleichnam		
12	10 Fr			15.08.2025	Mariä Himmelfahrt		
13	11 Sa			03.10.2025	Tag der D. Einheit		
14	12 So			01.11.2025	Allerheiligen		
15	13 Mo			25.12.2025	1. Weihnachtsfeiertag		
16	14 Di			26.12.2025	2. Weihnachtsfeiertag		

4 Mit der logischen Funktion UND fassen Sie zwei Bedingungen zusammen. Das Ergebnis ist WAHR, wenn beide Bedingungen wahr sind.

5 Schachteln Sie die WENN-Funktion bis zu 7-mal, hier zum Beispiel, um die Altersgruppen der Vereinsmitglieder zu berechnen.

6 Die Funktion WENNFEHLER liefert einen zweiten (Fehler-)Wert, wenn der Ausdruck im ersten Argument fehlerhaft ist (hier im Verweis auf die Feiertagsliste). **Ende**

HINWEIS

UND liefert das Ergebnis WAHR, wenn alle Argumente wahr sind, für ODER genügt ein wahres Argument, um den Ausdruck WAHR zu machen. Mit NICHT kehren Sie das Ergebnis um.

HINWEIS

WENNFEHLER liefert das Ergebnis des ersten Arguments, wenn dieses keinen Fehlerwert zum Ergebnis hat. Das zweite Argument wird angezeigt, wenn das erste einen Fehler auslöst.

Start

1

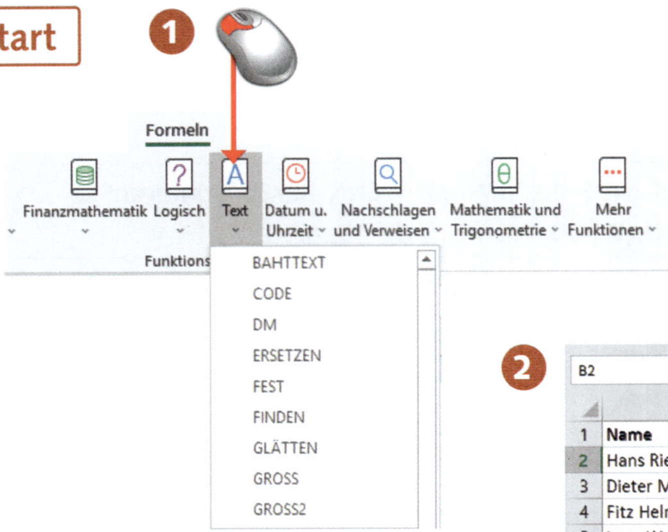

2

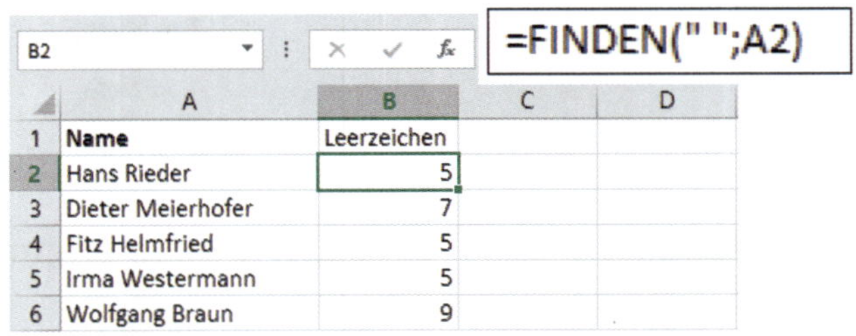

3

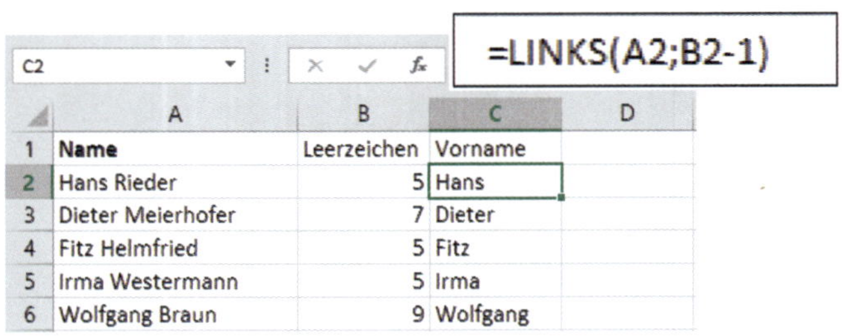

1. Die Kategorie *Text* bietet Funktionen an, die zur Bearbeitung von Text in der Tabelle benötigt werden.
2. Mit der Funktion FINDEN ermitteln Sie die Position eines Zeichens in einem Text (hier des Leerzeichens in einem Namen).
3. Um den Vornamen aus dem Text zu löschen, verwenden Sie die Funktion LINKS. Die Länge im zweiten Argument der Funktion wird mit FINDEN berechnet.

WISSEN

Excel rechnet sogar mit Text, zwar nicht algebraisch, aber das Programm kann Buchstabenketten analysieren, schneiden und zusammenfügen. Sehen Sie sich die Textfunktionen an, sie gehören zu den wichtigsten Werkzeugen für Funktionshandwerker.

In Kapitel 12 lesen Sie, wie Textdateien eingelesen werden, die nicht im Excel-Format abgespeichert sind.

4

=TEIL(A2;B2+1;LÄNGE(A2)-B2)

	A	B	C	D
1	**Name**	Leerzeichen	Vorname	Nachname
2	Hans Rieder	5	Hans	Rieder
3	Dieter Meierhofer	7	Dieter	Meierhofer
4	Fitz Helmfried	5	Fitz	Helmfried
5	Irma Westermann	5	Irma	Westermann
6	Wolfgang Braun	9	Wolfgang	Braun

5

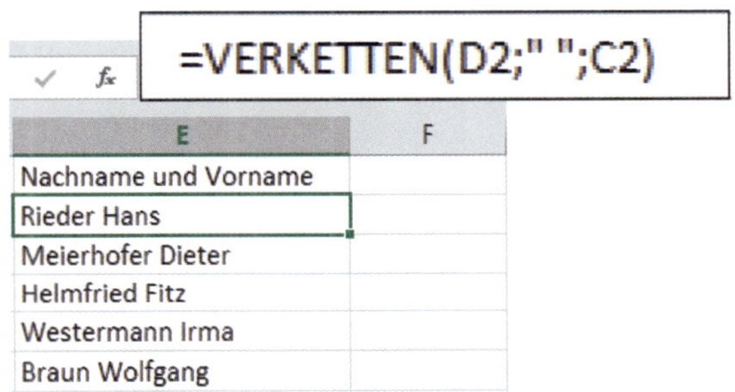

=VERKETTEN(D2;" ";C2)

E	F
Nachname und Vorname	
Rieder Hans	
Meierhofer Dieter	
Helmfried Fitz	
Westermann Irma	
Braun Wolfgang	

6

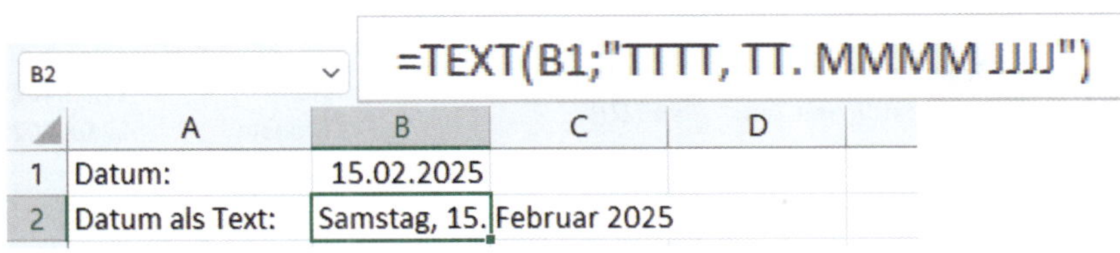

=TEXT(B1;"TTTT, TT. MMMM JJJJ")

	A	B	C	D
1	Datum:	15.02.2025		
2	Datum als Text:	Samstag, 15. Februar 2025		

4 Mit der Funktion TEIL ermitteln Sie den Teil des Textes, der ab der Leerzeichenposition beginnt, und das ist der Nachname.

5 VERKETTEN dreht das Ganze wieder um und erstellt eine Textkette aus einzelnen Teilen. Alternative: =D2&" „&B2.

6 Nutzen Sie die Funktion TEXT, um Zahlen oder Datumswerte mit Angabe des Zahlenformats in Texte zu verwandeln.

Ende

TIPP

Weitere Textfunktionen:
KLEIN wandelt Text in Kleinbuchstaben um.
GROSS wandelt Text in Großbuchstaben um.
GLÄTTEN entfernt überflüssige Leerzeichen aus dem Text.

TIPP

Neben LINKS und TEIL gibt es natürlich auch RECHTS, die Funktion berechnet die Textkette von der anderen Seite.

Start

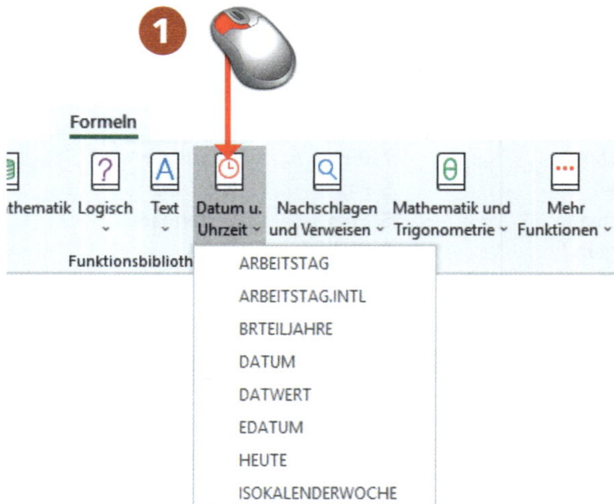

2

	A	B
1	Tagesdatum ohne Zeit:	12.01.2025
2	Tagesdatum mit Zeit:	12.01.2025 12:30

	A	B
1	Tagesdatum ohne Zeit:	=HEUTE()
2	Tagesdatum mit Zeit:	=JETZT()

3

	A	B
1	Jahr:	2025
2	Monat:	5
3	Tag:	17
4		
5	Datum:	17.05.2025
6	3 Monate	17.08.2025

5	Datum:	=DATUM(B1;B2;B3)
6	3 Monate später:	=EDATUM(B5;3)

1. Die Datums- und Zeitfunktionen finden Sie unter dem Symbol *Datum und Uhrzeit* in der Funktionsbibliothek.
2. Die Funktionen HEUTE und JETZT geben das aktuelle Systemdatum aus. JETZT liefert auch die Zeit mit.
3. Mit DATUM konstruieren Sie ein Datum aus den Zahlenargumenten Tag, Monat und Jahr, EDATUM berechnet das Datum n Monate davor oder danach.

WISSEN

Das Rechnen mit Datum und Zeit ist eine Spezialität von Excel. In der Kategorie *Datum und Uhrzeit* finden Sie viele Funktionen vom Tagesdatum bis zur Berechnung des Wochentags. Basis aller Operationen ist ein interner Kalender, der mit dem Tag 1 am 1. Januar 1900 beginnt und bis zum 31.12.9999 reicht.

HINWEIS

Verwenden Sie das zweite Argument von WOCHENTAG, wenn Sie eine andere Zahlenfolge haben wollen.

4

B2 =WOCHENTAG(A2)

	A	B
1	Datum	Wochentag
2	Mittwoch, 14. Mai 2025	4
3	Donnerstag, 15. Mai 2025	5
4	Freitag, 16. Mai 2025	6
5	Samstag, 17. Mai 2025	7
6	Sonntag, 18. Mai 2025	1
7	Montag, 19. Mai 2025	2

6

E4 =ZEIT(B4;C4;D4)

	A	B	C	D	E
1	**Halbmarathon**				
2					
3	Teilnehmer	Stunden	Minuten	Sekunden	Zeit
4	Schnell	2	12	34	2:12:34
5	Raser	1	34	57	1:34:57
6	Lahmfuß	3	2	12	3:02:12
7	Schneck	3	35	50	3:35:50

5

Formel: =HEUTE()
Zahlenformat: TT.MM.JJJJ

Formel: =B5
Zahlenformat: TTTT

Formel: =DATUM(JAHR(HEUTE());MONAT(B5);TAG(B5))
Zahlenformat: TTTT, TT.MM.JJJJ

Formel: =WENN(D5>$B$1;D5-$B$1;" bereits gefeiert")
Zahlenformat: 0" Tage"

	A	B	C	D	E
1	Tagesdatum:	10.05.2025			
2					
3					
4	Name	Geburtstag	geboren an einem ...	Geburtstag dieses Jahr	Tage bis dahin
5	Birgit	12.08.1986	Dienstag	Dienstag, 12.08.2025	94 Tage
6	Tanja	15.09.1990	Samstag	Montag, 15.09.2025	128 Tage
7	Willi	04.12.1966	Sonntag	Donnerstag, 04.12.2025	208 Tage
8	Oma	03.02.1945	Samstag	Montag, 03.02.2025	bereits gefeiert

4 Die Funktion WOCHENTAG liefert eine Zahl für den Wochentag des Datums (1 = Sonntag, ... 7 = Samstag).

5 Berechnen Sie mit Datumsfunktionen und Zahlenformaten die Geburtstage Ihrer Familie und Freunde.

6 Mit der Funktion ZEIT werden Zeitwerte aus den Zahlenwerten für Stunde, Sekunde und Minute gebildet, hier etwa für eine Wettkampfauswertung.

Ende

HINWEIS

Die Funktion NETTOARBEITSTAGE berechnet die Differenz zwischen zwei Datumswerten ohne Wochentage und Feiertage.

TIPP

Die Funktion KALENDERWOCHE rechnet nur so richtig: =KALENDERWOCHE(Datum;21). Verwenden Sie auch ISOKALENDERWOCHE().

Start

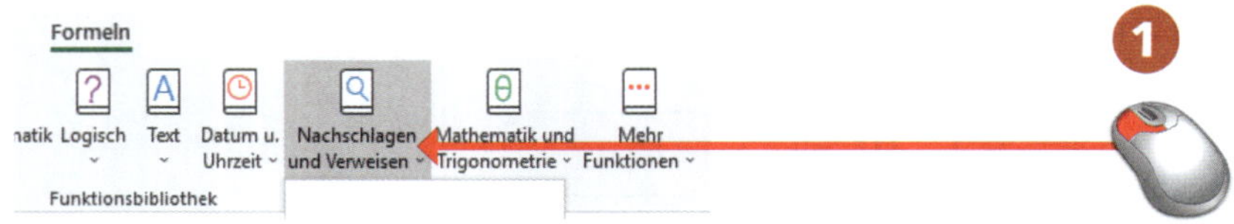

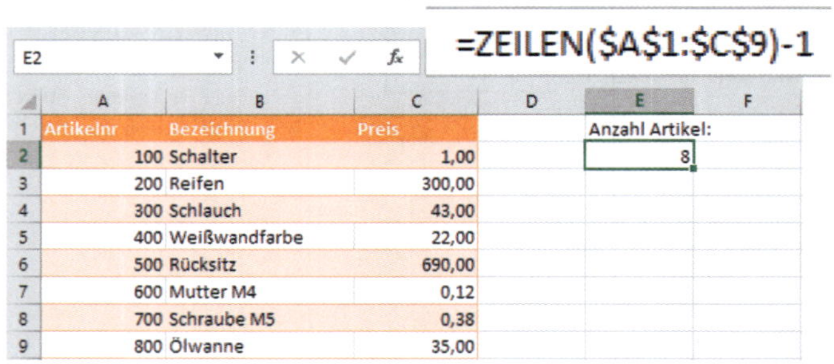

	A	B	C	D	E	F
1	Artikelnr	Bezeichnung	Preis		Anzahl Artikel:	
2	100	Schalter	1,00		8	
3	200	Reifen	300,00			
4	300	Schlauch	43,00			
5	400	Weißwandfarbe	22,00			
6	500	Rücksitz	690,00			
7	600	Mutter M4	0,12			
8	700	Schraube M5	0,38			
9	800	Ölwanne	35,00			

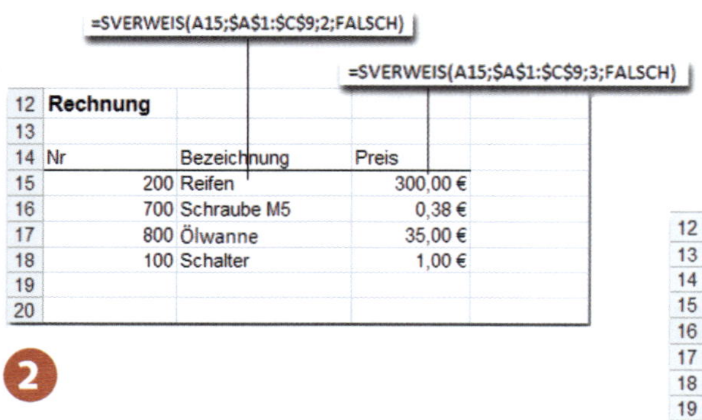

12	**Rechnung**		
13			
14	Nr	Bezeichnung	Preis
15	200	Reifen	300,00 €
16	700	Schraube M5	0,38 €
17	800	Ölwanne	35,00 €
18	100	Schalter	1,00 €
19			
20			

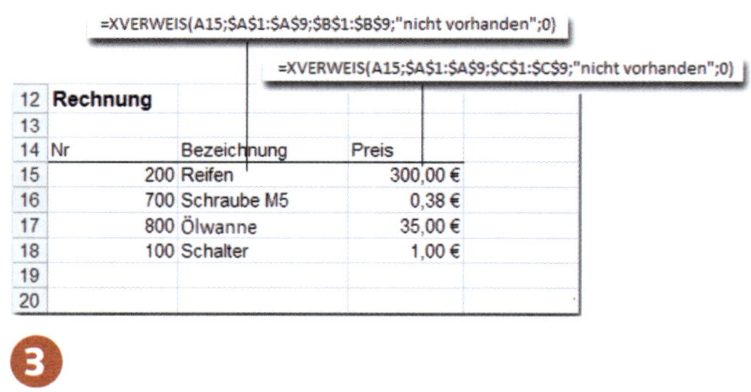

12	**Rechnung**		
13			
14	Nr	Bezeichnung	Preis
15	200	Reifen	300,00 €
16	700	Schraube M5	0,38 €
17	800	Ölwanne	35,00 €
18	100	Schalter	1,00 €
19			
20			

1. *Nachschlagen und Verweisen* heißt die Funktionskategorie, in der Matrixfunktionen angeboten werden. Die Funktion ZEILEN zählt die Anzahl der Zeilen in einem Zellbereich.
2. Mit dem Spaltenverweis SVERWEIS ermitteln Sie den Zeilenwert einer Spalte, wenn die erste Spalte das Suchkriterium (hier die Artikelnummer) enthält.
3. Mit XVERWEIS geben Sie den Suchbereich und den Rückgabebereich an. Im dritten Argument bestimmen Sie noch das Ergebnis, wenn das Suchkriterium nicht zu finden ist.

WISSEN

Zu den wichtigsten und effizientesten Funktionen gehören die Matrixfunktionen mit Nachschlage- und Verweisfunktionen. Lernen Sie die wichtigsten Vertreter dieser Funktionsgattung aus der Funktionsbibliothek kennen.

FACHWORT

Array: frühere, ältere Bezeichnung für Matrix, taucht noch oft in Beschreibungen auf.

4

A4 | {=MTRANS(A1:F1)}

	A	B	C	D	E	F
1	Januar	Februar	März	April	Mai	Juni
2						
3						
4	Januar					
5	Februar					
6	März					
7	April					
8	Mai					
9	Juni					

5

F2 | =VERGLEICH(F1;$B$2:$B$5;0)

	A	B	C	D	E	F
1	Konto-Nr.	Bezeichnung	Betrag		Suche nach:	Raumkosten
2	633-10	Gehälter	230,6		gefunden in Zeile:	2
3	633-20	Raumkosten	562,99			
4	633-30	Miete/Verpachtung	452,3			
5	633-40	Sonstige	12,99			

6

F3 | =INDEX($A$2:$C$5;VERGLEICH($F$1;$B$2:$B$5;0);3)

	A	B	C	D	E	F
1	Konto-Nr.	Bezeichnung	Betrag		Suche nach:	Raumkosten
2	633-10	Gehälter	230,6		gefunden in Zeile:	2
3	633-20	Raumkosten	562,99		Betrag:	562,99
4	633-30	Miete/Verpachtung	452,3			
5	633-40	Sonstige	12,99			

4 Verwenden Sie die Matrixfunktion MTRANS, um einen horizontalen Bereich vertikal (oder umgekehrt) abzubilden. Das Ergebnis ist ein dynamischer Array.

5 Die Funktion VERGLEICH ermittelt die Zeilennummer, in der das Suchkriterium vorkommt, ...

6 ... und dient damit der INDEX-Funktion als Zeilenindex für die Suche nach einem Wert in einer anderen Spalte.

Ende

TIPP

Achtung bei SVERWEIS und XVERWEIS: FALSCH oder 0 im Argument "Übereinstimmung" stellt sicher, dass bei der Suche nicht der nächstkleinere Wert akzeptiert wird.

HINWEIS

Eine Alternative zu MTRANS: Wählen Sie *Start/Zwischenablage/Einfügen/Transponieren*, um den kopierten Bereich zu drehen.

Start

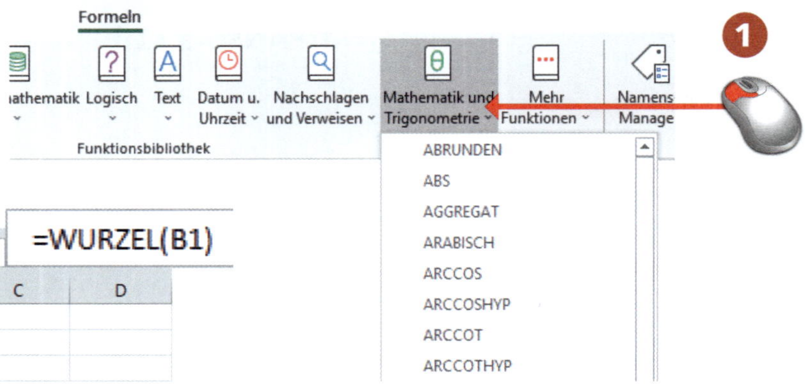

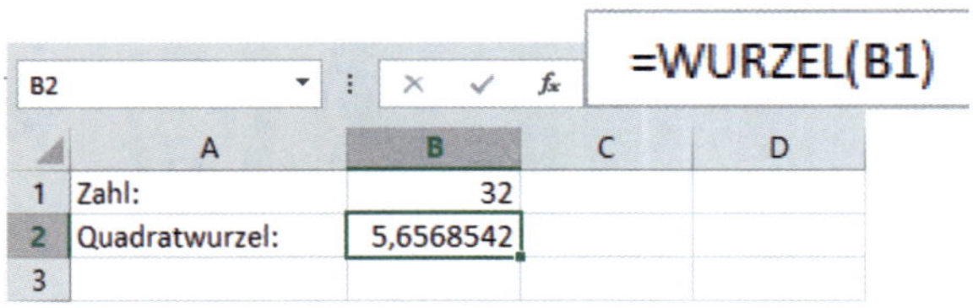

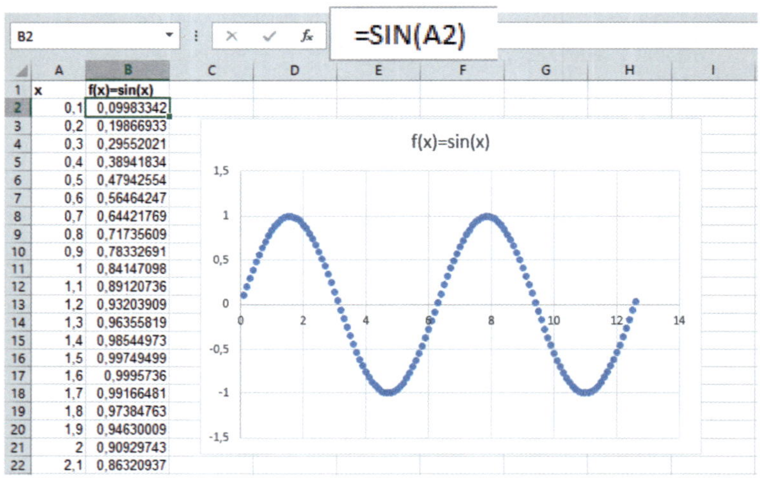

1. Klicken Sie auf das Symbol *Mathematik und Trigonometrie* in der Funktionsbibliothek für diese Funktionsliste.
2. Mit WURZEL berechnen Sie die Quadratwurzel einer Zahl, hier aus einem Zellbezug.
3. Diese Kategorie bietet alle trigonometrischen Funktionen von Sinus bis zum Kotangens Hyperbolicus (hier eine Funktionskurve mit der Funktion SIN).

WISSEN

Die Funktionskategorie *Mathematik und Trigonometrie* enthält arithmetische, trigonometrische Funktionen und allgemeine Rechenfunktionen. Sogar ein Zufallszahlengenerator ist dabei, berechnen Sie damit Ihre Lottozahlen für die nächste Ziehung.

FACHWORT

ZUFALLSMATRIX produziert einen dynamischen Array.

4

	A	B	C
1	**Die Lottozahlen**		
2			
3	Mit ZUFALLSZAHL():	Mit ZUFALLSBEREICH():	Mit ZUFALLSMATRIX():
4			
5	11	39	29
6	43	3	4
7	9	19	4
8	20	43	19
9	8	13	32
10	49	19	21

=GANZZAHL(ZUFALLSZAHL()*49)+1 | =ZUFALLSBEREICH(1;49) | =ZUFALLSMATRIX(6;1)*49

5

	A	B	C
1	Zahl	römische Zahl	arabische Zahl
2	5	V	5
3	10	X	10
4	100	C	100
5	450	CDL	450
6	2000	MM	2000

=RÖMISCH(A6) | =ARABISCH(B6)

6

=SUMMEWENN($B$2:$B$10;$F$2;$C$2:$C$10)

	A	B	C	D	E	F
1	Monat	Mitarbeiter	Arbeitsstunden			
2	Januar	Huber	35		Name:	Müller
3	Januar	Meier	23		Stunden:	130
4	Januar	Müller	40			
5	Februar	Huber	39			
6	Februar	Meier	40			
7	Februar	Müller	42			
8	März	Huber	55			
9	März	Meier	41			
10	März	Müller	48			

4 Mit ZUFALLSZAHL, ZUFALLSBEREICH oder ZUFALLSMATRIX berechnen Sie Zufallszahlen, hier zum Beispiel für die Lottozahlen zwischen 1 und 49.

5 Die Funktion RÖMISCH gibt eine ganze Zahl als römische Zahl aus. Mit ARABISCH wandeln Sie eine römische Zahl in eine arabische Zahl um.

6 SUMMEWENN berechnet eine Summe, die einer Bedingung folgt (hier die Stundensumme für den Namen in F2).

Ende

TIPP

Weitere Funktionen:
LN, LOG und LOG 10: Logarithmus
KÜRZEN: Zahl ohne Nachkommastellen
RUNDEN: Zahl gerundet
FAKULTÄT: Fakultät einer Zahl
KGV: Kleinstes gemeinsames Vielfaches

HINWEIS

Die Sinuskurve zeichnen Sie als Punktediagramm über *Einfügen/Diagramme* (siehe Kapitel 9).

Start

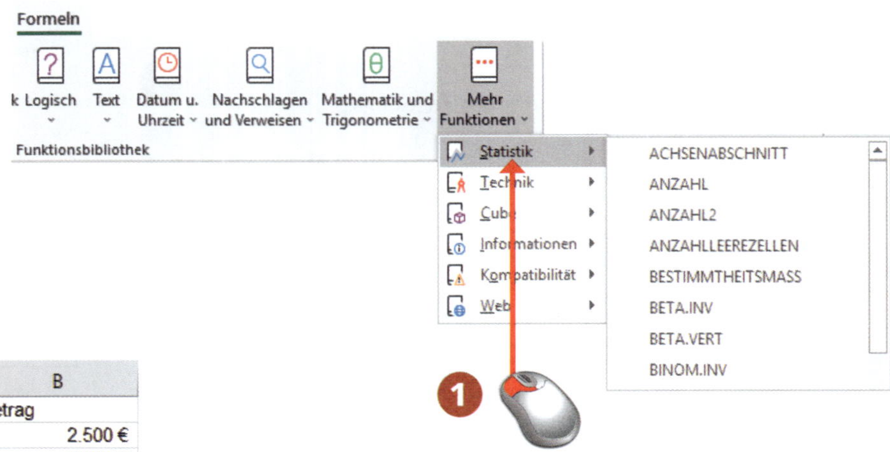

2

	A	B
1	Buchungsnr	Betrag
2	1	2.500 €
3	2	6.000 €
4	3	1.200 €
5	4	keine Buchung
6	5	4.000 €
7	6	keine Buchung
8	7	3.200 €
9		
10	Anzahl:	5
11	Anzahl Einträge:	7

10	Anzahl:	=ANZAHL(B2:B8)
11	Anzahl Einträge:	=ANZAHL2(B2:B8)

3

	A	B
1	**Umsätze regional**	
2		
3	Nord	2.300 €
4	Süd	4.200 €
5	West	5.400 €
6	Ost	2.900 €
7		
8	Der größte Wert:	5.400 €
9	Der kleinste Wert:	2.300 €
10	Der Durchschnitt:	3.700 €

8	Der größte Wert:	=MAX(B3:B6)
9	Der kleinste Wert:	=MIN(B3:B6)
10	Der Durchschnitt:	=MITTELWERT(B3:B6)

1. Aktivieren Sie in der Funktionsbibliothek die Schaltfläche *Mehr Funktionen*, hier finden Sie die Kategorie *Statistik*.

2. Die Funktionen ANZAHL und ANZAHL2 zählen Zahlen bzw. Einträge in Zellbereichen.

3. MAX, MIN und MITTELWERT sind die statistischen Grundfunktionen für die Berechnung von Grenzwerten und Durchschnitt.

WISSEN

Für Statistikspezialisten ist die Funktionsbibliothek eine wahre Fundgrube. Vom einfachen Durchschnitt bis zur Korrelation ist alles im Angebot, was die beschreibende und beurteilende Statistik an Methoden kennt. Lernen Sie Spezialfunktionen, auch mit Matrizenberechnung, kennen.

HINWEIS

Für Statistikexperten: Im *Datei*-Menü finden Sie unter *Optionen/Add-Ins/Gehe zu* ein Paket mit Analyse-Funktionen.

4

	A	B	C	D	E
1	**Schützenverein Edelweiss**			**Auswertung**	
2					
3	**Name**	**Ringe**		*Rang*	*Ringe*
4	Franz Schnellschuß	3.266		1	6.390
5	Bernd Schütze	4.971		2	5.223
6	Helmut Knaller	3.103		3	4.971
7	Herta Zielsicher	5.223			
8	Willi Kimme	6.390			
9	Irma Scheibe	4.250		Letzter:	3.103

D	E
Auswertung	
Rang	*Ringe*
1	=KGRÖSSTE($B$4:$B$9;D4)
2	=KGRÖSSTE($B$4:$B$9;D5)
3	=KGRÖSSTE($B$4:$B$9;D6)
Letzter:	=KKLEINSTE(B4:B9;1)

5

B12 {=TREND(B4:B11;A4:A11;A12:A19)}

	A	B	C	D	E
1	**Entwicklung der Wohnungsmieten**				
2					
3	**Jahr**	**Durchschnittsmiete**			
4	2007	490 €			
5	2008	520 €			
6	2009	530 €			
7	2010	550 €			
8	2011	560 €			
9	2012	580 €			
10	2013	590 €			
11	2014	620 €			
12	2015	631 €			
13	2016	648 €			
14	2017	665 €			
15	2018	682 €			
16	2019	699 €			
17	2020	716 €			
18	2021	733 €			
19	2022	749 €			

Strg ⇧ ↵

6

F2 {=HÄUFIGKEIT($C$2:$C$19;$E$2:$E$6)}

	A	B	C	D	E	F
1	**Name**	**Vorname**	**Alter**		**Alterstufe**	**Mitarbeiter**
2	Amsel	Rainer	22		30	8
3	Glück	Carsten	25		40	3
4	Gärtner	Brigitte	26		50	2
5	Wülf	Wolfgang	26		60	4
6	Höchel	Dirk	30		70	1
7	Wolf	Uwe	30			
8	Reisner	Stefan	30			
9	Pfaller	Stefan	30			
10	Hofmann	Josef	34			
11	Siegle	Tanja	38			
12	Ücel	Murat	39			
13	Volkmann	Uli	41			
14	Weizenkeim	Ute	41			
15	Kramm	Monika	55			
16	Bichler	Andrea	55			
17	Kreitmeier	Nico	55			
18	Neubauer	Regina	55			
19	Hebbel	Hans	62			

Strg ⇧ ↵

4 Die Funktion KGRÖSSTE berechnet in diesem Beispiel den größten, zweit- und drittgrößten Wert, KKLEINSTE rechnet den kleinsten Wert heraus.

5 Die TREND-Funktion berechnet eine Trendreihe. Markieren Sie dazu alle Zellen, schreiben Sie die Funktion und schließen Sie mit Strg+⇧+↵ ab.

6 Noch eine Matrix-Statistikfunktion: Mit HÄUFIGKEIT ermitteln Sie die Anzahl der Mitarbeiter pro Altersgruppe (mit Strg+⇧+↵ abschließen).

Ende

TIPP

Geben Sie in Matrixformeln nicht die geschweiften Klammern ein und schließen Sie nach jeder Änderung wieder mit Strg+⇧+↵ ab.

HINWEIS

Weitere Funktionen:
RANG: Berechnung von Rangfolgen
MEDIAN: Mittlere Zahl
KORREL: Korrelationskoeffizient

Start

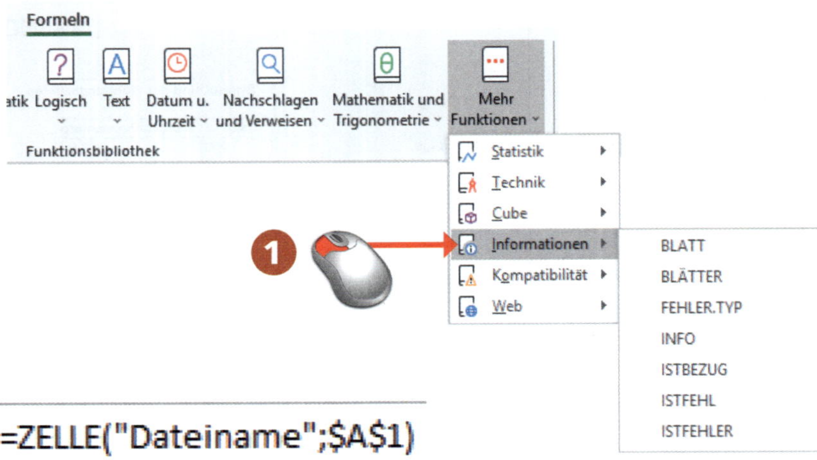

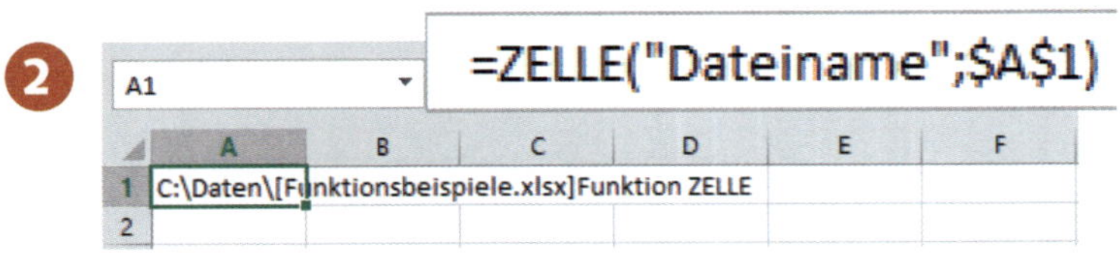

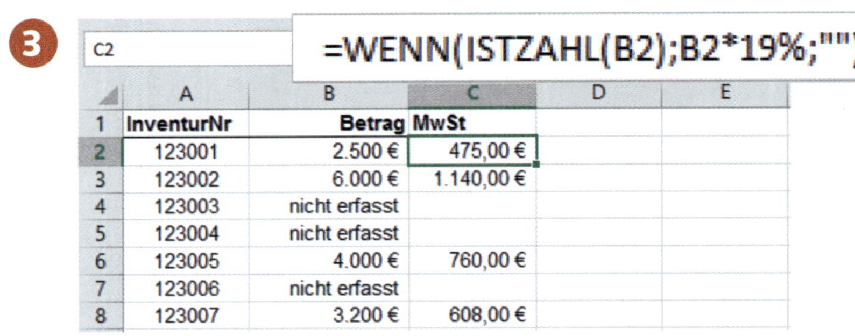

	A	B	C	D	E
1	InventurNr	Betrag	MwSt		
2	123001	2.500 €	475,00 €		
3	123002	6.000 €	1.140,00 €		
4	123003	nicht erfasst			
5	123004	nicht erfasst			
6	123005	4.000 €	760,00 €		
7	123006	nicht erfasst			
8	123007	3.200 €	608,00 €		

1 Die Informationsfunktionen finden Sie in der Liste des Symbols *Mehr Funktionen*.

2 Die Funktion ZELLE liefert mit dem Argument "Dateiname" den kompletten Pfad (Laufwerk, Ordner und Dateiname) der gespeicherten Arbeitsmappe.

3 Mit ISTZAHL prüfen Sie ab, ob ein Zellwert numerisch ist. Hier im Beispiel liefert die Funktion den Wahrheitswert für die WENN-Funktion.

WISSEN

Bei der Konstruktion von Formeln werden Sie häufig feststellen, dass Rechenoperationen von Informationen abhängig sind oder diese verwerten müssen, beispielsweise die Abfrage nach numerischen Werten oder Textinhalten oder nach Fehlern. Informationsfunktionen leisten hier wertvolle Dienste.

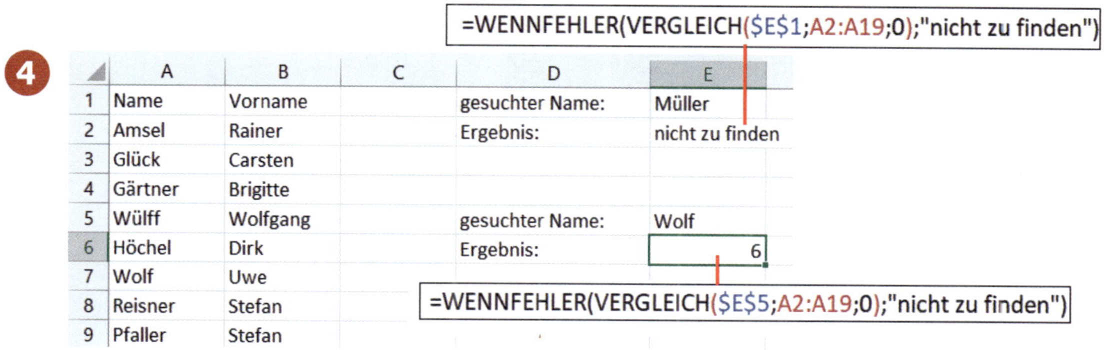

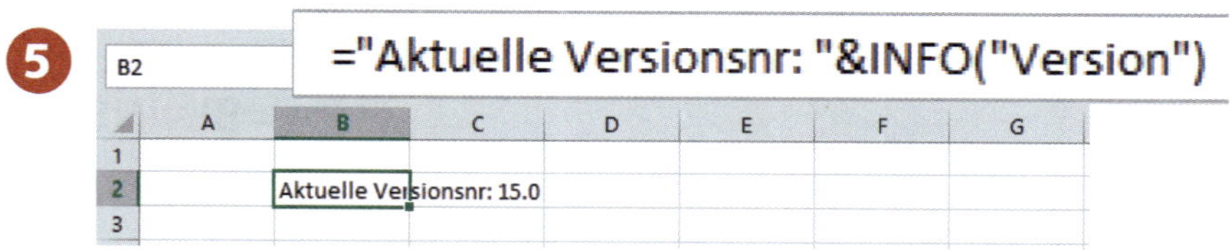

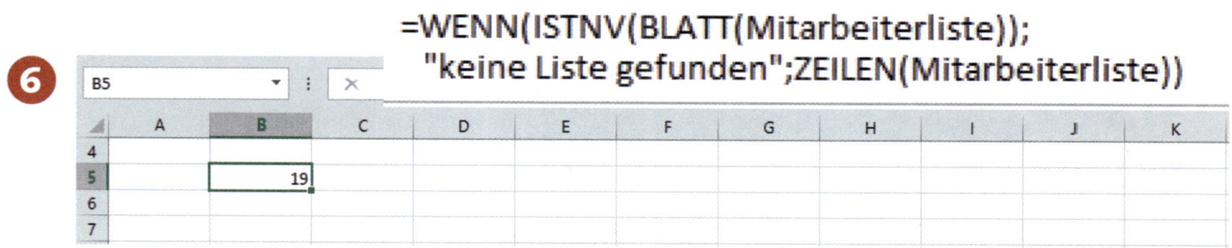

4 Hier wird die Funktion ISTNV mit einem Vergleich geschachtelt und als Bedingung für WENN benutzt. WENNFEHLER gibt die Zeilennummer oder einen Ersatztext aus.

5 Mit INFO und dem passenden Info-Argument erhalten Sie Systeminformationen wie beispielsweise die Versionsnummer von Excel.

6 Hier wird ISTNV mit der Funktion BLATT kombiniert, die prüft, in welchem Tabellenblatt eine Tabelle oder ein benannter Bereich vorkommt.

Ende

HINWEIS

Die Info-Argumente finden Sie in der Excel-Hilfe zur Funktion INFO.

TIPP

Funktionen wie ISTNV werden auch dazu verwendet, Formeln so zu präparieren, dass sie eine unbestimmte Anzahl Zellen nach unten kopieren können, ohne Fehlerwerte auszulösen.

Start

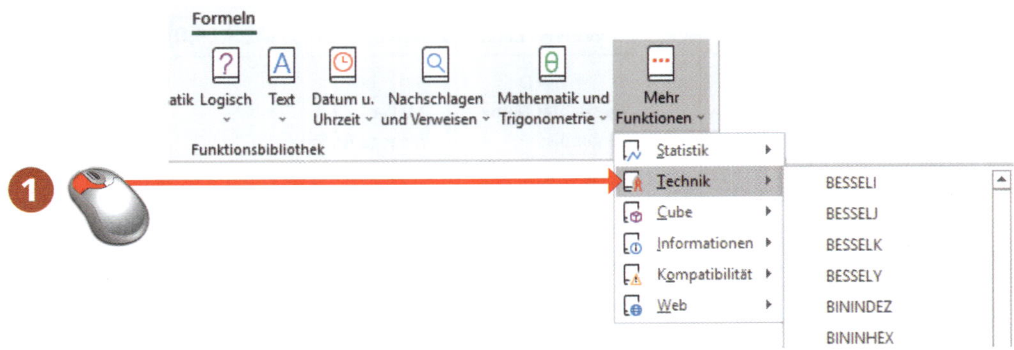

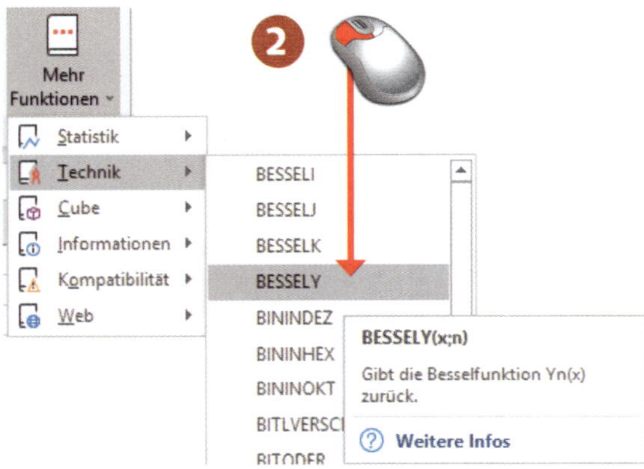

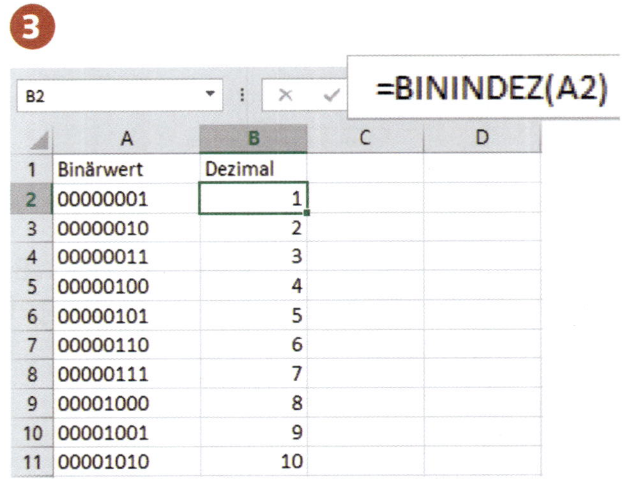

1. Aktivieren Sie in der Funktionsbibliothek die Gruppe der Konstruktionsfunktionen.

2. Die Funktionsbeschreibung am Mauszeiger gibt Auskunft über Zweck und Ausrichtung der Funktion.

3. Eine von vielen Umrechnungsfunktionen: BININDEZ wandelt eine Binärzahl in eine Dezimalzahl um.

WISSEN

Die Konstruktionsfunktionen oder technischen Funktionen sind nicht nur für Matheprofis von Nutzen. Sie können unter anderem Binär-, Hex- und Dezimalzahlen umrechnen und jedes Längenmaß der Welt in ein Äquivalent konvertieren (Yards–Meter, PS–KW, Celsius–Fahrenheit u. v. a.).

4

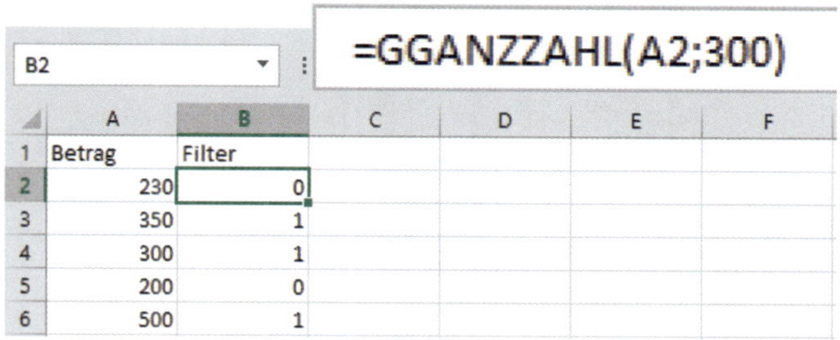

	A	B	C	D	E	F
1	Betrag	Filter				
2	230	0				
3	350	1				
4	300	1				
5	200	0				
6	500	1				

5

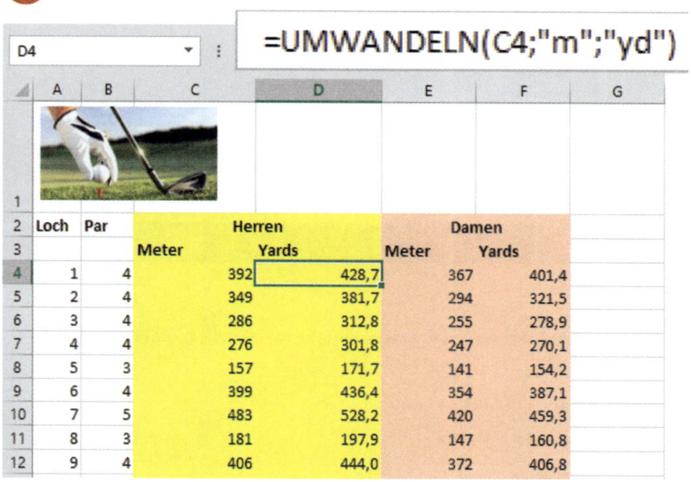

	A	B	C	D	E	F	G
1							
2	Loch	Par	Herren		Damen		
3			Meter	Yards	Meter	Yards	
4	1	4	392	428,7	367	401,4	
5	2	4	349	381,7	294	321,5	
6	3	4	286	312,8	255	278,9	
7	4	4	276	301,8	247	270,1	
8	5	3	157	171,7	141	154,2	
9	6	4	399	436,4	354	387,1	
10	7	5	483	528,2	420	459,3	
11	8	3	181	197,9	147	160,8	
12	9	4	406	444,0	372	406,8	

6

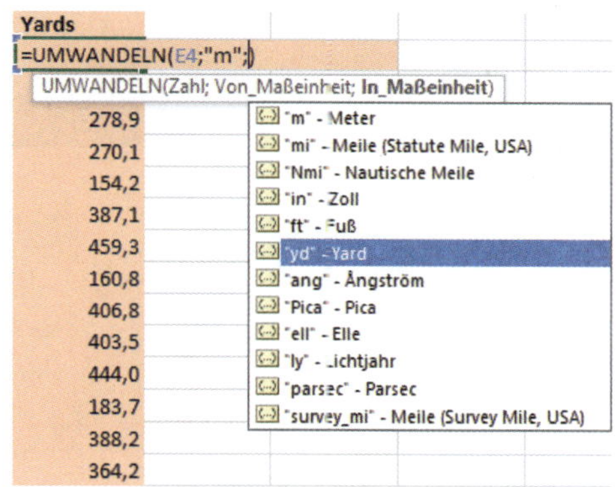

4 Die Funktion GGANZZAHL prüft ab, ob eine Zahl einen Schwellenwert erreicht hat. Sie wird zur Filterung größerer Zahlenkolonnen verwendet.

5 Hier die Längenangaben der Bahnen eines Golfplatzes in Metern. Mit UMWANDELN rechnen Sie die Werte in Yards um.

6 UMWANDELN bietet so ziemlich jede Maßeinheit an, die es gibt. Die Formelhilfe zeigt an, welche Kürzel verwendet werden müssen.

Ende

TIPP

Setzen Sie vor die Binärzahlenreihe einen Apostroph, damit Excel die Nullen nicht »verschluckt«, oder formatieren Sie die Spalte mit dem Zahlenformat *Text*.

HINWEIS

Weitere Funktionen dieser Kategorie:
BESSEL: Besselfunktion
DELTA: Prüft, ob zwei Werte gleich sind
IMABS: Absolutbetrag einer komplexen Zahl

Start

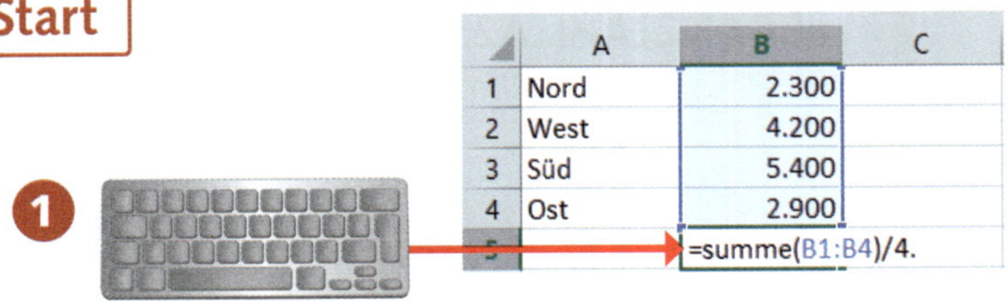

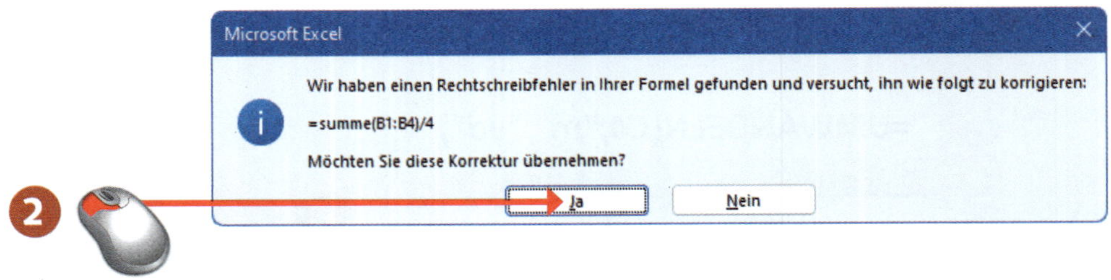

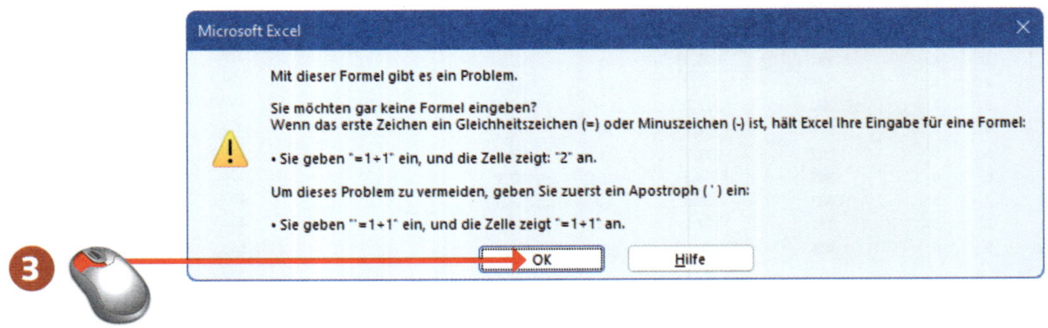

1. Schreiben Sie eine Formel falsch, sodass kein gültiger arithmetischer Ausdruck entsteht, weigert sich Excel, diese anzunehmen.
2. Eine Fehlermeldung erscheint. Enthält diese einen Korrekturvorschlag, können Sie auf *Ja* klicken, und der Fehler wird korrigiert.
3. Kann Excel den Fehler nicht reparieren, müssen Sie ihn nach Bestätigung selbst korrigieren oder die Formel mit Esc abbrechen.

WISSEN

Fehler sind menschlich, auch Computer machen welche. Aber: Wenn Sie eine Fehlermeldung oder einen Fehlerwert anstelle des gewünschten Ergebnisses erhalten, liegt es selten an Excel, sondern meist an Ihnen. Lernen Sie, welche Fehlerarten es gibt und wie diese zu vermeiden sind.

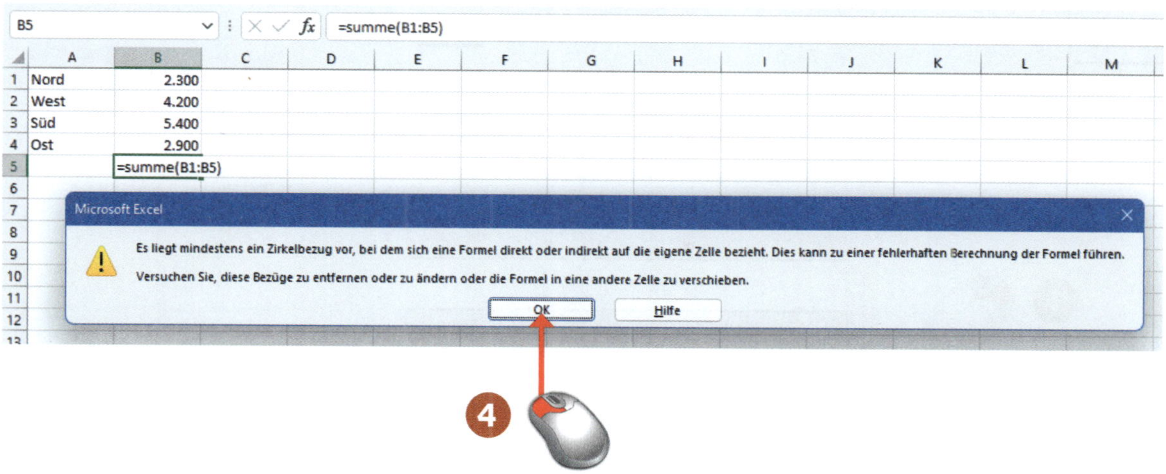

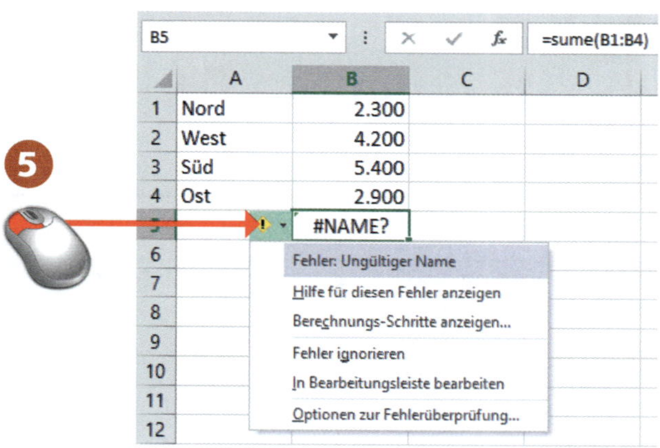

6

#DIV/0	Division durch 0
#NV	Wert nicht verfügbar
#NAME?	Name nicht verfügbar
#NULL!	Falsche Schnittmenge
#ZAHL!	Falsche Zahl
#BEZUG!	Ungültige Zelle
#WERT!	Ungültiger Wert

4 Zirkelbezüge sind Bezüge, die sich auf die Formel selbst beziehen. Hier wird zum Beispiel B5 in die Summenformel mit einbezogen, die aber selbst in B5 steht.

5 Rechnet die Formel falsch, obwohl die Syntax korrekt ist, erhalten Sie eine Fehlermeldung in der Zelle. Der Fehlerindikator zeigt den Fehler an.

6 Der Fehlercode gibt Aufschluss darüber, welcher Fehler gemacht wurde.

Ende

HINWEIS

Einzelne schließende Klammern fügt Excel automatisch an, sie lösen keine Fehlermeldung aus.

HINWEIS

Die Fehlermeldung #BEZUG! entsteht meist, wenn eine Zelle, Zeile oder Spalte mit dem Wert gelöscht wird, der in der Formel als Bezug steht.

Start

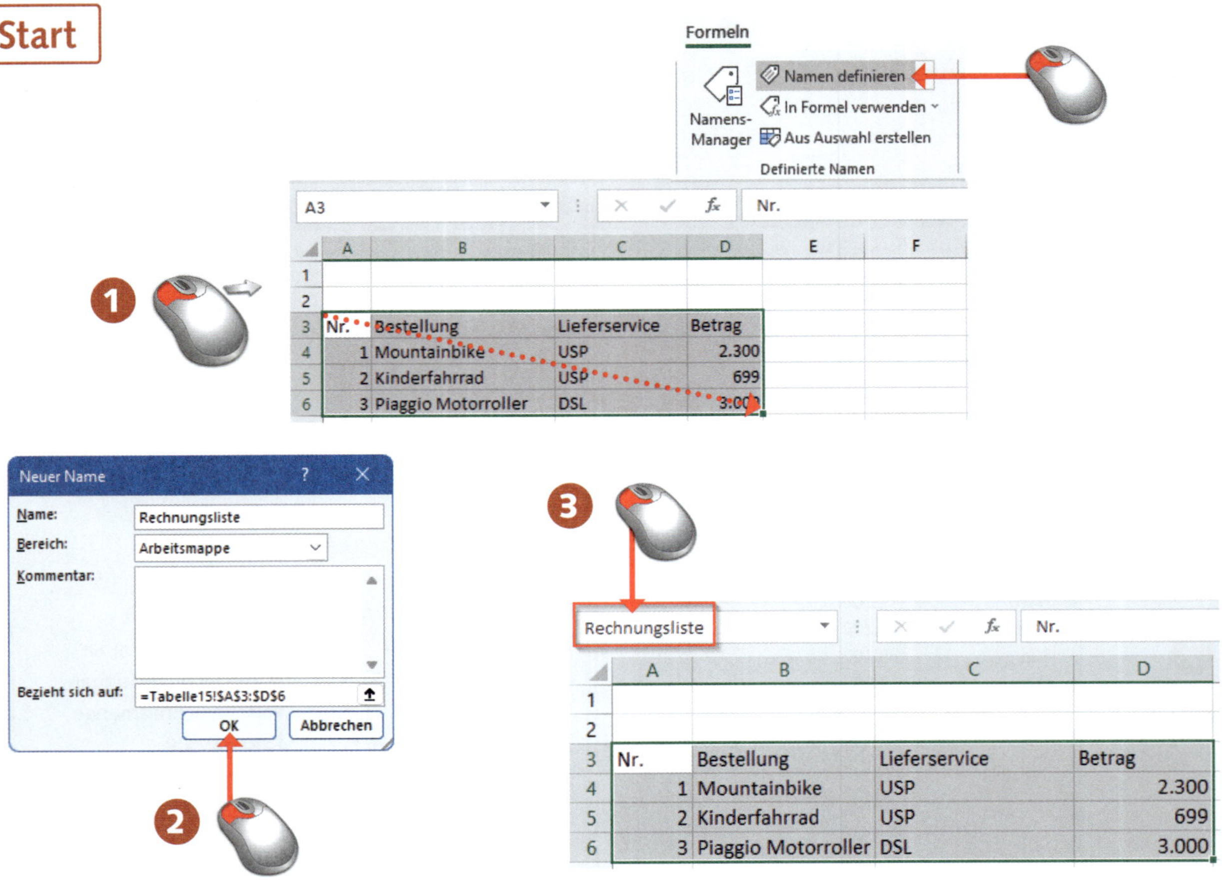

1. Um einen Bereich in der Tabelle mit einem Bereichsnamen zu versehen, markieren Sie ihn und wählen *Formeln/Definierte Namen/Namen definieren*.
2. Geben Sie den Bereichsnamen für den vorgeschlagenen Bezug ein und bestätigen Sie mit einem Klick auf *OK*.
3. Der Bereichsname kann jetzt im Namensfeld abgeholt werden, damit markieren Sie den Bereich aus jeder Tabelle der Arbeitsmappe.

WISSEN

Je mehr Bereiche in Formeln zum Einsatz kommen, desto unübersichtlicher wird Ihre Tabelle. Nutzen Sie die Technik der Bereichsnamen, um den Überblick zu behalten. Dabei wird einem Tabellenbereich ein Name zugewiesen, der dann im Namensfeld zum »Abholen« bereitsteht und in Formeln anstelle des Zellbezugs verwendet werden kann.

TIPP

Ein schneller Bereichsname: Markieren Sie den Bereich und schreiben Sie den Namen in das Namensfeld. Vergessen Sie nicht, mit ⏎ abzuschließen.

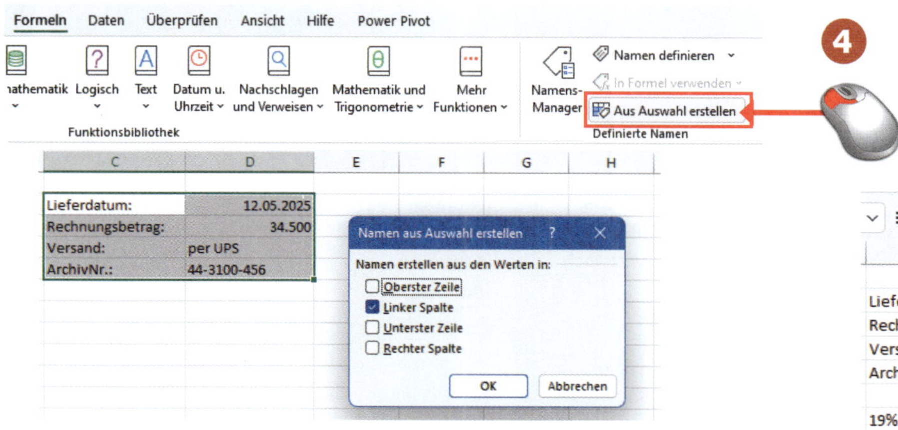

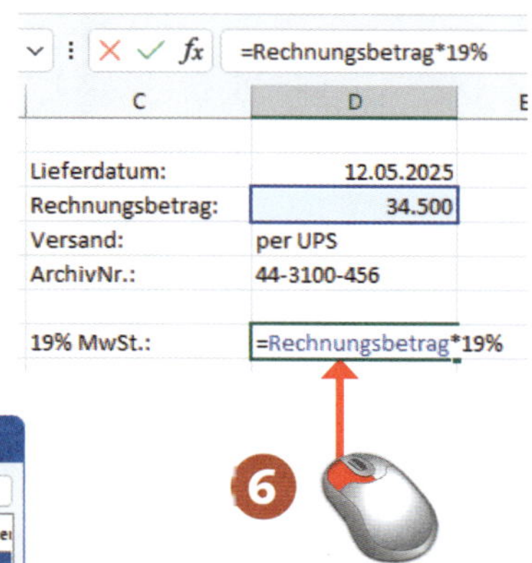

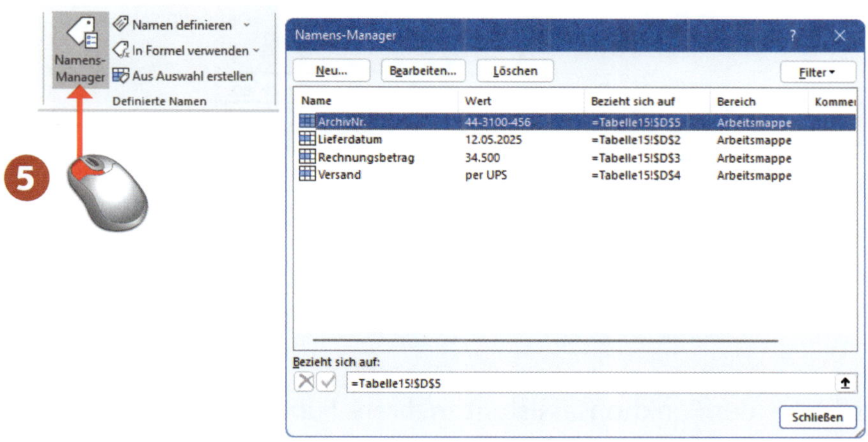

4 Um Beschriftungen links von den Zahlen oder über einer Liste als Bereichsnamen zu übernehmen, wählen Sie *Formeln/Definierte Namen/Aus Auswahl erstellen*.

5 Im *Namens-Manager* können Sie alle definierten Namen überprüfen, bearbeiten oder auch wieder löschen.

6 Verwenden Sie Bereichsnamen in Formeln anstelle der absoluten Bezüge. Klicken Sie im Formelentwurf auf die benannte Zelle, wird der Bereichsname eingetragen.

Ende

TIPP

Tastenkombinationen für Bereichsnamen:
F3 fügt Namen in Zellen oder an der Cursorposition ein.
Strg+F3 öffnet den Namens-Manager.

HINWEIS

Bereichsnamen gelten für die gesamte Arbeitsmappe. Wenn Sie einen tabellenspezifischen Bereichsnamen erstellen wollen, definieren Sie diese im Namens-Manager oder geben die Tabelle an: *=Tabelle1!Rechnungsliste*

Start

2

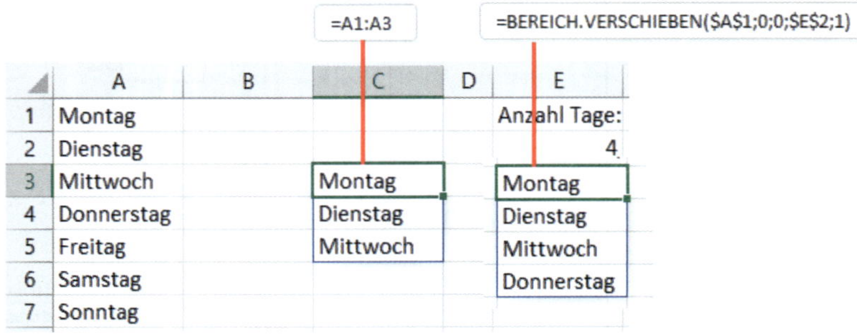

1

3

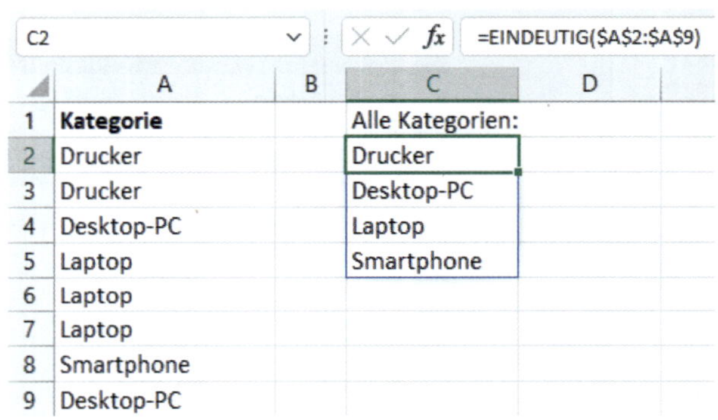

1. Für dynamische Arrays bietet der Funktionsassistent mehrere Funktionen an.

2. Ein dynamischer Array entsteht, wenn das Formelergebnis eine Matrix produziert. Das kann ein einzelner Bezug oder ein berechneter Bereich sein, hier zum Beispiel mit BEREICH.VERSCHIEBEN.

3. Die Funktion EINDEUTIG liefert alle eindeutigen Werte aus einer Matrix oder Teilmatrix und eignet sich damit besonders als Lieferant für Datenüberprüfungslisten.

WISSEN

Dynamische Arrays sind berechnete Matrizen, die entweder über Bezüge (A1:B5) oder aus Formelergebnissen entstehen. Mit Spezialfunktionen bietet Excel interessante Variationen. Sehen Sie sich die Beispiele an.

TIPP

Dynamische Arrays lösen die Matrix- oder Arrayformeln ab, die mit Strg+⇧+↵ generiert wurden.

4
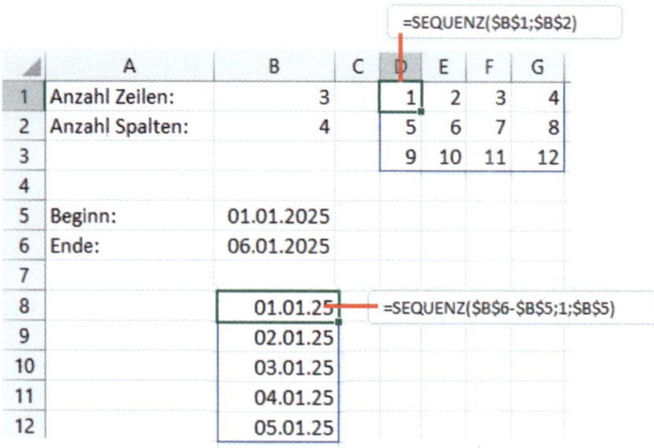

6
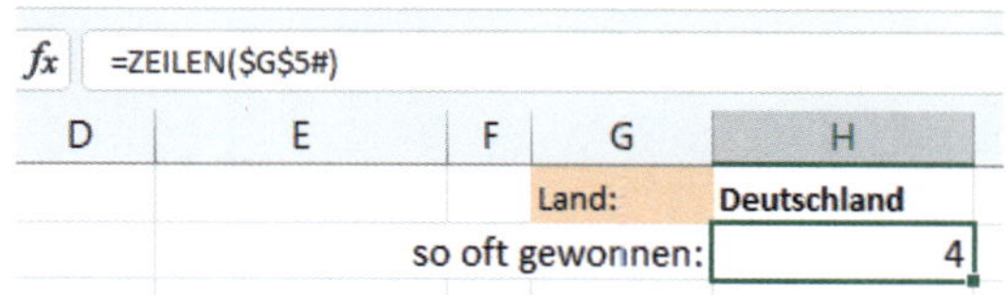

5
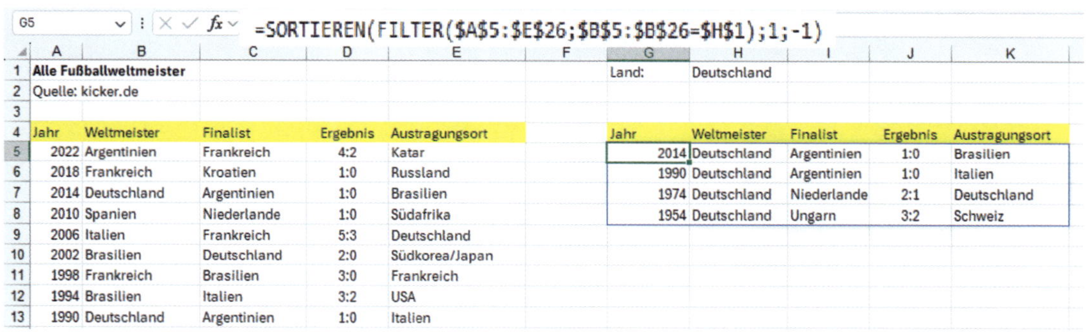

4 Mit SEQUENZ und der Angabe der Zeilen- und Spaltenanzahl wird eine Zahlenmatrix generiert. Mit Datumsformaten lässt sich so ein Kalender oder eine Terminserie aufbauen.

5 FILTER generiert einen dynamischen Array mit gefilterten Daten. Das erste Argument bestimmt die Quelle, im zweiten wird das Filterkriterium angegeben. SORTIEREN sortiert das Ergebnis nach einer Spalte.

6 Mit dem Hashtag # verweisen Sie auf die Formelzelle, die den dynamischen Array berechnet. Verwenden Sie diesen Bezug, um auf den dynamischen Array zu verweisen oder ihn zu analysieren.

Ende

TIPP

Legen Sie Bereichsnamen mit Hashtag-Verweis (z. B. #A1) auf den dynamischen Array an, können Sie überall in der Mappe auf diesen zugreifen und ihn analysieren oder abbilden.

HINWEIS

Achten Sie darauf, dass der Bereich, in dem der dynamische Array erzeugt wird, leer sein muss, sonst gibt es den Formelfehler #ÜBERLAUF.

7

Listen und Tabellen

Start

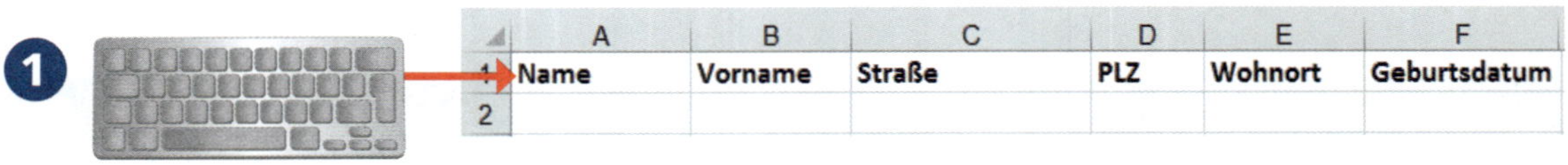

	A	B	C	D	E	F
1	**Name**	**Vorname**	**Straße**	**PLZ**	**Wohnort**	**Geburtsdatum**
2						

	A	B	C	D	E	F
1	**Name**	**Vorname**	**Straße**	**PLZ**	**Wohnort**	**Geburtsdatum**
2	Burg	Andreas	Wiesenweg 4	70311	Stuttgart	19.04.1994
3	Gärtner	Brigitte	Hafenstraße 45	72321	Fillingen	13.04.1989
4	Greininger	Daniela	Goetheplatz 55	89311	Ismaning	20.03.1995
5	Höchel	Dirk	Esslinger Str. 56	70333	Stuttgart	21.07.1980
6	Jagelsberger	Monika	Weilheimer Str. 78	80344	München	19.10.1987
7	Kramm	Monika	Alte Heide 12a	82366	Erding	12.03.1978
8	Langer	Bernhard	Frankfurter Allee 77	85266	Heilheim	25.12.1979

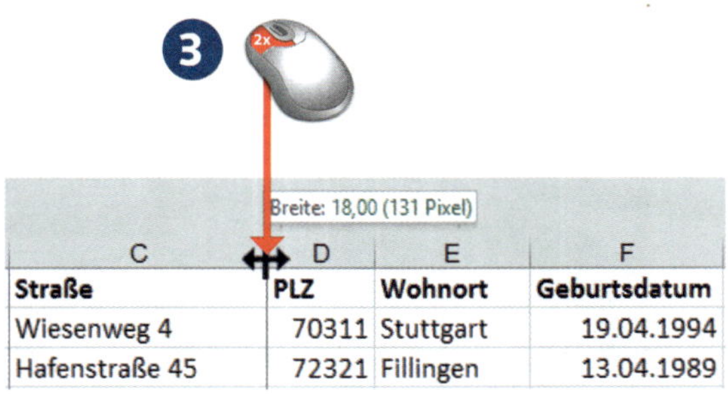

C	D	E	F
Straße	**PLZ**	**Wohnort**	**Geburtsdatum**
Wiesenweg 4	70311	Stuttgart	19.04.1994
Hafenstraße 45	72321	Fillingen	13.04.1989

1. Legen Sie in einer neuen Arbeitsmappe ein Tabellenblatt *Adressen* an und schreiben Sie die Spaltenüberschriften in die erste Zeile.
2. Erfassen Sie die Datensätze zeilenweise, tragen Sie die Adressdaten von Freunden, Bekannten, Kunden etc. ein.
3. Passen Sie die Spaltenbreiten mit dem Mauszeiger an. Die optimale Spaltenbreite erhalten Sie per Doppelklick auf die Spaltenlinie.

WISSEN

Listen und Datenbanken spielen in Excel eine besondere Rolle: Die Tabellenkalkulation hält ganz spezifische Werkzeuge für die Arbeit mit großen Datenbeständen bereit, u. a. Filter, Sortierung und Pivot-Berichte. Lernen Sie am Beispiel einer Adressenkartei, wie Sie in Excel mit solchen Listen arbeiten.

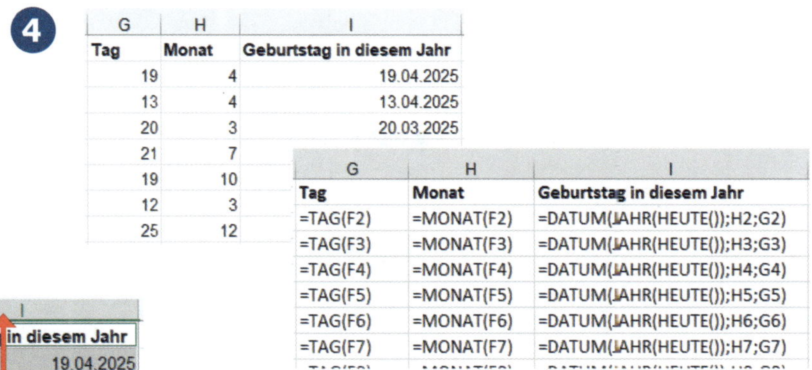

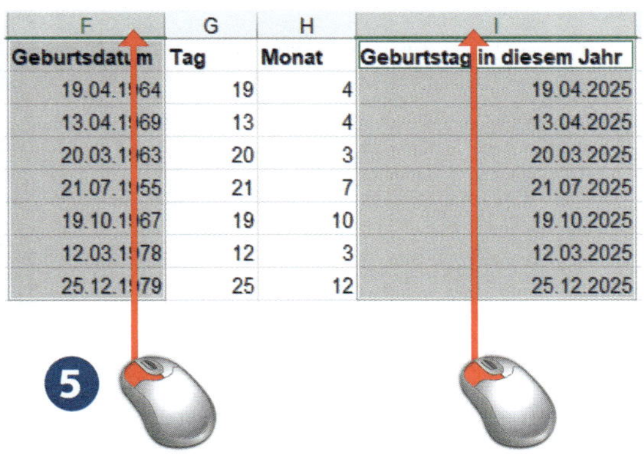

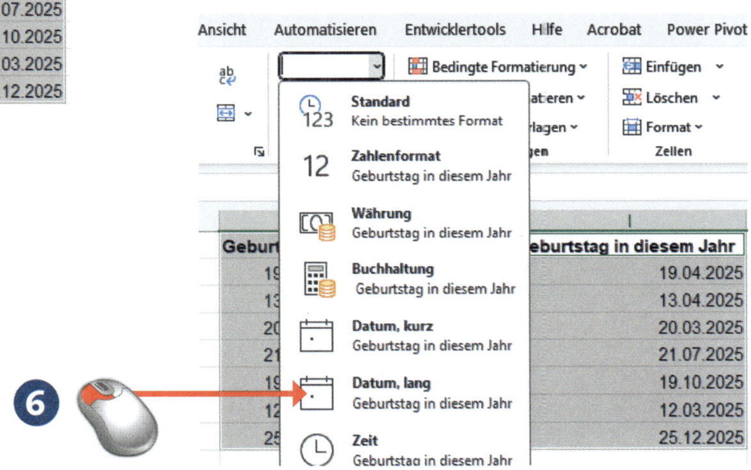

4. Berechnen Sie in weiteren Spalten der Liste den Monat und den Tag des Geburtstags und ermitteln Sie damit den Geburtstag im aktuellen Jahr.

5. Markieren Sie die Spalte F, drücken Sie Strg und markieren Sie zusätzlich die Spalte I.

6. Weisen Sie den beiden Spalten das lange Datumsformat zu. Jetzt sehen Sie, auf welche Wochentage die Geburtstage fallen.

Ende

TIPP

Die Tastenkombination, um den Bereich rund um den Zellzeiger zu markieren: Strg+⇧+＋

HINWEIS

Klicken Sie links oben in das Feld, in dem sich die Spaltenbuchstaben und die Zeilennummern treffen, wird das gesamte Tabellenblatt markiert.

Start

1

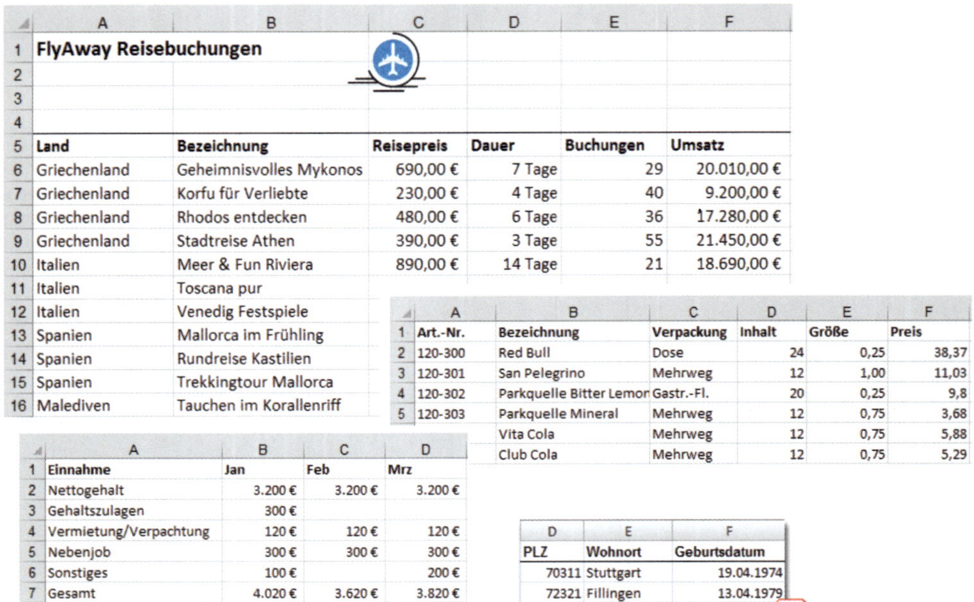

2

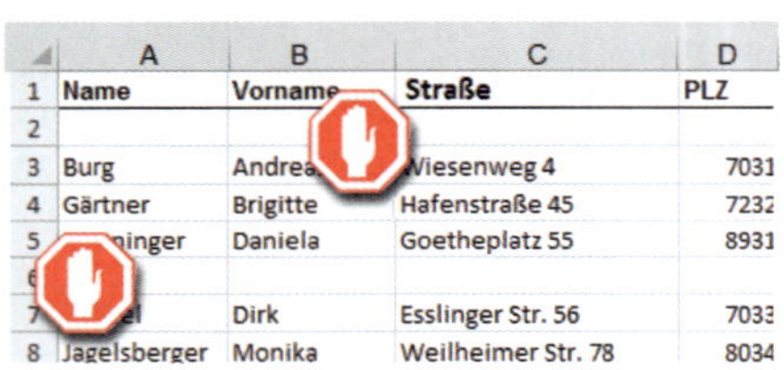

3

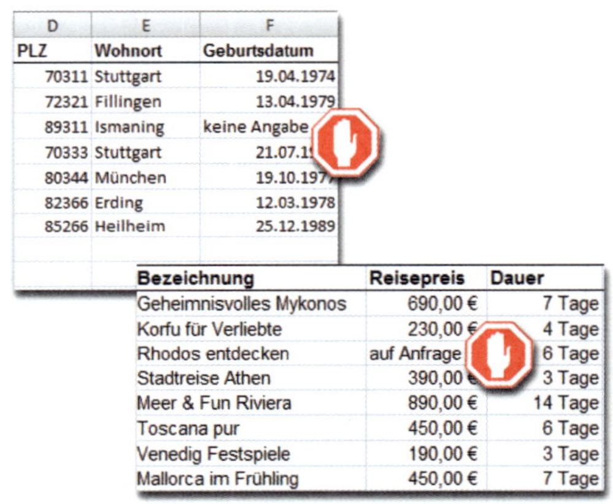

1. Die Liste muss nicht in der ersten Zeile beginnen, sollte aber immer eine Kopfzeile in der ersten Listenzeile enthalten.
2. Fügen Sie keine Leerzeilen ein, weder unter der Kopfzeile noch zwischen den Datensätzen.
3. Verwenden Sie die Datentypen pro Spalte durchgehend, wechseln Sie nicht zwischen Text, Zahl und Datum in einer Spalte.

WISSEN

Damit eine Liste als solche mit Datenbankfunktionen, Summenformeln oder Pivot-Tabellen auszuwerten ist, müssen Regeln eingehalten werden. Machen Sie sich mit diesen vertraut und bauen Sie Ihre Listen entsprechend auf.

4

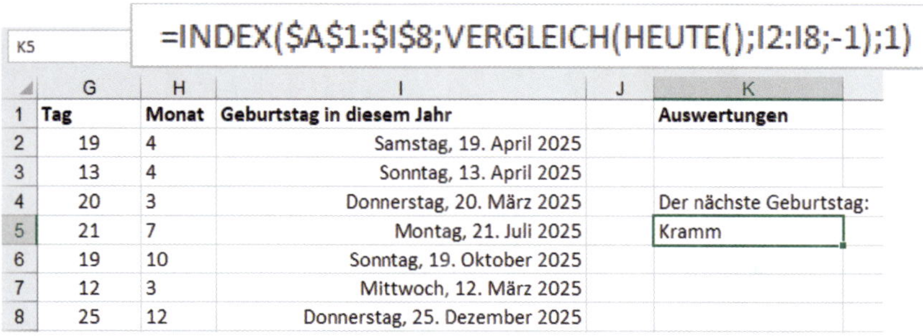

5

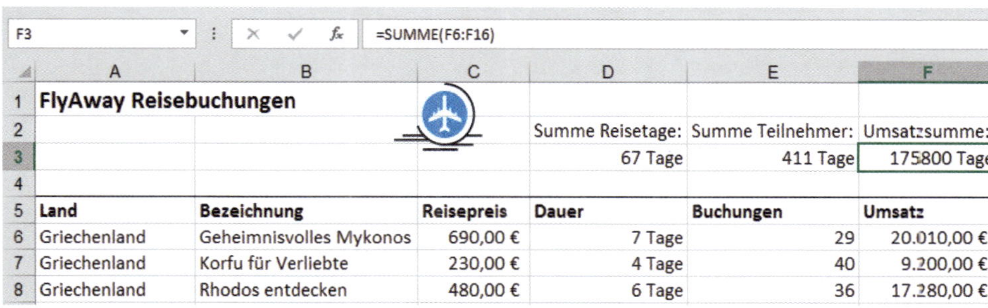

6

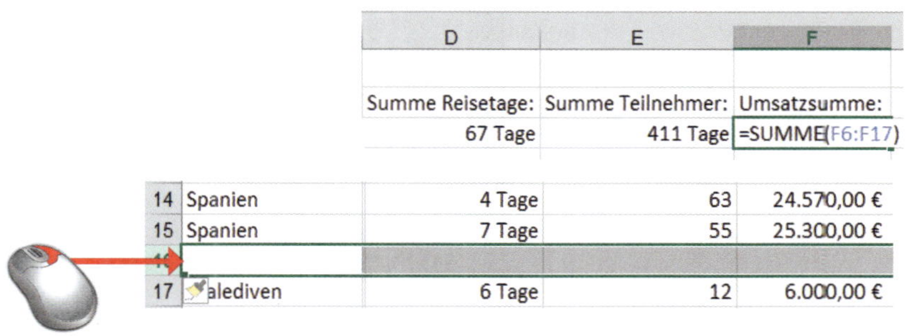

4 Halten Sie die Zeilen und Spalten rund um die Liste frei, schreiben Sie Auswertungen oder weitere Listen immer mit Abstand zur Liste.

5 Wenn Sie Auswertungsformeln für die Liste erstellen, schreiben Sie diese nicht unter die Liste, sondern darüber. Das macht die Formeln flexibler.

6 Fügen Sie neue Zeilen mit einem Rechtsklick vor der letzten Zeile ein. Damit passen sich die Bezüge in den Formeln automatisch an.

Ende

HINWEIS

Wenn Sie vorhaben, Excel-Listen mit anderen Programmen wie Access, SQL Server oder SharePoint Services auszutauschen, sollten Sie in den Feldnamen keine Leerzeichen und keine Sonderzeichen verwenden.

TIPP

Formelbezüge und Bereichsnamen aktualisieren sich automatisch, wenn Zeilen oder Spalten dazwischen eingefügt, nicht aber, wenn sie angehängt werden.

Start

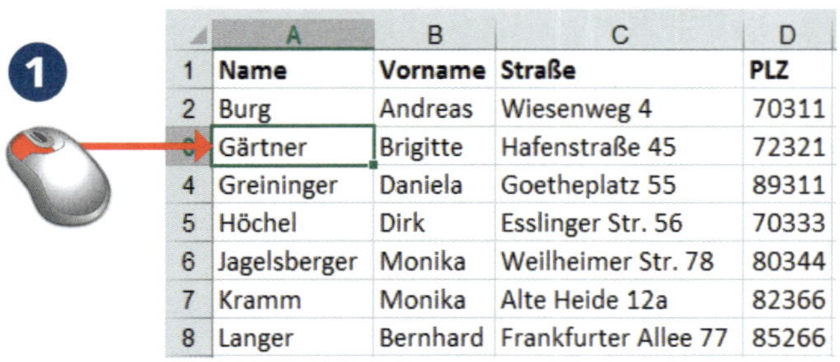

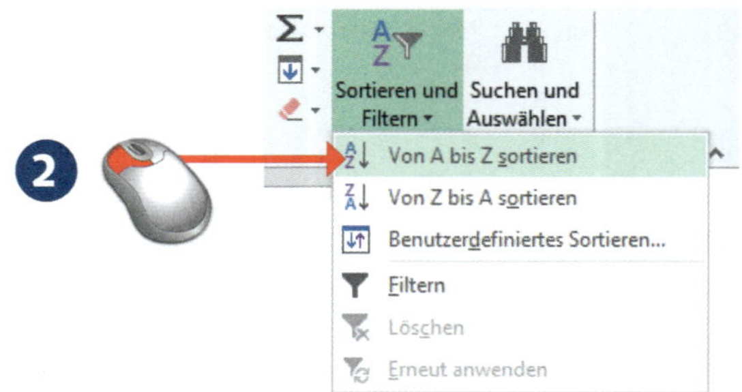

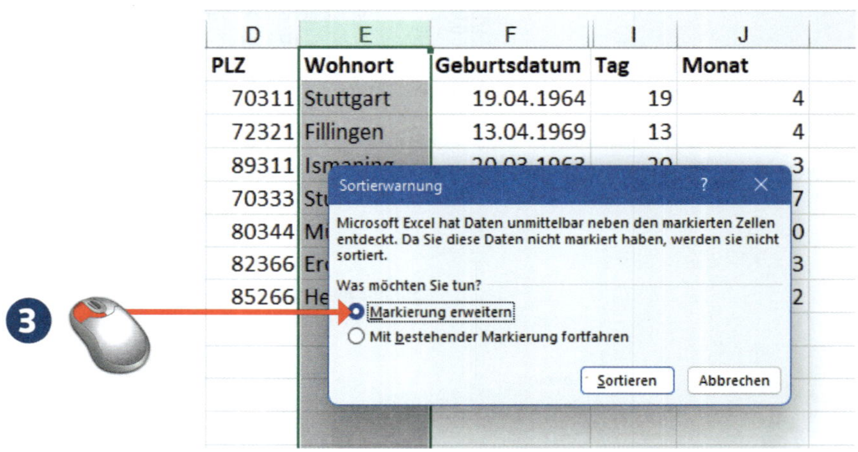

1. Um eine Liste nach einer einzelnen Spalte zu sortieren, setzen Sie nur den Zellzeiger in eine Zelle dieser Spalten.
2. Klicken Sie auf *Start/Bearbeiten/Sortieren und Filtern* und wählen Sie die auf- oder absteigende Sortierrichtung.
3. Wenn Sie eine ganze Spalte markiert haben, wird Excel eine Warnung bringen. Erweitern Sie die Markierung nicht, wird nur diese Spalte sortiert.

WISSEN

Für eine schnelle Sortierung Ihrer Listen oder Datenbanken arbeiten Sie mit dem Sortierwerkzeug. Sortieren Sie auf- oder absteigend nach dem Zellinhalt oder bestimmen Sie die Zellfarbe oder das Symbol aus der bedingten Formatierung als Kriterium.

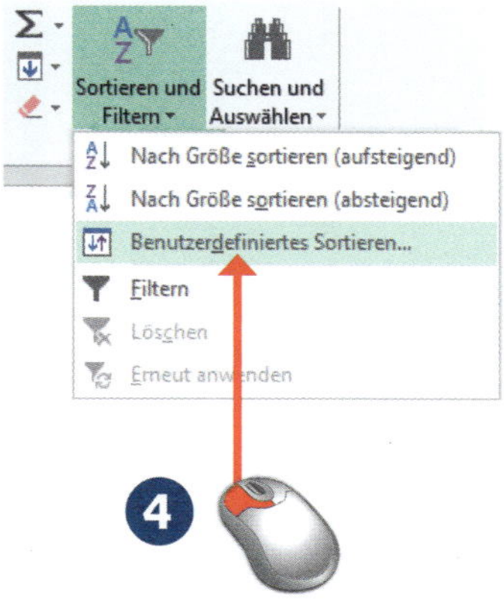

4

5

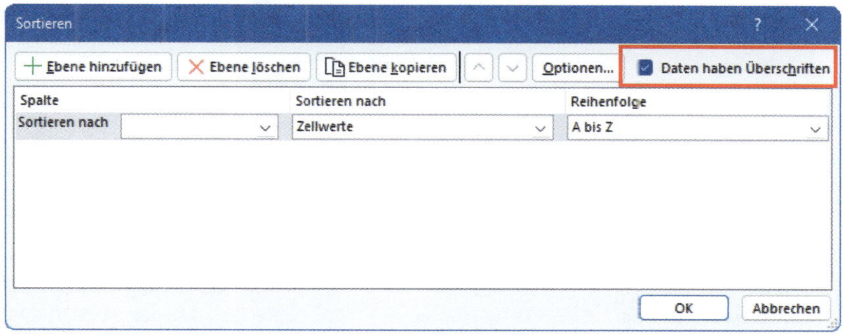

6

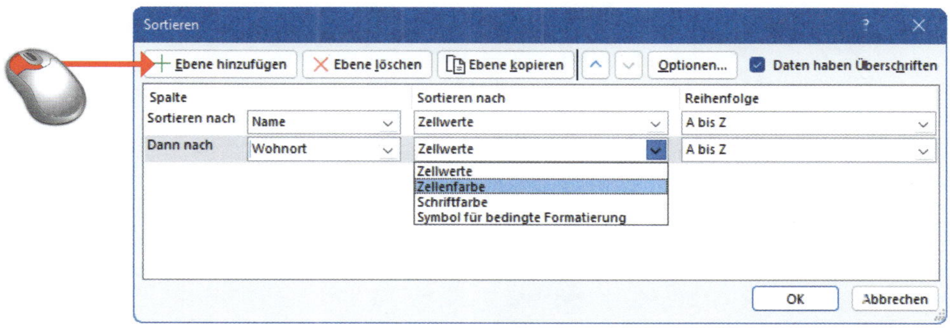

4 Schalten Sie auf die benutzerdefinierte Sortierung, wenn Sie ausführlichere Angaben machen wollen.

5 Achten Sie auf die Option *Daten haben Überschriften*. Sie sollte aktiv sein, wenn die Liste eine Kopfzeile hat.

6 Wählen Sie *Ebene hinzufügen* für weitere Sortierebenen und geben Sie an, ob Sie nach Zellinhalt, -farbe oder -symbol sortieren wollen.

Ende

HINWEIS

Soll die Groß-/Kleinschreibung beachtet werden, kreuzen Sie unter *Optionen* in der benutzerdefinierten Sortierung die Option an.

HINWEIS

Die zweite Sortierebene sortiert nur die Zeilen, die in der ersten Ebene einen identischen Eintrag (oder Sortierschlüssel) haben.

TIPP

Die Sortier- und Filterwerkzeuge finden Sie auch auf der Registerkarte *Daten*.

Start

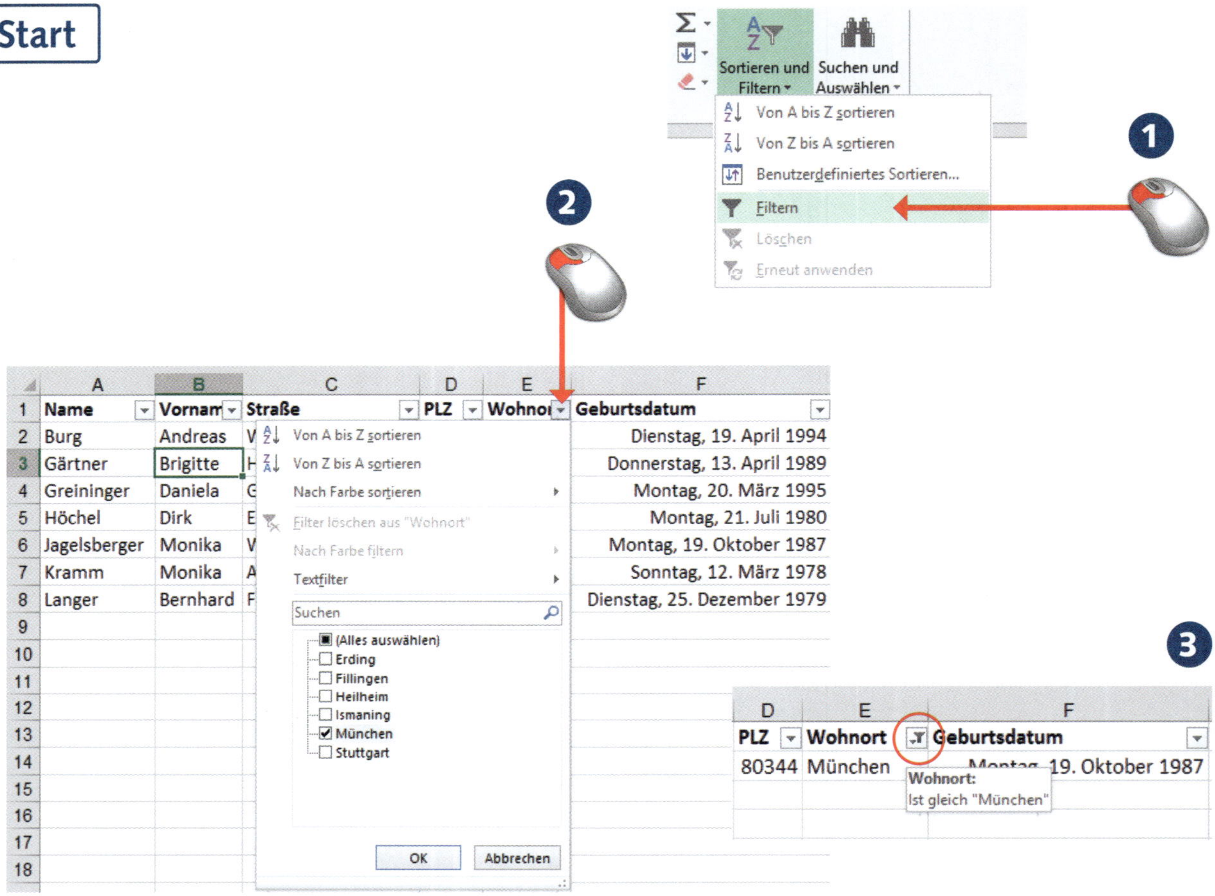

1. Um eine Liste zu filtern, setzen Sie den Zellzeiger in den Bereich und wählen *Start/ Bearbeiten/Sortieren und Filtern/Filtern*.
2. In der Kopfzeile tauchen jetzt Filterpfeile auf. Öffnen Sie damit die Filterliste und wählen Sie den passenden Filter.
3. Der Filterpfeil zeigt anschließend seinen Status am Symbol, der Mauszeiger verrät das Filterkriterium.

WISSEN

Filter sind besonders in großen Listen sehr nützlich, sie produzieren eine schnelle Teilmenge Ihrer Daten. Filtern Sie einzelne Spalten, kombinieren Sie Filter und setzen Sie individuelle Filterausdrücke.

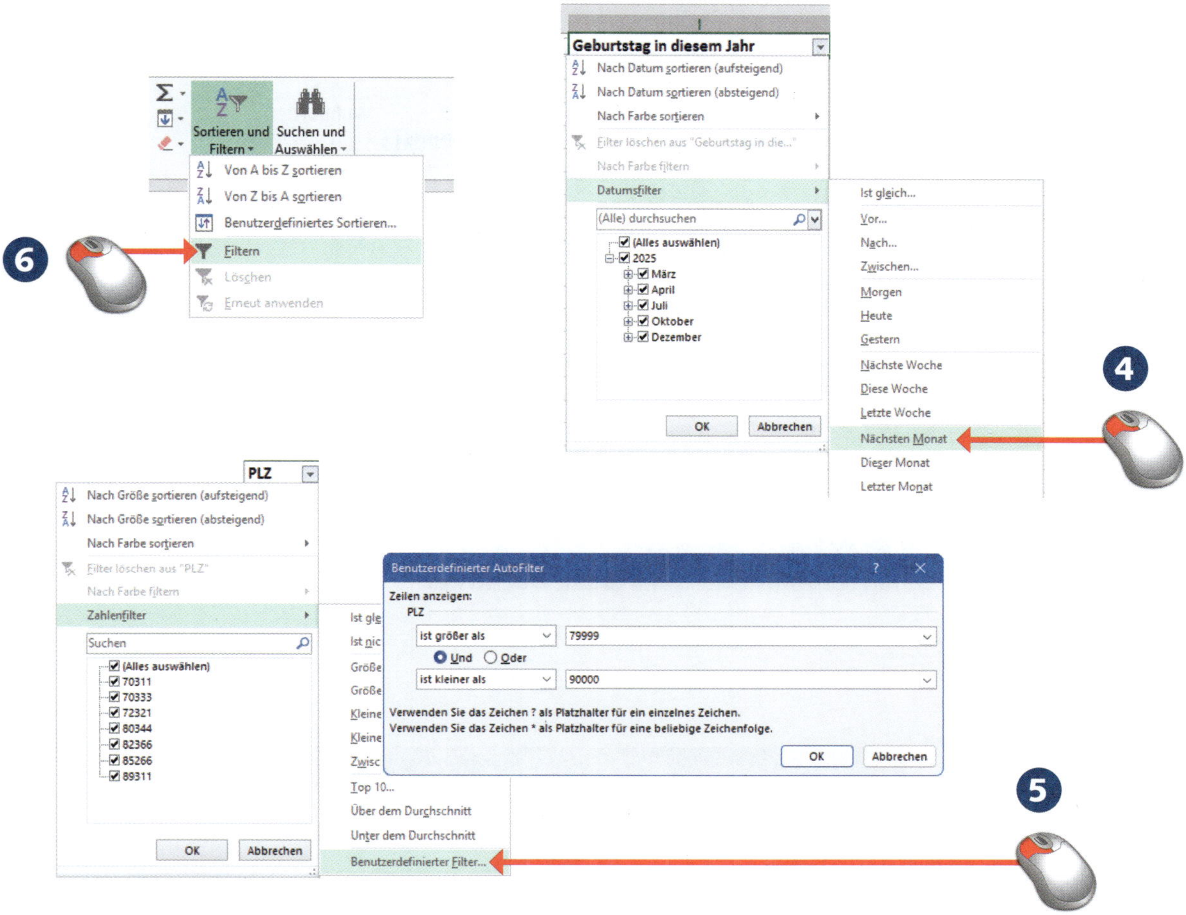

4. Klicken Sie auf *Datumsfilter* (oder *Textfilter/Zahlenfilter*, je nach Spalte) und wählen Sie ein Filterkriterium aus der Liste.

5. Mit der Option *Benutzerdefinierter Filter* können Sie mehrere Kriterien und eine logische Verbindung (UND und ODER) angeben, hier für den PLZ-Bereich 80000.

6. Aktivieren Sie den Filter ein weiteres Mal, werden alle Filter ausgeschaltet und die Filterpfeile verschwinden wieder.

Ende

HINWEIS

Zahlenfilter bieten auch eine Top-Ten-Filterung an. Damit können Sie eine Gruppe von Höchst- oder Tiefstwerten als Filter bestimmen.

TIPP

Gefilterte Listen sind auch an den blauen Zeilennummern erkennbar.

HINWEIS

Sie können auch mehrere Filter parallel verwenden und einzelne Filter ausschalten. Wählen Sie dazu *Filter löschen* aus dem *Filter*-Menü.

Start

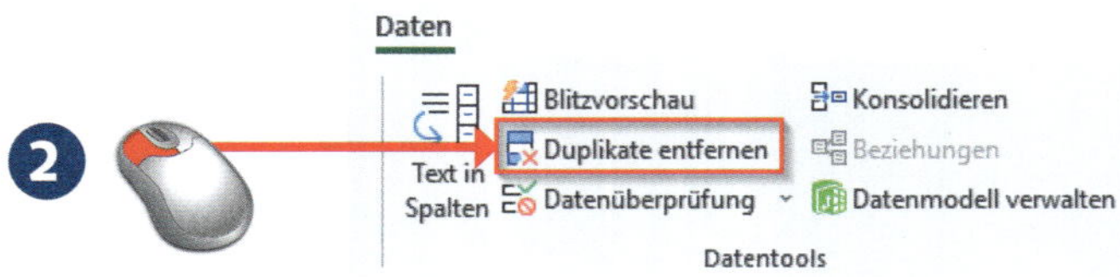

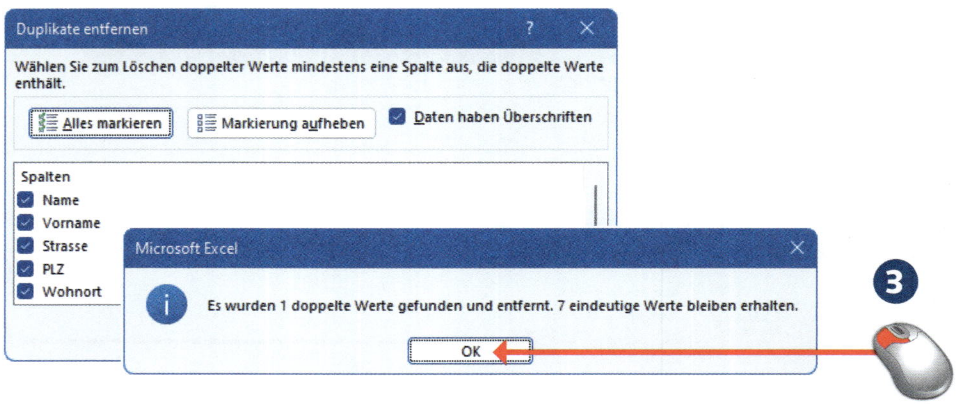

1. Doppelte Datensätze in einer Liste oder Datenbank lassen sich einfach und schnell entfernen. Setzen Sie den Zellzeiger in den Bereich …

2. … und wählen Sie *Duplikate entfernen* auf der Registerkarte *Daten* unter *Datentools*.

3. Markieren Sie mindestens eine Spalte, die doppelte Inhalte enthält, und klicken Sie auf *OK*. Excel meldet, wie viele Datensätze entfernt wurden.

WISSEN

Doppelte Datensätze entfernen Sie mit einem Werkzeug aus den Datentools, und wenn Sie einzelne gefilterte Sätze aus der Liste holen wollen, verwenden Sie den Spezialfilter. Er kopiert die Datensätze in einen Zielbereich, Sie geben nur das Filterkriterium und die gewünschten Spalten an.

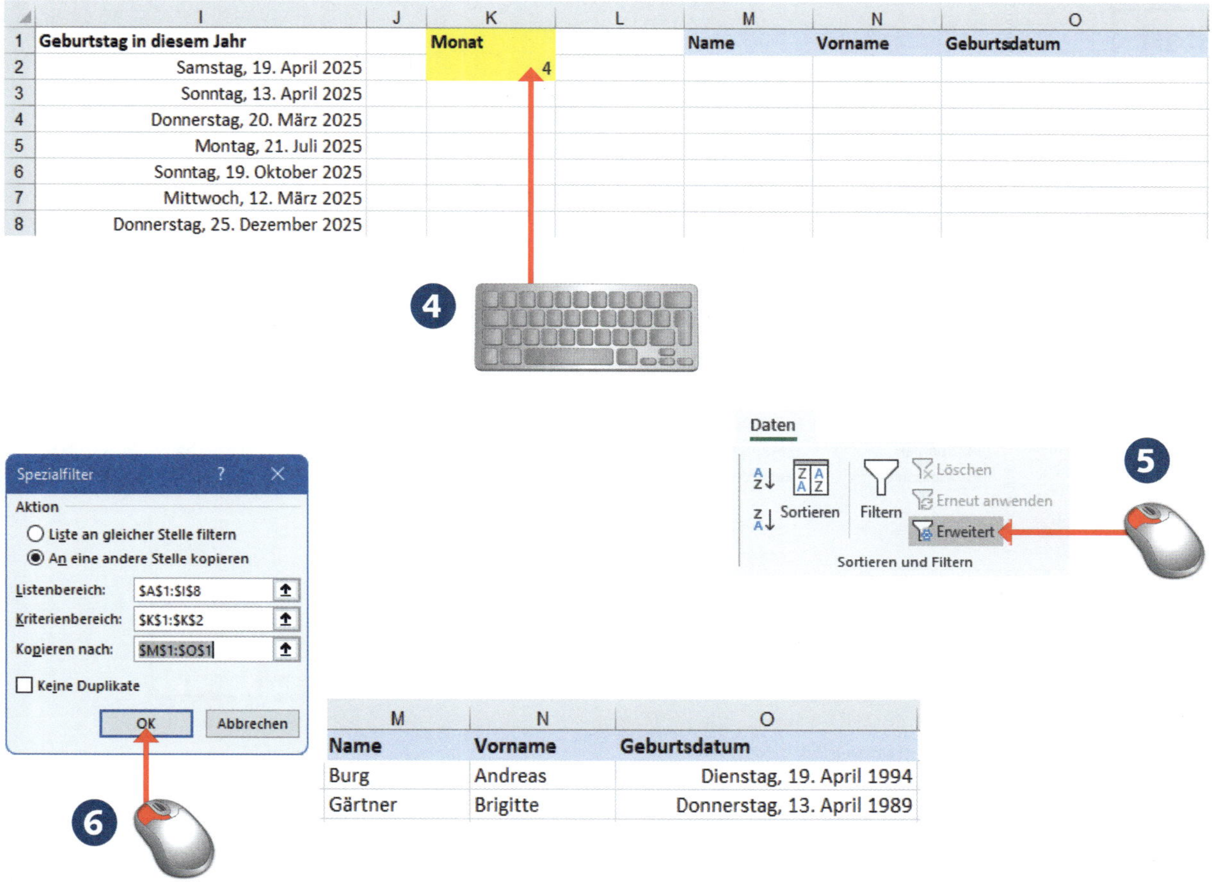

4 Für den Spezialfilter brauchen Sie einen Filterbereich (Feldname und Kriterium, hier Monat April) und einen Zielbereich mit beliebigen Feldern aus der Liste.

5 Starten Sie den Spezialfilter unter *Daten/Sortieren und Filtern/Erweitert*. Schalten Sie auf die zweite Option um und tragen Sie die drei Bereiche ein.

6 Mit einem Klick auf *OK* werden diejenigen Daten aus der Liste in den Zielbereich geschrieben, die dem Filterkriterium entsprechen.

Ende

HINWEIS

Kombinieren Sie im Filterbereich des Spezialfilters mehrere Felder: Für eine UND-Filterung schreiben Sie die Felder nebeneinander:
PLZ PLZ
>79999 <90000

TIPP

Auch die Reihenfolge der Feldnamen im Zielbereich des Spezialfilters ist frei wählbar.

HINWEIS

Für einen ODER-Filter geben Sie die Kriterien untereinander ein:
Wohnort
München
Hamburg

Start

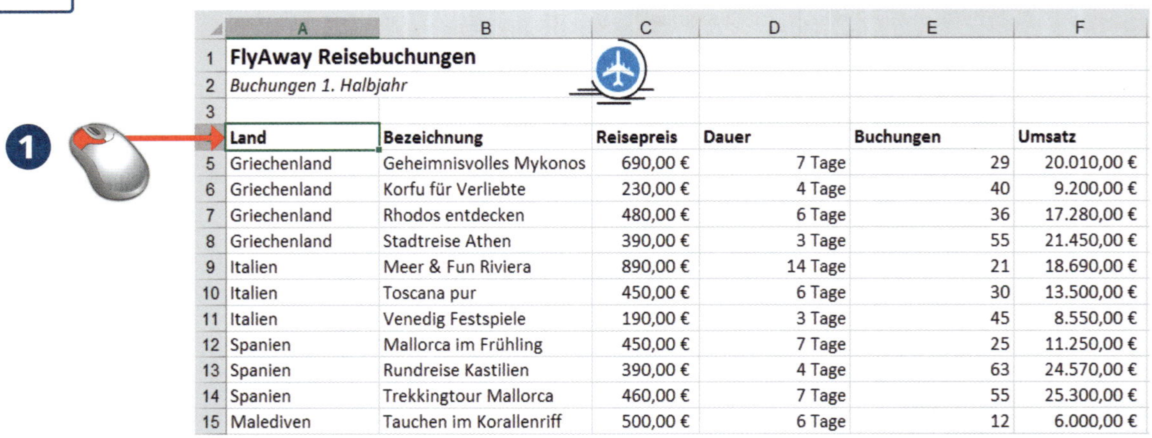

	A	B	C	D	E	F
1	**FlyAway Reisebuchungen**					
2	*Buchungen 1. Halbjahr*					
3						
4	**Land**	**Bezeichnung**	**Reisepreis**	**Dauer**	**Buchungen**	**Umsatz**
5	Griechenland	Geheimnisvolles Mykonos	690,00 €	7 Tage	29	20.010,00 €
6	Griechenland	Korfu für Verliebte	230,00 €	4 Tage	40	9.200,00 €
7	Griechenland	Rhodos entdecken	480,00 €	6 Tage	36	17.280,00 €
8	Griechenland	Stadtreise Athen	390,00 €	3 Tage	55	21.450,00 €
9	Italien	Meer & Fun Riviera	890,00 €	14 Tage	21	18.690,00 €
10	Italien	Toscana pur	450,00 €	6 Tage	30	13.500,00 €
11	Italien	Venedig Festspiele	190,00 €	3 Tage	45	8.550,00 €
12	Spanien	Mallorca im Frühling	450,00 €	7 Tage	25	11.250,00 €
13	Spanien	Rundreise Kastilien	390,00 €	4 Tage	63	24.570,00 €
14	Spanien	Trekkingtour Mallorca	460,00 €	7 Tage	55	25.300,00 €
15	Malediven	Tauchen im Korallenriff	500,00 €	6 Tage	12	6.000,00 €

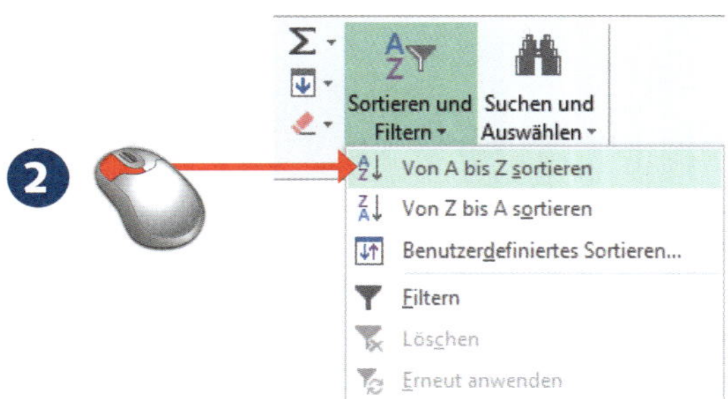

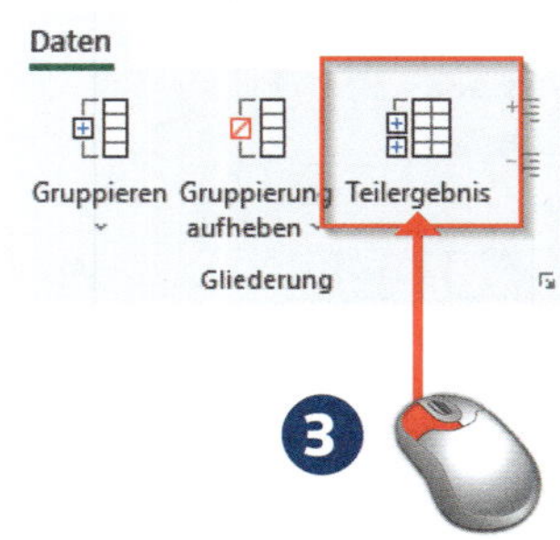

1. Hier sehen Sie eine Übersicht über Reisebuchungen. Um automatisch Zwischensummen in die letzten beiden Spalten zu setzen, platzieren Sie den Zellzeiger in die Liste.

2. Sortieren Sie die Liste aufsteigend nach dem Land in der ersten Spalte. Die Sortiersymbole finden Sie unter *Start* oder unter *Daten*.

3. Wählen Sie *Daten/Gliederung/Teilergebnis*.

WISSEN

Ein Teilergebnis ist ein Gruppenwechsel in der Liste, es summiert einzelne Spaltenwerte zu Zwischensummen. Achten Sie auf die richtige Sortierung, dann lässt sich Ihre Datenbank schnell und einfach auswerten.

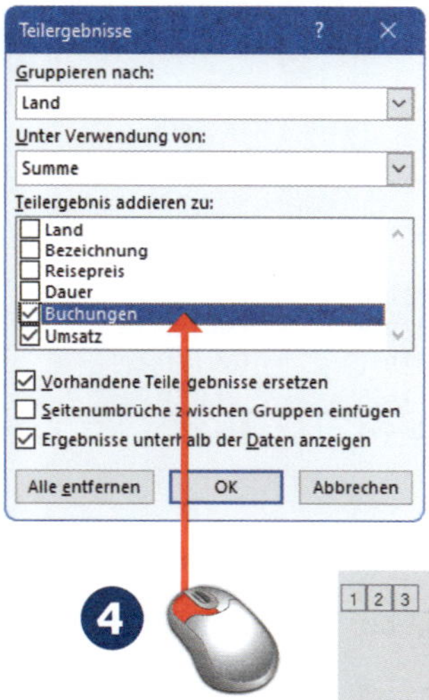

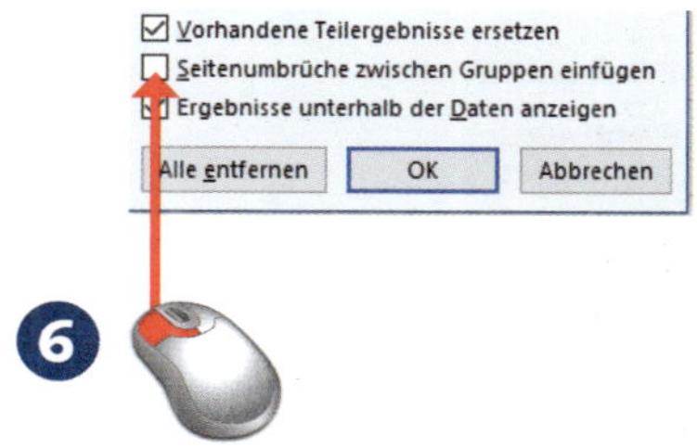

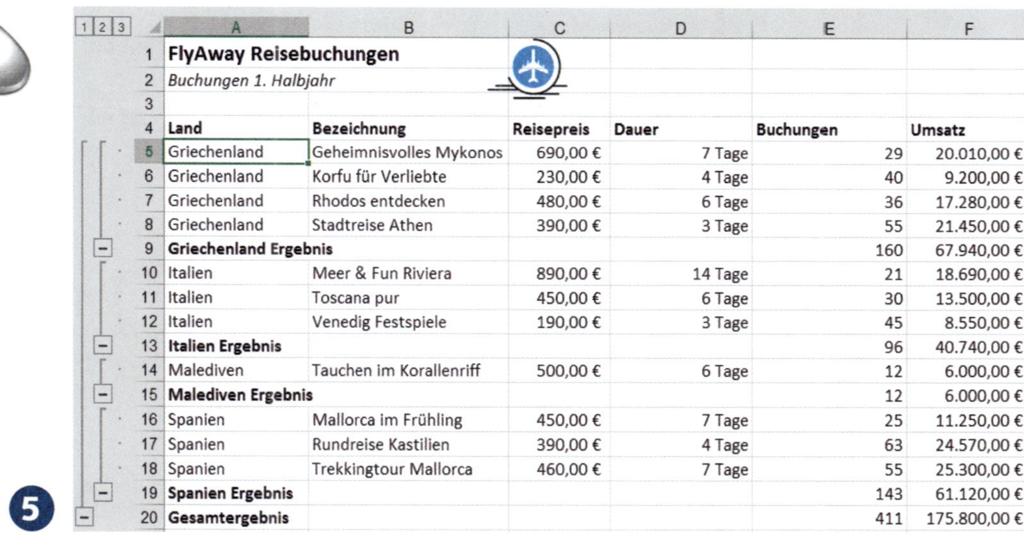

	A	B	C	D	E	F
1	**FlyAway Reisebuchungen**					
2	*Buchungen 1. Halbjahr*					
3						
4	**Land**	**Bezeichnung**	**Reisepreis**	**Dauer**	**Buchungen**	**Umsatz**
5	Griechenland	Geheimnisvolles Mykonos	690,00 €	7 Tage	29	20.010,00 €
6	Griechenland	Korfu für Verliebte	230,00 €	4 Tage	40	9.200,00 €
7	Griechenland	Rhodos entdecken	480,00 €	6 Tage	36	17.280,00 €
8	Griechenland	Stadtreise Athen	390,00 €	3 Tage	55	21.450,00 €
9	**Griechenland Ergebnis**				160	67.940,00 €
10	Italien	Meer & Fun Riviera	890,00 €	14 Tage	21	18.690,00 €
11	Italien	Toscana pur	450,00 €	6 Tage	30	13.500,00 €
12	Italien	Venedig Festspiele	190,00 €	3 Tage	45	8.550,00 €
13	**Italien Ergebnis**				96	40.740,00 €
14	Malediven	Tauchen im Korallenriff	500,00 €	6 Tage	12	6.000,00 €
15	**Malediven Ergebnis**				12	6.000,00 €
16	Spanien	Mallorca im Frühling	450,00 €	7 Tage	25	11.250,00 €
17	Spanien	Rundreise Kastilien	390,00 €	4 Tage	63	24.570,00 €
18	Spanien	Trekkingtour Mallorca	460,00 €	7 Tage	55	25.300,00 €
19	**Spanien Ergebnis**				143	61.120,00 €
20	**Gesamtergebnis**				411	175.800,00 €

4 Die sortierte Spalte wird zur Gruppierung vorgeschlagen. Wählen Sie die Funktion *Summe* und kreuzen Sie die Spalten *Buchungen* und *Umsatz* an.

5 Mit einem Klick auf *OK* werden die Teilergebnisse berechnet. Die Liste bietet anschließend Zwischensummen und Gliederungssymbole am vertikalen Rand.

6 Aktivieren Sie die Option *Seitenumbrüche zwischen Gruppen einfügen*, wird jede Gruppe auf einer eigenen Seite gedruckt.

Ende

HINWEIS

Schalten Sie im Teilergebnisdialog auf die Funktion *Anzahl*, wenn Sie die Texteinträge in einer Spalte nicht summieren können.

HINWEIS

Vergessen Sie bei Seitenumbrüchen zwischen den Ebenen nicht, den Drucktitel zu setzen (*Seitenlayout/ Seite einrichten*).

Start

1

	A	B	C	D	E
1	**Rossmann KG KFZ-Ausstattung**				
2	**Gewinn/Verlust-Rechnung**				
3					
4		Karosserie-ausstattung	Innen-ausstattung	Anhänger und Zubehör	Summe
5	**Fixkosten**				
6	Herstellung	60.000	43.992	38.000	141.992
7	Vertrieb	48.012	39.070	42.988	130.070
8	Material	30.334	41.899	32.911	105.144
9	Sonstige Fixkosten	10.009	12.455	14.555	37.019
10	**Summe Fixkosten**	148.355	137.416	128.454	414.225
11					
12	**Variable Kosten**				
13	Personal	179.127	188.934	230.455	598.516
14	Werbung	46.857	43.899	56.788	147.544
15	Sonstige variable Kosten	5.791	23.900	4.600	34.291
16	**Summe variable Kosten**	231.775	256.733	291.843	780.351
17					
18	**Umsatz**	**4.200.000**	**200.000**	**712.000**	**5.112.000**
19	**Gewinn/Verlust**	**3.819.870**	**-194.149**	**291.703**	**3.917.424**

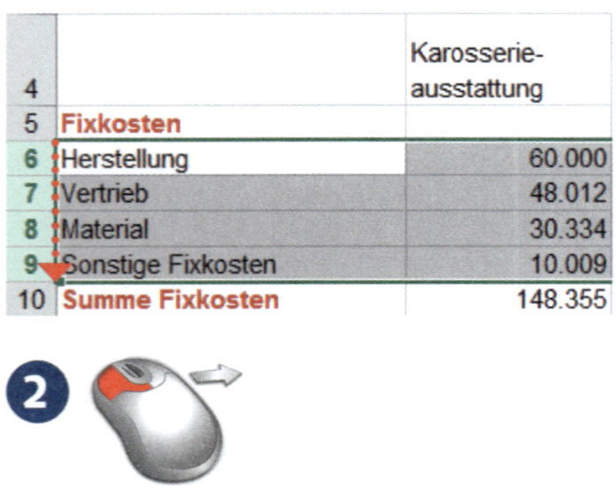

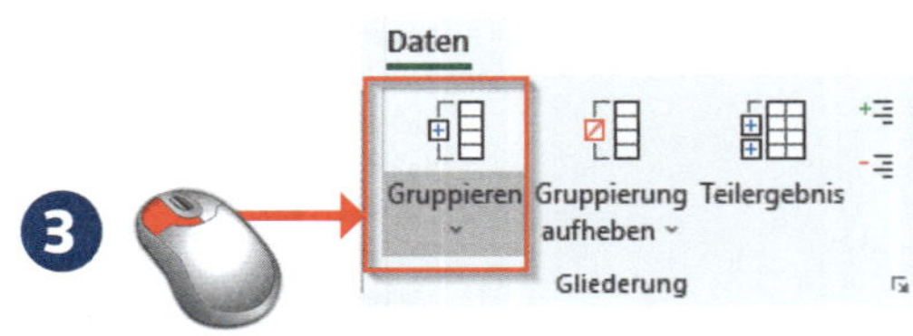

1. In dieser G&V-Rechnung sind die einzelnen Kosten und die Umsätze für drei Unternehmenseinheiten gelistet.
2. Markieren Sie die Zeilennummern der Zeilen, die Sie in die nächste Ebene setzen wollen.
3. Wählen Sie *Daten/Gliederung/Gruppieren*.

WISSEN

Mit der Gliederungsfunktion werden Listen in mehrere Ebenen unterteilt. Diese Ebenen können ein- und ausgeblendet werden. Nutzen Sie diese Technik in großen Tabellen mit Zwischensummen.

TIPP

Die *AutoGliederung* versucht, die Ebenen selbst zu ermitteln. Verwenden Sie diese Option nur, wenn Ihre Tabelle durchgängig Zwischensummen enthält.

4

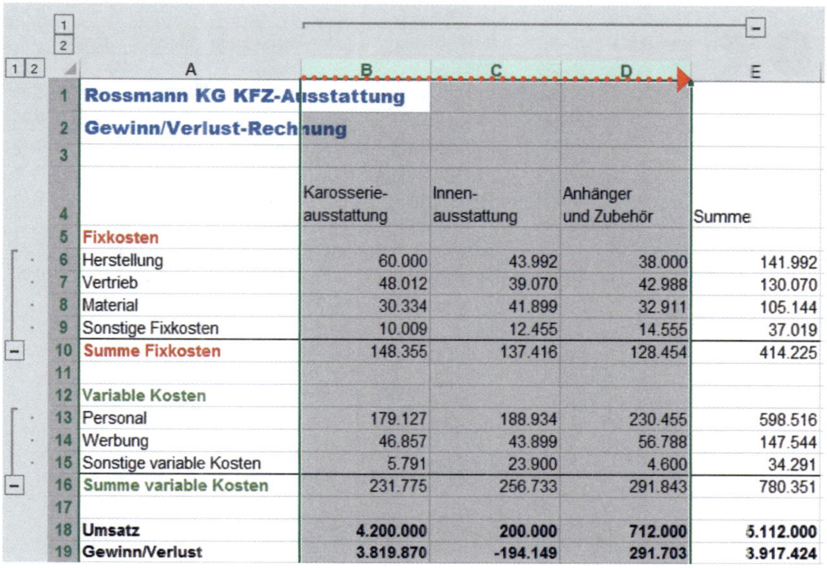

	A	B	C	D	E
1	Rossmann KG KFZ-Ausstattung				
2	Gewinn/Verlust-Rechnung				
3					
4		Karosserie-ausstattung	Innen-ausstattung	Anhänger und Zubehör	Summe
5	Fixkosten				
6	Herstellung	60.000	43.992	38.000	141.992
7	Vertrieb	48.012	39.070	42.988	130.070
8	Material	30.334	41.899	32.911	105.144
9	Sonstige Fixkosten	10.009	12.455	14.555	37.019
10	Summe Fixkosten	148.355	137.416	128.454	414.225
11					
12	Variable Kosten				
13	Personal	179.127	188.934	230.455	598.516
14	Werbung	46.857	43.899	56.788	147.544
15	Sonstige variable Kosten	5.791	23.900	4.600	34.291
16	Summe variable Kosten	231.775	256.733	291.843	780.351
17					
18	Umsatz	4.200.000	200.000	712.000	5.112.000
19	Gewinn/Verlust	3.819.870	-194.149	291.703	3.917.424

5	Fixkosten
6	Herstellung
7	Vertrieb
8	Material
9	Sonstige Fixkosten
10	Summe Fixkosten

5

5	Fixkosten
10	Summe Fixkosten

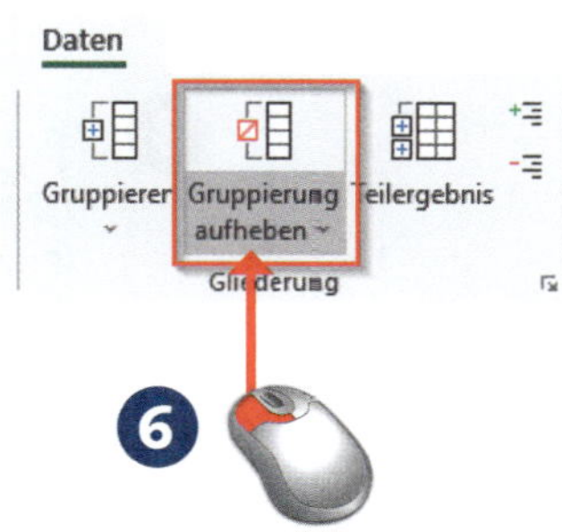

6

4 Gruppieren Sie so auch die zweite Zeilenebene und die Spalten B:D, die Sie vorher über die Spaltenbuchstaben markiert hatten.

5 Mit den Gliederungssymbolen in der Gliederungsgruppe oder an den Rändern der Tabelle blenden Sie Ebenen ein und wieder aus.

6 Um Zeilen oder Spalten wieder eine Ebene höher zu stufen, markieren Sie die Zeilen oder Spalten und heben die Gliederung wieder auf.

Ende

TIPP

Markieren Sie immer ganze Zeilen und Spalten für die Gliederung, damit Excel nicht nachfragen muss, was zu gliedern ist.

HINWEIS

Die Einstellung der Zwischensummen (Hauptzeilen/Hauptspalten), die wahlweise über oder unter den Daten stehen, finden Sie im Dialogfenster der Gliederungsgruppe (kleines Symbol rechts unten).

Start

	A	B	C	D	E	F
1	Art.-Nr.	Bezeichnung	Verpackung	Inhalt	Größe	Preis
2	120-300	Red Bull	Dose	24	0,25	38,37
3	120-301	San Pelegrino	Mehrweg	12	1,00	11,03
4	120-302	Parkquelle Bitter Lemon	Gastr.-Fl.	20	0,25	9,8
5	120-303	Parkquelle Mineral	Mehrweg	12	0,75	3,68
6	120-304	Vita Cola	Mehrweg	12	0,75	5,88
7	120-305	Club Cola	Mehrweg	12	0,75	5,29
8	120-306	Afri Cola Formflasche	Mehrweg	12	0,75	15,14
9	120-307	Schweppes Bitter Lemo	Mehrweg	20	0,25	15,55
10	120-308	Schweppes Tonic	Mehrweg	20	0,25	15,55

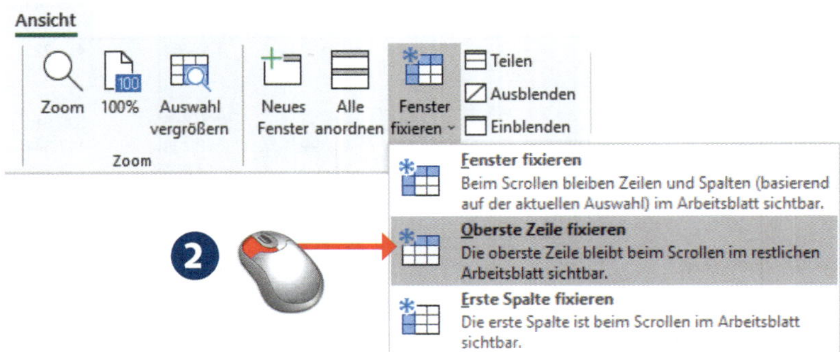

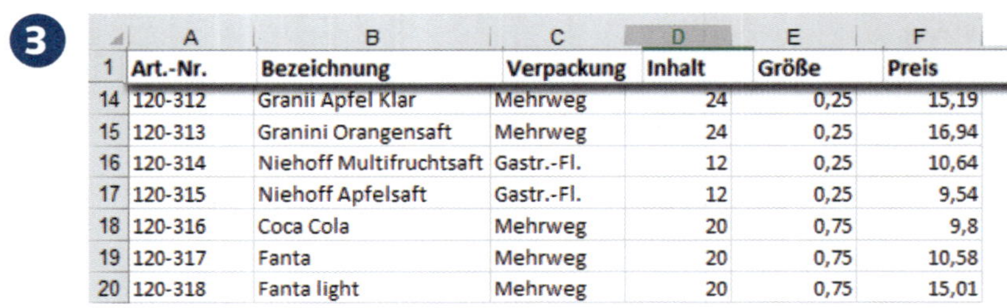

	A	B	C	D	E	F
1	Art.-Nr.	Bezeichnung	Verpackung	Inhalt	Größe	Preis
14	120-312	Granii Apfel Klar	Mehrweg	24	0,25	15,19
15	120-313	Granini Orangensaft	Mehrweg	24	0,25	16,94
16	120-314	Niehoff Multifruchtsaft	Gastr.-Fl.	12	0,25	10,64
17	120-315	Niehoff Apfelsaft	Gastr.-Fl.	12	0,25	9,54
18	120-316	Coca Cola	Mehrweg	20	0,75	9,8
19	120-317	Fanta	Mehrweg	20	0,75	10,58
20	120-318	Fanta light	Mehrweg	20	0,75	15,01

1. Markieren Sie die Zelle, an der Sie die Liste fixieren wollen, zum Beispiel B2 für die erste Zeile und erste Spalte oder Zeile 2 für die ganze Zeile.
2. Wählen Sie *Ansicht/Fenster/Fenster fixieren*. Klicken Sie auf die gewünschte Option.
3. Die erste Zeile ist fixiert, rollen Sie die Liste nach oben, bleibt sie auf dem Bildschirm.

WISSEN

Wenn in einer mehrseitigen Liste mit Maus oder Rollbalken geblättert wird, verschwindet die Kopfzeile, beim horizontalen Rollen geht zuerst die erste Spalte verloren. Fixieren Sie Zeilen und Spalten, damit Sie auch beim Rollen der Liste die Beschriftungen im Auge behalten können.

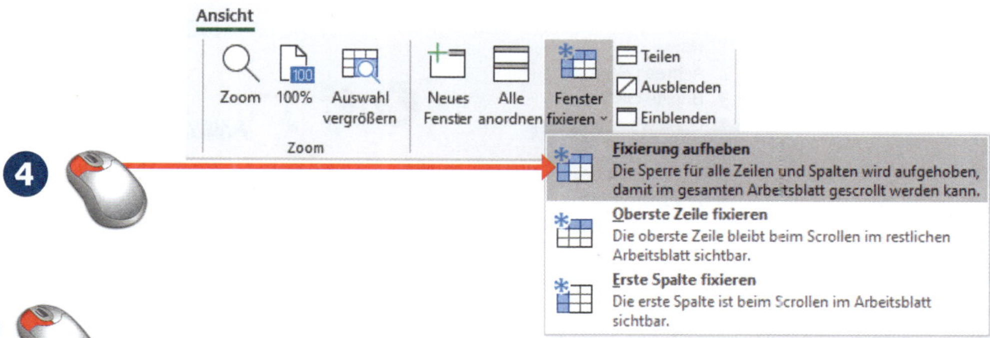

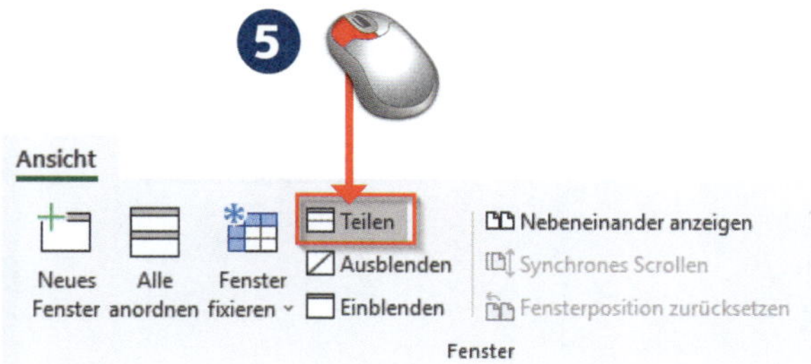

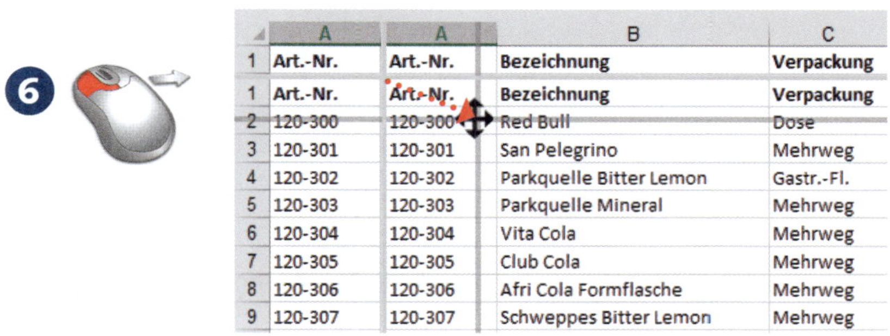

4 Mit *Ansicht/Fenster/Fenster fixieren/Fixierung aufheben* entfernen Sie die Fixierung wieder.

5 Mit *Ansicht/Fenster/Teilen* setzen Sie eine horizontale und eine vertikale Teilungslinie, die sich mit dem Mauszeiger verschieben lässt.

6 Ziehen Sie die Teiler mit gedrückter Maustaste auf einer Linie oder im Kreuzungspunkt. Ein Doppelklick auf eine Teilerlinie entfernt diese wieder.

Ende

HINWEIS

Die Fensterfixierung hebt die manuelle Teilung auf. Bei fixierten Bereichen sind die Teilersymbole nicht verfügbar.

HINWEIS

Jedes Tabellenblatt kann nur eine Fixierung oder wahlweise eine Teilung enthalten.

Start

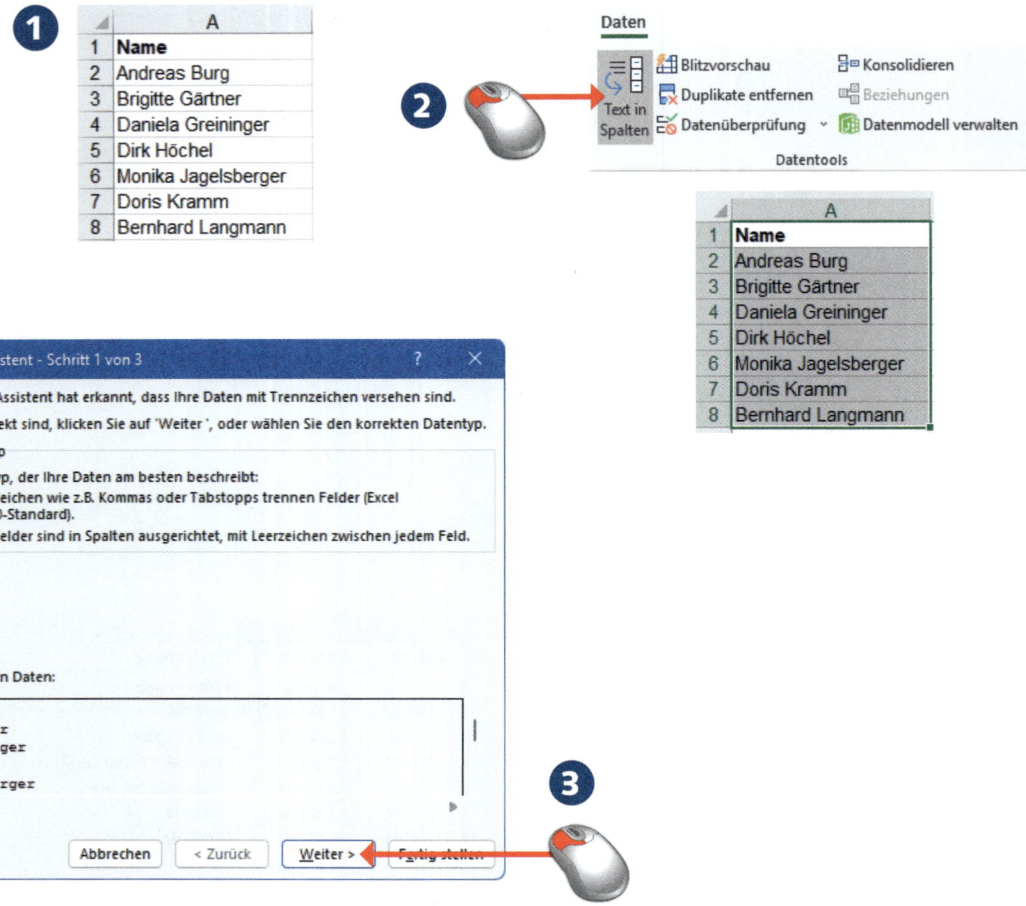

1. Diese Adressliste enthält Vornamen und Namen in einer Spalte.

2. Markieren Sie die Spalte per Klick auf den Spaltenkopf und wählen Sie *Daten/ Datentools/Text in Spalten*.

3. Der Textkonvertierungs-Assistent startet, bestätigen Sie den Datentyp *Getrennt* mit einem Klick auf *Weiter*.

WISSEN

Wenn die Daten in einer Liste nicht die gewünschte Aufteilung haben, können Sie den Textkonvertierungs-Assistenten beauftragen, sie fachgerecht zu zerteilen. Ist ein Trennzeichen erkennbar, findet der Assistent die richtige Schnittstelle und trennt die Daten.

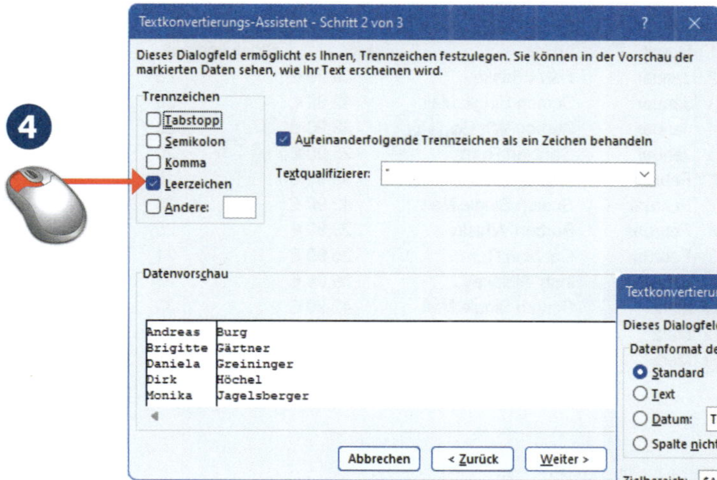

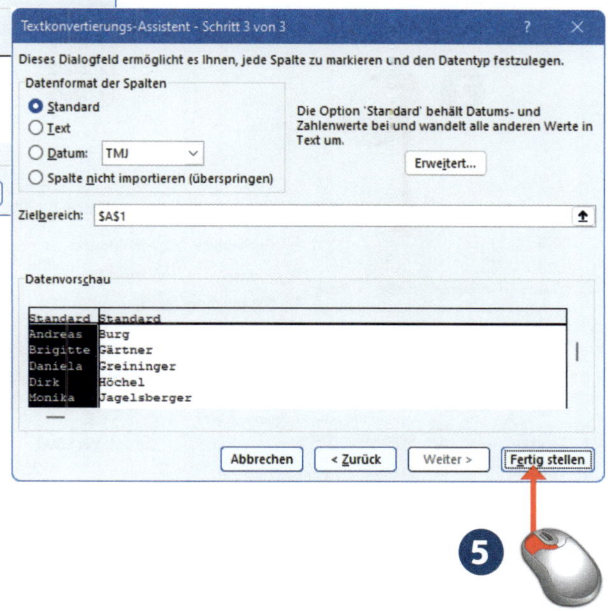

6

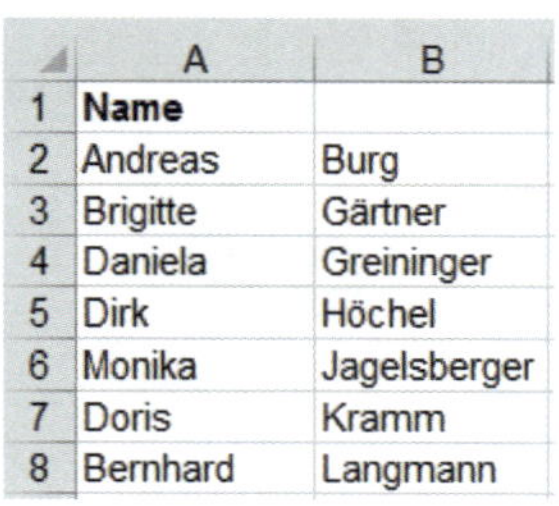

	A	B
1	**Name**	
2	Andreas	Burg
3	Brigitte	Gärtner
4	Daniela	Greininger
5	Dirk	Höchel
6	Monika	Jagelsberger
7	Doris	Kramm
8	Bernhard	Langmann

4 Stellen Sie das Trennzeichen (hier Leerzeichen) ein. Texterkennungszeichen kommen vor, wenn Texte in der Spalte in Anführungszeichen stehen.

5 Überprüfen Sie das Datenformat der einzelnen Spalten und klicken Sie auf *Fertig stellen*, wenn alle Informationen an Bord sind.

6 Die markierte Spalte wird in zwei Spalten aufgeteilt, der Text nach dem Trennzeichen wird in die Spalte(n) rechts von der Originalspalte geschrieben.

Ende

TIPP

Wenn die vorliegenden Daten kein erkennbares Trennzeichen haben, versuchen Sie es mit dem Datentyp *Feste Breite*. Hier können Sie per Mausklick die Spaltenbreiten festlegen. Ziehen Sie die Spaltentrennlinien einfach mit dem Mauszeiger ein.

HINWEIS

Stellen Sie sicher, dass neben der aufzuteilenden Spalte genug Platz ist, fügen Sie ggf. vorher Leerspalten ein.

Start

1

	A	B	C	D
1	Monat	Artikel	Preis	Stück verkauft
2	Januar	Irish Whiskey	39,90 €	25
3	Januar	Scotch Single Malt	42,90 €	30
4	Januar	Burbon Whisky	28,90 €	22
5	Januar	Caribian Rum	25,90 €	20
6	Februar	Irish Whiskey	39,90 €	15
7	Februar	Scotch Single Malt	42,90 €	20
8	Februar	Burbon Whisky	28,90 €	25
9	Februar	Caribian Rum	25,90 €	21
10	März	Irish Whiskey	39,90 €	23
11	März	Scotch Single Malt	42,90 €	30
12	März	Burbon Whisky	28,90 €	19
13	März	Caribian Rum	25,90 €	18

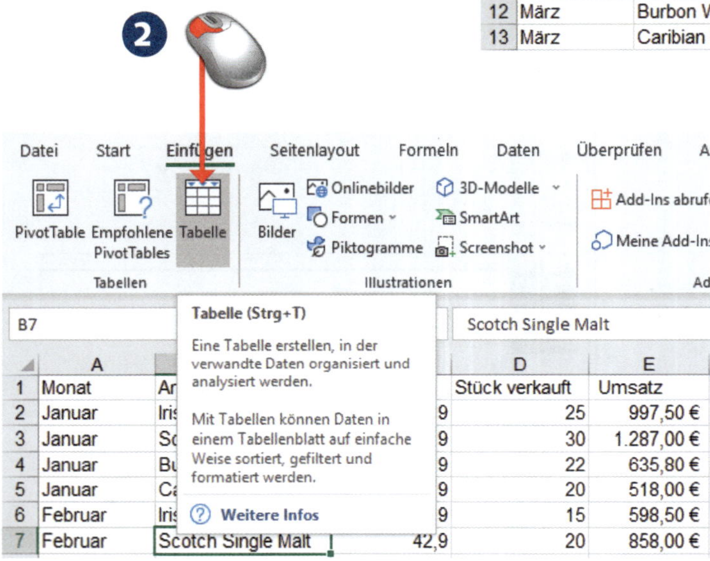

1. Setzen Sie den Zellzeiger in eine Liste, entfernen Sie alle Gruppierungen, Teilergebnisse und Filter.

2. Wählen Sie *Einfügen/Tabelle* oder *Start/Formatvorlagen/Als Tabelle formatieren*.

3. Der Listenbereich wird vorgeschlagen, markieren Sie ihn im Hintergrund neu, falls die Liste nicht erkannt wurde, und klicken Sie auf *OK*.

WISSEN

Wenn Sie eine Liste in eine Tabelle konvertieren, lässt sich diese noch einfacher bearbeiten und auswerten. Sie können zum Beispiel automatisch Ergebnisse (Summen) am unteren Rand einfügen, und neue Zeilen gehören automatisch zur Liste, wenn sie unten angefügt werden.

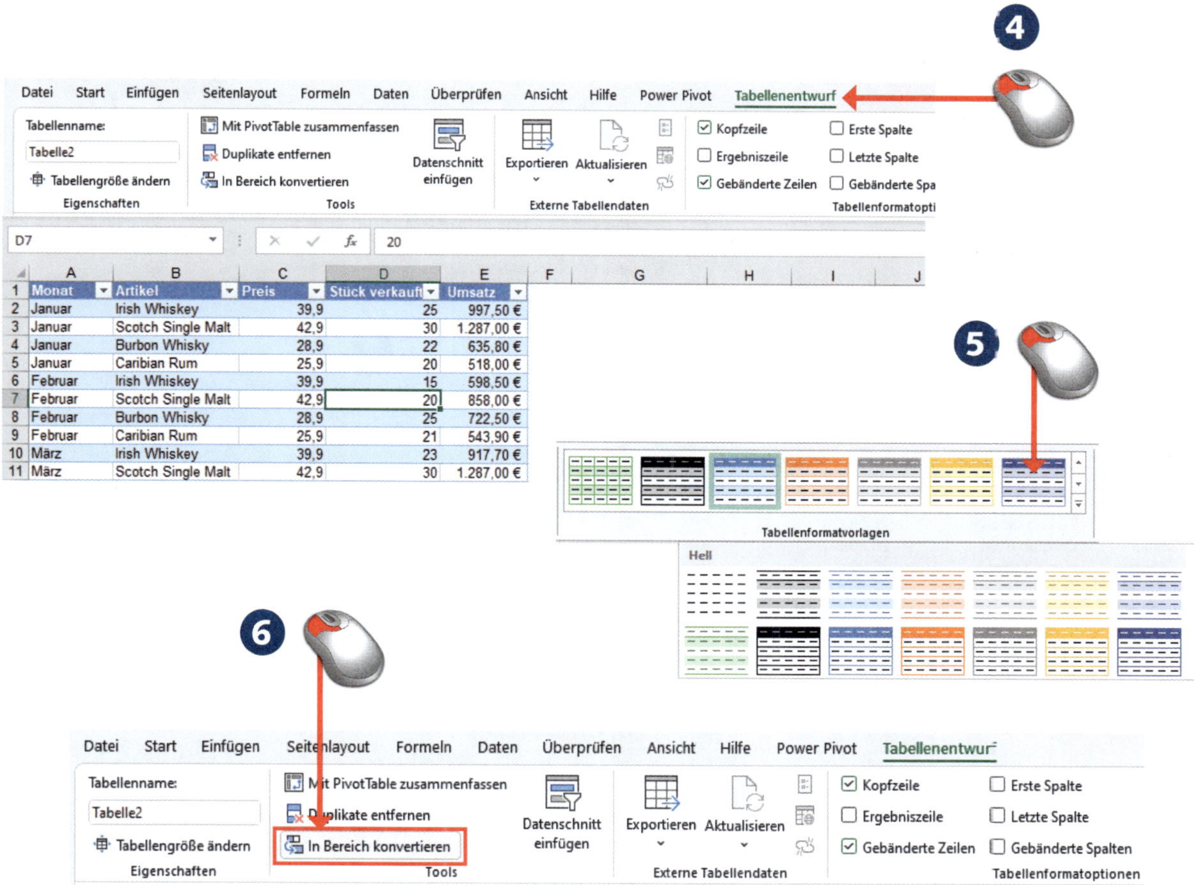

4 Damit ist die Liste in eine Tabelle konvertiert, das Menüband enthält mit dem Zellzeiger in der Tabelle ein neues Register *Tabellenentwurf*.

5 Wählen Sie eine passende Tabellenformatvorlage. Mit dem Mauszeiger auf einer Vorlage wird das Ergebnis vorab angezeigt.

6 Wollen Sie alle Tabellenfunktionen wieder entfernen, konvertieren Sie die Tabelle wieder in einen Bereich.

Ende

TIPP

Um in der Tabelle eine neue Zeile anzufügen, drücken Sie mit dem Zellzeiger in der letzten Zelle die ⇥-Taste oder schreiben einfach in der nächsten Zeile weiter.

HINWEIS

Der Name der Tabe le (*Tabelle1*) kann links oben geändert werden, er ist für die Verwendung des Bereichs in Formeln wichtig. Beispiel: =ZEILEN(Tabelle1)

Start

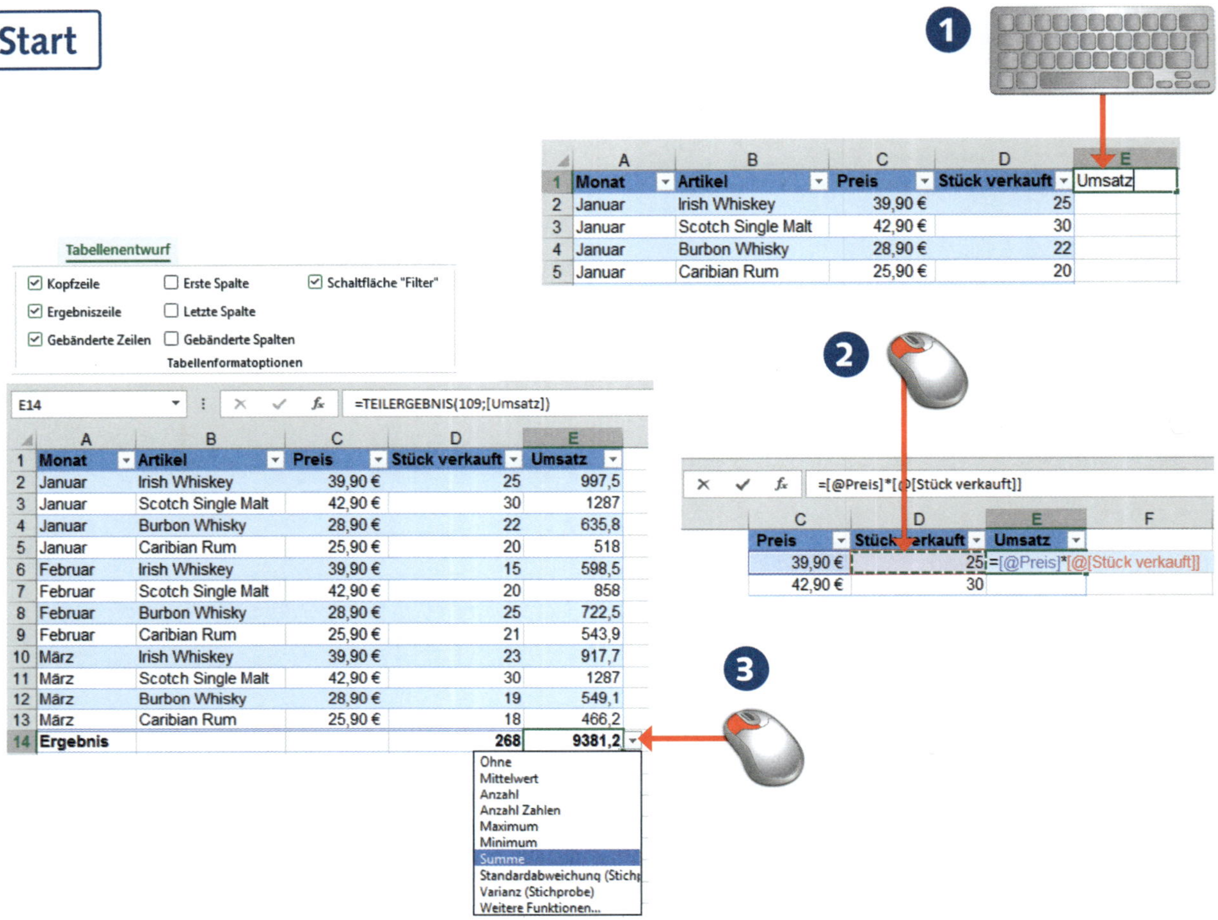

	Monat	Artikel	Preis	Stück verkauft	Umsatz
2	Januar	Irish Whiskey	39,90 €	25	997,5
3	Januar	Scotch Single Malt	42,90 €	30	1287
4	Januar	Burbon Whisky	28,90 €	22	635,8
5	Januar	Caribian Rum	25,90 €	20	518
6	Februar	Irish Whiskey	39,90 €	15	598,5
7	Februar	Scotch Single Malt	42,90 €	20	858
8	Februar	Burbon Whisky	28,90 €	25	722,5
9	Februar	Caribian Rum	25,90 €	21	543,9
10	März	Irish Whiskey	39,90 €	23	917,7
11	März	Scotch Single Malt	42,90 €	30	1287
12	März	Burbon Whisky	28,90 €	19	549,1
13	März	Caribian Rum	25,90 €	18	466,2
14	Ergebnis			268	9381,2

1. Schreiben Sie in die erste Zelle der nächsten freien Spalte *Umsatz*. Die neue Spalte wird automatisch an die Tabelle angefügt.

2. Berechnen Sie das Produkt aus Preis und Stückzahl. Schreiben Sie ein =-Zeichen, klicken Sie für die Verweise auf die untere Linie des Spaltenkopfes.

3. Der strukturierte Verweis wird automatisch auf alle Zeilen der Tabelle kopiert, schalten Sie die Ergebniszeile ein und berechnen Sie die Zeilensummen.

WISSEN

Besonders nützlich in Tabellen sind strukturierte Verweise: Anstelle von Zellbezügen verwenden die Formeln die Spaltenbezeichnungen der Tabelle. Nutzen Sie strukturierte Verweise auch für die Auswertung von Tabellendaten.

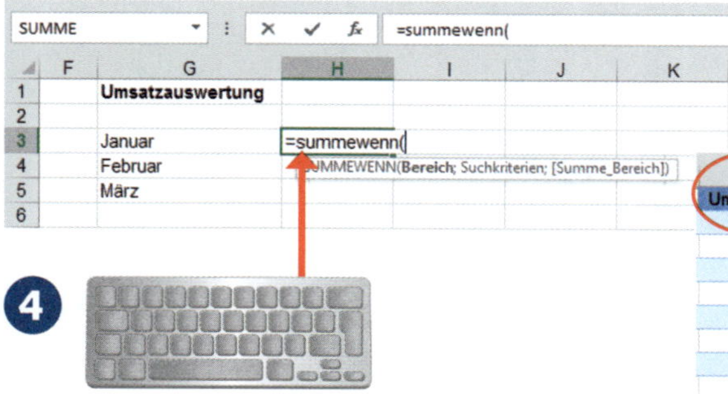

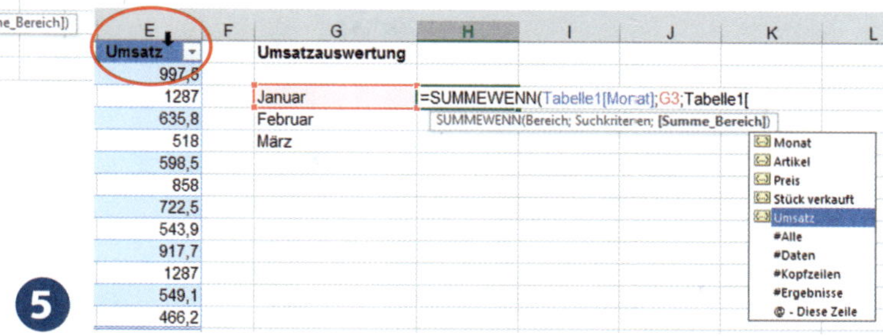

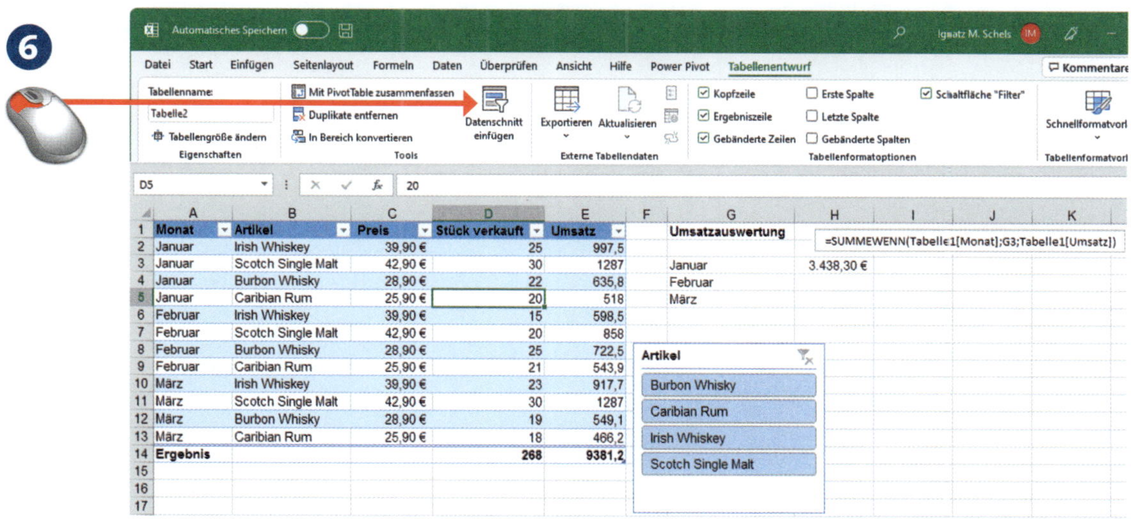

4 Für einen externen strukturierten Verweis schreiben Sie die Formel (hier SUMMEWENN) mit der Argumentklammer.

5 Klicken Sie auf die untere Linie eines Spaltenbuchstabens für den Verweis oder geben Sie den Tabellennamen und eine eckige Klammer [ein.

6 Mit *Datenschnitt einfügen* unter *Tabellenentwurf/Tools* fügen Sie einen Datenschnitt ein, mit dem einzelne Spalten gefiltert werden.

Ende

TIPP

Schreiben Sie in der Formel den Namen der Tabelle, gefolgt von einer eckigen Klammer, erhalten Sie alle Spalten und alle Tabellenelemente für strukturierte Verweise.

HINWEIS

Der Tabellenname lässt sich unter *Tabellenentwurf* ändern – verwenden Sie kurze Tabellenbezeichnungen (z. B. *tbl_Umsatz*).

8

PivotTables und PivotCharts

Start

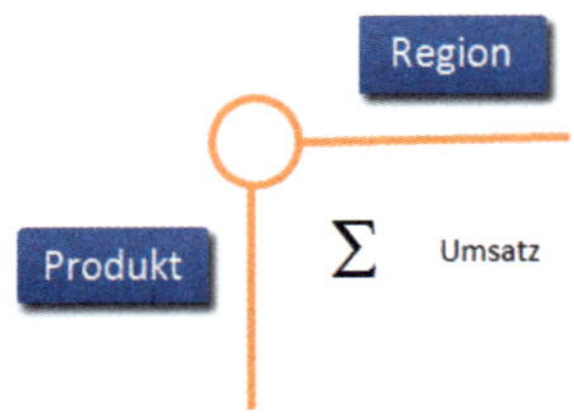

Summe von Umsatz	Region				
Produkt	Nord	Ost	Süd	West	Gesamtergebnis
AntiVirus 25	41.400			27.900	69.300
Bluetooth Speaker	11.000	16.500		9.200	36.700
HP Notebook		2.500	7.560		10.060
Monitor 21 Zoll	10.000		24.750	31.200	65.950
Office Suite			62.400		62.400
PhotoShop		44.000			44.000
SuperSoccer 10	7.750		12.600		20.350
Gesamtergebnis	**70.150**	**63.000**	**107.310**	**68.300**	**308.760**

2

1

	A	B	C	D	E	F	G
1	Datum	Produkt	Kategorie	Region	Anzahl	Berater	Umsatz
2	10.01.2025	Monitor 21 Zoll	Computer	Nord	25	Schmidt	10.000
3	12.01.2025	Bluetooth Speaker	Hi-Fi/Audio	Nord	55	Huber	11.000
4	16.01.2025	AntiVirus 25	Software/Spiele	Nord	46	Schmidt	41.400
5	30.01.2025	SuperSoccer 10	Software/Spiele	Nord	31	Müller	7.750
6	25.02.2025	HP Notebook	Computer	Ost	50	Müller	2.500
7	01.02.2025	Bluetooth Speaker	Hi-Fi/Audio	Ost	66	Schmidt	16.500
8	16.02.2025	PhotoShop	Software/Spiele	Ost	55	Huber	44.000
9	15.02.2025	Monitor 21 Zoll	Computer	Süd	55	Huber	24.750
10	21.03.2025	HP Notebook	Computer	Süd	63	Müller	7.560
11	25.03.2025	SuperSoccer 10	Software/Spiele	Süd	63	Müller	12.600
12	14.03.2025	Office Suite	Software/Spiele	Süd	78	Huber	62.400
13	01.02.2025	Bluetooth Speaker	Hi-Fi/Audio	West	46	Huber	9.200
14	12.03.2025	Monitor 21 Zoll	Computer	West	78	Müller	31.200
15	25.03.2025	AntiVirus 25	Software/Spiele	West	31	Schmidt	27.900

3

Summe von Umsatz		Berater			
Region	Produkt	Huber	Müller	Schmidt	Gesamtergebnis
⊟Nord	AntiVirus 25			41.400	41.400
	Bluetooth Speaker	11.000			11.000
	Monitor 21 Zoll			10.000	10.000
	SuperSoccer 10		7.750		7.750
Nord Ergebnis		**11.000**	**7.750**	**51.400**	**70.150**
⊟Ost	Bluetooth Speaker			16.500	16.500
	HP Notebook		2.500		2.500
	PhotoShop	44.000			44.000
Ost Ergebnis		**44.000**	**2.500**	**16.500**	**63.000**
⊟Süd	HP Notebook		7.560		7.560
	Monitor 21 Zoll	24.750			24.750
	Office Suite	62.400			62.400
	SuperSoccer 10		12.600		12.600
Süd Ergebnis		**87.150**	**20.160**		**107.310**
⊟West	AntiVirus 25			27.900	27.900
	Bluetooth Speaker	9.200			9.200
	Monitor 21 Zoll		31.200		31.200
West Ergebnis		**9.200**	**31.200**	**27.900**	**68.300**
Gesamtergebnis		**151.350**	**61.610**	**95.800**	**308.760**

1 Eine Umsatzliste zeigt die regionalen Umsätze eines Jahres für Produkte, Kategorien und Berater.

2 In der PivotTable werden einzelne Felder in Zeilen und Spalten zusammengefasst.

3 Das Pivot-Layout bestimmt das Ergebnis: Hier sind Regionen und Produkte zeilenweise und die Berater spaltenweise angeordnet.

WISSEN

PivotTables sind optimale Werkzeuge für die Berichterstattung in den Bereichen Finanzen/Controlling, Marketing, Personalwesen u. a. PivotTables fassen die Daten aus großen Listen und Tabellen zusammen, analysieren sie und präsentieren sie in verschiedenen Ansichten.

4

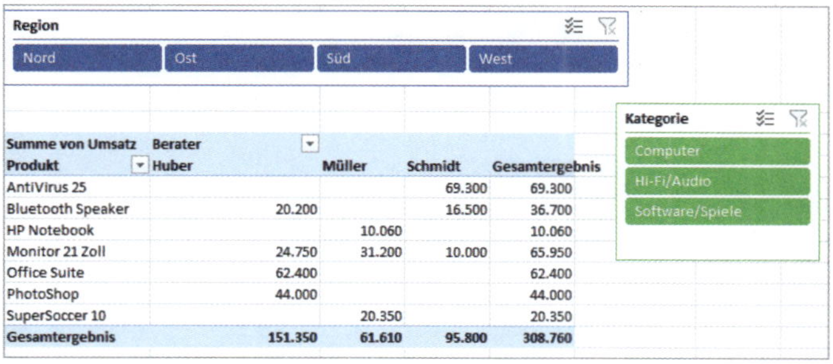

Summe von Umsatz	Berater			
Produkt	Huber	Müller	Schmidt	Gesamtergebnis
AntiVirus 25			69.300	69.300
Bluetooth Speaker	20.200		16.500	36.700
HP Notebook		10.060		10.060
Monitor 21 Zoll	24.750	31.200	10.000	65.950
Office Suite	62.400			62.400
PhotoShop	44.000			44.000
SuperSoccer 10		20.350		20.350
Gesamtergebnis	151.350	61.610	95.800	308.760

5

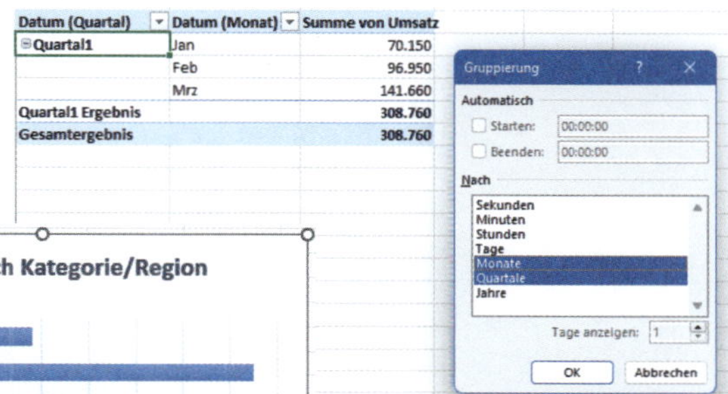

Datum (Quartal)	Datum (Monat)	Summe von Umsatz
Quartal1	Jan	70.150
	Feb	96.950
	Mrz	141.660
Quartal1 Ergebnis		308.760
Gesamtergebnis		308.760

6

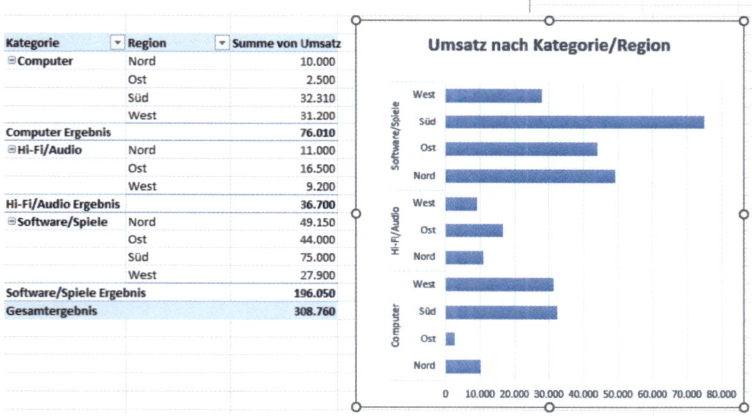

Kategorie	Region	Summe von Umsatz
Computer	Nord	10.000
	Ost	2.500
	Süd	32.310
	West	31.200
Computer Ergebnis		76.010
Hi-Fi/Audio	Nord	11.000
	Ost	16.500
	West	9.200
Hi-Fi/Audio Ergebnis		36.700
Software/Spiele	Nord	49.150
	Ost	44.000
	Süd	75.000
	West	27.900
Software/Spiele Ergebnis		196.050
Gesamtergebnis		308.760

4 Berichtsfilter und Datenschnitte bieten die Möglichkeit, die Felder zu filtern.

5 Datumswerte werden gruppiert, sodass der Bericht die Daten nach Jahren, Monaten und Quartalen zusammenfasst.

6 Im PivotChart lässt sich die Entwicklung der Umsätze noch grafisch darstellen.

Ende

TIPP

Die optimale Datenquelle für PivotTables und PivotCharts ist eine Tabelle (siehe Kapitel 7).

FACHWORT

Pivot kommt vom franz. *pivoter = drehen*.

HINWEIS

PivotTables verändern im Unterschied zu Teilergebnissen nicht die Originaldaten, sie werden immer in eigenen Bereichen oder Tabellen erstellt.

Start

1

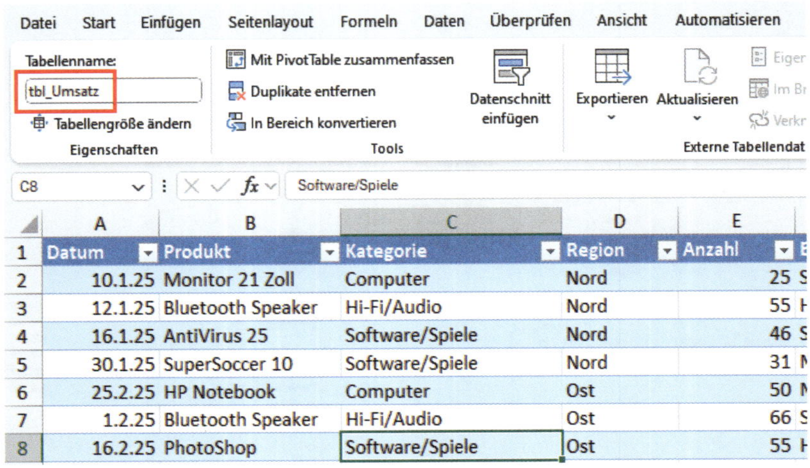

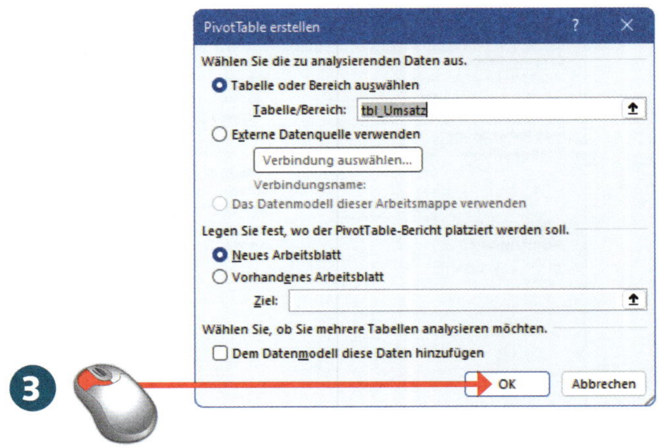

1. Wandeln Sie die Liste in eine Tabelle um und geben Sie der Tabelle einen Namen (hier: *tbl_Umsatz*).

2. Wählen Sie *Einfügen/PivotTable*.

3. Der markierte Bereich oder – bei Tabellen – der Tabellenname wird vorgeschlagen, bestätigen Sie mit einem Klick auf *OK*.

WISSEN

Starten Sie Ihre erste PivotTable für die Analyse der Warenumsätze. Erstellen Sie eine Tabelle aus der Liste und legen Sie die erste PivotTable in einem neuen Tabellenblatt an.

HINWEIS

Die Feldliste ist nur aktiv, solange sich der Zellzeiger im Pivot-Bereich befindet.

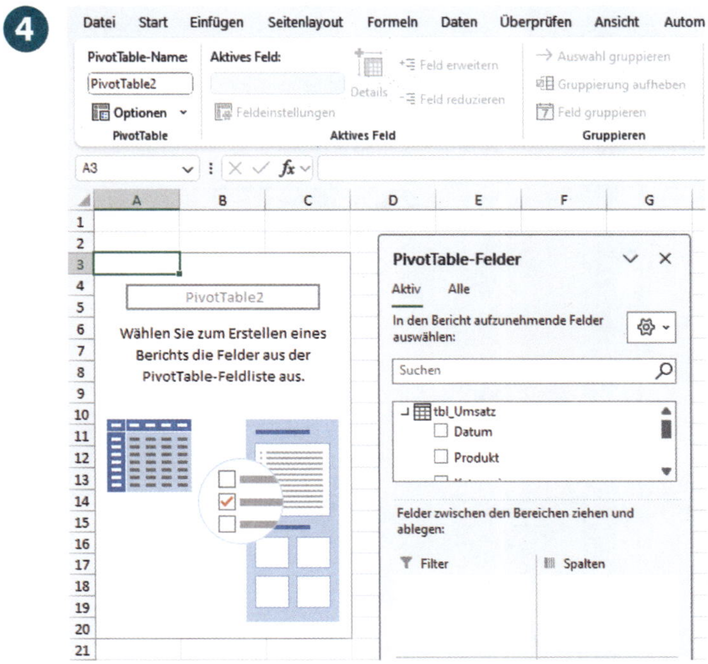

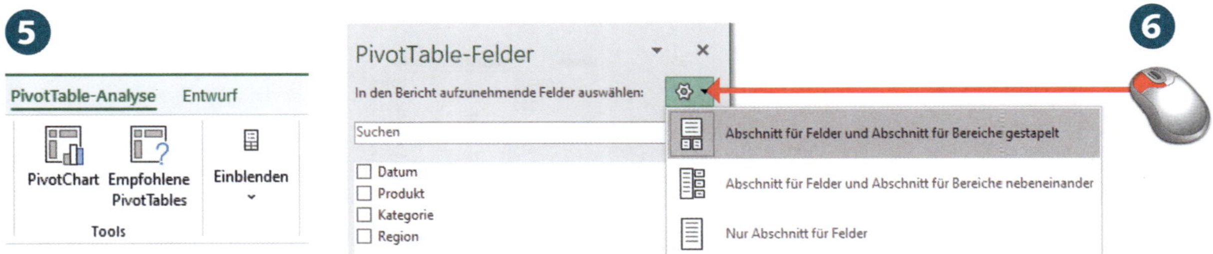

4 Das Ergebnis ist zunächst ein leeres Tabellenblatt, der Zellzeiger steht im Pivot-Bereich. Rechts außen wird die Feldliste angeboten.

5 Das Menüband enthält die zwei Register *PivotTable-Analyse* und *Entwurf*, solange der Zellzeiger im Pivot-Bereich steht.

6 Mit dem Symbol rechts oben in der Feldliste definieren Sie, was in diesem Bereich angezeigt wird.

TIPP

Geben Sie dem neuen Tabellenblatt gleich einen Namen, klicken Sie dazu doppelt in das Blattregister und tragen Sie eine neue Bezeichnung ein.

HINWEIS

Tabellen sind optimale Datenquellen für PivotTables, weil sich der Tabellenname dynamisch an die Dimension (Zeilen/Spalten) anpasst.

7

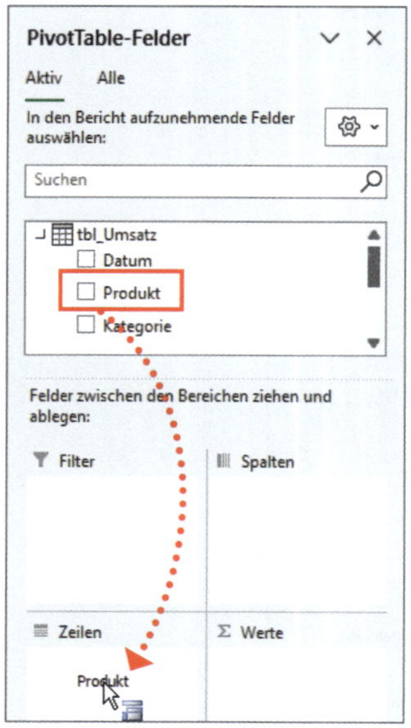

8

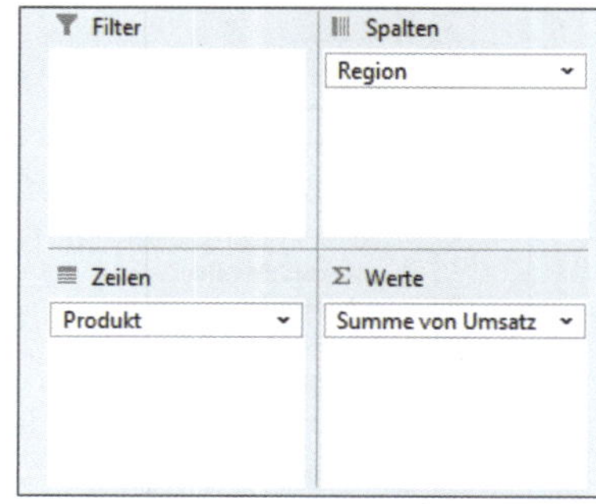

9

	A	B	C	D	E	F
1						
2						
3	**Summe von Umsatz**	**Region**				
4	**Produkt**	**Nord**	**Ost**	**Süd**	**West**	**Gesamtergebnis**
5	AntiVirus 25	41400			27900	69300
6	Bluetooth Speaker	11000	16500		9200	36700
7	HP Notebook		2500	7560		10060
8	Monitor 21 Zoll	10000		24750	31200	65950
9	Office Suite			62400		62400
10	PhotoShop		44000			44000
11	SuperSoccer 10	7750		12600		20350
12	**Gesamtergebnis**	**70150**	**63000**	**107310**	**68300**	**308760**

7 Ziehen Sie den Feldnamen *Produkt* mit gedrückter Maustaste in den Bereich der Zeilenbeschriftungen.

8 Das Feld *Region* kommt in die Spaltenbeschriftungen, und im Wertebereich summieren Sie die Umsätze.

9 Die PivotTable zeigt sofort das Ergebnis an, die Umsätze werden im Kreuzungspunkt der Zeilen und Spalten summiert.

WISSEN

Die erste PivotTable ist angelegt, Sie können sie mit Feldern aus der Feldliste bestücken. Unser erster Bericht soll die Umsätze pro Produkt und Region summieren, das Feld *Kategorie* wird als Filterfeld zum Einsatz kommen.

TIPP

Zahlenwerte (Umsatz oder Anzahl) werden im Wertebereich automatisch summiert, alle anderen Datentypen werden gezählt (Anzahl).

4

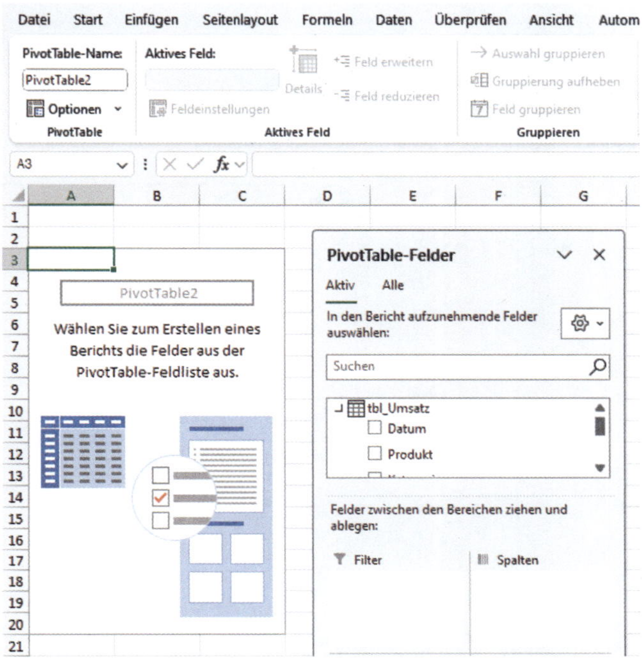

5

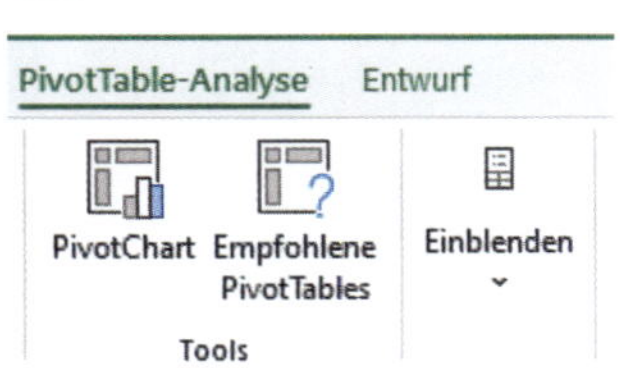

6

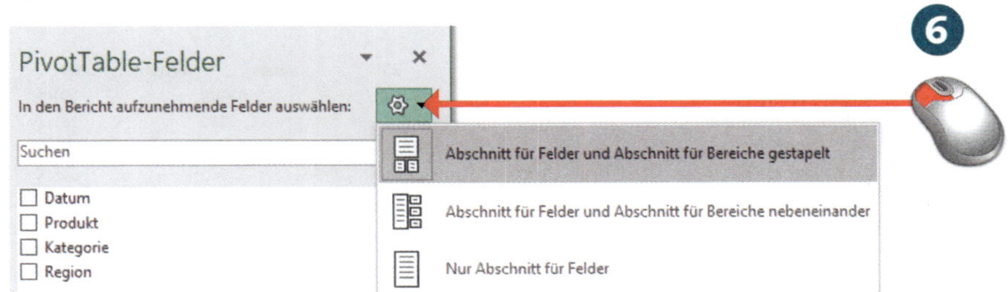

4 Das Ergebnis ist zunächst ein leeres Tabellenblatt, der Zellzeiger steht im Pivot-Bereich. Rechts außen wird die Feldliste angeboten.

5 Das Menüband enthält die zwei Register *PivotTable-Analyse* und *Entwurf*, solange der Zellzeiger im Pivot-Bereich steht.

6 Mit dem Symbol rechts oben in der Feldliste definieren Sie, was in diesem Bereich angezeigt wird.

TIPP

Geben Sie dem neuen Tabellenblatt gleich einen Namen, klicken Sie dazu doppelt in das Blattregister und tragen Sie eine neue Bezeichnung ein.

HINWEIS

Tabellen sind optimale Datenquellen für PivotTables, weil sich der Tabellenname dynamisch an die Dimension (Zeilen/Spalten) anpasst.

7

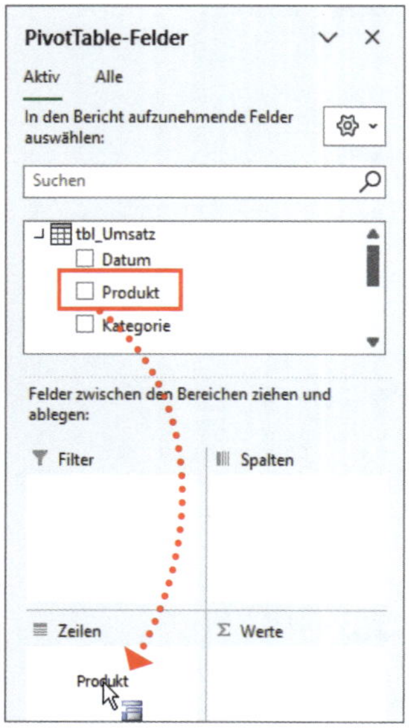

8

9

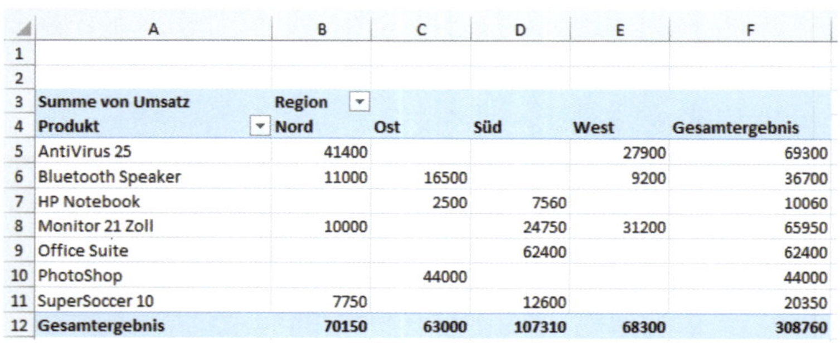

	A	B	C	D	E	F
1						
2						
3	**Summe von Umsatz**	**Region**				
4	**Produkt**	**Nord**	**Ost**	**Süd**	**West**	**Gesamtergebnis**
5	AntiVirus 25	41400			27900	69300
6	Bluetooth Speaker	11000	16500		9200	36700
7	HP Notebook		2500	7560		10060
8	Monitor 21 Zoll	10000		24750	31200	65950
9	Office Suite			62400		62400
10	PhotoShop		44000			44000
11	SuperSoccer 10	7750		12600		20350
12	**Gesamtergebnis**	**70150**	**63000**	**107310**	**68300**	**308760**

7 Ziehen Sie den Feldnamen *Produkt* mit gedrückter Maustaste in den Bereich der Zeilenbeschriftungen.

8 Das Feld *Region* kommt in die Spaltenbeschriftungen, und im Wertebereich summieren Sie die Umsätze.

9 Die PivotTable zeigt sofort das Ergebnis an, die Umsätze werden im Kreuzungspunkt der Zeilen und Spalten summiert.

WISSEN

Die erste PivotTable ist angelegt, Sie können sie mit Feldern aus der Feldliste bestücken. Unser erster Bericht soll die Umsätze pro Produkt und Region summieren, das Feld *Kategorie* wird als Filterfeld zum Einsatz kommen.

TIPP

Zahlenwerte (Umsatz oder Anzahl) werden im Wertebereich automatisch summiert, alle anderen Datentypen werden gezählt (Anzahl).

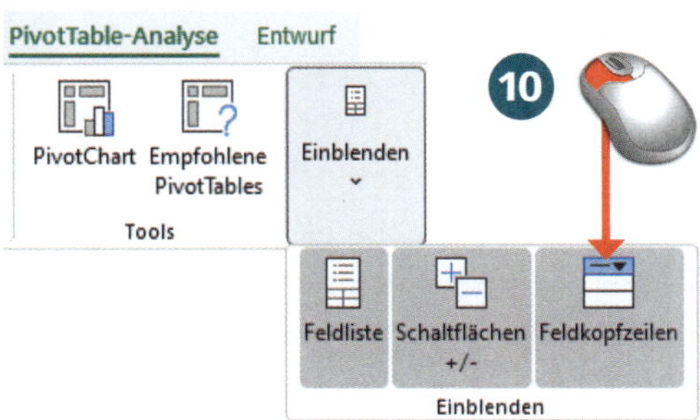

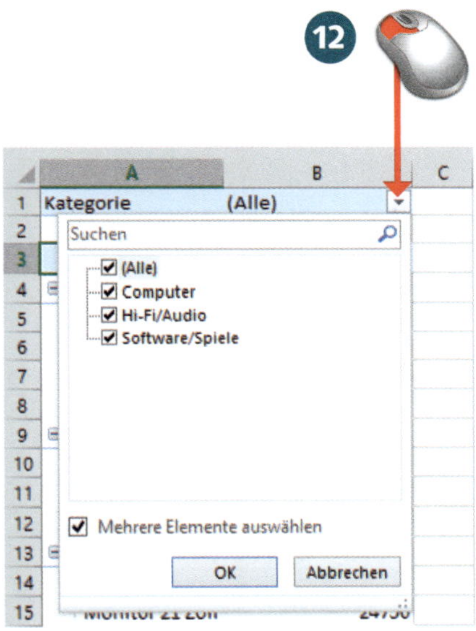

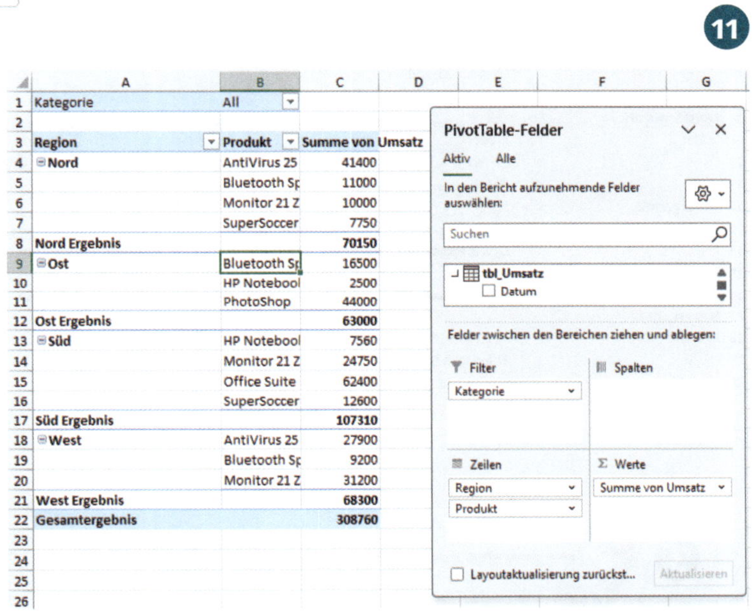

10 Schalten Sie unter *PivotTable-Analyse/Einblenden* die Feldkopfzeilen aus. Hier können Sie auch die Feldliste aus- und einblenden.

11 Ändern Sie das Layout, ziehen Sie *Region* und *Produkt* in den Zeilenbereich und die *Kategorie* in den Berichtsfilter.

12 Mit dem Filterpfeil am Berichtsfilter werden einzelne Kategorien gefiltert. Aktivieren Sie zuerst die Option *Mehrere Elemente auswählen*.

Ende

HINWEIS

Die Bereiche dürfen auch mit mehreren Feldern bestückt werden, so können Sie beispielsweise das Feld *Region* zusammen mit dem Produkt in den Zeilenbereich setzen.

HINWEIS

Sie können jederzeit ein Feld aus einem der Bereiche in der Feldliste entfernen, ziehen Sie es einfach mit gedrückter Maustaste nach außen auf die Tabelle oder entfernen Sie das Häkchen vor dem Feldnamen in der Feldliste.

Start

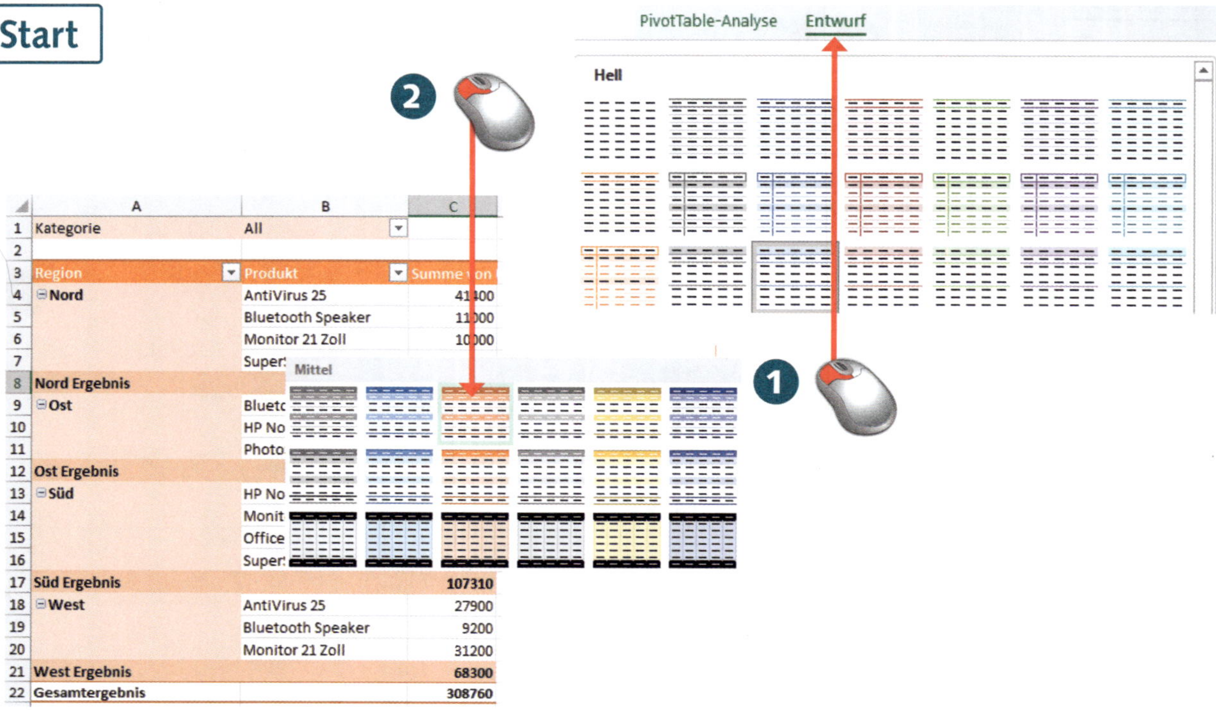

1. Schalten Sie um auf *Entwurf*. Hier finden Sie die Gruppe *PivotTable-Formate*.

2. Öffnen Sie die Liste und zeigen Sie auf eines der angebotenen Formate für eine Vorschau. Klicken Sie es an, um es zuzuweisen.

3. In der Gruppe *Optionen für PivotTable-Formate* bestimmen Sie, welche Teile des gewählten Formats auf die PivotTable angewandt werden.

WISSEN

Mit der Registerkarte *Entwurf*, die nur mit dem Zellzeiger in der PivotTable sichtbar ist, formatieren Sie jetzt Ihre neue Sicht auf die Umsätze. Weisen Sie Tabellenformate zu, schalten Sie Zeilen- und Spaltensummen aus und passen Sie das Layout der PivotTable an.

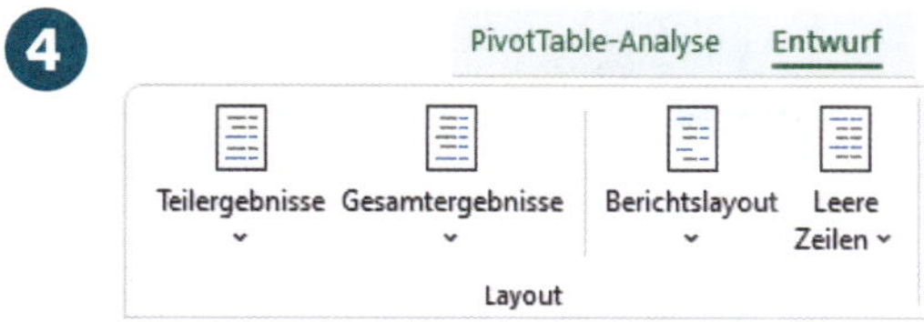

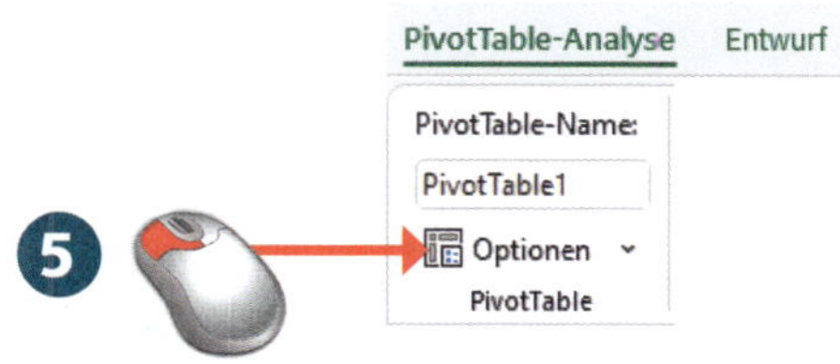

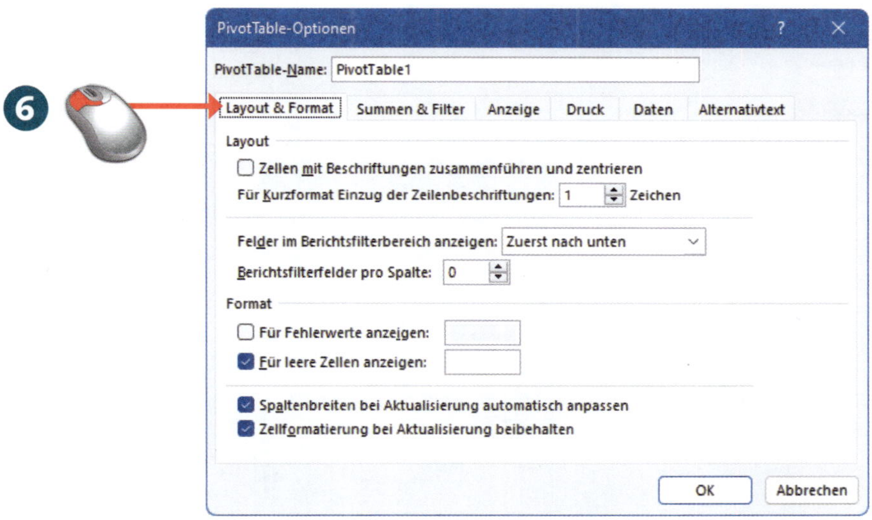

4 Die Gruppe *Layout* bietet Symbole zum Einblenden von Teil- und Gesamtergebnissen, verschiedene Layouts und Leerzeilen zwischen Elementen.

5 Wechseln Sie auf das Register *PivotTable-Analyse* und klicken Sie in der ersten Gruppe auf *Optionen*.

6 Hier finden Sie auf der ersten Registerkarte *Layout & Format* weitere Einstellungen für das Format der PivotTable.

Ende

TIPP

Zeigen Sie auf ein Tabellenformat, wird die Formatierung im Hintergrund in der PivotTable angezeigt (die Excel-Option *Live-Vorschau* vorausgesetzt). Entfernen Sie die Option *Spaltenbreite bei Aktualisierung*, bleibt die manuell gesetzte Spaltenbreite erhalten, wenn die PivotTable neu berechnet wird.

HINWEIS

Teilergebnisse setzen Sie unter *Optionen/Aktives Feld/Feldeinstellungen*. Leerzeilen sind nur möglich, wenn mehrere Feldnamen in einer Zeile stehen.

Start

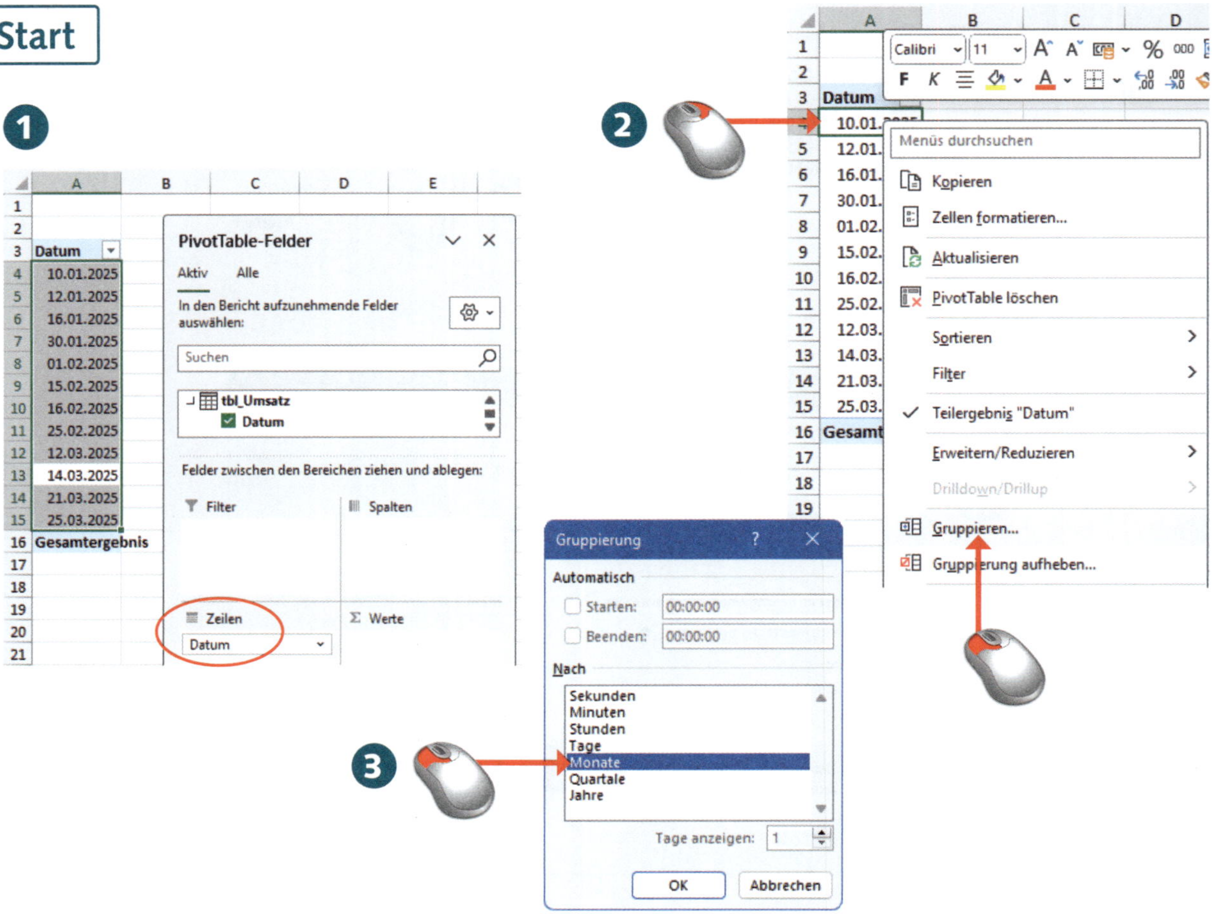

1. Setzen Sie das Datumsfeld in den Zeilenbereich.

2. Klicken Sie mit der rechten Maustaste in das erste Datum und wählen Sie *Gruppieren*.

3. Wählen Sie die Gruppierungsebene *Monate*.

WISSEN

Einzelne Datumswerte gruppieren Sie am besten, fassen Sie die Umsatzsummen nach Monaten, Quartalen und Jahren zusammen. Mit einem Drilldown lösen Sie Ergebnisse wieder in einzelne Datensätze auf.

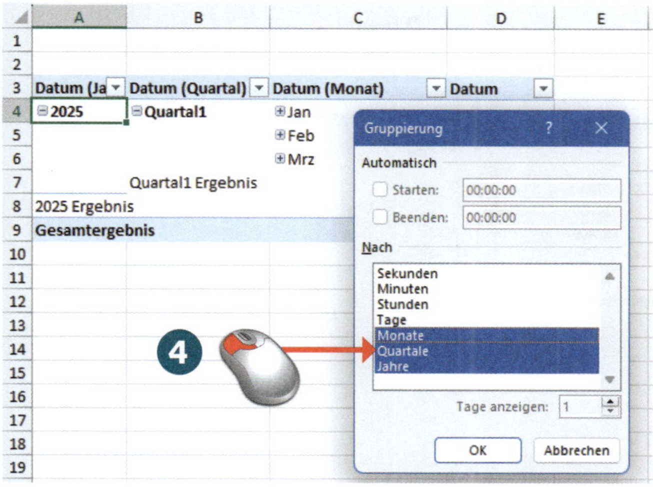

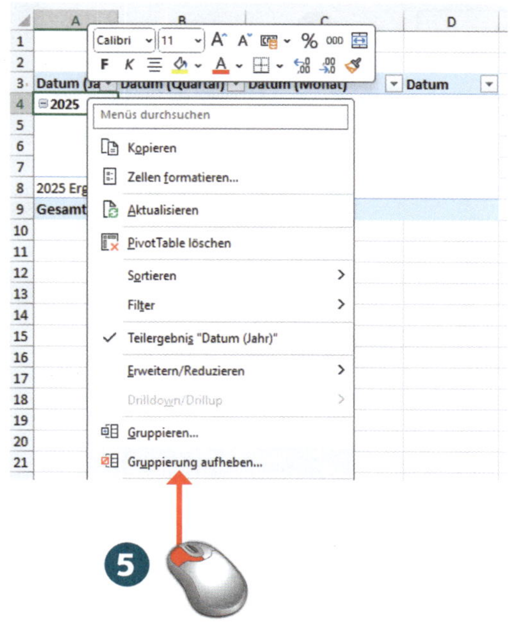

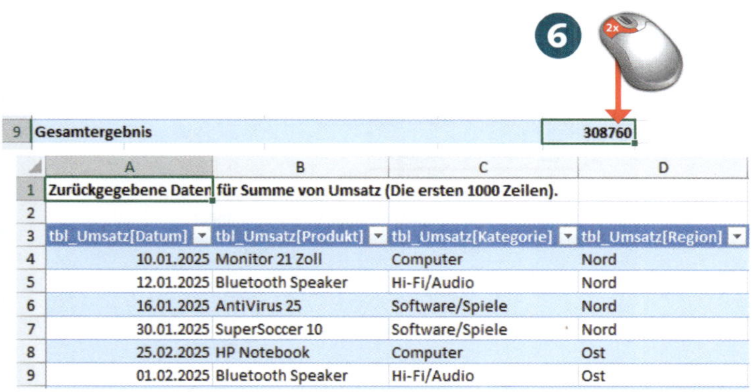

4 Die Datumswerte in der PivotTable werden nach Monaten gruppiert. Aktivieren Sie den Befehl noch einmal und gruppieren Sie auch nach Quartalen und Jahren.

5 Um die Gruppierungsebenen wieder aufzuheben, wählen Sie *Gruppierung aufheben* im Kontextmenü.

6 Für einen Drilldown klicken Sie doppelt auf ein Ergebnis im Wertebereich. Das Ergebnis wird in ein neues Tabellenblatt eingefügt.

Ende

TIPP

Das Tabellenblatt, das nach einem Drilldown die Daten enthält, ist nicht mit der PivotTable verknüpft, die Daten werden automatisch als Tabelle angezeigt (kann im Register *Tabellenentwurf* geändert werden).

HINWEIS

Pivot-Berichte werden nicht ständig automatisch neu berechnet. In den Optionen der *PivotTable-Analyse* können Sie die Daten aktualisieren oder die Datenherkunft ändern.

Start

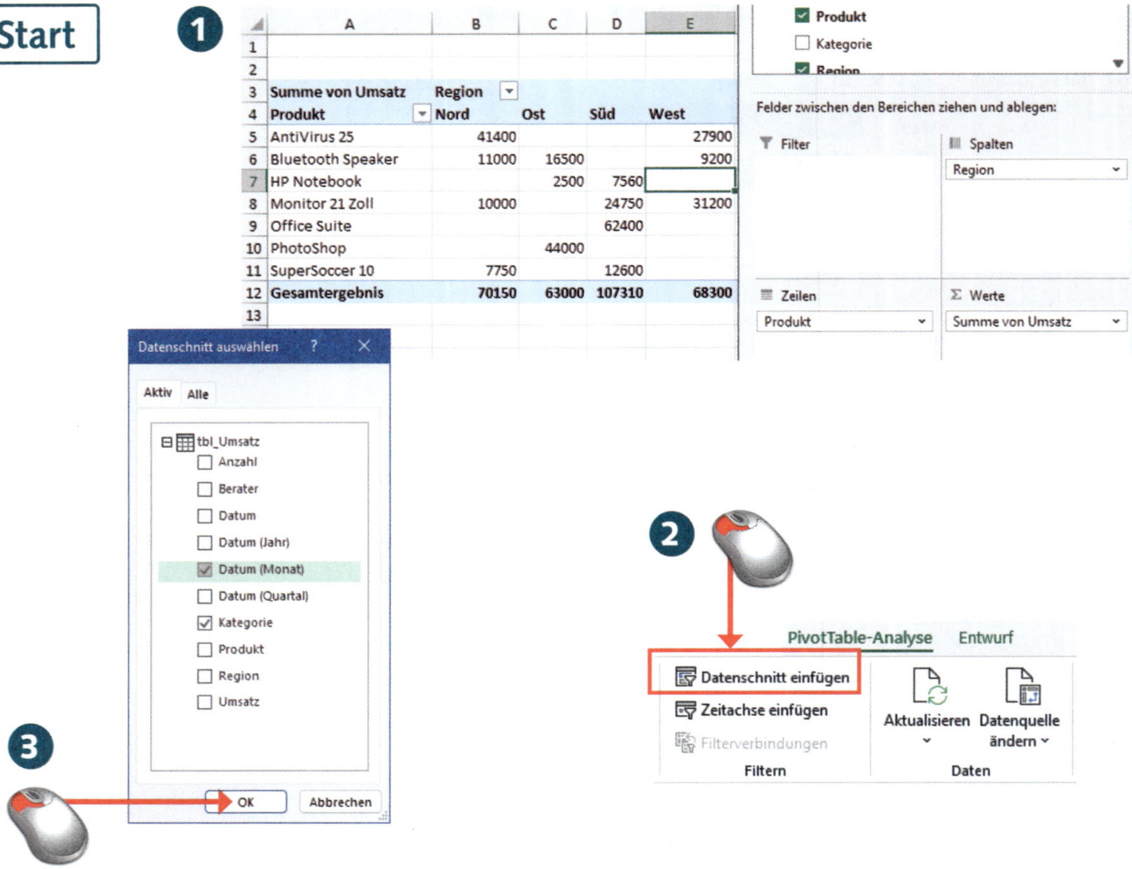

1. Stellen Sie die PivotTable mit Zeilen-, Spalten- und Wertebereichsfeldern zusammen.

2. Wählen Sie *PivotTable-Analyse/Filtern/Datenschnitt einfügen*.

3. Kreuzen Sie die Felder an, für die Sie einen Datenschnitt anlegen wollen, und bestätigen Sie mit *OK*.

WISSEN

Datenschnitte sind Filterelemente für PivotTable-Felder. Richten Sie diese alternativ oder parallel zu den Berichtsfiltern ein, um die PivotTable gezielt zu filtern.

TIPP

Unter *Datenschnitt/Berichtsverbindungen* können Sie auch andere PivotTables mit dem Objekt verbinden.

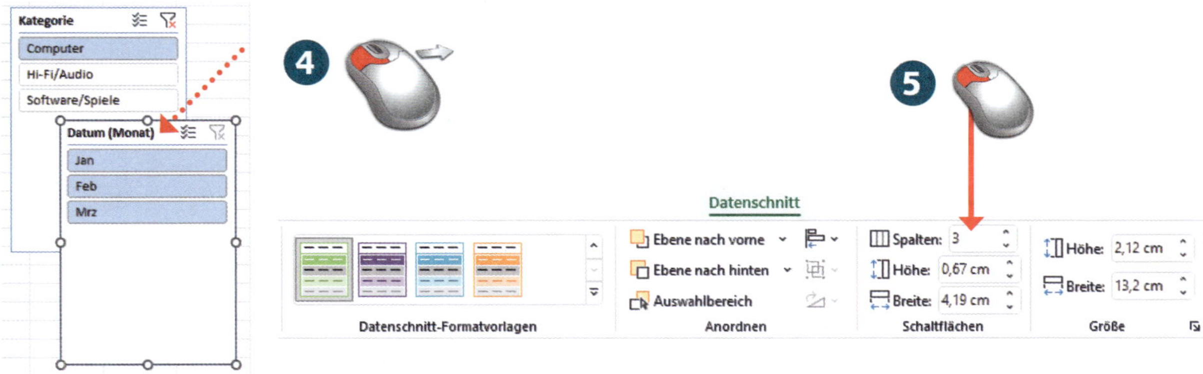

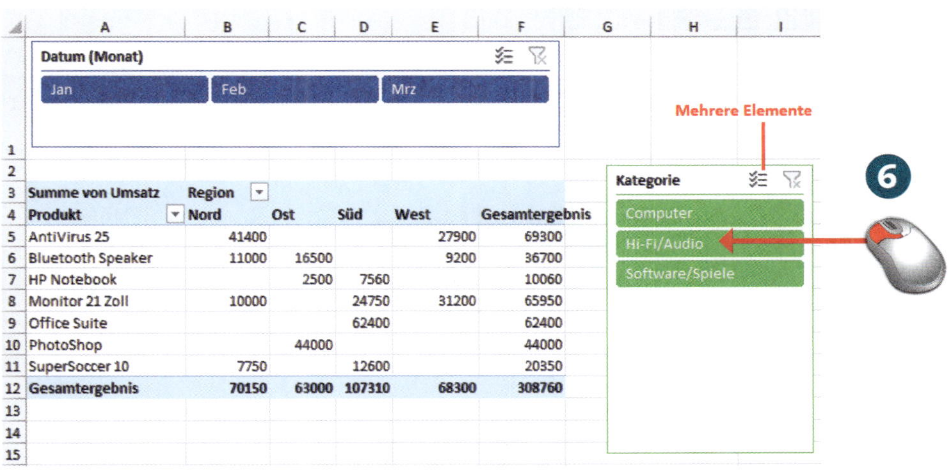

4 Die Datenschnitte werden als Objekte in die Tabelle gezeichnet. Ziehen Sie diese an den Randlinien an eine neue Position.

5 Auf der Registerkarte *Datenschnitt* finden Sie alle Formatierungen. Ändern Sie die Farben und die Spaltenzahl.

6 Klicken Sie auf ein Element im Datenschnitt, um die PivotTable zu filtern. Mit [Strg] oder [⇧] oder dem *Mehrere Elemente*-Symbol markieren Sie mehrere Elemente.

Ende

HINWEIS

Datenschnitte können Sie mit eigenen Formatvorlagen nach eigenen Wünschen vielseitig gestalten. Beschriftungen ändern Sie unter *Eigenschaften* im Kontextmenü.

HINWEIS

Um die Filterung durch einen Datenschnitt aufzulösen, klicken Sie auf das Filtersymbol rechts oben in der Ecke des Datenschnitts.

Start

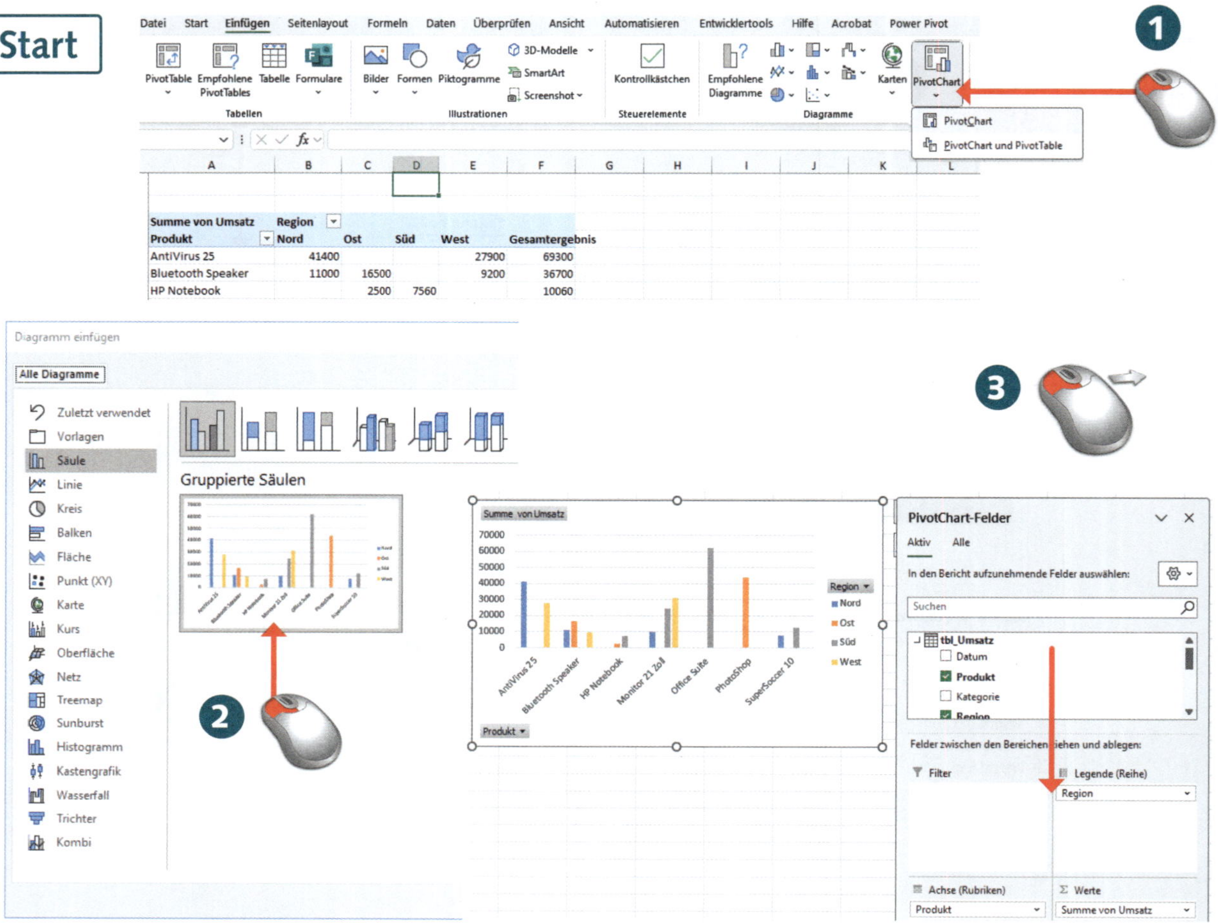

1 Für ein PivotChart markieren Sie wieder die Tabelle mit den Umsatzdaten und wählen *Einfügen/PivotChart*.

2 Eine Auswahl an Diagrammtypen wird angeboten, markieren Sie eine Kategorie und einen Diagrammtyp (hier *Gruppierte Säulen*).

3 Das PivotChart wird angelegt, die Feldliste bietet die Bereiche *Filter*, *Legende*, *Achse* und *Werte* an, ziehen Sie die Feldnamen in die jeweiligen Bereiche.

WISSEN

PivotCharts sind PivotTables in grafischer Form. Das Prinzip ist das Gleiche, das Pivot-Layout wird mit Feldnamen aus der Basistabelle definiert und setzt sich zusammen aus Achse, Legende und Wertebereich.

4 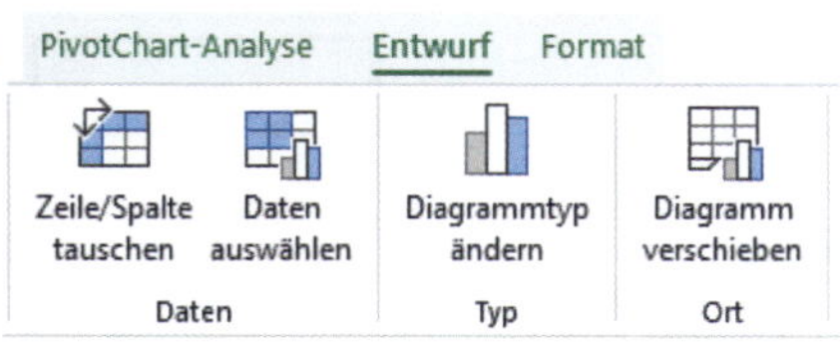

5 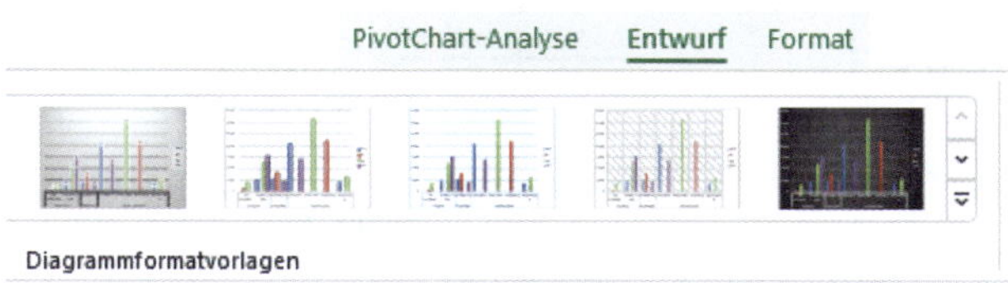

6 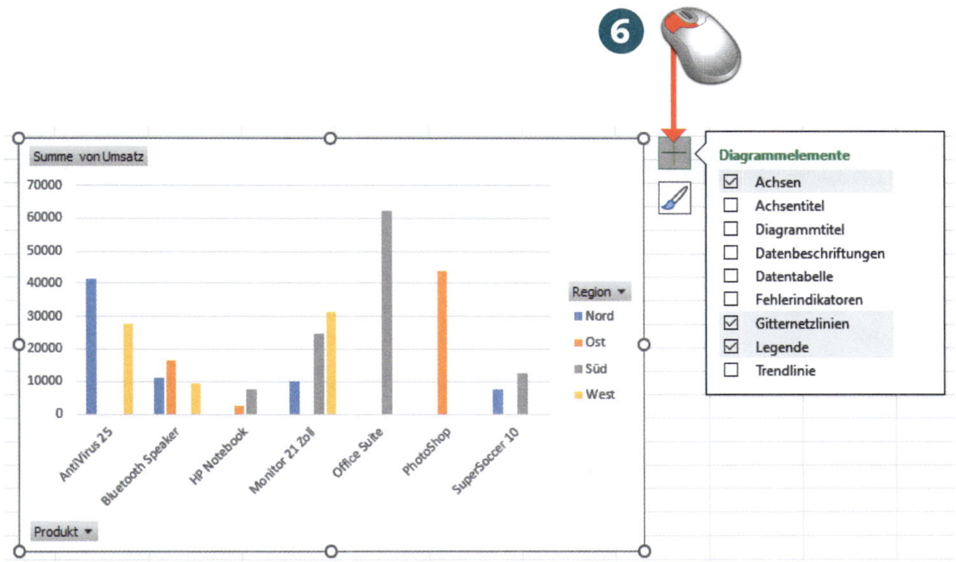

4 Die Registerkarten *PivotChart-Analyse*, *Entwurf* und *Format* bieten Diagrammvorlagen, Layouts und Formateinstellungen.

5 Das Register *Entwurf* enthält eine Reihe vorformatierter Layouts für das PivotChart.

6 Für die Auswahl der Elemente und die Formatierung des Diagramms klicken Sie auf die Schaltflächen rechts am Diagrammobjekt.

Ende

TIPP

Die einzelnen Diagrammelemente wie Titel, Legende oder Achsen können Sie auch im Diagramm (doppelt) anklicken und formatieren, beschriften oder mit der [Entf]-Taste löschen.

HINWEIS

Um den Diagrammtyp zu ändern, wählen Sie die gewünschte Option unter *Entwurf*.

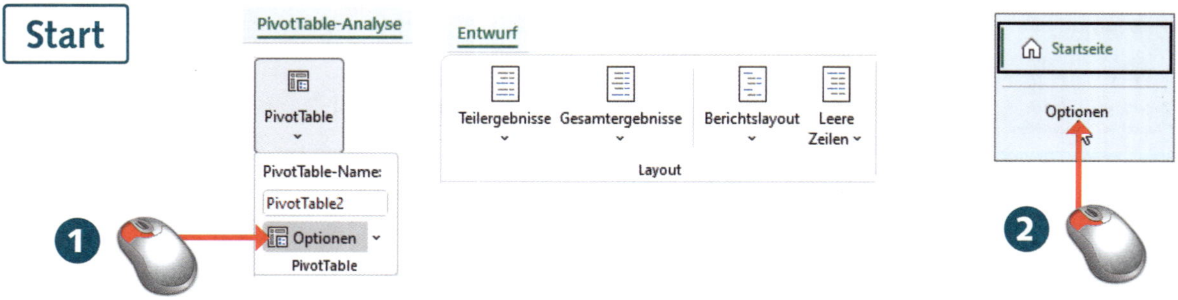

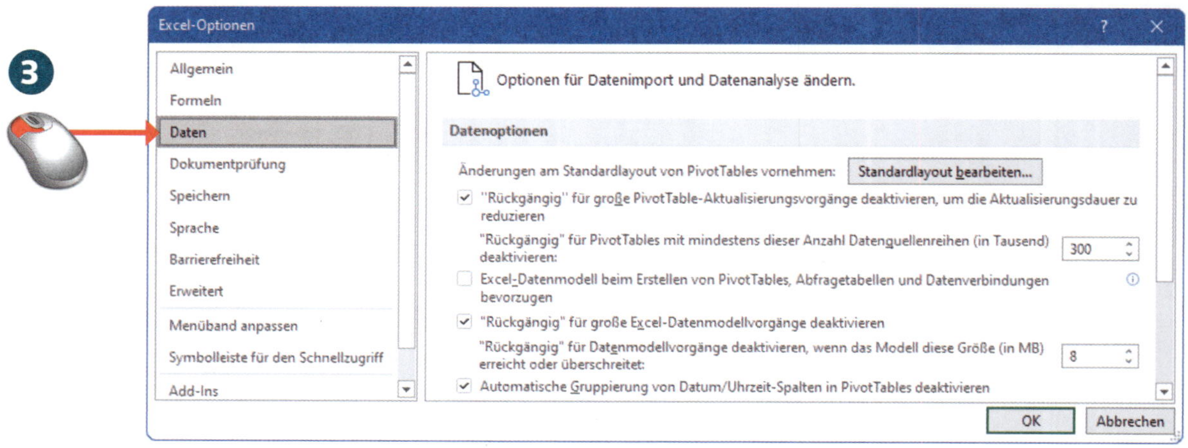

1. Gestalten Sie Ihre PivotTable mit den Werkzeugen aus *Entwurf* und stellen Sie unter *PivotTable-Analyse* die PivotTable-Optionen ein.
2. Schalten Sie im *Datei*-Menü auf den Startbildschirm um und wählen Sie *Optionen*.
3. In der Kategorie *Daten* finden Sie die allgemeinen Optionen für PivotTables und externe Daten.

WISSEN

PivotTables gestalten und formatieren ist eine zeitraubende Angelegenheit. Machen Sie es sich einfacher, speichern Sie das Layout und die Optionen der aktuellen PivotTable einfach über das *Optionen*-Menü.

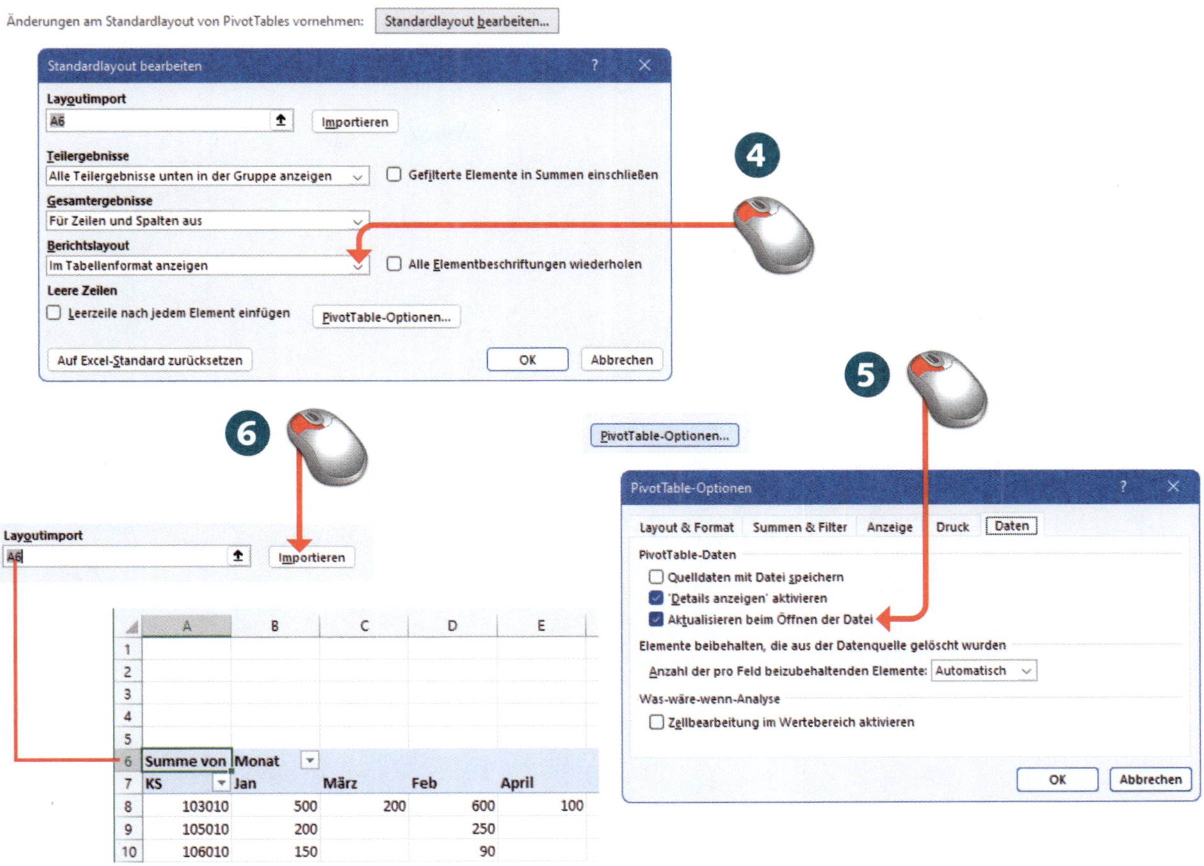

4 Klicken Sie auf *Standardlayout bearbeiten*, um die Voreinstellungen für PivotTables zu definieren. Ändern Sie das Berichtslayout und die Teilergebnisse.

5 Unter *PivotTable-Optionen* schalten Sie die Aktualisierung beim Öffnen der Datei ein.

6 Klicken Sie auf *Importieren*, werden alle Einstellungen der aktiven PivotTable übernommen. Das Eingabefeld muss dazu die Adresse der obersten linken Zelle der PivotTable enthalten.

Ende

TIPP

Mit *Auf Excel-Standard zurücksetzen* werden alle gespeicherten Einstellungen wieder entfernt.

HINWEIS

Kontrollieren und ändern Sie die Anfangszelle der aktuellen PivotTable, bevor Sie die Einstellungen und die Optionen importieren.

9 Diagramme

Start

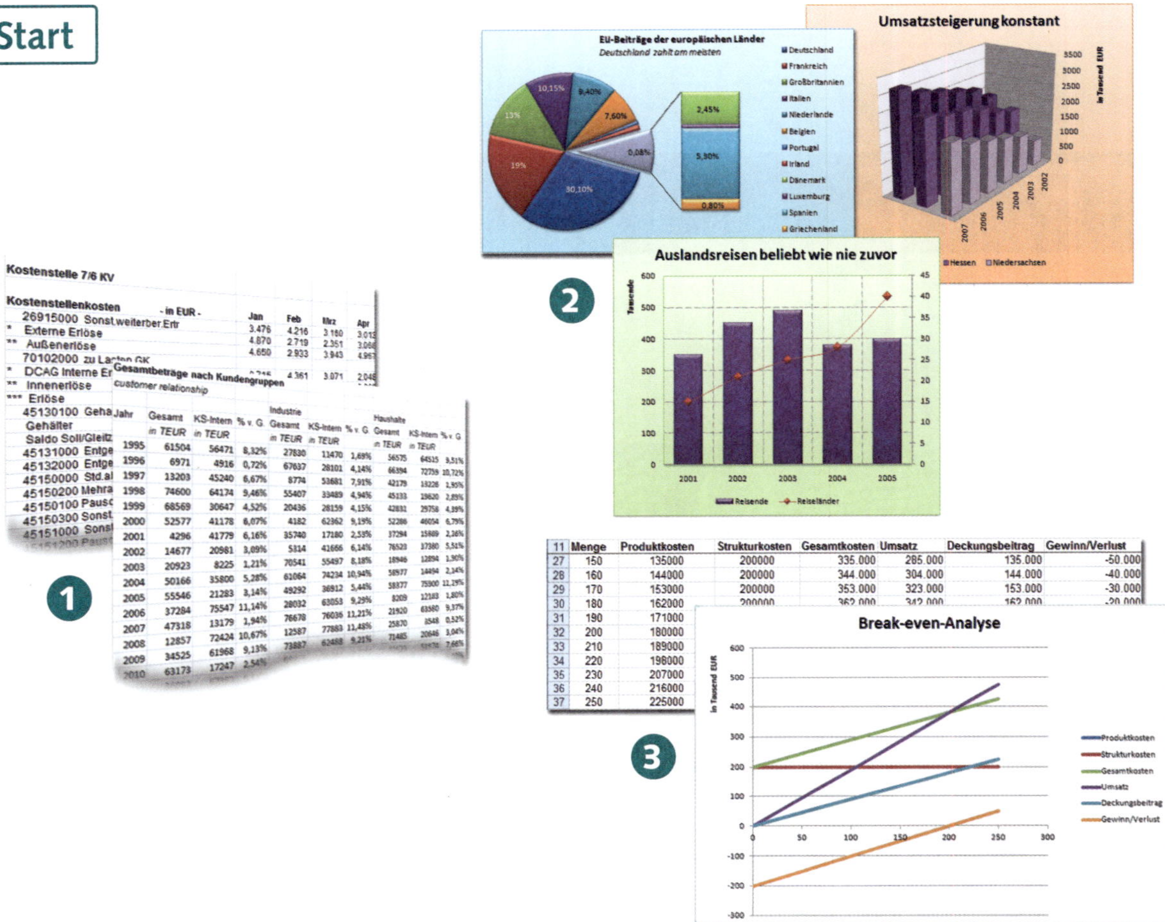

1. Diagramme visualisieren Aussagen, die mit Zahlenreihen allein nicht zu treffen sind, oder ziehen Vergleiche zwischen Datenmengen.
2. Excel bietet dafür unterschiedliche Diagrammtypen an, hier zum Beispiel Säulen- und Kreisdiagramme.
3. Mit dem Liniendiagramm stellen Sie zeitliche Abläufe, Entwicklungen oder Trends dar.

WISSEN

Ein Bild sagt mehr als tausend Zahlen, und das trifft besonders auf die Tabellenkalkulation zu. Entwicklungen, Trends und Vergleiche präsentieren Sie am besten mit Diagrammen. Excel unterstützt sie dabei mit vielen Diagrammtypen und -funktionen.

4
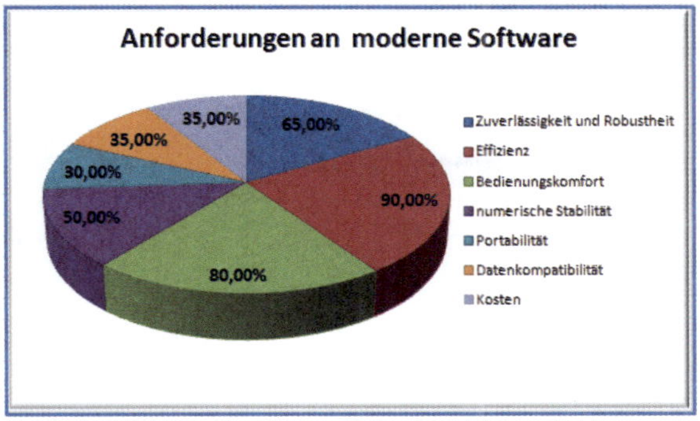

6
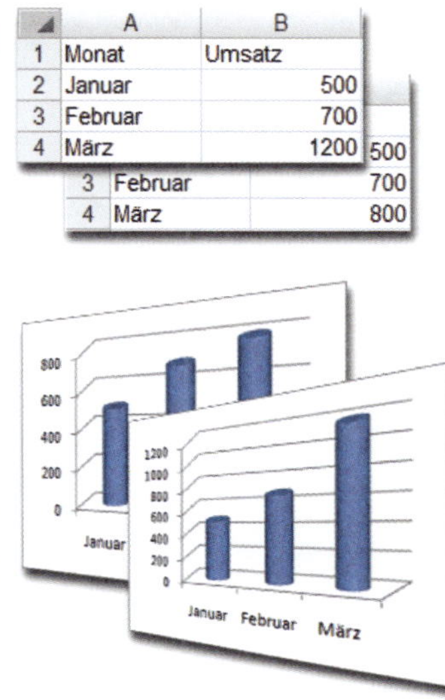

5
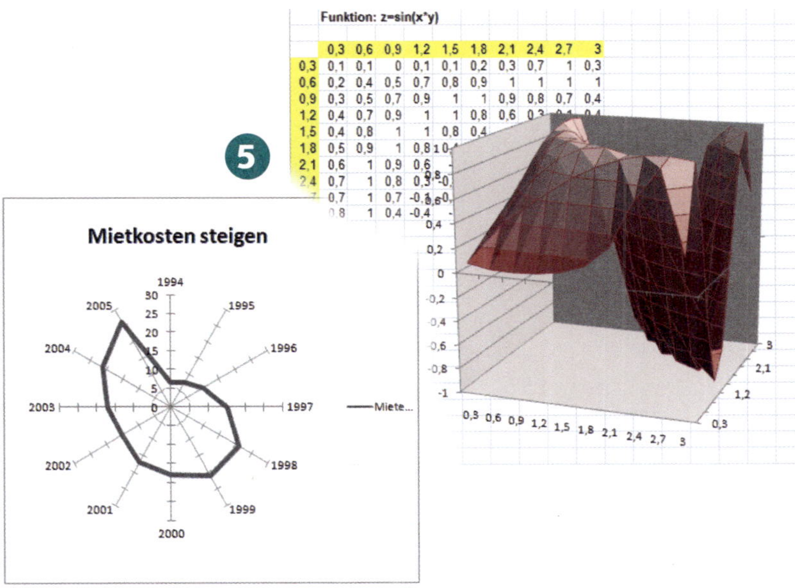

4 Das Kreis- oder Tortendiagramm zeigt das Verhältnis einzelner Werte zum 100-prozentigen Ganzen an.

5 Jeder Diagrammtyp hat seine spezielle Aufgabe und Aussage, hier zum Beispiel ein Oberflächen- und ein Netzdiagramm.

6 Diagramme sind dynamisch mit den Daten in der Tabelle verknüpft, sie passen sich automatisch an, wenn sich die Werte ändern.

Ende

TIPP

Die Zahlen, die das Diagramm grafisch umsetzt, sollten als Liste oder Tabelle vorliegen, d. h. möglichst eine Kopfzeile, einheitliche Daten in allen Spalten und keine Leerzeilen enthalten.

HINWEIS

Kreisdiagramme können im Unterschied zu anderen Diagrammtypen nur jeweils eine Datenreihe visualisieren.

Start

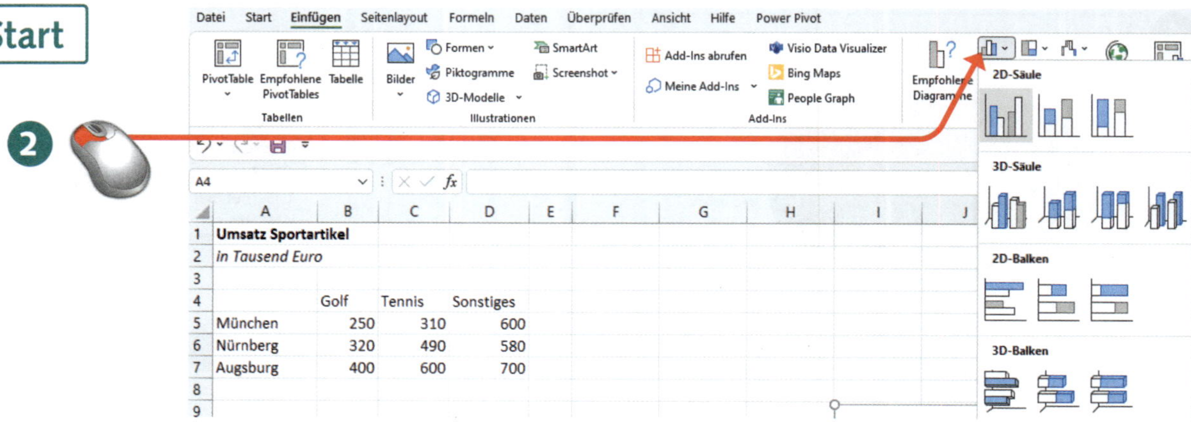

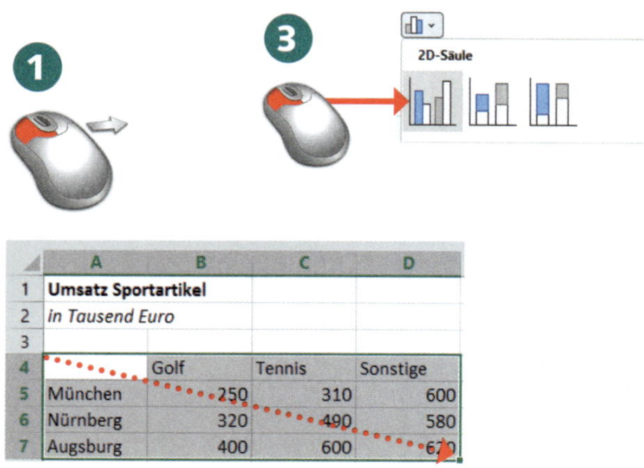

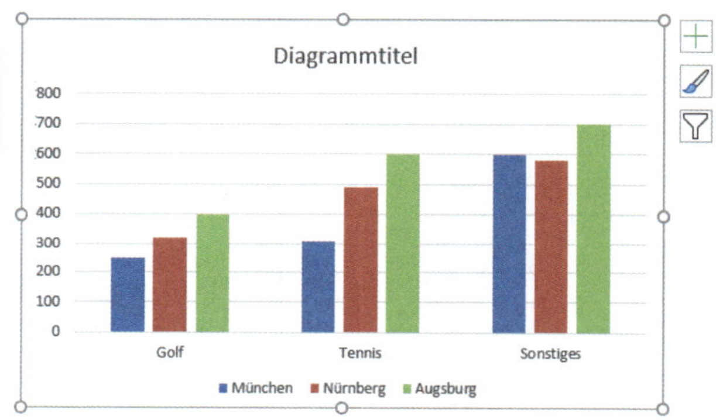

1. Schreiben Sie die Zahlen für das Diagramm in eine Liste. Markieren Sie diese Liste inklusive Kopfzeile und Beschriftungen in der ersten Spalte.
2. Schalten Sie auf das Register *Einfügen* und wählen Sie unter *Diagramme* einen Diagrammtyp (hier ein Säulendiagramm).
3. Klicken Sie auf die gewünschte Diagrammform. Das Diagramm wird in der Vorschau gezeichnet, wenn der Mauszeiger auf dem Symbol steht.

WISSEN

Zeichnen Sie Ihr erstes Diagramm in die Tabelle, visualisieren Sie Umsatzzahlen in einem Säulendiagramm. Excel stellt für die Bearbeitung und Formatierung des Diagramms zusätzliche Register in das Menüband.

TIPP

Um ein Diagrammobjekt zu löschen, klicken Sie es an und drücken einfach die Entf-Taste.

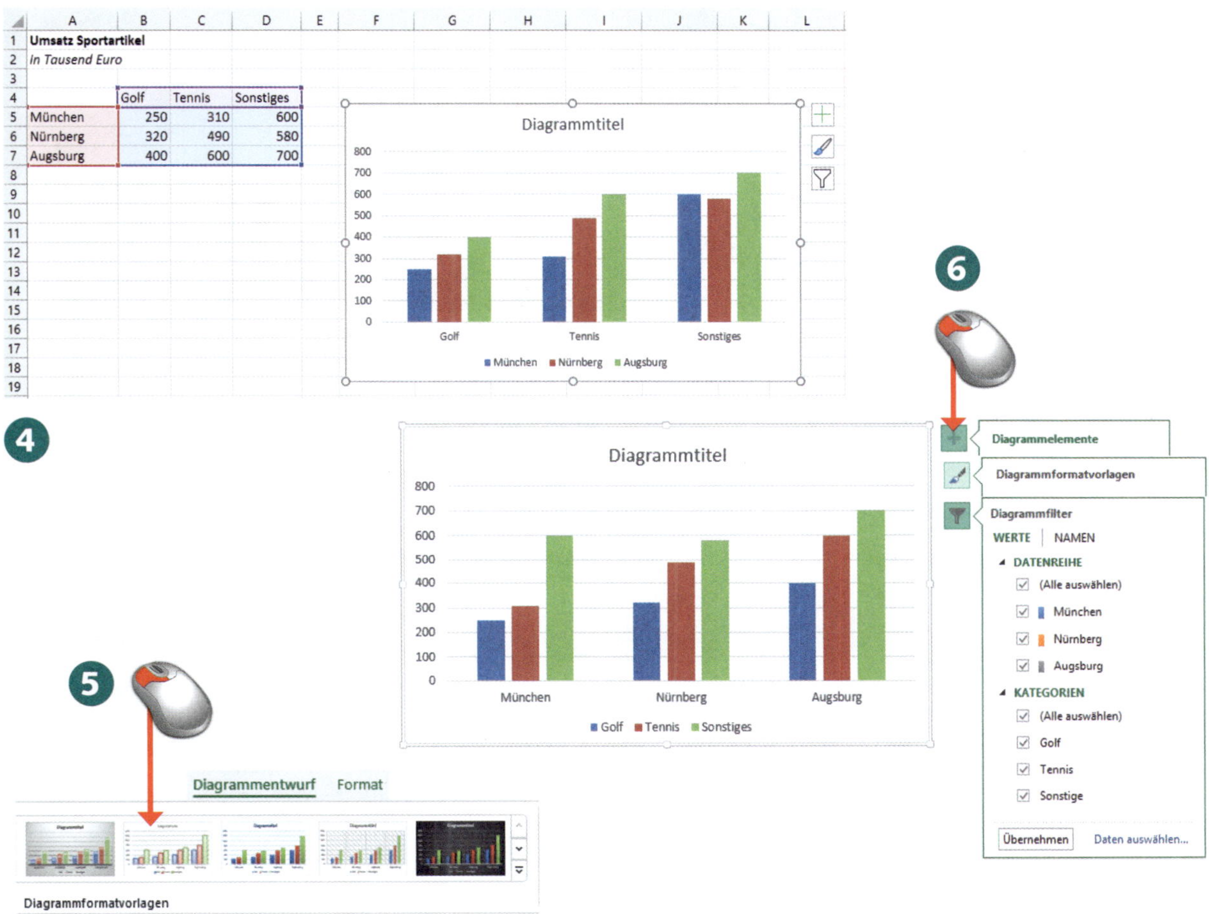

4 Erstellen Sie das Diagramm per Klick auf das Symbol. Die verknüpften Daten sind farbig markiert, solange das Objekt aktiv ist.

5 Das Menüband zeigt die Register *Diagrammentwurf* und *Format*. Wählen Sie eine Formatvorlage aus der Liste aus.

6 Mit den Symbolen am rechten Rand definieren Sie Elemente, Formatvorlagen und Filter für das Diagramm.

TIPP

Wenn die Zahlen für das Diagramm nicht in einem Schritt auswählbar sind, können Sie auch mit der Strg-Taste eine Mehrfachmarkierung setzen. Der erste markierte Bereich sollte dabei immer die Beschriftung sein.

HINWEIS

Zum Vergrößern und Verkleinern des Objekts ziehen Sie die Randmarkierung, am besten rechts unten in der Ecke, mit gedrückter Maustaste.

7 Unter dem Formatsymbol finden Sie eine Reihe vordefinierter Layouts mit Titeln und Datenbeschriftungen.

8 Wählen Sie in der Gruppe *Daten* das Symbol *Zeile/Spalte tauschen*, um Rubriken und die Legende zu konvertieren.

9 Fügen Sie in $A$8:$D$8 eine neue Datenreihe hinzu, wählen Sie *Diagrammentwurf/Daten/Daten auswählen* und fügen Sie den neuen Bereich ein.

WISSEN

Mit Diagrammvorlagen und Layouts gestalten Sie Ihr Diagramm, bis es optisch ansprechend ist. Kehren Sie die Datenreihen um oder ändern Sie den Diagrammtyp. Excel stellt 19 verschiedene Typen mit über 70 Untertypen zur Auswahl.

HINWEIS

Balkendiagramme bekommen den Vorzug vor Säulen, wenn die Beschriftung der Rubrikenachse größer ausfällt.

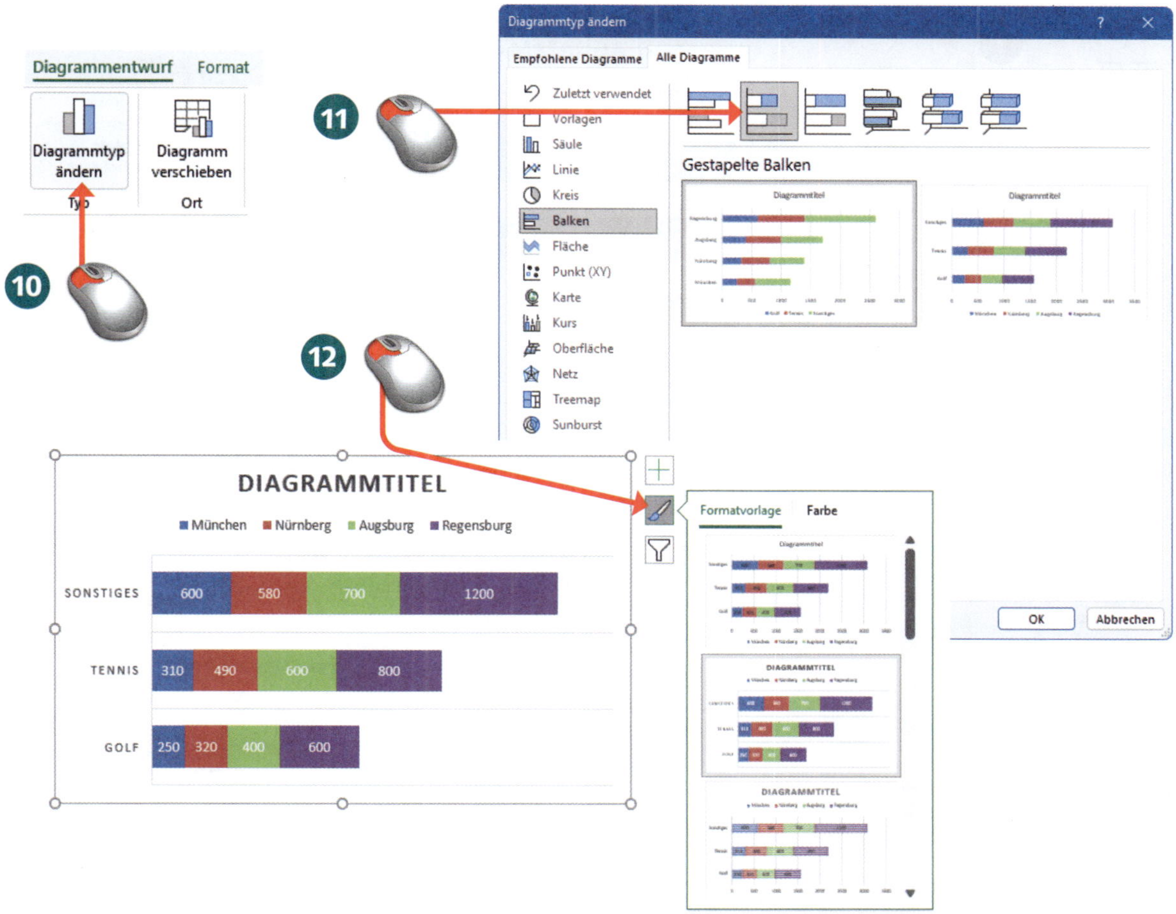

10 Unter *Diagrammentwurf/Typ* können Sie den Diagrammtyp ändern. Klicken Sie auf das Symbol …

11 … und wählen Sie einen Diagrammtyp mit Untertyp aus der Liste.

12 Weisen Sie dem neuen Diagramm (hier einem gestapelten Balkendiagramm) wieder eine Vorlage und ein Diagrammlayout zu.

Ende

TIPP

Wenn die markierten Daten Leerzeilen oder Nullwerte enthalten, blenden Sie diese unter *Daten/Daten auswählen* mit dem Symbol links unten aus.

HINWEIS

Unter *Daten auswählen* wird auch die Beschriftung nachgetragen, falls die Markierung keine enthält. Klicken Sie unter *Horizontale Achsenbeschriftung* auf *Bearbeiten* und markieren Sie den Bereich.

Start

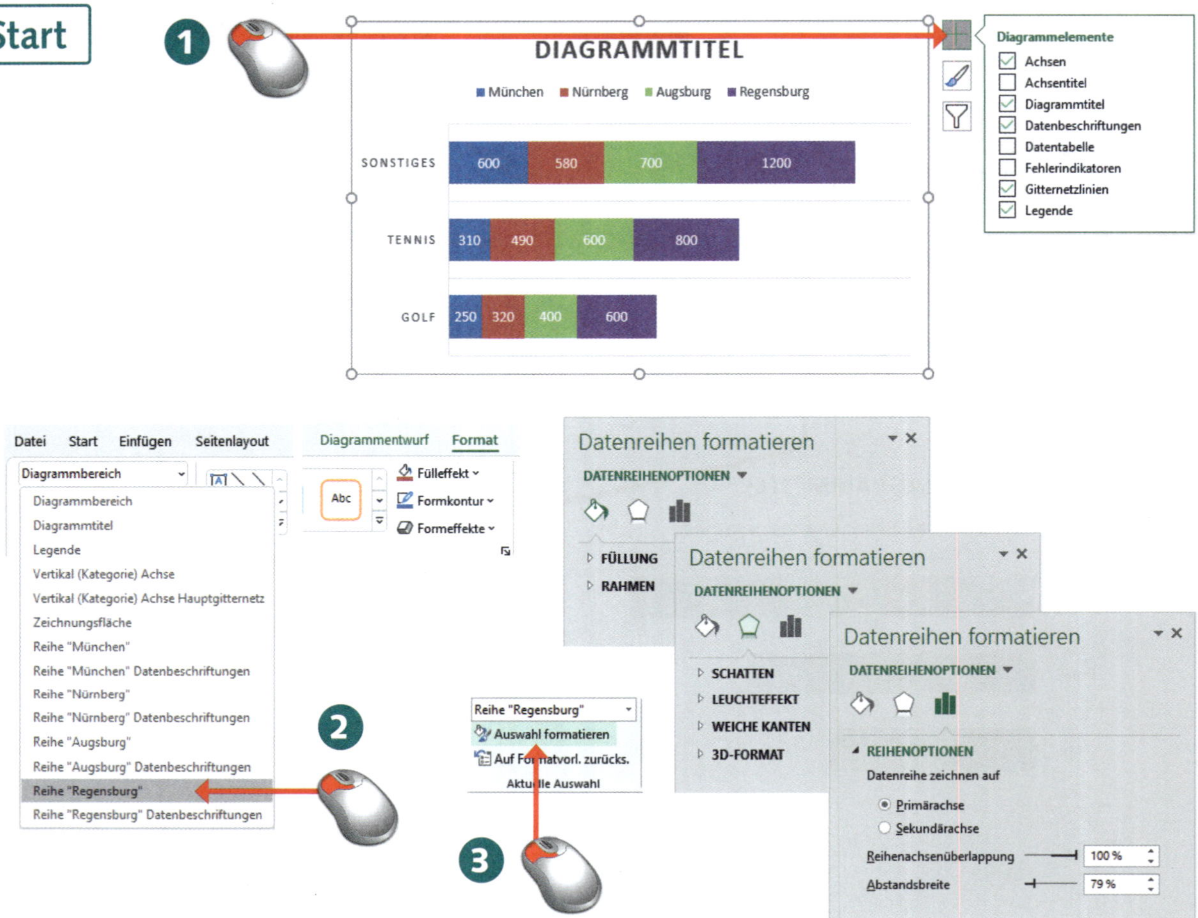

1. Markieren Sie das Diagramm und aktivieren Sie die Liste der Diagrammelemente.

2. Unter *Format* finden Sie eine Liste mit allen Elementen des Diagramms. Markieren Sie zum Beispiel eine der Datenreihen ...

3. ... und wählen Sie *Auswahl formatieren*. Formatieren Sie das Element über die Register des Format-Fensters.

WISSEN

Das Diagrammlayout regelt die Anzeige und Formatierung der einzelnen Elemente wie Datenreihen, Legende oder Achsen. Im Diagramm können Sie jedes einzelne Element individuell formatieren.

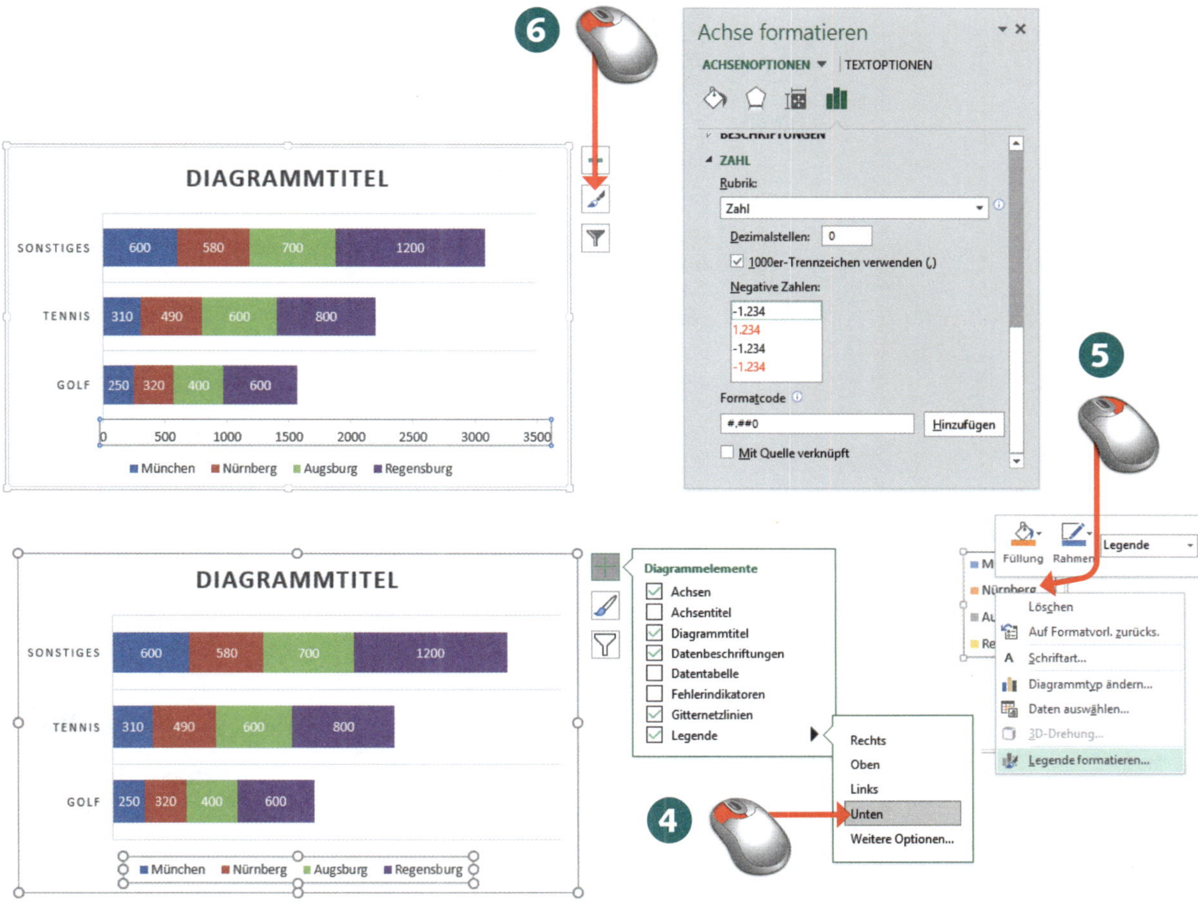

4. Die einzelnen Elemente können Sie auch direkt im Diagramm formatieren. Markieren Sie zum Beispiel die Legende und suchen Sie die passende Position im Randmenü.
5. Klicken Sie mit der rechten Maustaste auf das Element. Das Kontextmenü bietet alle Formatanweisungen und Formatiersymbole an.
6. Alle Formatierungen, wie hier das Zahlenformat der Größenachse, finden Sie auch im Format-Fenster.

Ende

TIPP

Das Format-Fenster lässt sich vom rechten Rand lösen, ziehen Sie es einfach mit gedrückter Maustaste nach innen. Ein Doppelklick setzt es wieder zurück.

HINWEIS

Für die Formatierung von Formularelementen können Sie natürlich auch die Formatiersymbole aus dem Register *Start* nutzen.

HINWEIS

Mit *Auf Formatvorlage zurücksetzen* wird die individuelle Formatierung eines Elements wieder aufgehoben.

Start

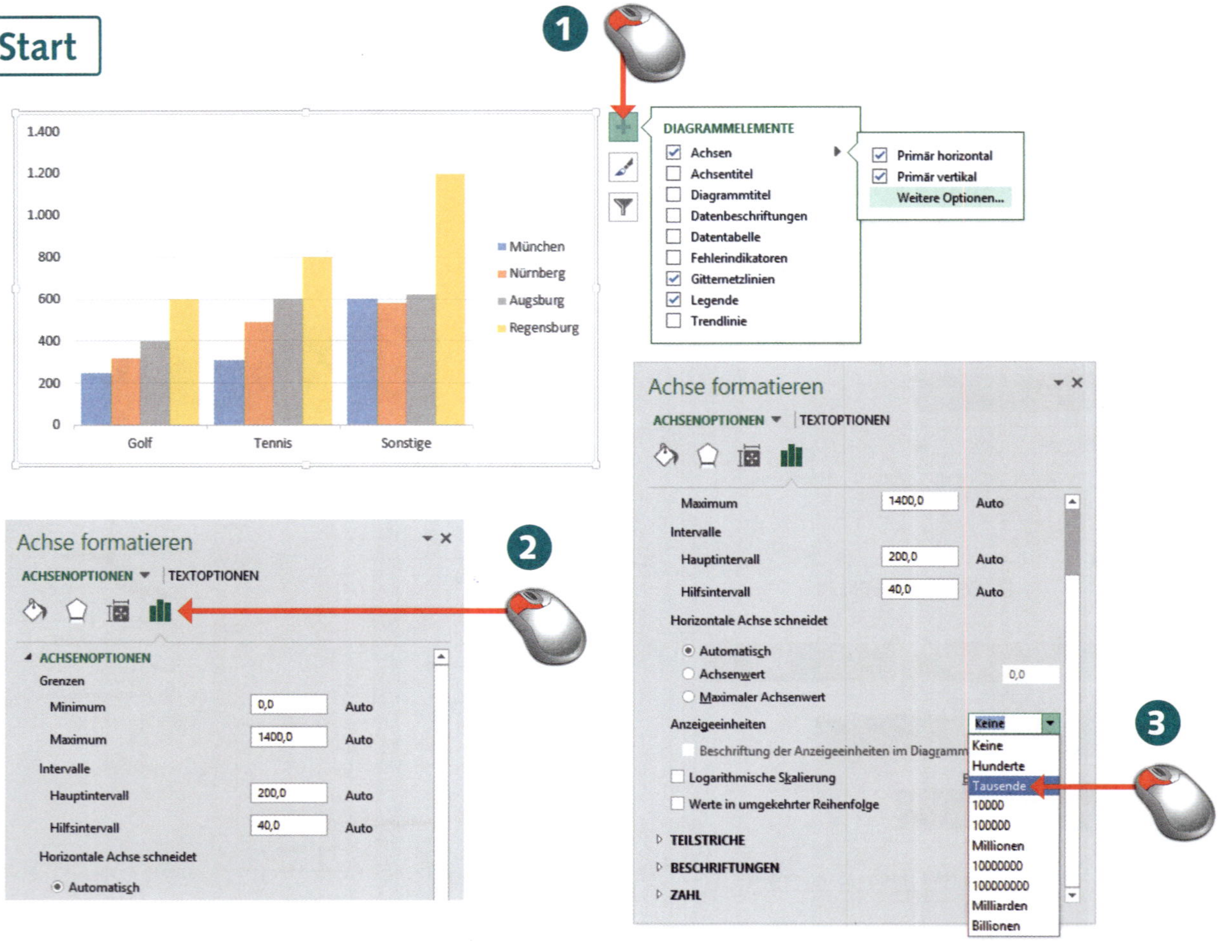

1. Die Achsen in Säulen-, Balken und Liniendiagrammen werden über das Elemente-Auswahlsymbol angepasst.
2. Die Obergrenze der Achse wird automatisch berechnet (größter Wert +20 %), hier können Sie sie aber auch selbst bestimmen.
3. Setzen Sie die Anzeigeeinheiten bei großen Zahlen auf Hunderte oder Tausende, und vergessen Sie die passende Achsenbeschriftung nicht.

WISSEN

Die Formatierung der Achsen ist in Säulen-, Balken-, Linien- und Flächendiagrammen sehr wichtig, an der Achse erkennt der Betrachter die Wertigkeit der Datenreihen. Unterstützen Sie die Optik mit Gitternetzlinien an den Skalenpunkten, wenn es nötig ist.

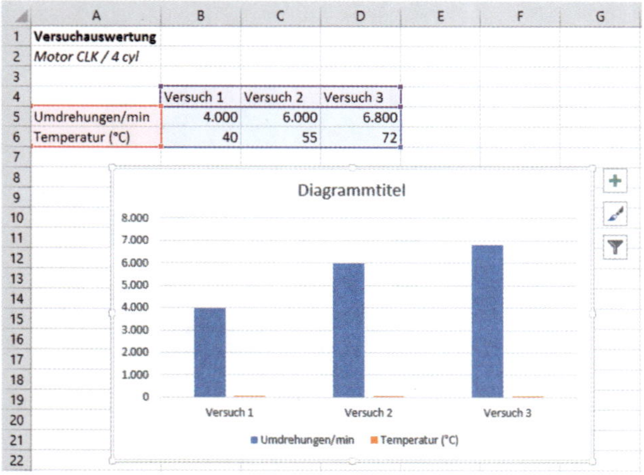

4

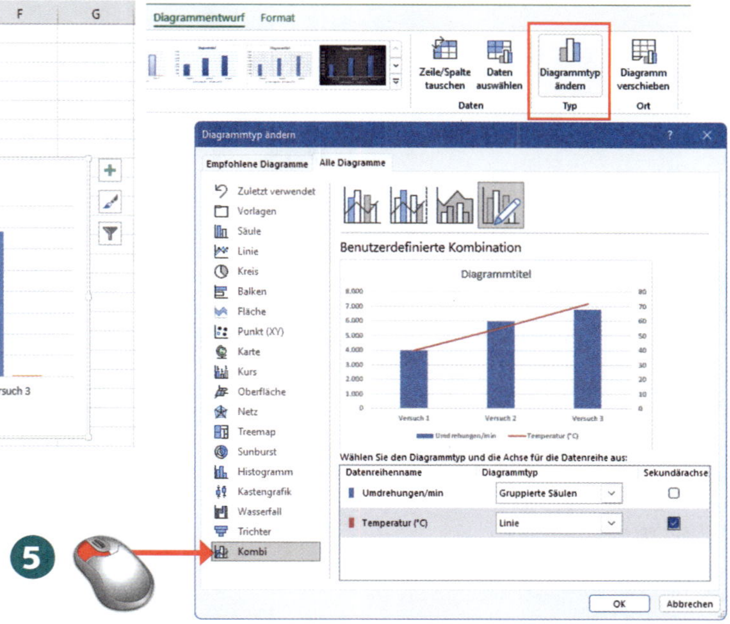

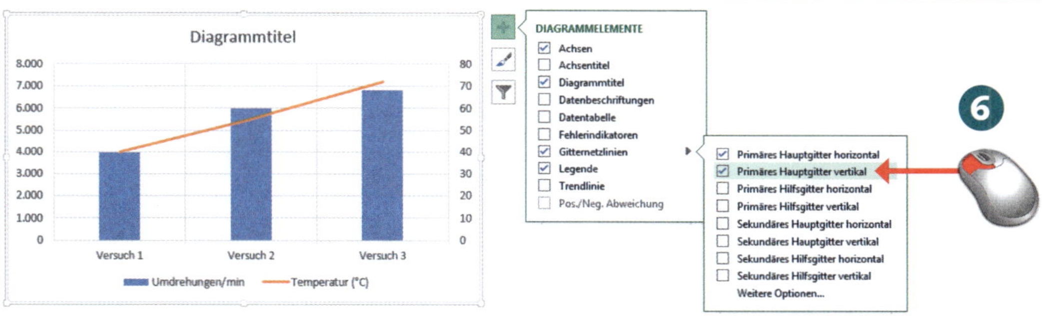

4 Wenn die Werte der Datenreihen stark voneinander abweichen, ändern Sie den Diagrammtyp.

5 Schalten Sie um auf das Verbunddiagramm und weisen Sie der zweiten Datenreihe eine Sekundärachse zu.

6 Gitternetze definieren Sie über das Symbol *Diagrammelemente*. Hilfsgitter unterteilen Rubriken und Skalen auf der Größenachse noch einmal.

Ende

TIPP

Eine zweite Achse im Diagramm wird dann nötig, wenn die Daten stark divergieren, d. h. die Werte sehr weit auseinanderliegen. Diese »Sekundärachse« ist nur möglich, wenn die Datenreihen unterschiedliche Diagrammtypen haben (Säulen/Linien, Säulen/Flächen oder Linien/Flächen).

HINWEIS

Unter *Weitere Optionen für Gitternetzlinien* können Sie die Linienstärke und die Linienart ändern. Punktlinien sind etwas dezenter im Diagramm.

Start

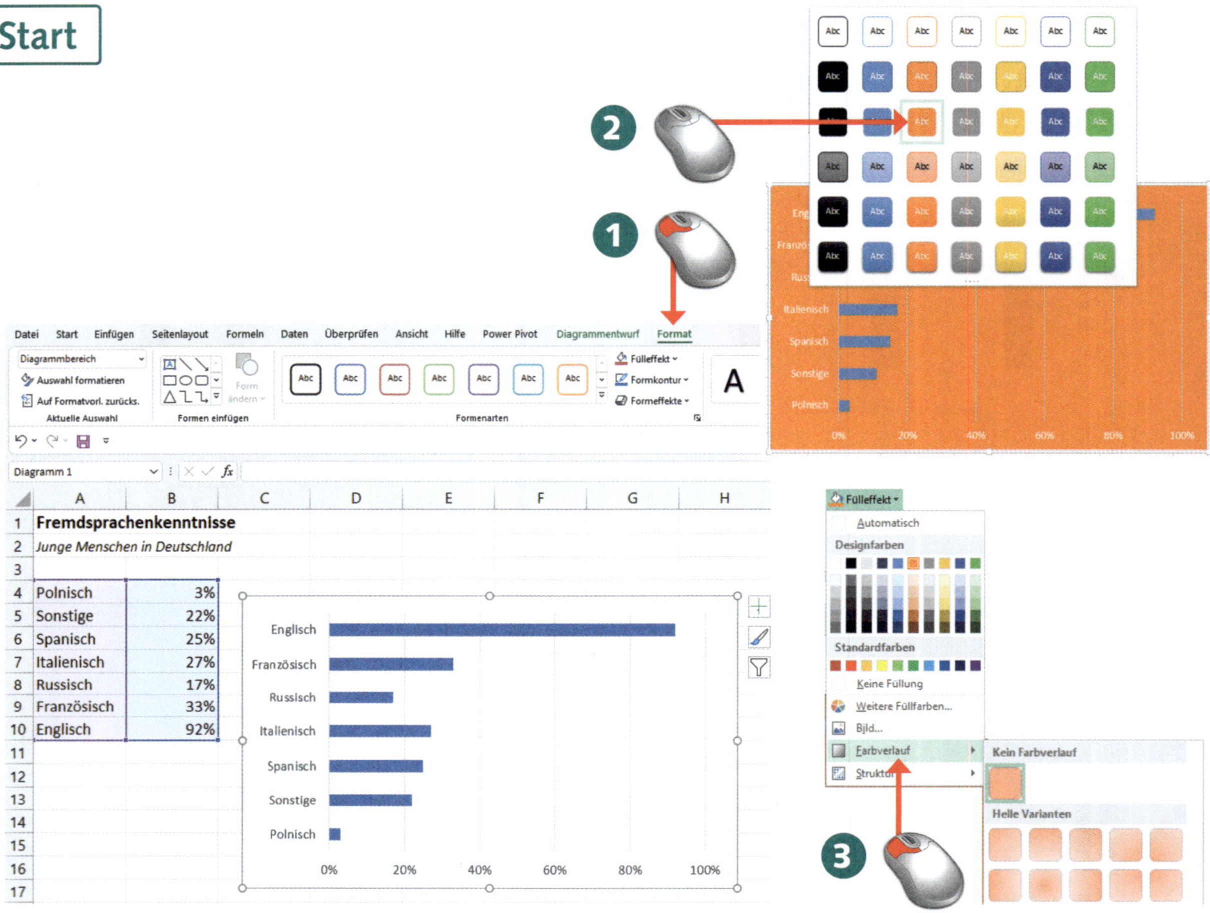

1 Für den Rahmen und die Füllung des Diagrammobjekts wählen Sie *Format/ Formenarten*.

2 Suchen Sie eine Kombination aus der Liste. Zeigen Sie mit dem Mauszeiger darauf, wird der Effekt gleich im Hintergrund sichtbar.

3 Die drei Optionen aus der Gruppe bieten die Möglichkeit, Rahmen, Füllung und Form noch einzeln zu formatieren (hier Farbverläufe für die Füllung).

WISSEN

Der Hintergrund Ihres Diagramms muss nicht einfarbig oder ohne Formatierung sein. Weisen Sie schöne Farbverläufe und Muster zu oder experimentieren Sie mit Grafikdateien als Tapeten für Ihre Diagramm- oder Zeichnungsflächen.

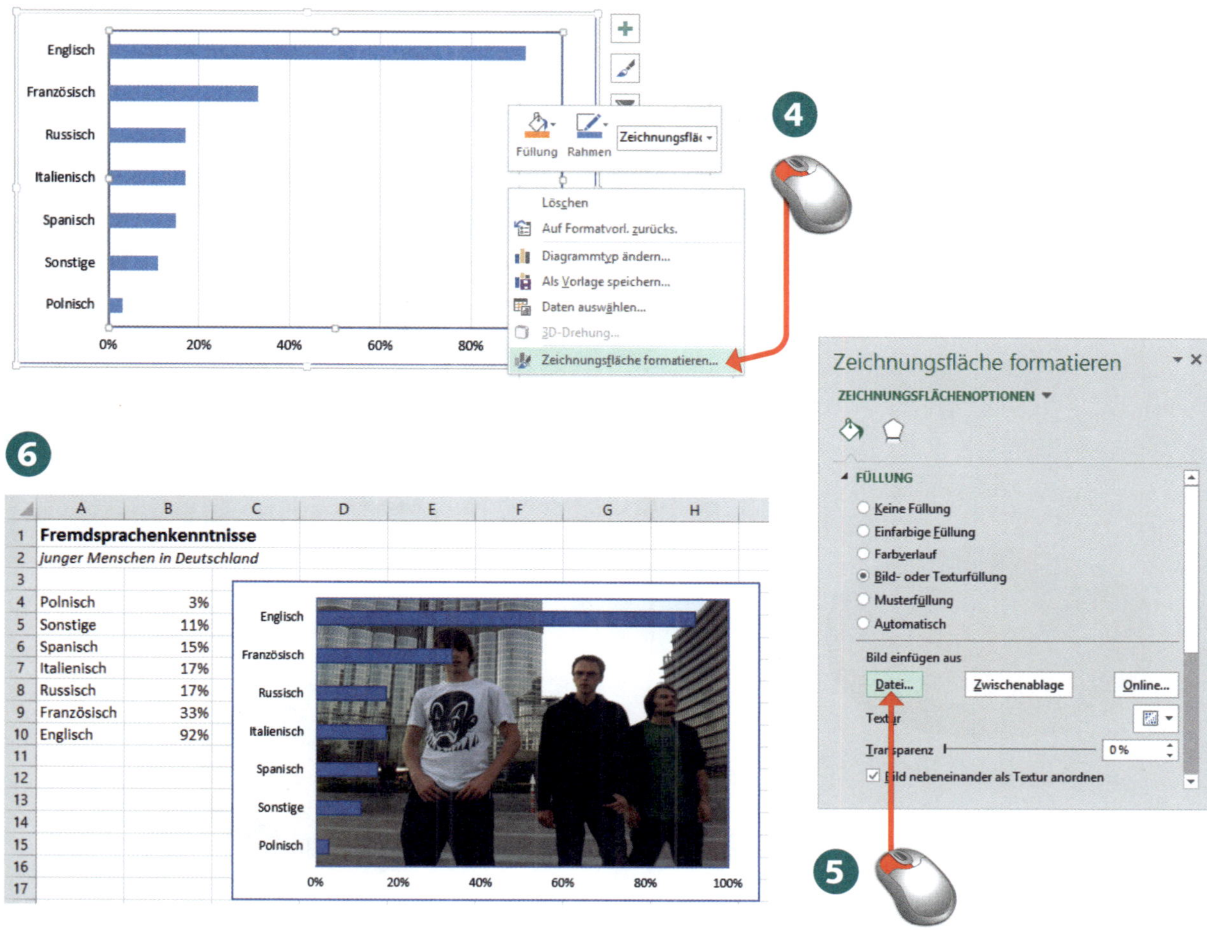

4 Die Zeichnungsfläche ist das Element innerhalb des Diagramms, das die Daten abbildet. Formatieren Sie sie über das Format-Fenster.

5 Wählen Sie die *Bild- oder Texturfüllung* für die Zeichnungsfläche und suchen Sie eine Bilddatei.

6 Das Ergebnis: Die Grafik wird über die gesamte Zeichnungsfläche gezoomt.

Ende

TIPP

Hintergrundgrafiken lassen sich wahlweise für die Diagrammfläche oder für die Zeichenfläche definieren.

HINWEIS

Sie können Bilder für Hintergründe auch aus der Zwischenablage oder aus der ClipArt-Sammlung holen (siehe Kapitel 10).

Start

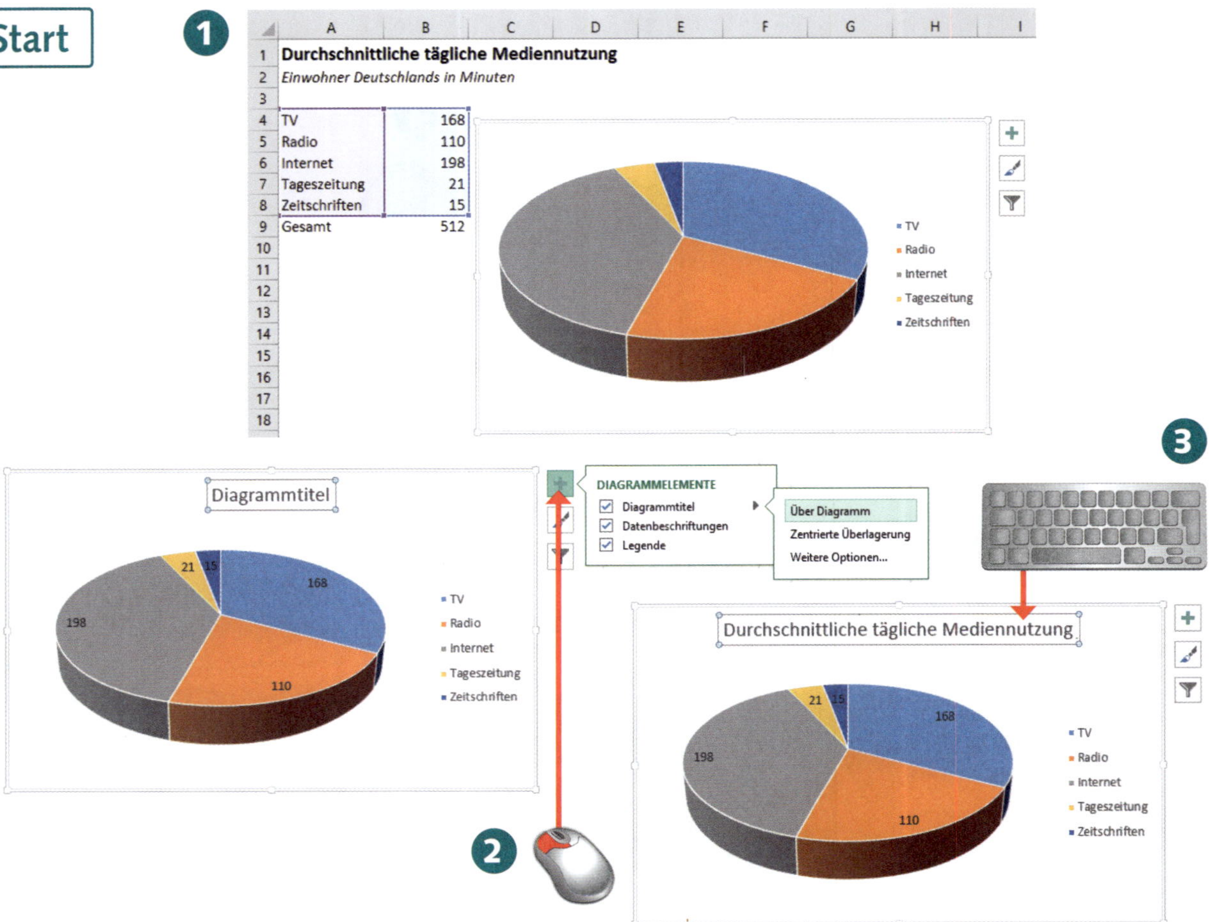

1. Diagramme werden automatisch mit einer Legende versehen, alle weiteren Beschriftungen holen Sie über das Symbol am rechten Rand.

2. Setzen Sie einen Diagrammtitel ein, wahlweise zentriert oder über dem Diagramm, wobei die Zeichenfläche verkleinert wird.

3. Geben Sie den Text direkt ein oder schreiben Sie ein =-Zeichen und klicken Sie auf die Zelle, deren Inhalt Sie mit dem Titelelement verknüpfen wollen.

WISSEN

Lassen Sie den Betrachter Ihres Diagramms nicht rätseln, was Sie ihm sagen wollen, beschriften Sie Ihre Charts deutlich und unmissverständlich. Überschrift und Achsenbeschriftungen sind Pflicht, Datenbeschriftungen sind meist die bessere Alternative zur Größenachse.

HINWEIS

Setzen Sie die Datentabelle unter das Diagramm, wenn Sie die Zahlen aus dem Tabellenblatt übernehmen wollen.

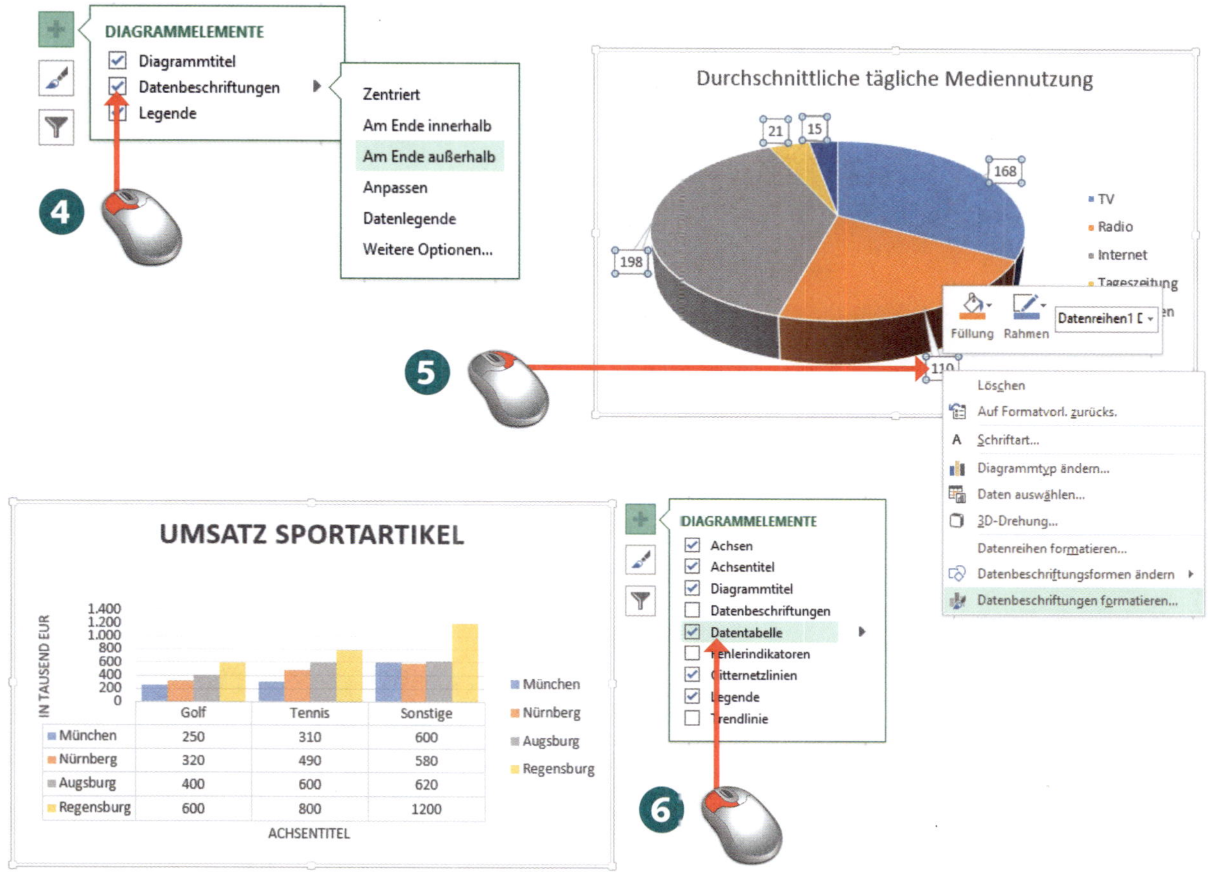

4 Mit *Datenbeschriftungen* setzen Sie die Zahlenwerte auf oder an die Datenpunkte (Balken, Säulen oder hier im Kreisdiagramm in die Kreissegmente).

5 Die Beschriftungen werden zum Element. Klicken Sie es mit der rechten Maustaste an und formatieren Sie alle Datenpunkte über das Kontextmenü.

6 Für Säulen-, Balken- und Liniendiagramme wird auch eine Datentabelle als Beschriftungselement angeboten.

Ende

TIPP

Unter *Weitere Optionen* können Sie auch die Kategorie oder die Rubrikenbeschriftungen anstelle der Werte einsetzen.

HINWEIS

Alle Datenbeschriftungen sind ein Element. Wenn Sie eine einzelne Beschriftung formatieren, verschieben oder löschen wollen, klicken Sie zuerst auf alle Beschriftungen und dann ein zweites Mal auf den gewünschten Wert.

Start

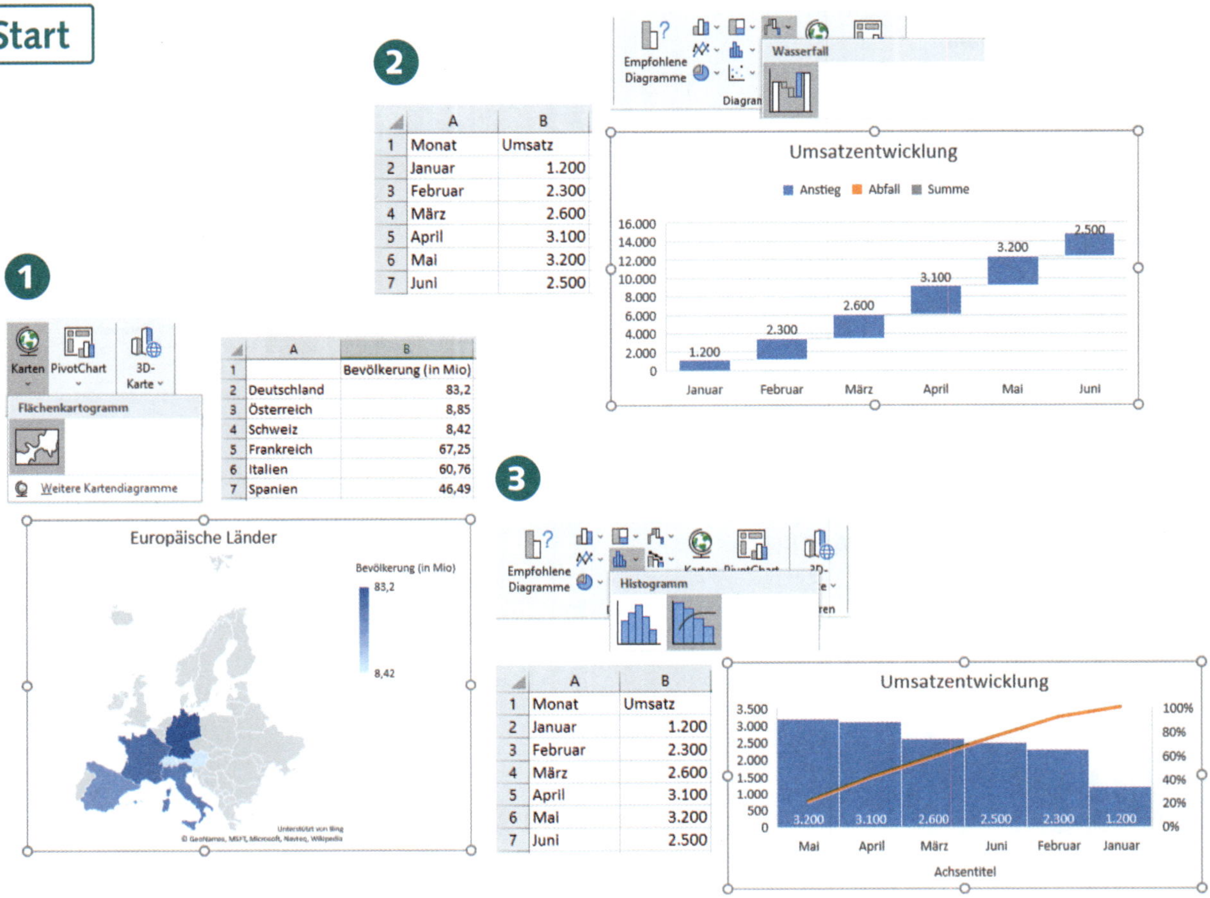

1. Das *Flächenkartogramm* zeigt die Daten auf einer Landkarte an und visualisiert die Größenverhältnisse über die Farbtiefe.
2. Das *Wasserfall*-Diagramm visualisiert steigende und fallende Werte im Säulendiagramm.
3. *Histogramm* und *Pareto* zeigen die Häufigkeit der einzelnen Werte in einer Zahlenmenge.

WISSEN

Typen wie Flächenkartogramm, Wasserfall, Trichter, Treemap, Sunburst, Histogramm, Pareto und Kastengrafik bereichern das Angebot der Excel-Diagramme. Probieren Sie die passende Visualisierung für Ihre Zahlen.

5

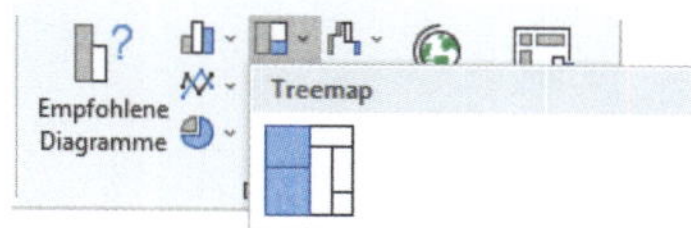

4

4		Golf	Tennis	Sonstige
5	München	250	310	600
6	Nürnberg	320	490	580
7	Augsburg	400	600	620
8	Regensburg	600	800	1200

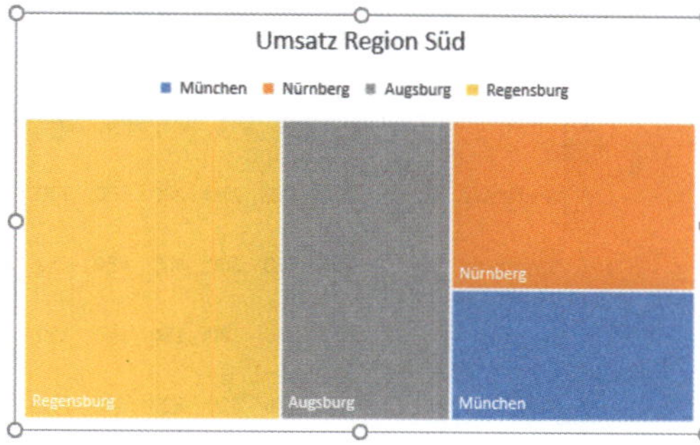

	A	B
1		Umsatz
2	München	1.200
3	Nürnberg	1.500
4	Augsburg	3.000
5	Regensburg	5.000

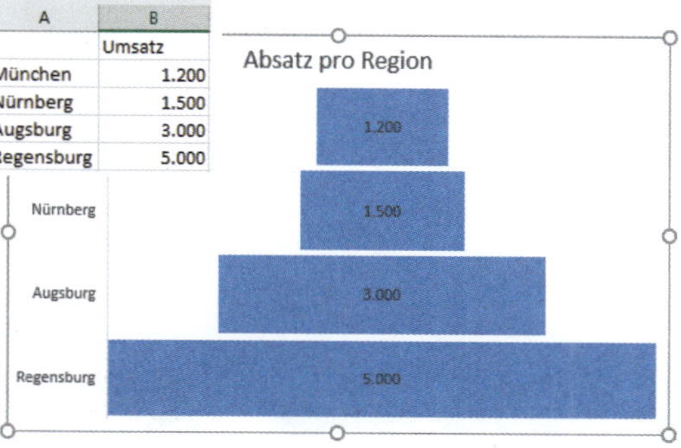

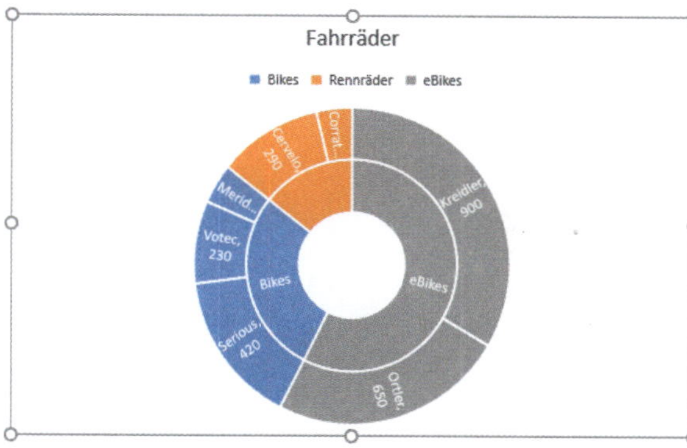

6

	A	B	C
1	Kategorie	Marke	Absatz
2	Bikes	Serious	420
3		Votec	230
4		Merida	110
5	Rennräder	Cervelo	290
6		Corratec	100
7	eBikes	Ortler	650
8		Kreidler	900

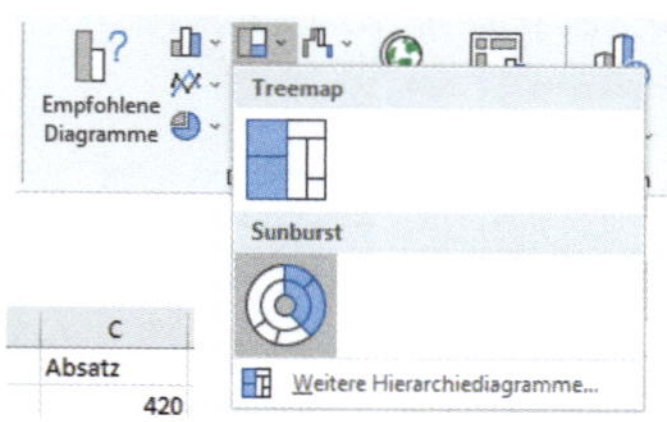

4 Im *Trichter*-Diagramm vergleichen Sie die Zahlen über gestapelte Kästchen. Sortieren Sie die Daten vorher.

5 In einer *Treemap* werden die Werte anhand der Größe der Kästen verglichen. Die erste Reihe bildet immer die Kategorie.

6 Das *Sunburst*-Diagramm vergleicht die Datenreihen in konzentrischen Ringen.

Ende

HINWEIS

Das *Pareto*-Diagramm filtert aus vielen Werten diejenigen heraus, die den größten Einfluss auf das Ergebnis haben.

HINWEIS

Im *Sunburst*-Diagramm sind im Unterschied zum Kreis- oder Ringdiagramm auch mehrere Kategoriespalten erlaubt.

Start

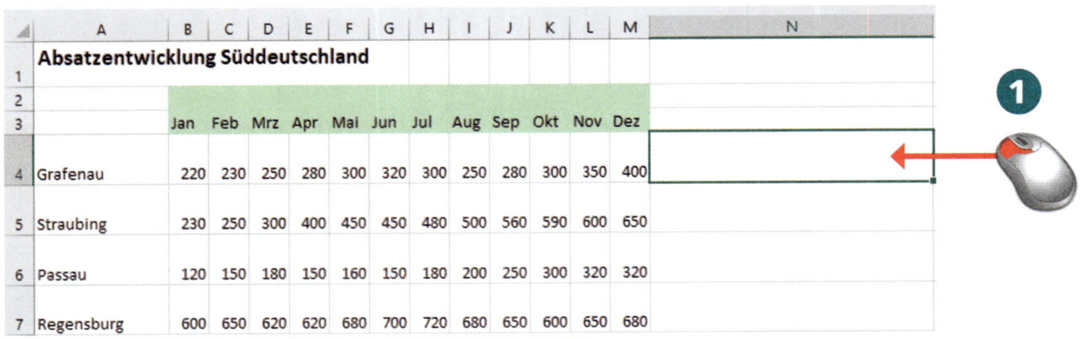

	A	B	C	D	E	F	G	H	I	J	K	L	M	N
1	**Absatzentwicklung Süddeutschland**													
2														
3		Jan	Feb	Mrz	Apr	Mai	Jun	Jul	Aug	Sep	Okt	Nov	Dez	
4	Grafenau	220	230	250	280	300	320	300	250	280	300	350	400	
5	Straubing	230	250	300	400	450	450	480	500	560	590	600	650	
6	Passau	120	150	180	150	160	150	180	200	250	300	320	320	
7	Regensburg	600	650	620	620	680	700	720	680	650	600	650	680	

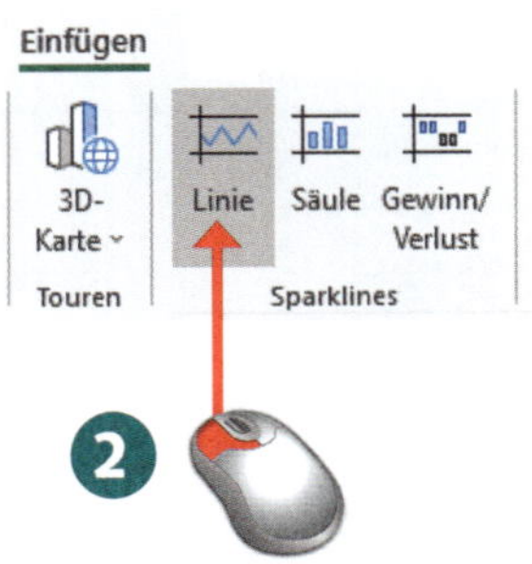

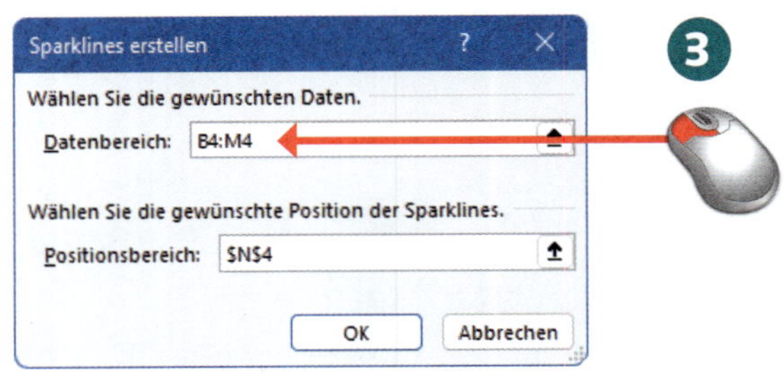

1. Die Tabelle zeigt Absatzentwicklungen für einzelne Regionen von Januar bis Dezember. Setzen Sie den Zellzeiger in die freie nächste Spalte.
2. Wählen Sie *Einfügen/Sparklines/Linie*.
3. Geben Sie als Datenbereich die Absatzzahlen der ersten Region an. Als Zielzelle ist bereits die markierte Zelle eingetragen.

WISSEN

Sparklines sind kleine Zelldiagramme, die Entwicklungen oder Abweichungen über mehrere Zellbereiche visualisieren. Nutzen Sie diese Diagrammform bei zahlreichen Datenreihen, für die »normale« Diagramme nicht geeignet sind.

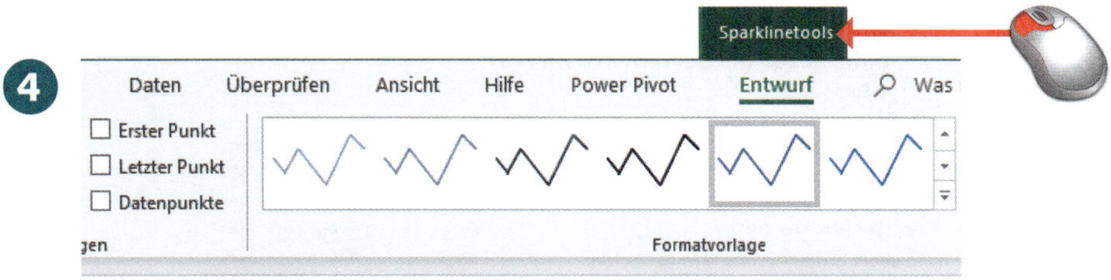

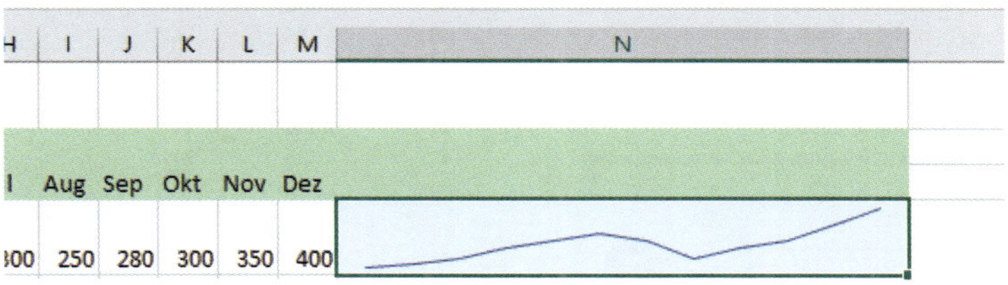

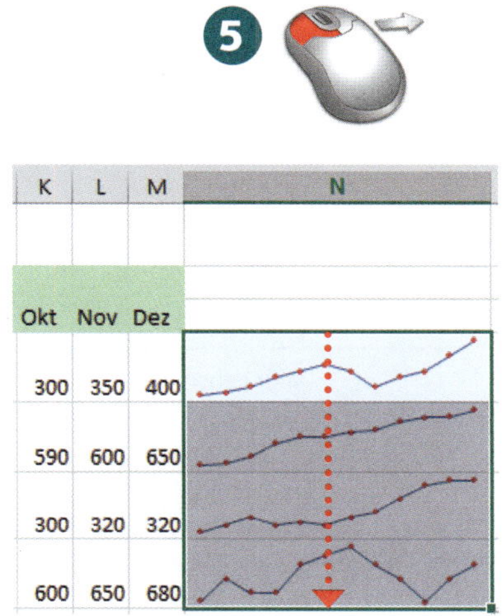

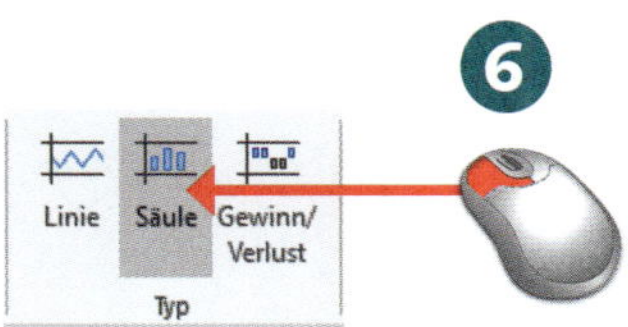

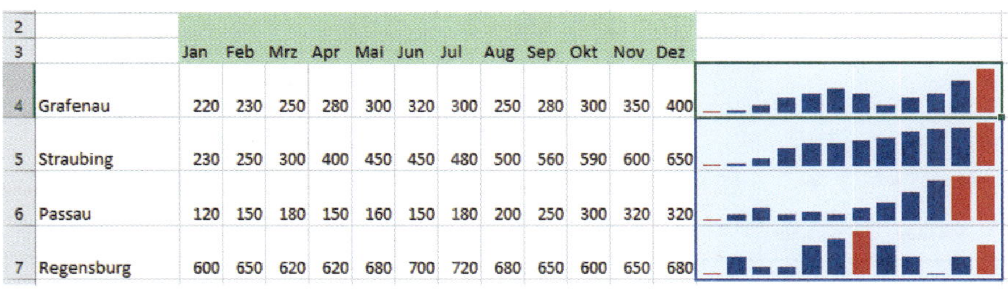

		Jan	Feb	Mrz	Apr	Mai	Jun	Jul	Aug	Sep	Okt	Nov	Dez
4	Grafenau	220	230	250	280	300	320	300	250	280	300	350	400
5	Straubing	230	250	300	400	450	450	480	500	560	590	600	650
6	Passau	120	150	180	150	160	150	180	200	250	300	320	320
7	Regensburg	600	650	620	620	680	700	720	680	650	600	650	680

4 Die Sparklines werden gezeichnet, über die Registerkarte *Sparklinetools* können Sie Datenpunkte anzeigen lassen und die Grafik formatieren.

5 Kopieren Sie die formatierten Sparklines mit dem Füllkästchen nach unten über alle weiteren Regionen.

6 Schalten Sie unter *Typ* auf *Säule* um, wenn Sie die Sparklines in Balkenform sehen wollen.

Ende

TIPP

Setzen Sie unter *Gruppieren* die Datenpunktfarbe für Höchst- und Tiefstwerte oder für negative Werte fest.

HINWEIS

Sparkline-Zellen können zusätzlich zur Grafik auch Text, Zahlen, Verknüpfungen oder Formeln enthalten.

HINWEIS

Unter *Sparkline/Daten bearbeiten* können Sie den Datenbereich für die Sparklines ändern.

Start

1

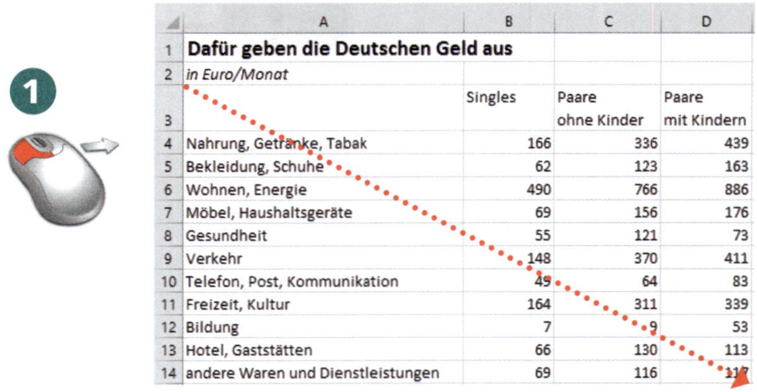

	A	B	C	D
1	**Dafür geben die Deutschen Geld aus**			
2	*in Euro/Monat*			
3		Singles	Paare ohne Kinder	Paare mit Kindern
4	Nahrung, Getränke, Tabak	166	336	439
5	Bekleidung, Schuhe	62	123	163
6	Wohnen, Energie	490	766	886
7	Möbel, Haushaltsgeräte	69	156	176
8	Gesundheit	55	121	73
9	Verkehr	148	370	411
10	Telefon, Post, Kommunikation	49	64	83
11	Freizeit, Kultur	164	311	339
12	Bildung	7	9	53
13	Hotel, Gaststätten	66	130	113
14	andere Waren und Dienstleistungen	69	116	117

2

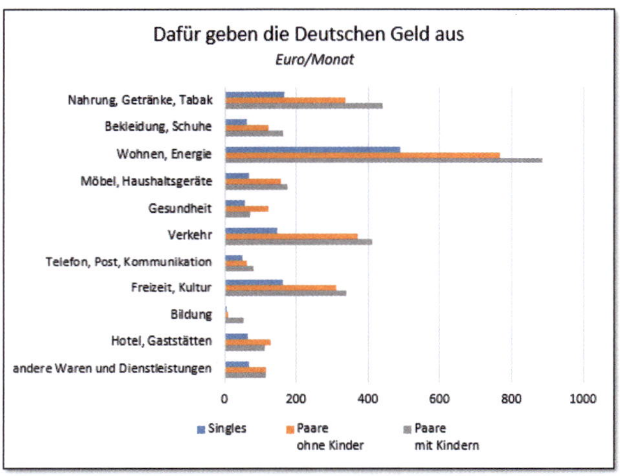

3

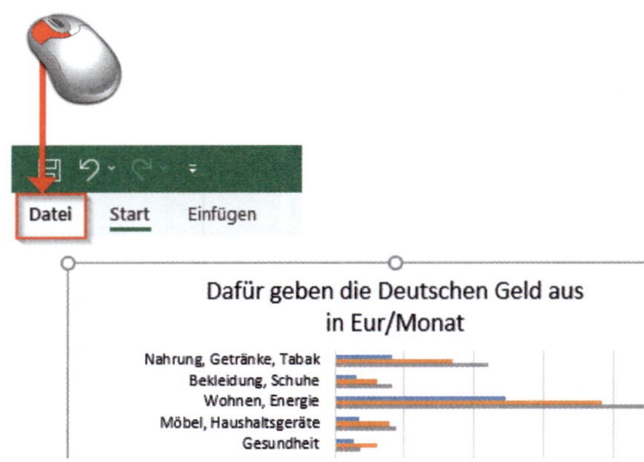

1. Erstellen Sie ein Diagramm aus dieser Liste, markieren Sie dazu den Bereich A3:D14 und wählen Sie *Einfügen/Diagramme*.
2. Schalten Sie um auf den Diagrammtyp *Balken* und ändern Sie die Reihenfolge der Werte auf der vertikalen Achse.
3. Um nur das Diagrammobjekt zu drucken, markieren Sie es und schalten über das *Datei*-Menü um zur Backstage-Ansicht mit dem *Drucken*-Befehl.

WISSEN

Ob Sie für den Ausdruck das Diagrammobjekt oder das Tabellenblatt angeboten bekommen, entscheidet die Markierung. Alternativ zum Objekt können Sie auch ein Diagrammblatt anlegen.

HINWEIS

Diagrammblätter werden wie normale Tabellenblätter gedruckt. Aktivieren Sie die Seitenränder und ändern Sie diese in der Seitenansicht, bevor Sie drucken.

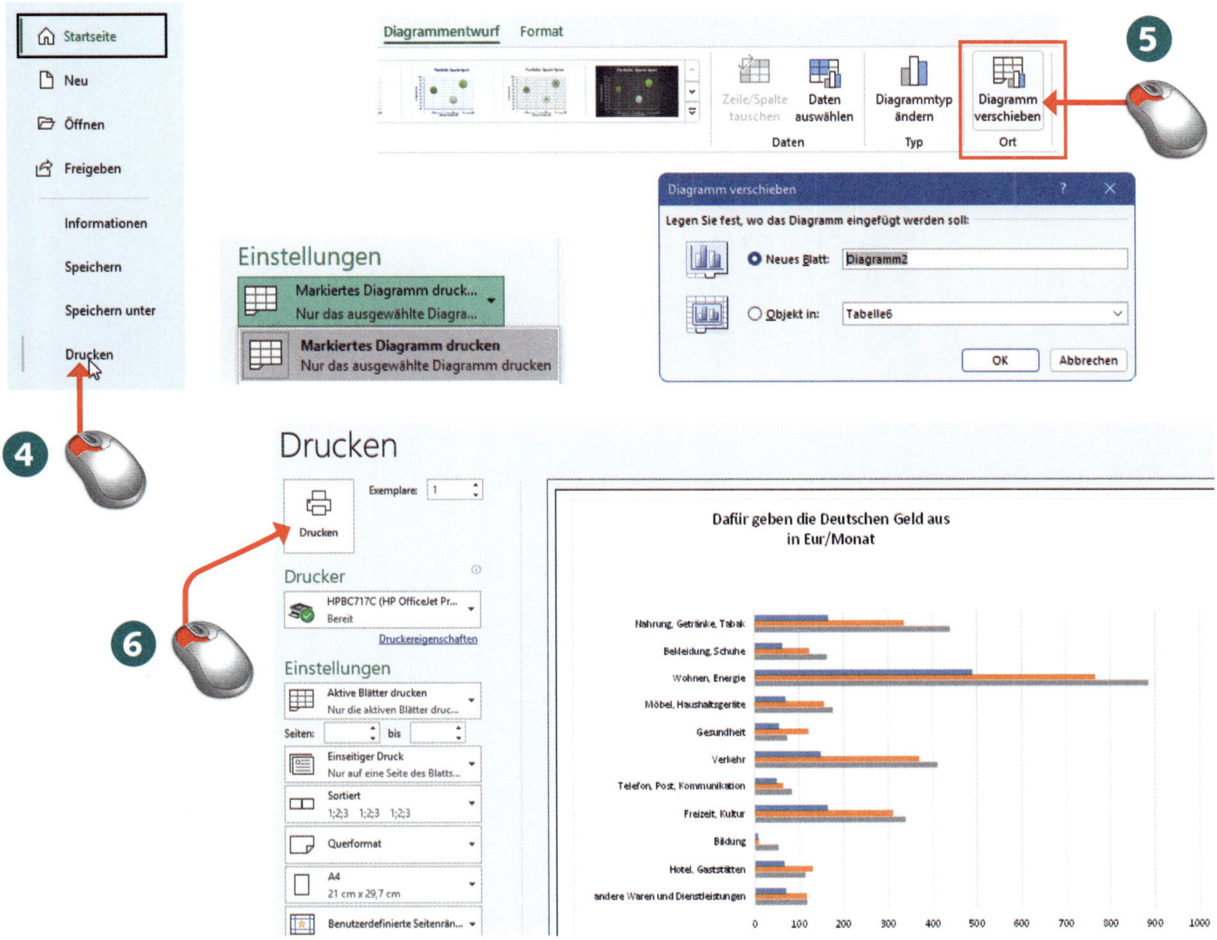

4 Wählen Sie *Drucken*. In den *Einstellungen* ist *Markiertes Diagramm drucken* zu sehen.

5 Wenn Sie über *Diagrammentwurf* das Diagrammobjekt in ein Diagrammblatt verschieben, …

6 … können Sie dieses anschließend als Blatt im Querformat drucken.

Ende

TIPP

Tastenkombination für ein schnelles Diagrammblatt: Markieren Sie den Tabellenbereich und drücken Sie F11.

HINWEIS

Sie können den Diagrammbereich auf dem Blatt verkleinern und so Platz schaffen für weitere Objekte, zum Beispiel Grafiken oder Kopien von Tabellenbereichen.

10

Grafik und WordArt

Start

1

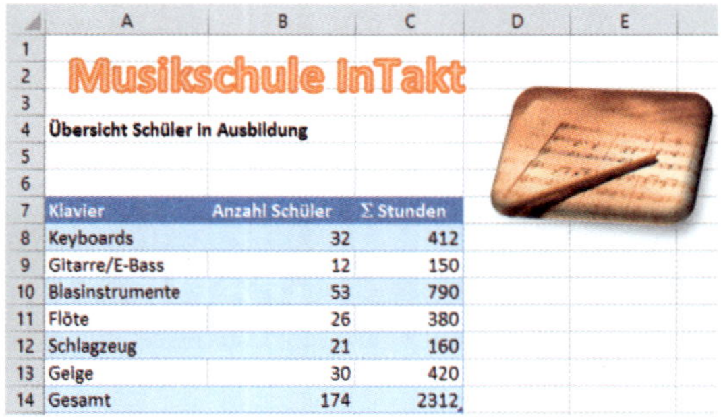

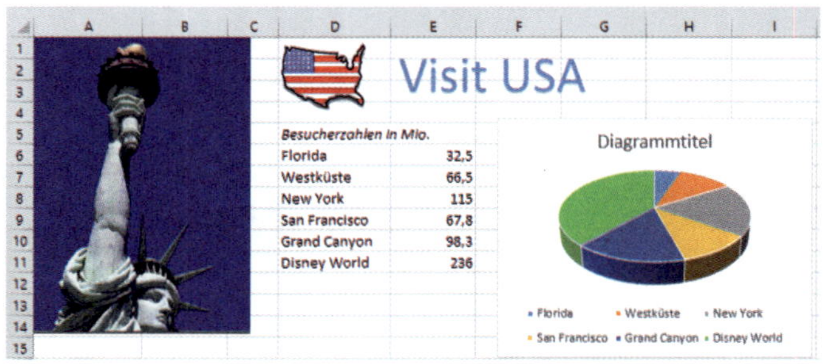

2

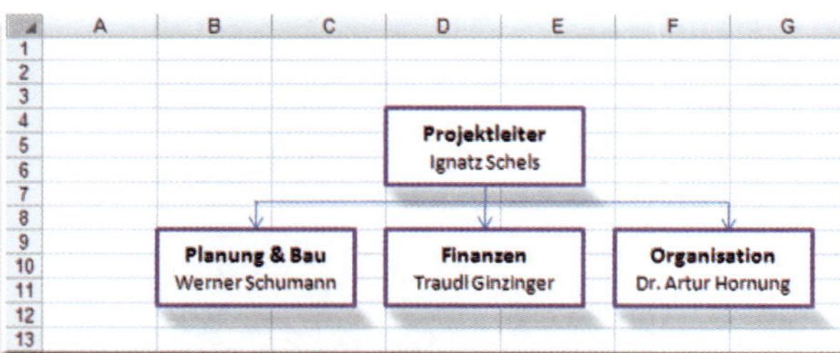

3

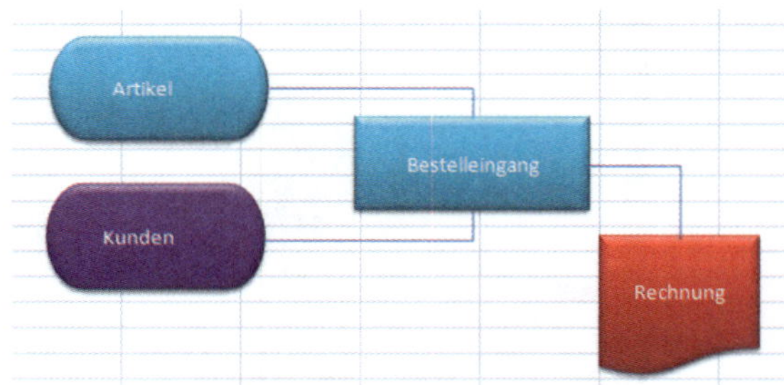

1. Mit Grafiken, Bildern und gezeichneten Objekten bringen Sie mehr Optik in Ihre Tabellen.
2. Excel bietet Zeichenwerkzeuge für geometrische Objekte mit Verbindungslinien, zum Beispiel für Organigramme.
3. Für Ablaufdiagramme und Datenflusspläne stehen ebenfalls Formen und Werkzeuge bereit.

WISSEN

Tabellengestaltung muss nicht langweilig sein. Excel bietet viele Programmfunktionen zur Illustration von Zahlen und Gestaltung von Schaubildern. Lassen Sie Ihrer Fantasie freien Lauf bei der Anwendung der Grafikwerkzeuge.

4

6
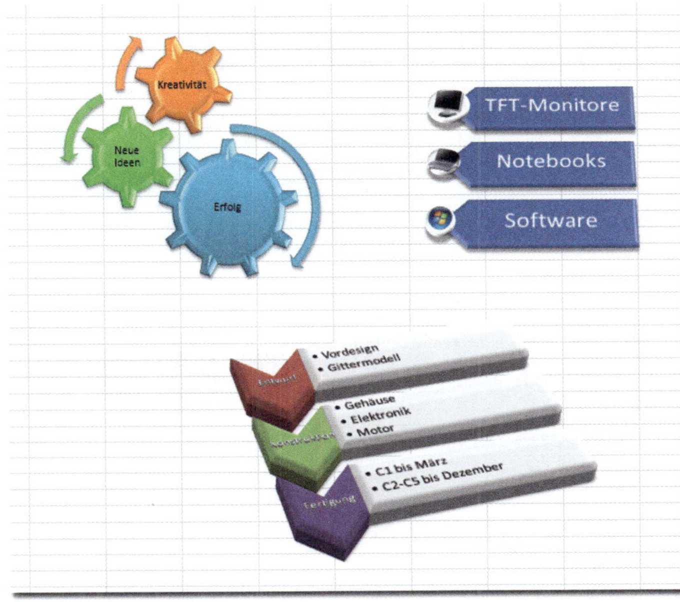

5
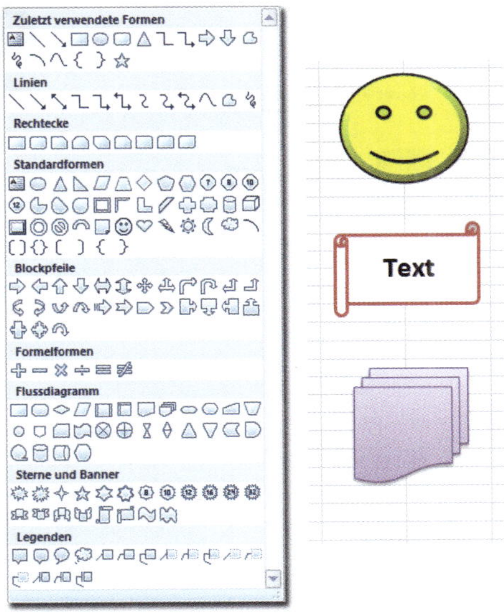

4 Mit WordArt-Schrifteffekten bekommt Ihr Text ganz neue Dimensionen.

5 Die Formenpalette bietet eine Fülle von Zeichenwerkzeugen für frei gezeichnete Grafiken an.

6 SmartArt-Grafiken geben Ihren Präsentationen ein völlig neues Gesicht.

Ende

TIPP

Um eine Grafik als Blatthintergrund zu definieren, wählen Sie *Seitenlayout/ Seite einrichten/Hintergrund*.

HINWEIS

Grafische Objekte werden auf die Tabelle gezeichnet, nicht in die Zellen. Sie sind aber mit diesen verbunden und ändern ihre Größe mit der Tabelle (einstellbar in den Objekteigenschaften).

Start

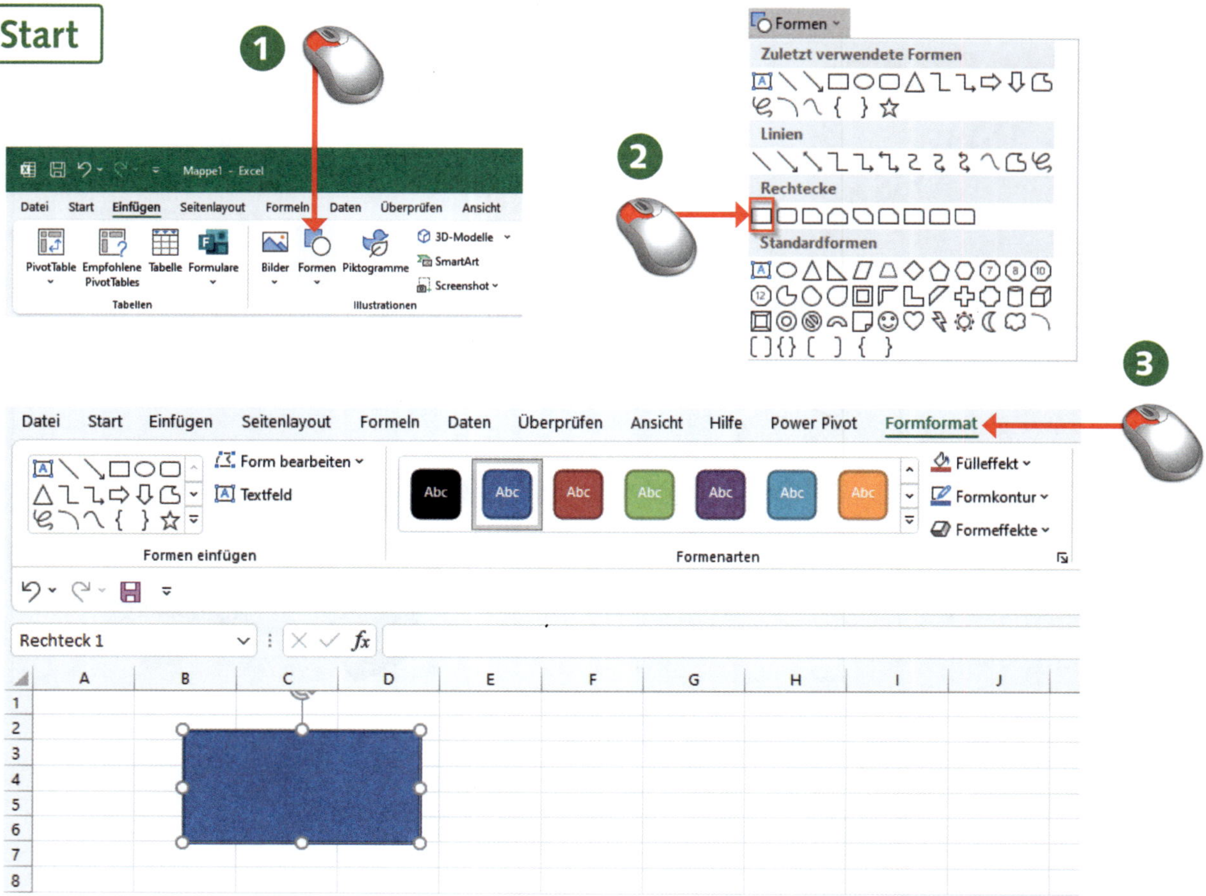

1. Schalten Sie um auf das Register *Einfügen* und klicken Sie auf *Illustrationen/Formen*.

2. Klicken Sie das gewünschte Formwerkzeug an …

3. … und zeichnen Sie die Form mit gedrückter Maustaste in die Tabelle. Rahmen und Füllfarbe holen Sie über *Formformat/Formenarten*.

WISSEN

Auf der Registerkarte *Einfügen* finden Sie eine große Auswahl an Formen vom einfachen Rechteck bis zum Stern mit 32 Zacken. Zeichnen Sie mit diesen Werkzeugen Objekte in die Tabelle und bearbeiten Sie die Formen über die »Ziehpunkte«.

4

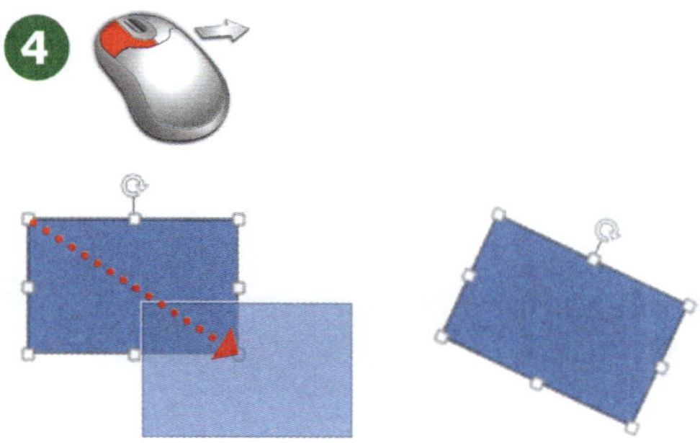

6

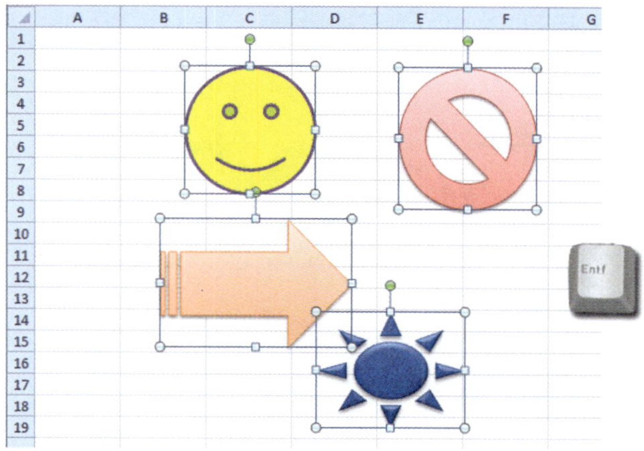

5

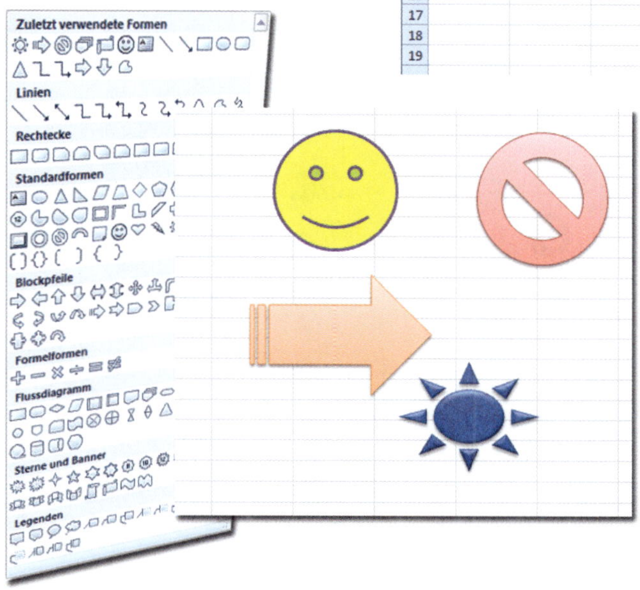

4 Zum Verschieben des Objekts zeigen Sie auf den Rahmen, vergrößert und verkleinert wird mit den Ziehpunkten. Der grüne Punkt ist der Rotationspunkt.

5 Zeichnen Sie weitere Formen aus der Formenpalette.

6 Markieren Sie mehrere Objekte mit gedrückter [⇧]-Taste und drücken Sie die [Entf]-Taste, um alle markierten Objekte zu löschen.

Ende

TIPP

Halten Sie die [⇧]-Taste gedrückt, wenn Sie Kreise statt Ellipsen und Quadrate anstelle von Rechtecken zeichnen wollen. Mit gedrückter [Strg]-Taste zeichnen Sie aus der Mitte.

HINWEIS

Halten Sie beim Vergrößern oder Verkleinern einer Form die [⇧]-Taste gedrückt, wenn Sie die Proportionen erhalten wollen.

Start

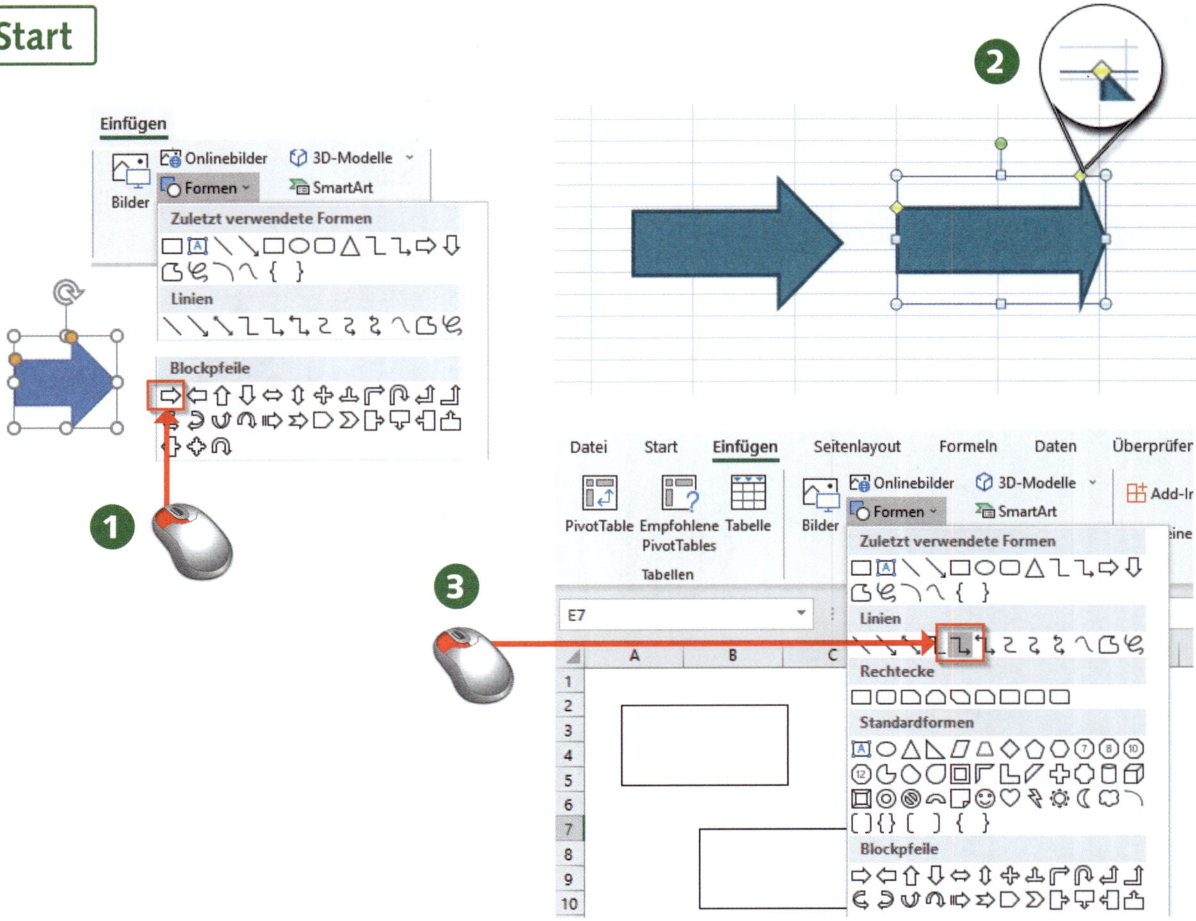

1. Zeichnen Sie über *Einfügen/Illustrationen/Formen* einen Pfeil auf das Tabellenblatt.

2. Das neue Objekt bietet kleine gelbe Rauten an. Ziehen Sie diese, um die Objektbreite oder die Größe der Pfeilspitze zu ändern.

3. Zeichnen Sie zwei Rechtecke und holen Sie eine Verbindungslinie aus der Formenbibliothek.

WISSEN

Pfeile und viele andere Formen bieten zusätzliche Markierungen zur Nachbearbeitung von Form und Perspektive. Mit Verbindungslinien, die an Ziehpunkten automatisch einrasten, stellen Sie Organigramme mit immer korrekt verbundenen Kästchen her.

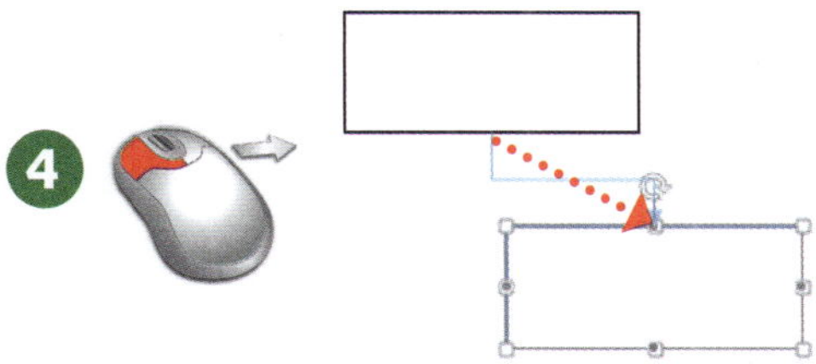

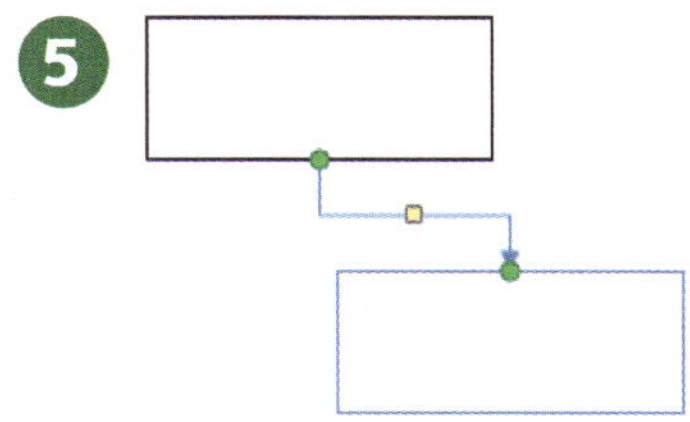

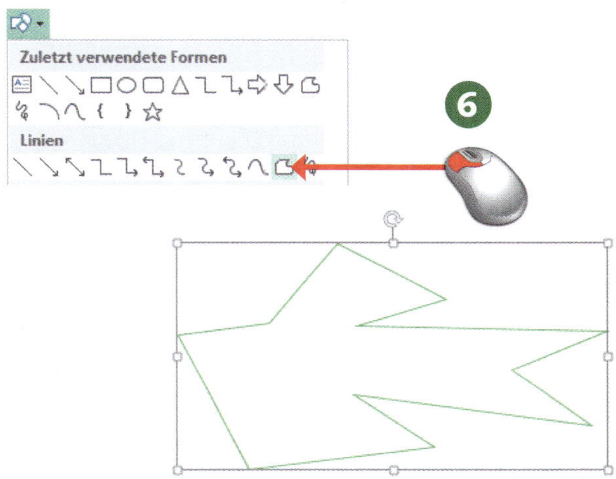

4. Ziehen Sie die Linie vom ersten Ziehpunkt zum zweiten. Achten Sie auf die rote Markierung, sie signalisiert einen Einrastpunkt.

5. Lassen Sie die Maustaste los, wird die Verbindungslinie exakt von einem Punkt zum anderen gezogen, und die Objekte sind auch nach einer Verschiebung verbunden.

6. Mit dem *Freihandform*-Werkzeug zeichnen Sie Polygone. Klicken Sie auf *Form bearbeiten* und ändern Sie das gezeichnete Objekt punkteweise.

Ende

TIPP

Kopieren Sie das erste Rechteck, indem Sie es mit gedrückter Maustaste und Strg-Taste an eine neue Position ziehen.

TIPP

Nutzen Sie die Gitternetzlinien als Zeichenraster: Halten Sie beim Zeichnen oder beim Verschieben von Objekten die Alt-Taste gedrückt. Das Objekt wird damit auf den nächsten Zellrand ausgerichtet.

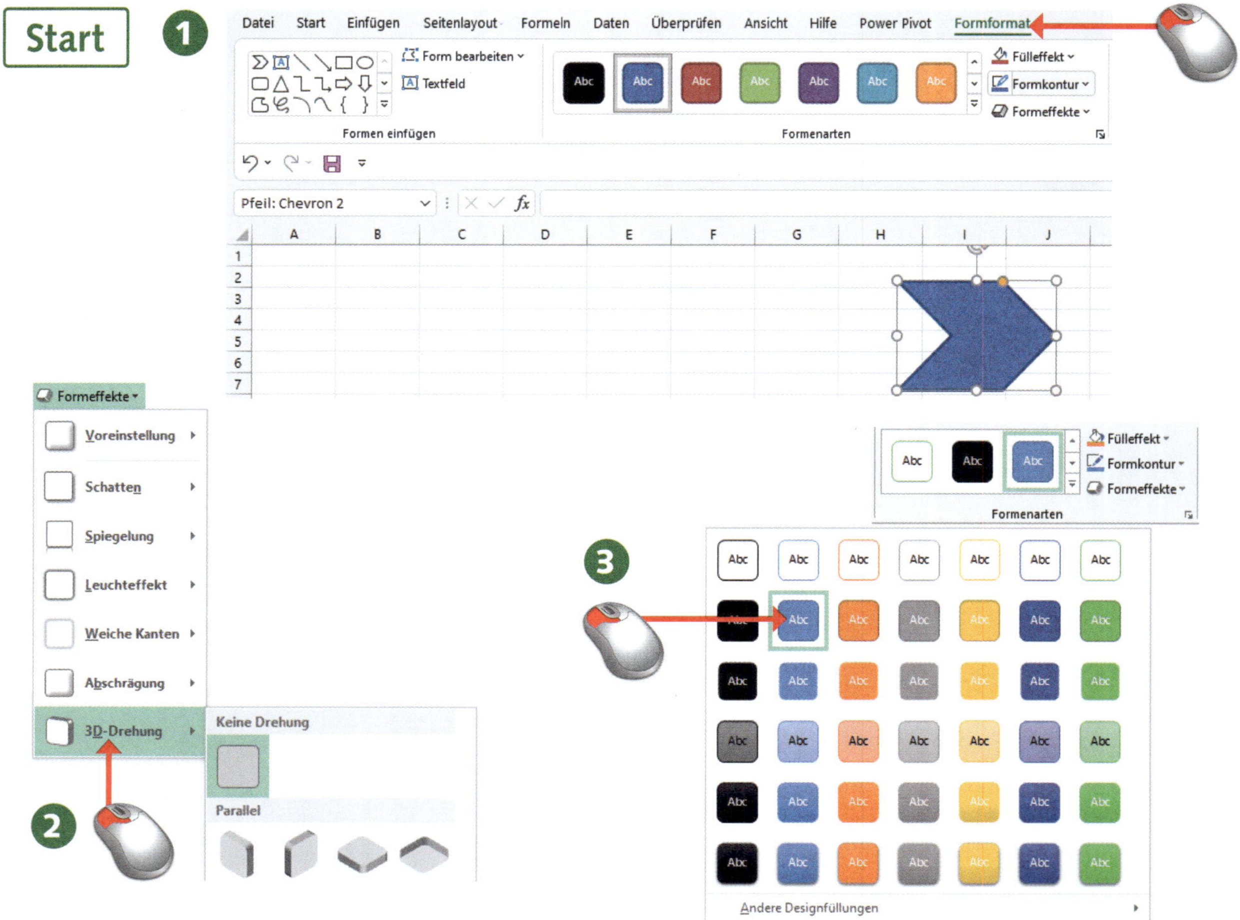

1. Sobald ein Objekt gezeichnet und markiert ist, bietet Excel eine neue Registerkarte *Formformat* mit sechs Gruppen, u. a. *Format*, an.
2. Wählen Sie unter *Formformat/Formenarten/Formeffekte* eine Formatvorlage für das Objekt …
3. … und ändern Sie einzelne Details wie Fülleffekt, Kontur, Schatten, 3D-Perspektive und andere Effekte über die Symbole in dieser Gruppe.

WISSEN

Jedes Objekt, das Sie mit den Werkzeugen aus der Formenbibliothek zeichnen, lässt sich beschriften und in vielen Varianten formatieren. Mit 3D-Effekten und Formatvorlagen zaubern Sie die schönsten Grafiken auf Ihre Tabellen.

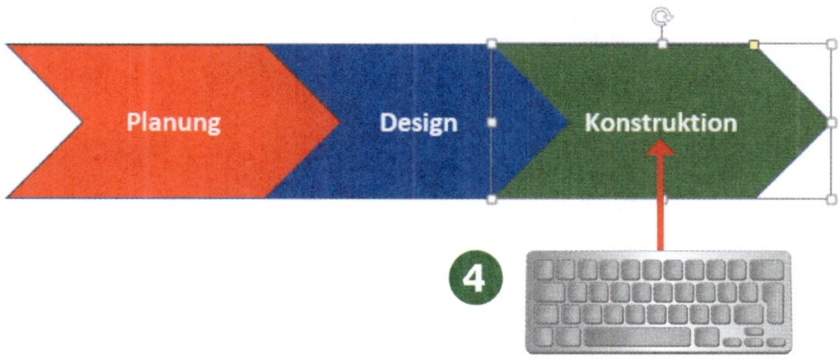

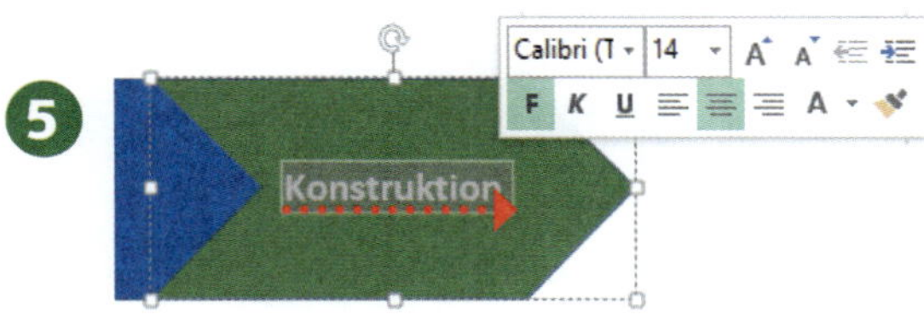

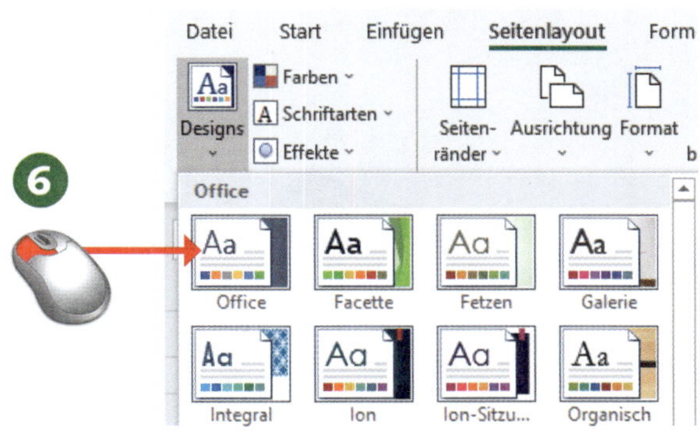

4 Um ein Objekt zu beschriften, markieren Sie es und geben den Text direkt über die Tastatur ein. Der Text wird im Objekt zentriert.

5 Markieren Sie den Text im Objekt, stehen sofort die Textformate am Mauszeiger zur Verfügung.

6 Ändern Sie im Register *Seitenlayout* das Design, wenn Sie andere Farbkombinationen zur Verfügung haben wollen.

Ende

TIPP

Zur Formatierung von Objekttext können Sie auch auf die Registerkarte *Start* umschalten.

HINWEIS

Achten Sie darauf, dass eine Designauswahl alle Objekte in der aktiven Tabelle beeinflusst und sämtliche Farben, Formen und Beschriftungen ändert. Suchen Sie deshalb zuerst ein passendes Design, bevor Sie Objekte zeichnen.

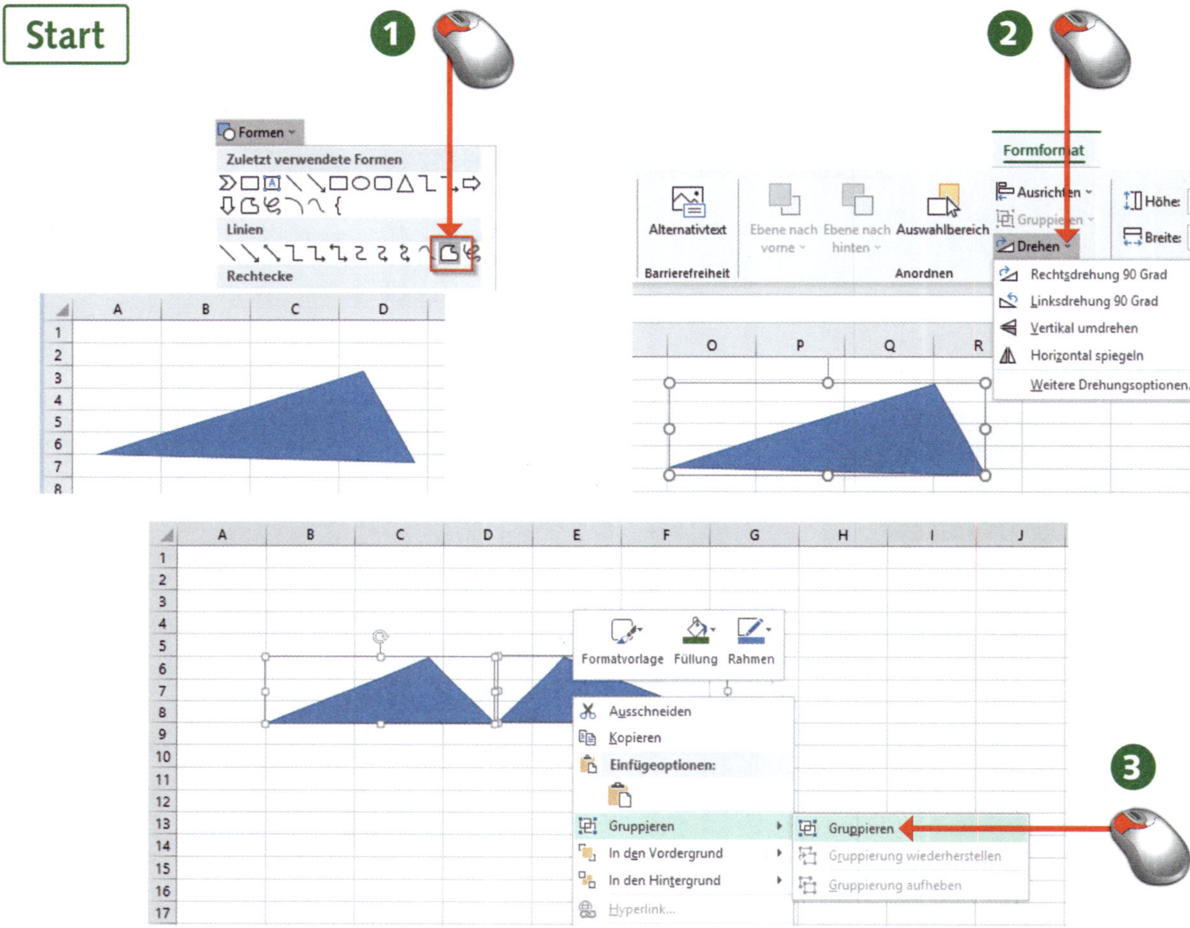

1. Zeichnen Sie das Grundobjekt mit dem Formwerkzeug *Freihandform*.
2. Ziehen Sie mit gedrückter [Strg]-Taste eine Kopie des Objekts und spiegeln Sie diese über *Formformat/Anordnen*.
3. Markieren Sie beide Objekte mit der [⇧]-Taste und gruppieren Sie sie.

WISSEN

Üben Sie die wichtigsten Techniken der Objektbearbeitung an einem praktischen Beispiel: Zeichnen Sie eine Windrose aus einem einzigen Grundobjekt.

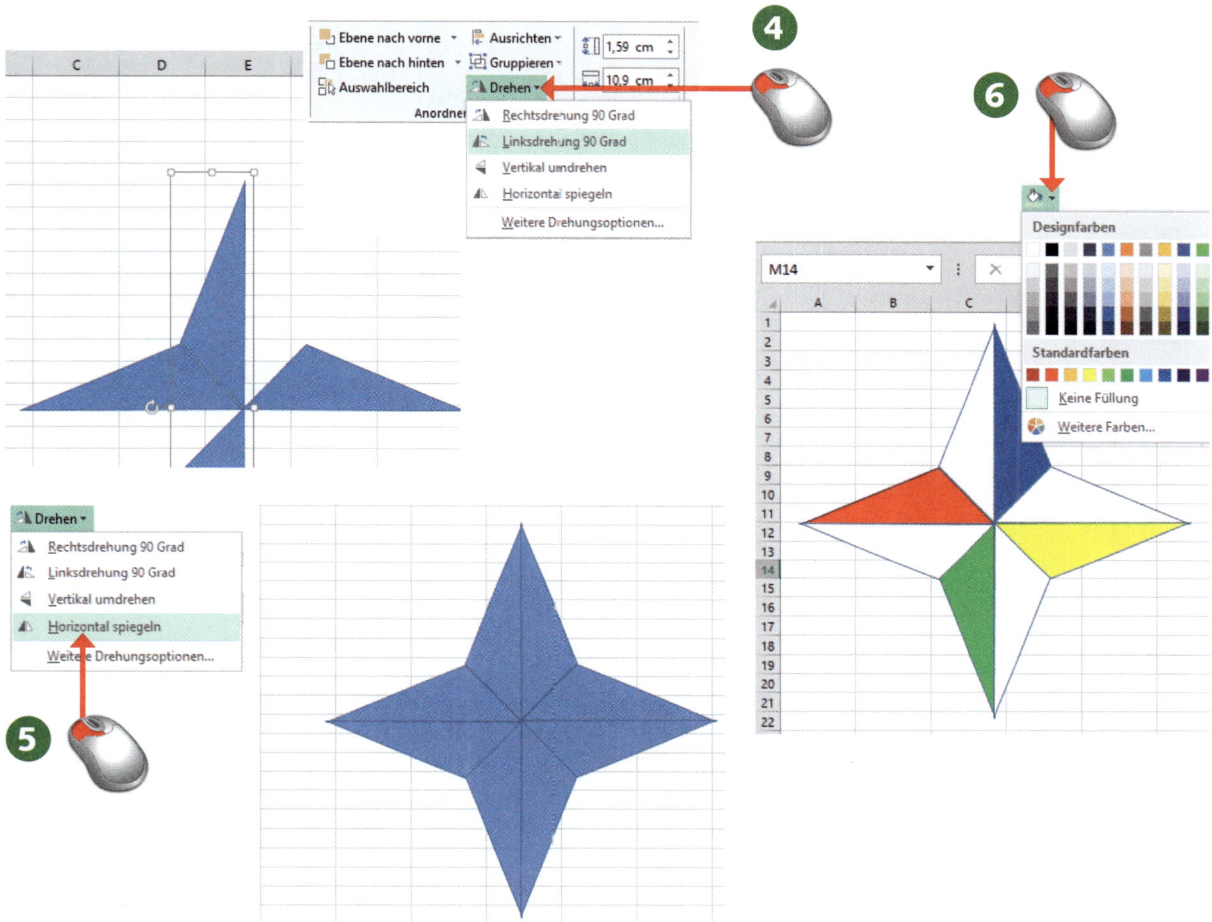

4 Ziehen Sie eine weitere Kopie und drehen Sie diese um 90 Grad.

5 Kopieren Sie das Objekt noch einmal, drehen und spiegeln Sie es, und das Grundgerüst der Windrose ist fertig.

6 Fehlen nur noch die Farben, und die weisen Sie über *Formformat/Formenarten* zu.

Ende

TIPP

Objekte liegen in der Reihenfolge übereinander, in der sie gezeichnet wurden. Sie können mit *Formformat/Anordnen* arbeiten oder einfach das Objekt ausschneiden (Strg+X) und wieder einfügen (Strg+V).

TIPP

Die schnelle Taste, um den letzten Befehl zu wiederholen: Drücken Sie F4.

HINWEIS

Heben Sie die Gruppierung der Objekte wieder auf, bevor Sie einzelne Objekte formatieren.

Start

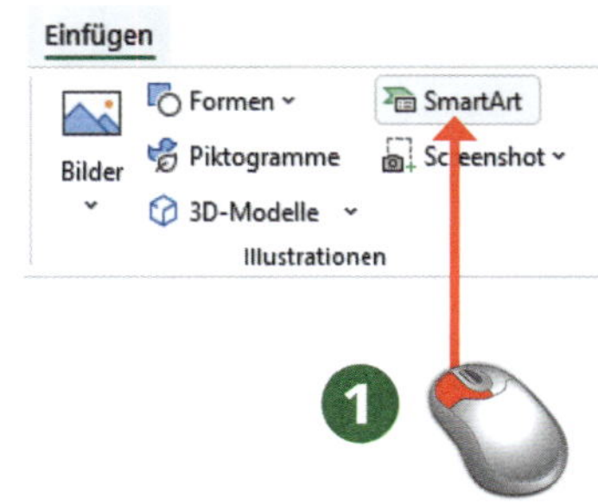

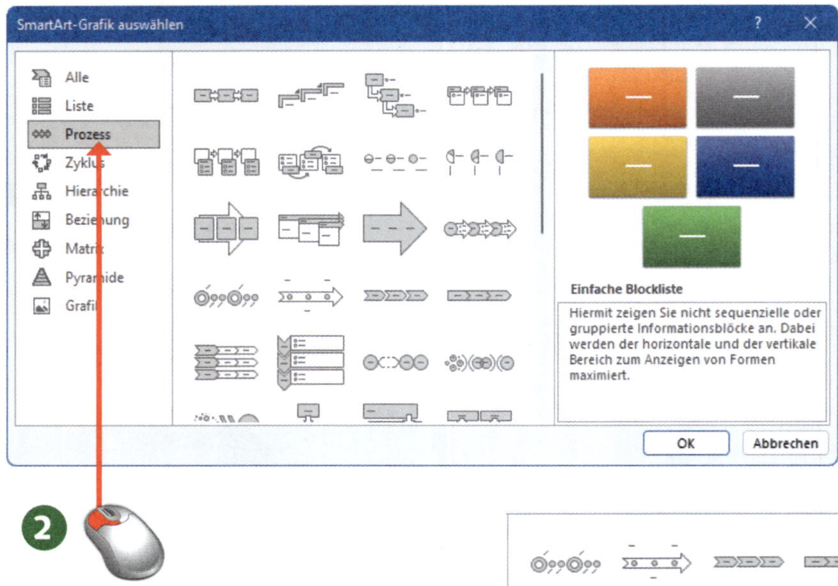

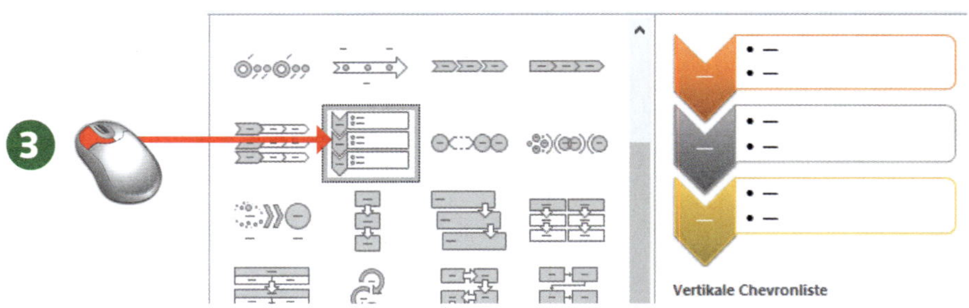

1 Schalten Sie um auf das Register *Einfügen* und wählen Sie *Illustrationen/SmartArt*.

2 Sieben Kategorien stehen zur Auswahl, klicken Sie die passende an …

3 … und suchen Sie eine Diagrammart für Ihr Schaubild, zum Beispiel eine Chevronliste.

WISSEN

SmartArts sind Illustrationsvorlagen für Schaubilder, die nicht wie Diagramme Zahlenwerte sammeln oder vergleichen, sondern Schlagwörter, Botschaften, Abläufe oder Prozessbeschreibungen enthalten. Sehen Sie sich das Angebot an, Sie werden überrascht sein, wie viele SmartArts es gibt.

HINWEIS

SmartArt ist ein Office-Programm, es steht auch für Word und PowerPoint zur Verfügung.

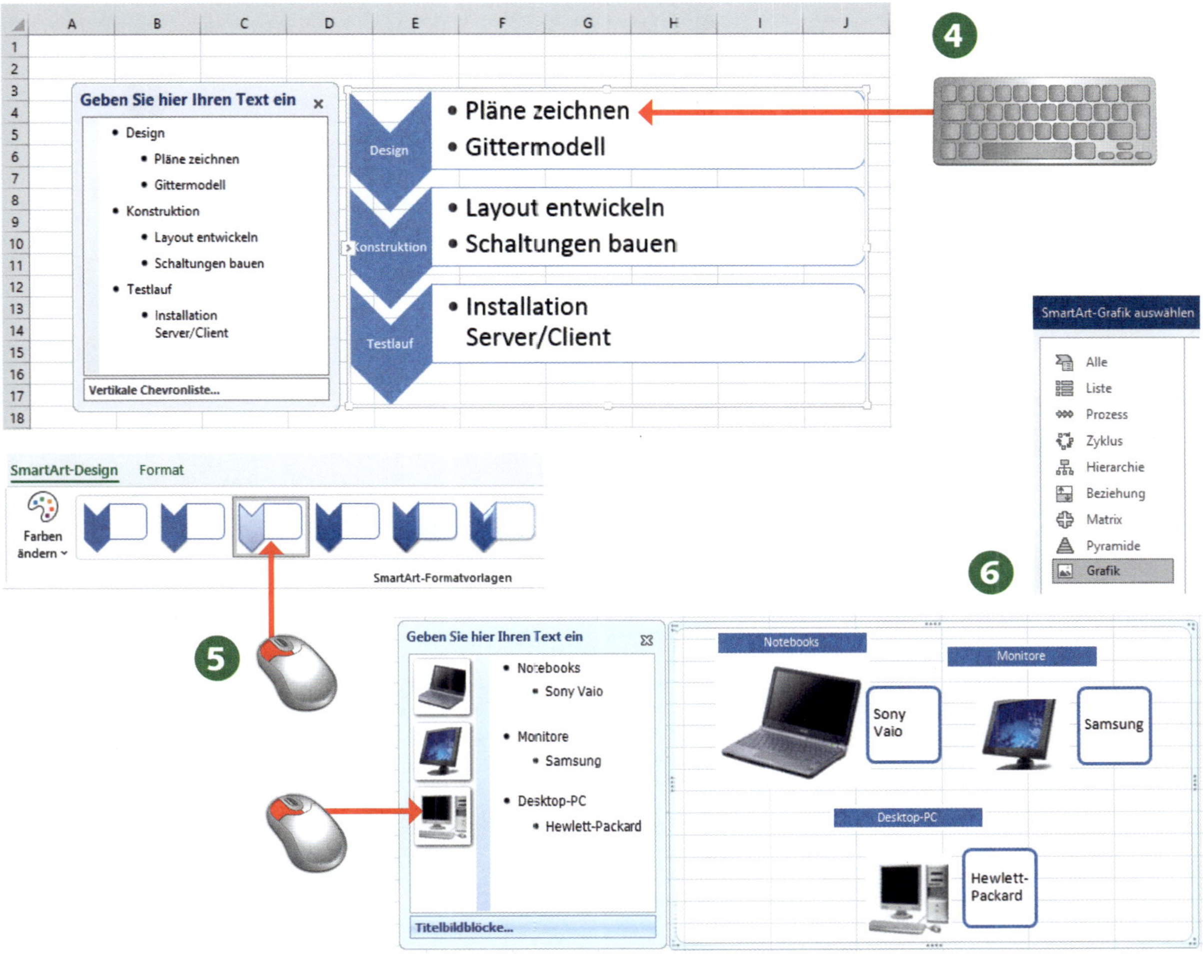

4 Schreiben Sie die Textabsätze in das Textfeld.

5 Im Menüband taucht ein neues Register *SmartArt-Design* auf, wählen Sie hier eine Formatvorlage.

6 Sehen Sie sich auch die anderen Kategorien an. Die Kategorie *Grafik* bietet SmartArts zum Einbinden von Bildvorlagen an.

Ende

TIPP

Texte schreiben:
↵: fügt eine neue Zeile ein
⇆: Zeile eine Ebene tiefer
⇧+⇆: Zeile eine Ebene höher
⇐: Ebene löschen

HINWEIS

Achten Sie auf die Beschreibung im Fenster *SmartArt auswählen*. Sie zeigt, zu welchem Zweck und mit welcher Botschaft die jeweilige SmartArt-Vorlage zum Einsatz kommt.

Start

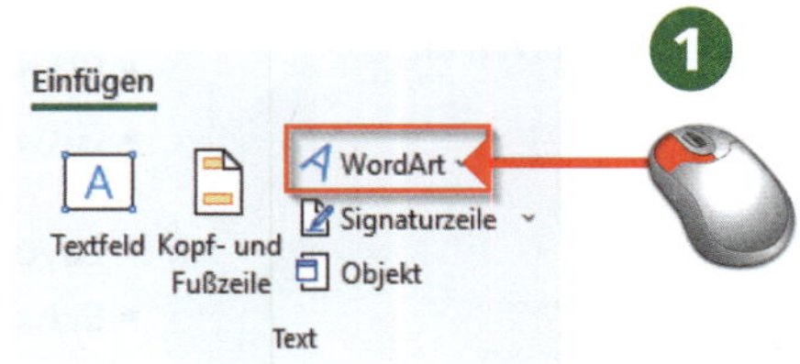

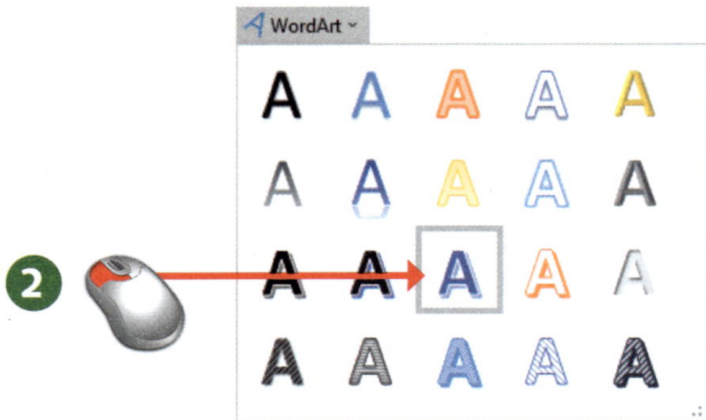

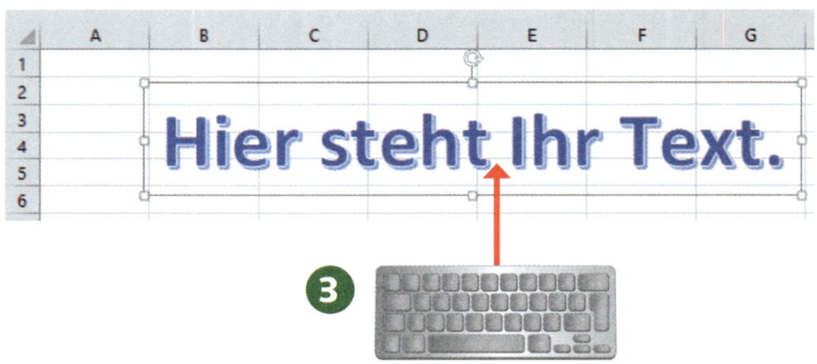

1. Wählen Sie *Einfügen/Text/WordArt*.

2. Markieren Sie eine Formatvorlage für Ihren Designtext …

3. … und überschreiben Sie den Standardtext per Eingabe über die Tastatur.

WISSEN

Auch Überschriften oder andere Texte auf der Tabelle müssen nicht langweilig sein. Gestalten Sie Ihre Texte doch einmal wie auf dem Werbeplakat mit Füllmustern, gedrehten Perspektiven und 3D-Effekten.

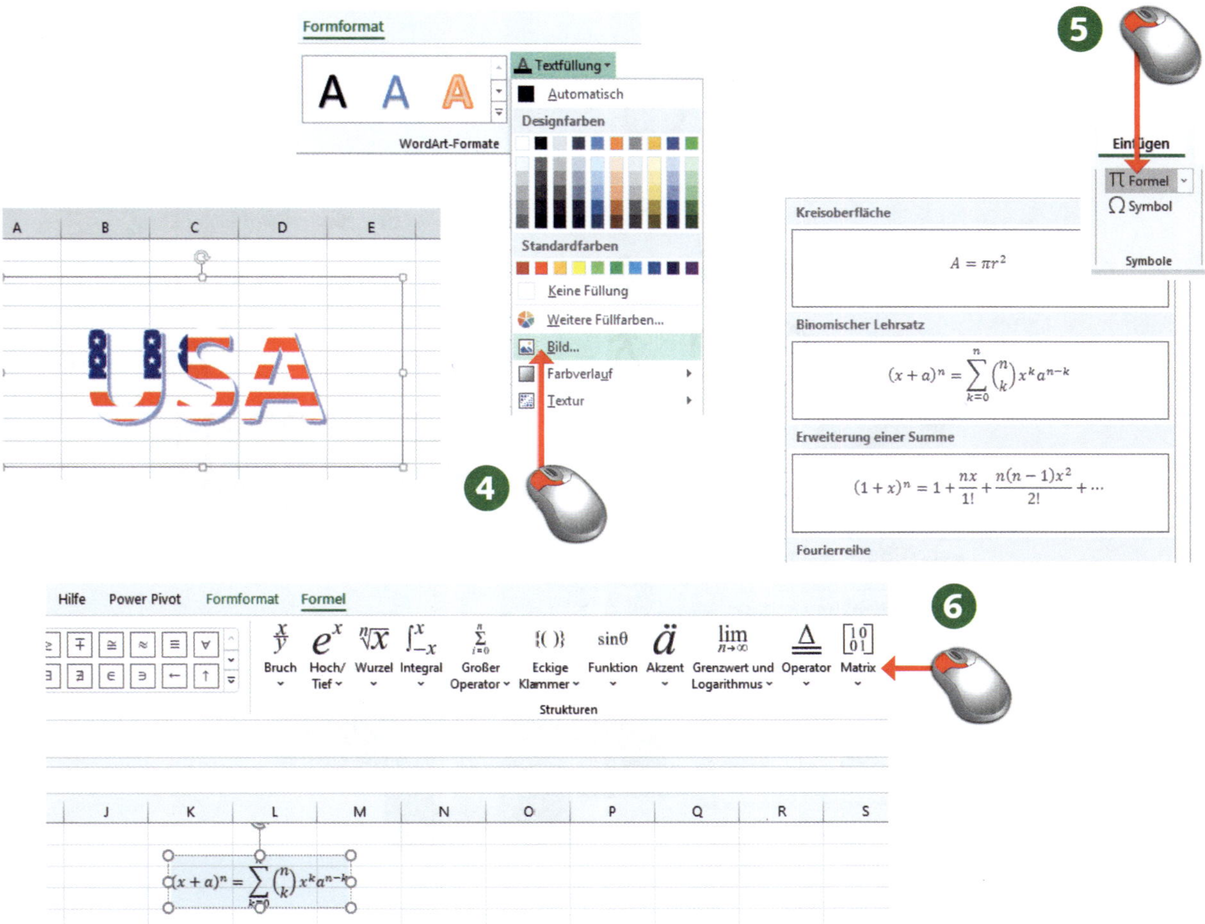

4 Die Registerkarte *Formformat* bietet neben den WordArt-Formaten auch Textfüllungen und Texteffekte, hier ein Bild im Hintergrund.

5 Wählen Sie *Einfügen/Formel*, wenn Sie mathematische Formeln brauchen. Bearbeiten Sie das Objekt über *Formel*.

6 Die Registerkarte *Formel* wird aktiv, holen Sie Symbole und Strukturen an der Cursorposition in die Formel.

Ende

TIPP

Nutzen Sie in mathematischen Formeln auch das Kontextmenü mit dem Eintrag *Mathematikoptionen*.

FACHWORT

WordArt ist ein Office-Programm, es steht auch für Word und PowerPoint zur Verfügung.

HINWEIS

Schrift und Schriftformate ändern Sie am besten im Kontextmenü. Klicken Sie den WordArt-Text mit der rechten Maustaste an.

Start

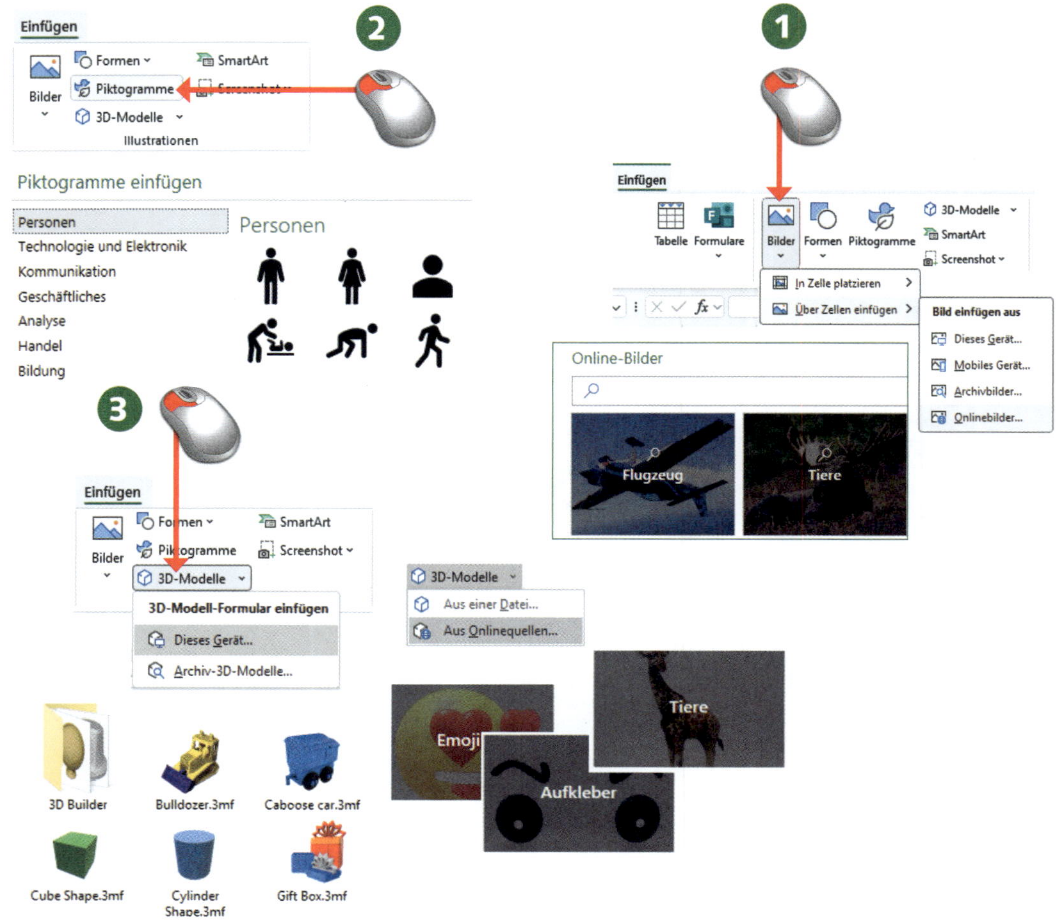

1. Wählen Sie *Einfügen/Illustrationen/Bilder/Über Zellen einfügen/Onlinebilder*. Geben Sie einen Suchbegriff ein und holen Sie Bilder aus dem Internet.
2. Piktogramme sind kleine Schwarz-Weiß-Bilder zur Gestaltung von Formularen und Schaubildern.
3. Holen Sie 3D-Modelle aus den Dateibibliotheken der App *3D Builder* oder aus dem Internet.

WISSEN

Ob Onlinebilder, Piktogramme oder 3D-Modelle – das Angebot an Illustrationen ist enorm. Suchen Sie das passende Objekt, um Ihre Tabellen auszuschmücken.

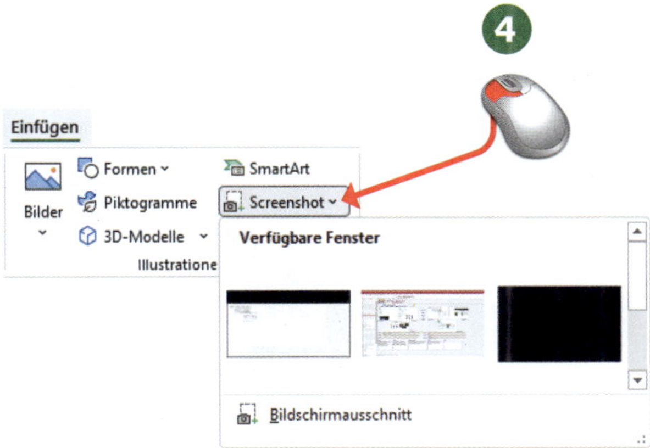

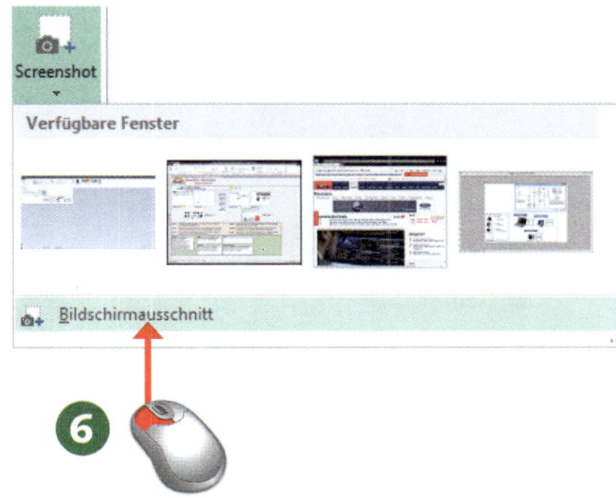

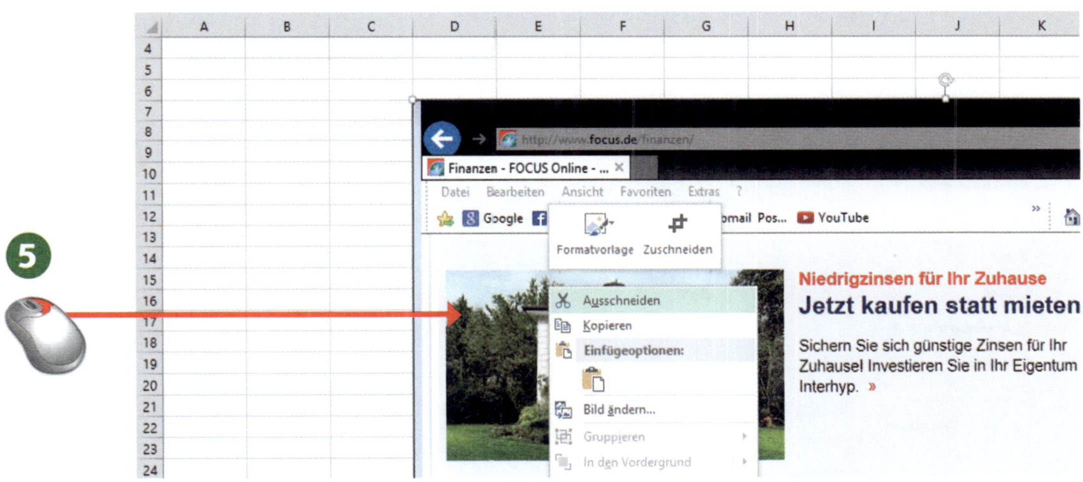

4 Wählen Sie *Einfügen/Illustrationen/Screenshot* und markieren Sie das Fenster, von dem Sie ein »Foto« schießen wollen.

5 Der Screenshot wird eingefügt, Sie können ihn (per rechtem Mausklick ins Bild) als Bildobjekt bearbeiten. Internetseiten lassen sich als Links anlegen.

6 Mit *Bildschirmausschnitt* erhalten Sie einen Fadenkreuz-Anzeiger, markieren Sie damit den Ausschnitt, den Sie als Screenshot in das Tabellenblatt holen wollen.

Ende

HINWEIS

Onlinebilder können Sie auch aus Ihrem OneDrive-Verzeichnis in der Cloud holen.

HINWEIS

Nutzen Sie das Register *Bildformat*, um die Grafikobjekte zu formatieren, Bildeffekte zuzuweisen oder die Qualität der Bilder zu verbessern.

TIPP

Achten Sie bei der Verwendung von Bildmaterial darauf, dass Sie keine Lizenzen übersehen. Kreuzen Sie die Option *Nur Creative Commons* an.

Start

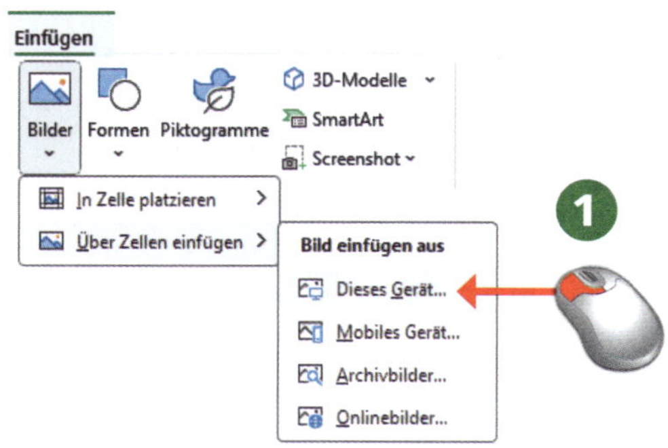

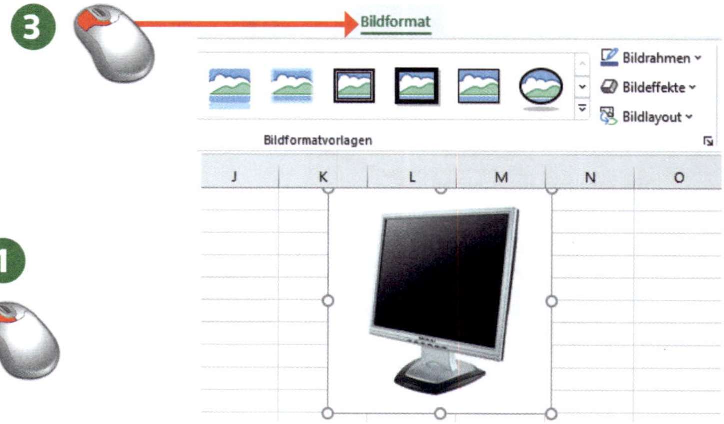

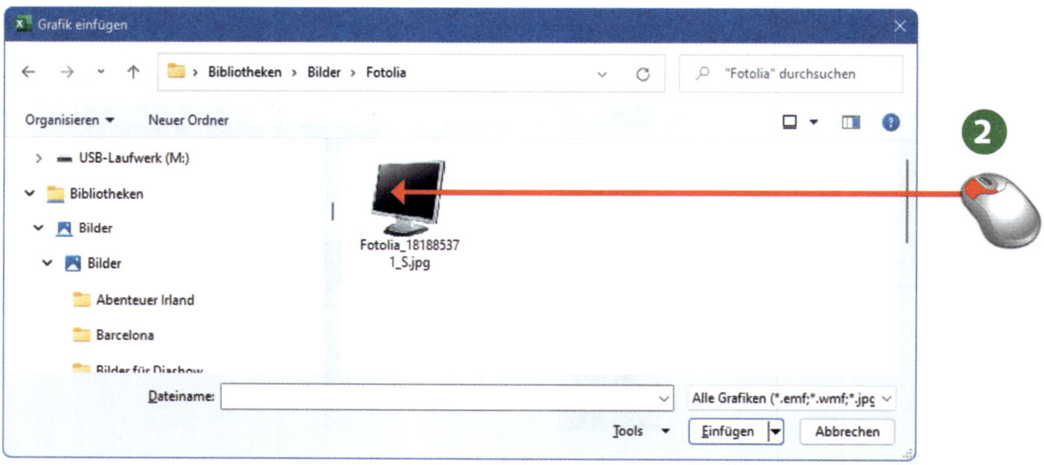

1. Schmücken Sie Ihre Tabelle mit einer Grafik aus einer Grafikdatei, wählen Sie dazu *Einfügen/Illustrationen/Bilder/Über Zellen einfügen/Dieses Gerät*.
2. Schalten Sie auf den Ordner, in dem das Bild gespeichert ist, markieren Sie die Grafik und klicken Sie auf *Einfügen*.
3. Das Bild wird eingefügt, Sie können es über die Ziehpunkte verkleinern und vergrößern oder mit den Werkzeugen unter *Bildformat* bearbeiten.

WISSEN

Fotos, Schaubilder, Logos und andere Grafiken speichern Sie als Dateien, meist im Standardformat JPEG. Importieren Sie diese Grafiken und illustrieren Sie damit Ihre Tabellen und Diagramme. Wenn die Grafik nicht passend ist, bearbeiten Sie sie vorher. Grafiken für Excel-Tabellen können in allen gängigen Formaten (PNG, JPEG, GIF, WMF u. a.) vorliegen. Der Dateidialog bietet alle Dateitypen zur Auswahl an.

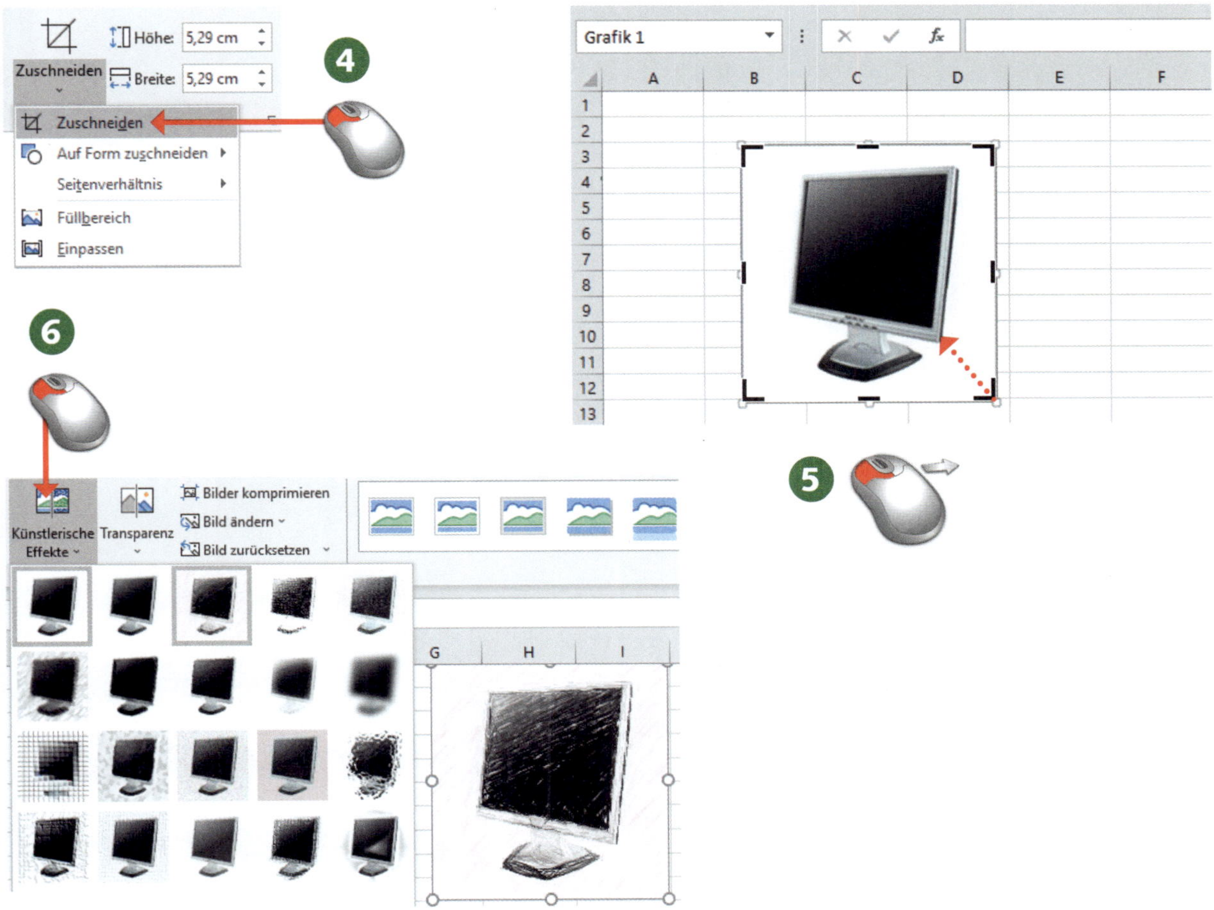

4 Klicken Sie unter *Bildformat/Größe* auf *Zuschneiden*.

5 Ziehen Sie die Randmarkierungen mit dem Mauszeiger, um das markierte Bild zu beschneiden.

6 Nutzen Sie die Bildformatvorlagen und weitere Werkzeuge unter *Bildformat*, um Ihre Bildobjekte zu verbessern.

Ende

TIPP

Achten Sie auf die Größe der Grafik: Digitale Fotos mit 2.500 x 2.000 Pixel sind im Tabellenblatt ca. 80 x 100 cm groß und belegen 50 Spalten und 160 Zeilen. Mit *Größe* und *Eigenschaften* im Kontextmenü können Sie die Größe schnell reduzieren.

HINWEIS

Wählen Sie statt *Einfügen* im Dateidialog *Mit Datei verknüpfen*, wird das Objekt mit der Datei verknüpft und automatisch angepasst, wenn das Bild neu gespeichert wird.

11

Spezialtechniken

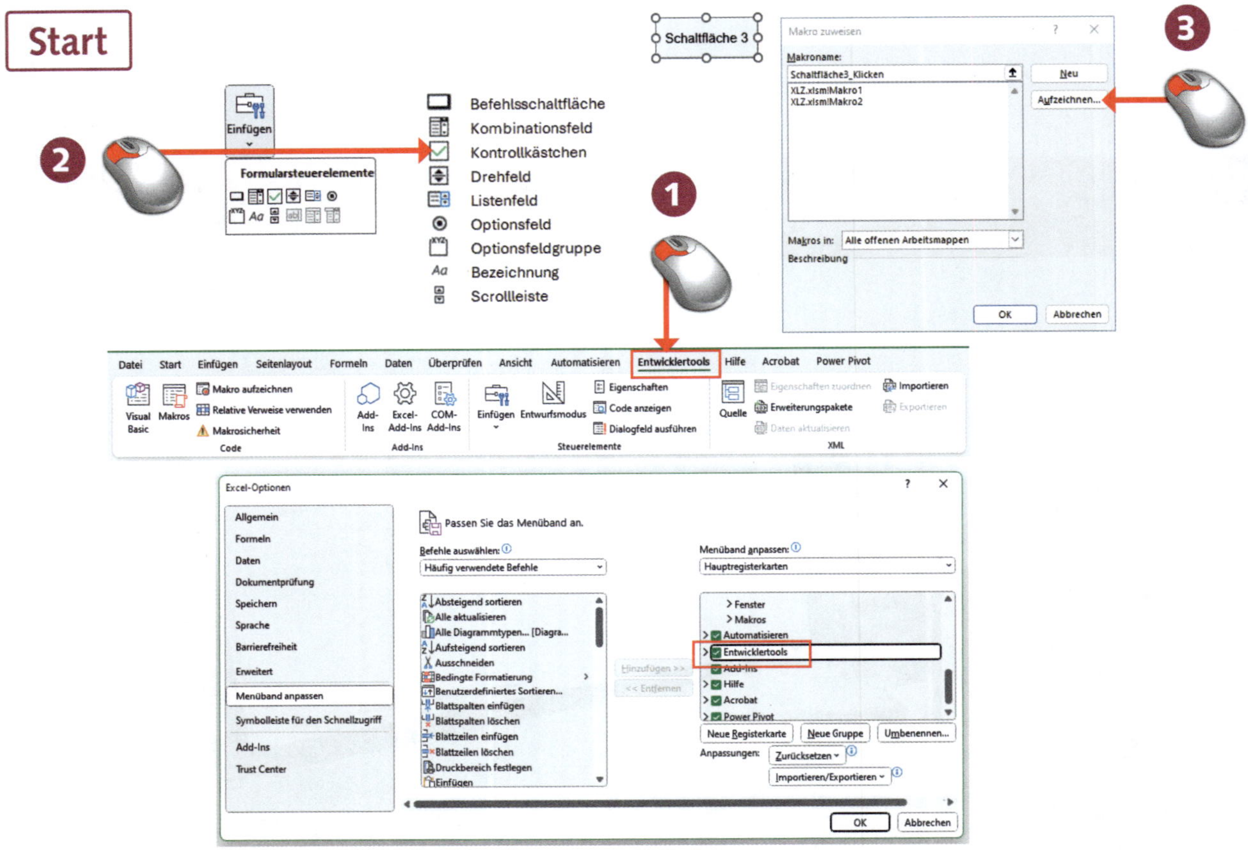

1. Schalten Sie unter *Datei/Optionen/Menüband anpassen* die Registerkarte *Entwicklertools* ein. Das neue Register wird nun in der Menüleiste angeboten.

2. Unter *Einfügen/Formularsteuerelemente* finden Sie Zeichenwerkzeuge für Formulare. Klicken Sie ein Werkzeug an und zeichnen Sie mit gedrückter Maustaste ein Objekt in das Tabellenblatt.

3. Die Schaltfläche wird mit einem Makro verbunden. Klicken Sie darauf, startet das Makro. Mit *Aufzeichnen* lässt sich das Makro als VBA-Code aufzeichnen.

WISSEN

Formularwerkzeuge sind nützliche Helfer bei der Gestaltung von Zellbereichen und der Ausarbeitung von Tabellenmodellen. Zeichnen Sie Formularobjekte ein, weisen Sie ihnen Inhalte und Zielverknüpfungen zu und werten Sie die Ergebnisse mit logischen Funktionen in Formeln aus.

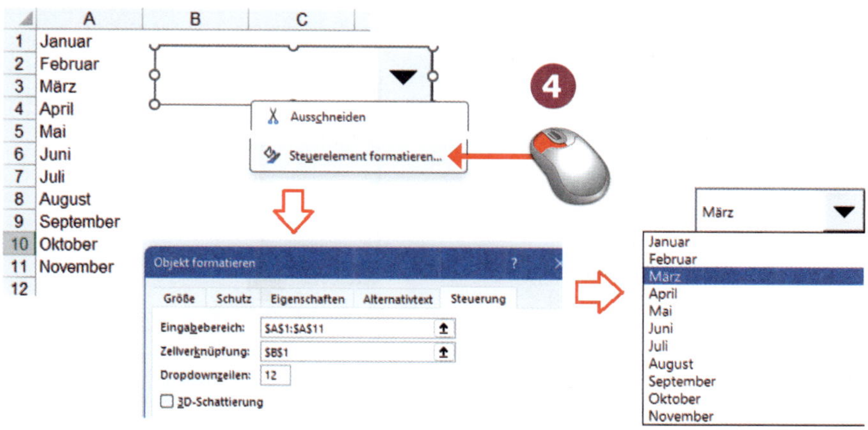

5

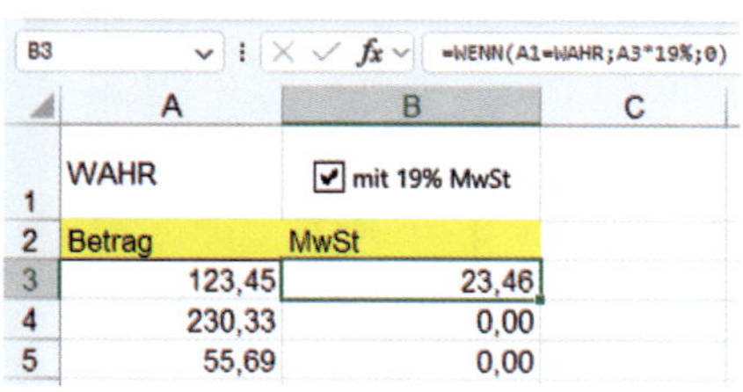

6

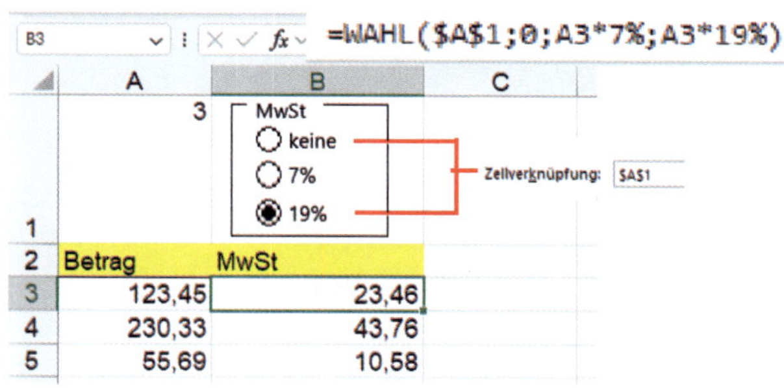

4 Kombinationsfelder und Listenfelder werden über die Eigenschaften im Kontextmenü mit einem Zellbereich verknüpft. Ein Klick, und die Nummer des gewählten Eintrags erscheint in der Zielverknüpfung.

5 Das Kontrollkästchen liefert WAHR oder FALSCH an die Zielverknüpfung (rechte Maustaste, *Eigenschaften*). Nutzen Sie es in Formeln für Varianten.

6 Optionsfelder werden in eine Gruppe gezeichnet und bekommen eine einheitliche Zielverknüpfung. Das Ergebnis lässt sich mit Funktionen wie WAHL in Formeln auswerten.

Ende

HINWEIS

ActiveX ist eine veraltete Formulartechnik. Für normale Tabellenmodelle sind ActiveX-Objekte nicht geeignet.

HINWEIS

Unter *Start/Bearbeiten/Suchen und Auswählen* finden Sie das Symbol *Objekte auswählen*. Damit können Sie Formularelemente bequemer markieren.

Start

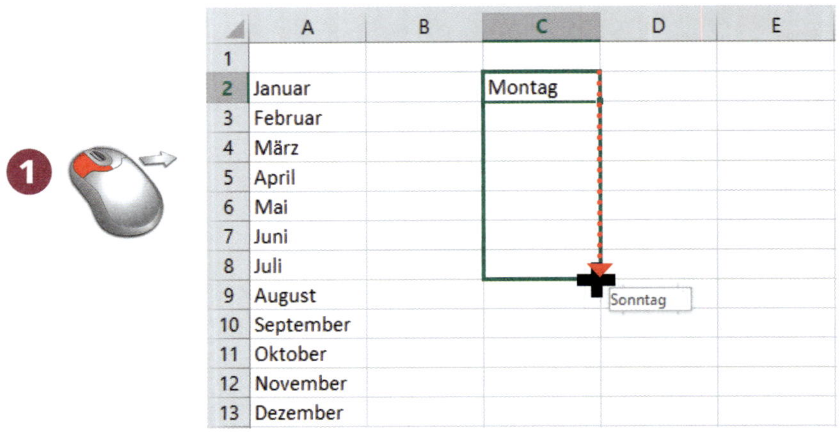

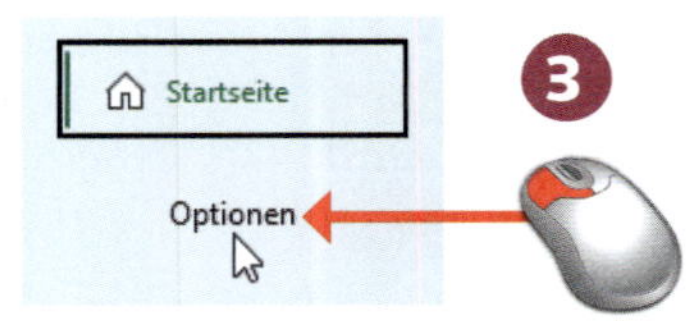

1. Füllreihen werden, wie in Kapitel 2 gezeigt, mit dem Ausfüllkästchen erzeugt. Ziehen Sie es mit gedrückter Maustaste nach unten.
2. Monate und Wochentage sind vordefiniert, Sie können auch Ihre eigenen Füllreihen erzeugen. Schreiben Sie die Reihe in ein Tabellenblatt und markieren Sie sie.
3. Aktivieren Sie die *Optionen* auf der Startseite (*Datei*-Menü), …

WISSEN

Excel stellt automatische Füllreihen für Monate (Januar bis Dezember) und Wochentage (Montag bis Sonntag) zur Verfügung. Schreiben Sie Ihre eigenen Füllreihen und speichern Sie diese als benutzerdefinierte Liste ab.

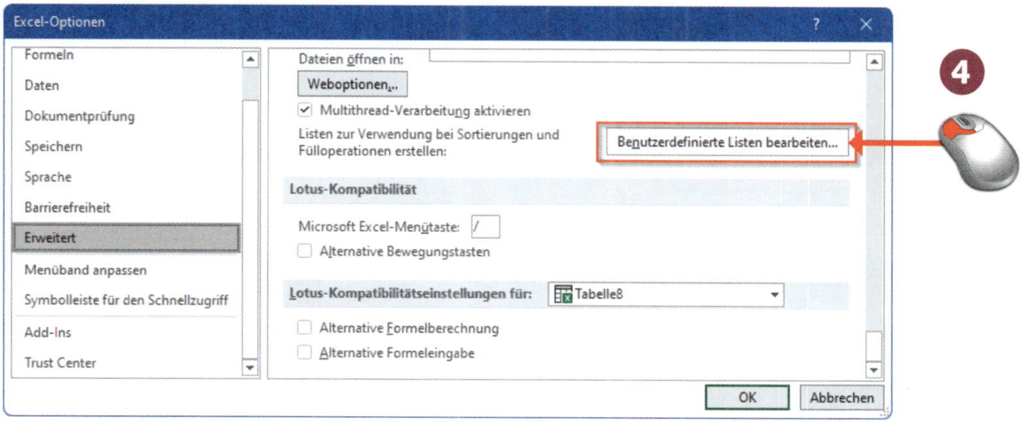

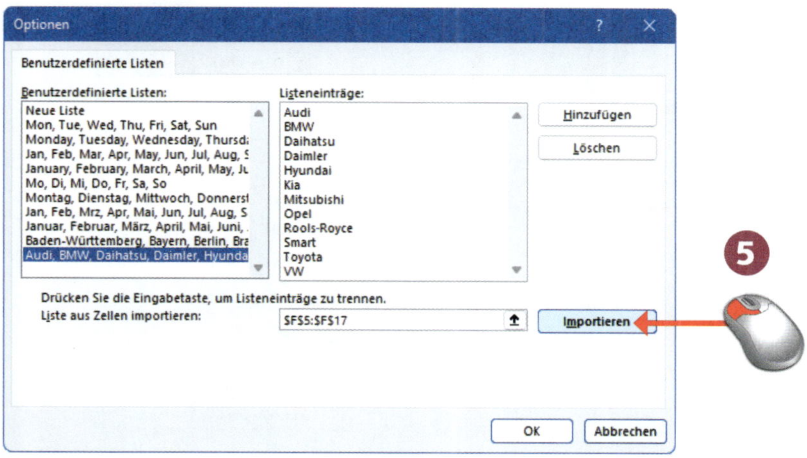

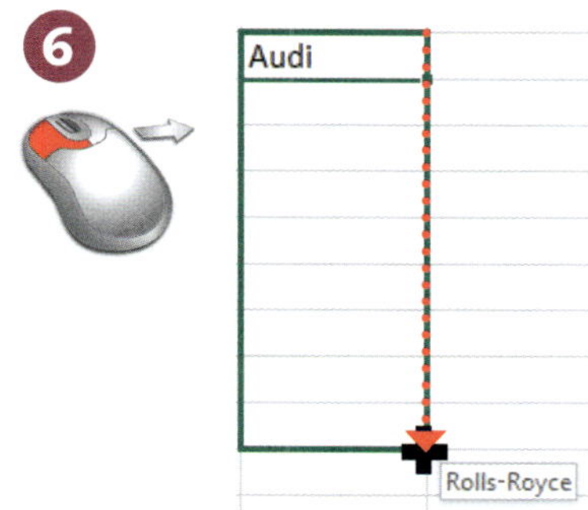

4 ... und klicken Sie auf *Benutzerdefinierte Listen bearbeiten* in der Kategorie *Erweitert*.

5 Hier werden alle Listen gespeichert und verwaltet. Mit *Importieren* holen Sie die markierte Zellreihe als neue Füllreihe in die Liste.

6 Jetzt können Sie mit einem Begriff aus der Füllreihe und dem Füllkästchen den Rest der Reihe erzeugen.

Ende

TIPP

Ziehen Sie das Füllkästchen mit der rechten Maustaste. Das Kontextmenü bietet interessante Alternativen an, zum Beispiel bei Datumswerten für Wochentage, Monate und Jahre.

HINWEIS

Zusätzliche Füllreihen werden nicht in der aktuellen Arbeitsmappe, sondern global für die Excel-Oberfläche gespeichert. Sie stehen damit allen anderen und neuen Mappen zur Verfügung.

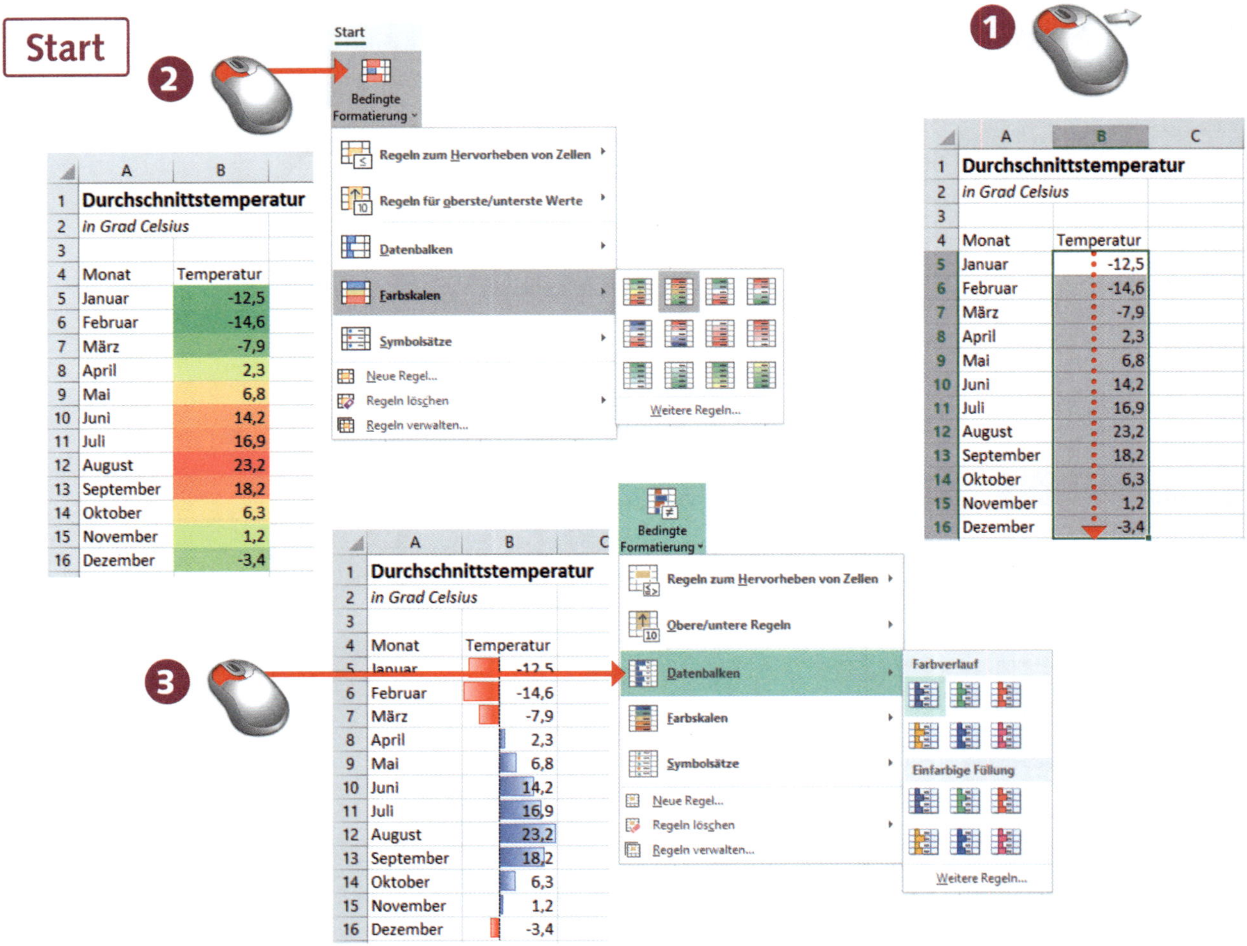

1. Markieren Sie die Zahlen, die Sie mit einem Bedingungsformat formatieren wollen, hier zum Beispiel eine Temperaturliste.
2. Wählen Sie *Start/Formatvorlagen/Bedingte Formatierung*. Weisen Sie den Zahlen eine Farbskala zu, ...
3. ... oder eine Datentabelle mit farbigen Balken, deren Größe vom Zahlenwert abhängig ist.

WISSEN

Die bedingte Formatierung hebt Wertigkeiten, Differenzen oder Abhängigkeiten zwischen Zahlenwerten in der Tabelle optisch hervor. Mit der Ampelfunktion können Sie die Zahlen mit farbigen Symbolen versehen.

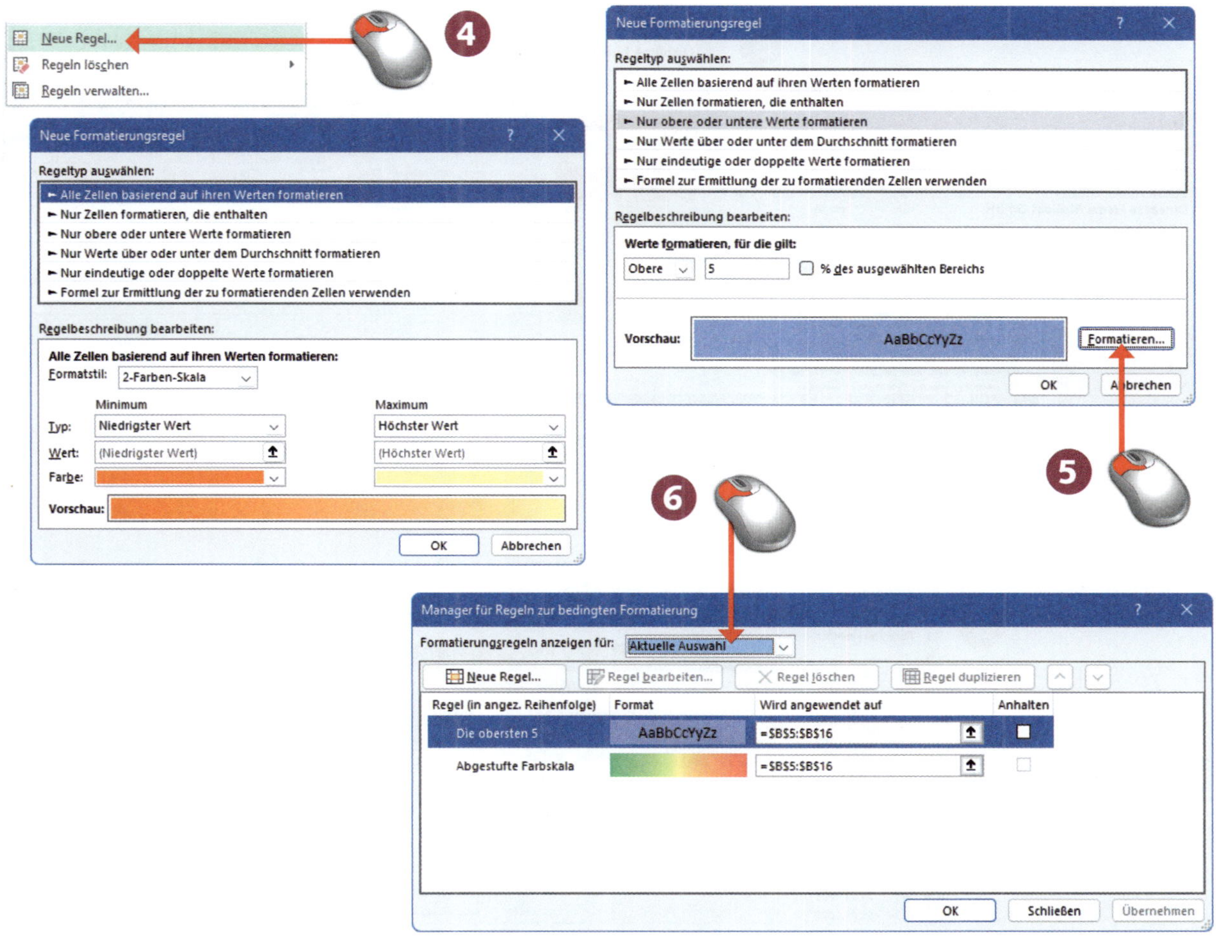

4 Klicken Sie auf die Option *Neue Regel*, finden Sie alle Regeltypen in einem Dialogfenster. Passen Sie Farben und Bedingungen an.

5 Probieren Sie auch die anderen Formatierregeln, die hier angeboten werden. Mit einem Klick auf *Formatieren* weisen Sie das Format (Muster, Schrift) zu.

6 Wählen Sie *Bedingte Formatierung/Regeln verwalten* für eine Übersicht über alle Regeln. Hier können Regeln geändert und gelöscht werden.

TIPP

Achten Sie auf den Unterschied zwischen relativen und absoluten Adressen: Ein Bezug mit $-Zeichen bleibt unverändert, und das gilt auch für Bedingungsformate.

HINWEIS

Markieren Sie immer alle Zahlen, die Sie formatieren wollen, bevor Sie die Bedingungsformate zuweisen.

HINWEIS

Bedingungsformate ersetzen allgemeine Formatierungen wie Hintergrundfarben, falls diese zur Formatregel gehören.

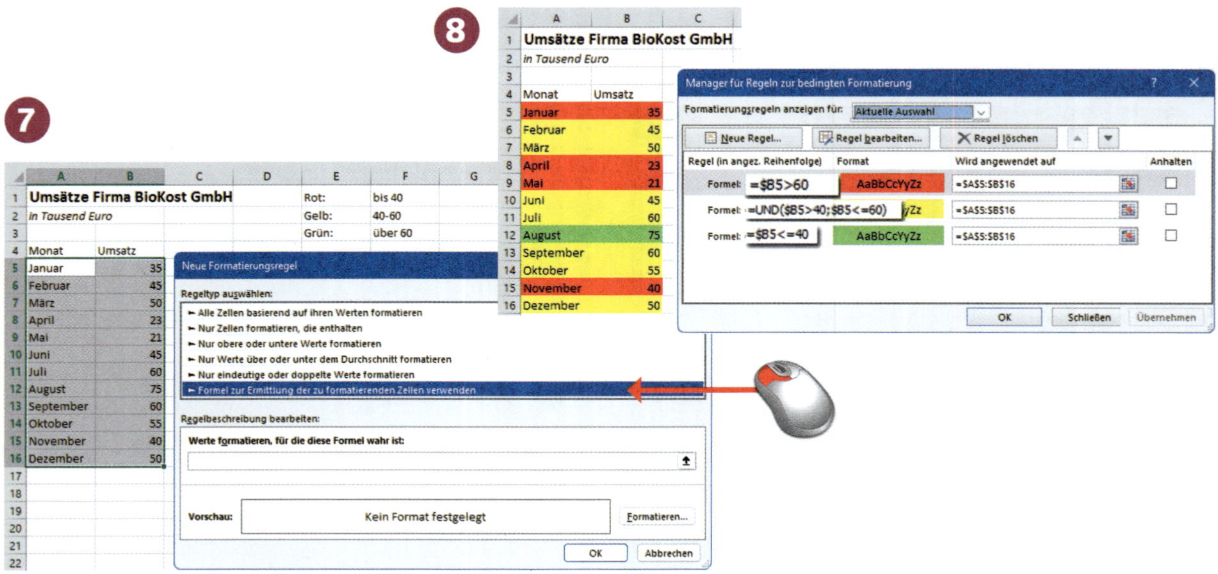

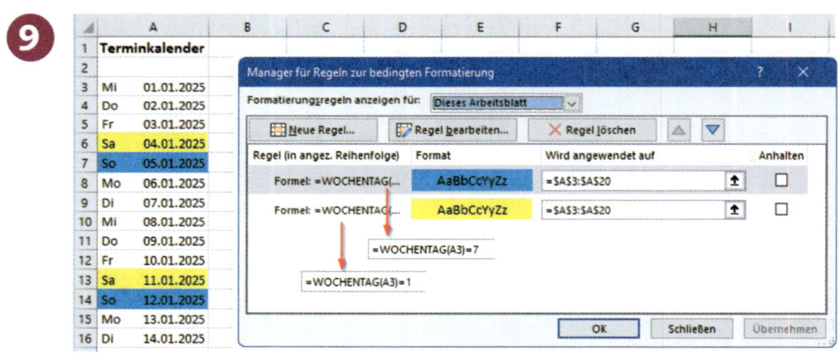

7 Für eine Ampelformatierung tragen Sie die Monatsumsätze in eine Tabelle ein und bestimmen die Ober- und Untergrenzen.

8 Wählen Sie den Regeltyp *Formel zur Ermittlung der zu formatierenden Zellen verwenden* und tragen Sie die Formeln ein.

9 Bedingungsformatformeln können auch Funktionen enthalten. Hier werden in einem Terminkalender die Samstage und Sonntage formatiert.

WISSEN

Weit mehr als nur Farbunterscheidungen nach Zahlengrößen bietet die formelbedingte Formatierung: Vergleichen Sie den Zellinhalt mit einer Formel, die mit logischen Operatoren (größer, kleiner, ...) arbeitet oder Funktionen verwendet.

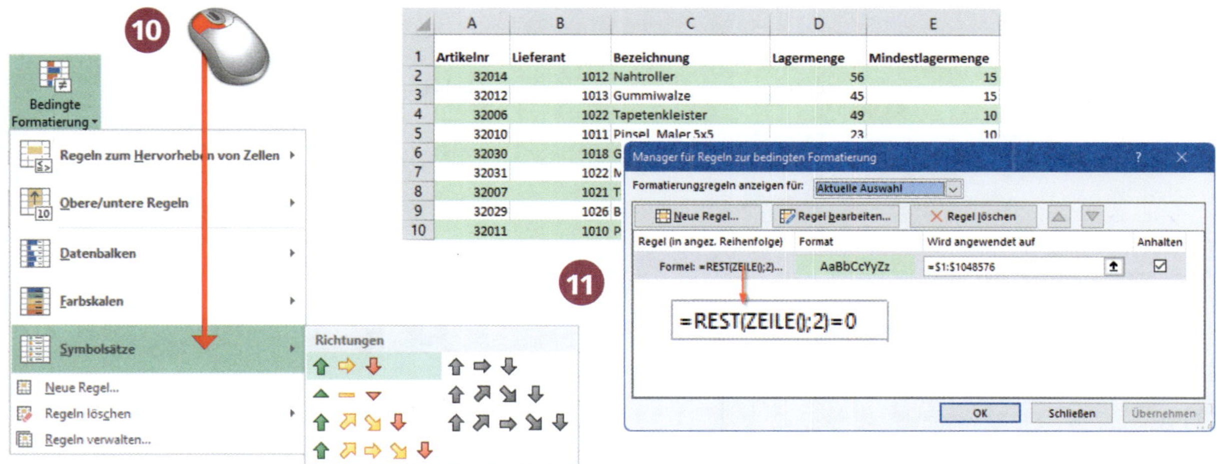

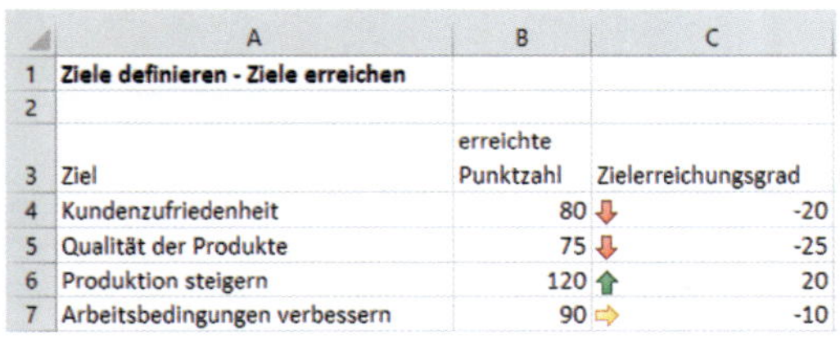

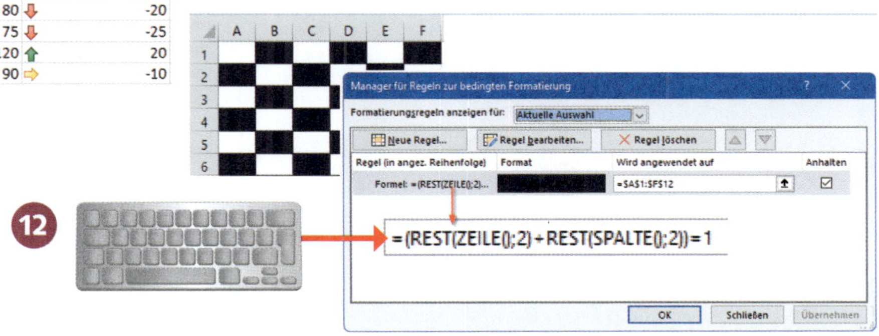

10 Um die Zellen mit Symbolen zu versehen, wählen Sie *Bedingte Formatierung/ Symbolsätze*.

11 Hier kommen die Funktionen REST und ZEILE zum Einsatz, um jede zweite Zeile zu formatieren. Markieren Sie vorher alle Zellen.

12 In Kombination mit der Funktion SPALTE können Sie sogar ein Schachbrett mit bedingten Formaten zeichnen.

Ende

TIPP

Wenn Sie mit Funktionen arbeiten, achten Sie darauf, dass die Zellbezüge in den Argumenten relativ (ohne $) angegeben werden. Nur so gilt die Funktion für alle markierten Zellen.

HINWEIS

Mit *Nur Symbol anzeigen* im Regel-Manager blenden Sie den Zellinhalt aus.

Start

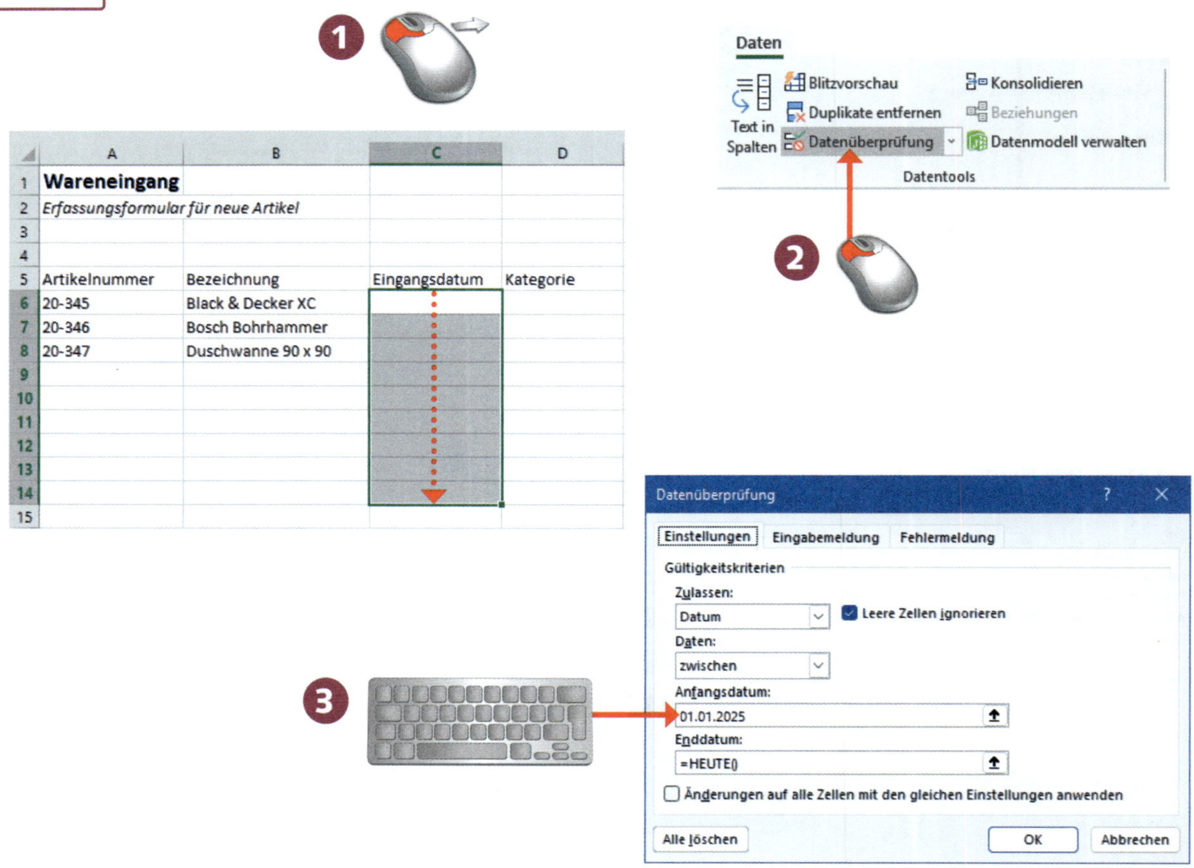

1. Markieren Sie den Bereich in der Tabelle, dem Sie eine Datenüberprüfung zuweisen wollen.
2. Wählen Sie *Daten/Datentools/Datenüberprüfung*.
3. Stellen Sie das Gültigkeitskriterium (hier Datum) ein und bestimmen Sie die Gültigkeitsregel (hier sind nur Datumswerte bis zum Tagesdatum erlaubt).

WISSEN

Die Datenüberprüfung schützt Ihre Tabelle vor falschen Datentypen, was besonders für Listen und PivotTables wichtig ist. Weisen Sie einzelnen Zellbereichen eine Datenüberprüfung zu, die erfasste Daten abprüft und falsche Eingaben zurückweist.

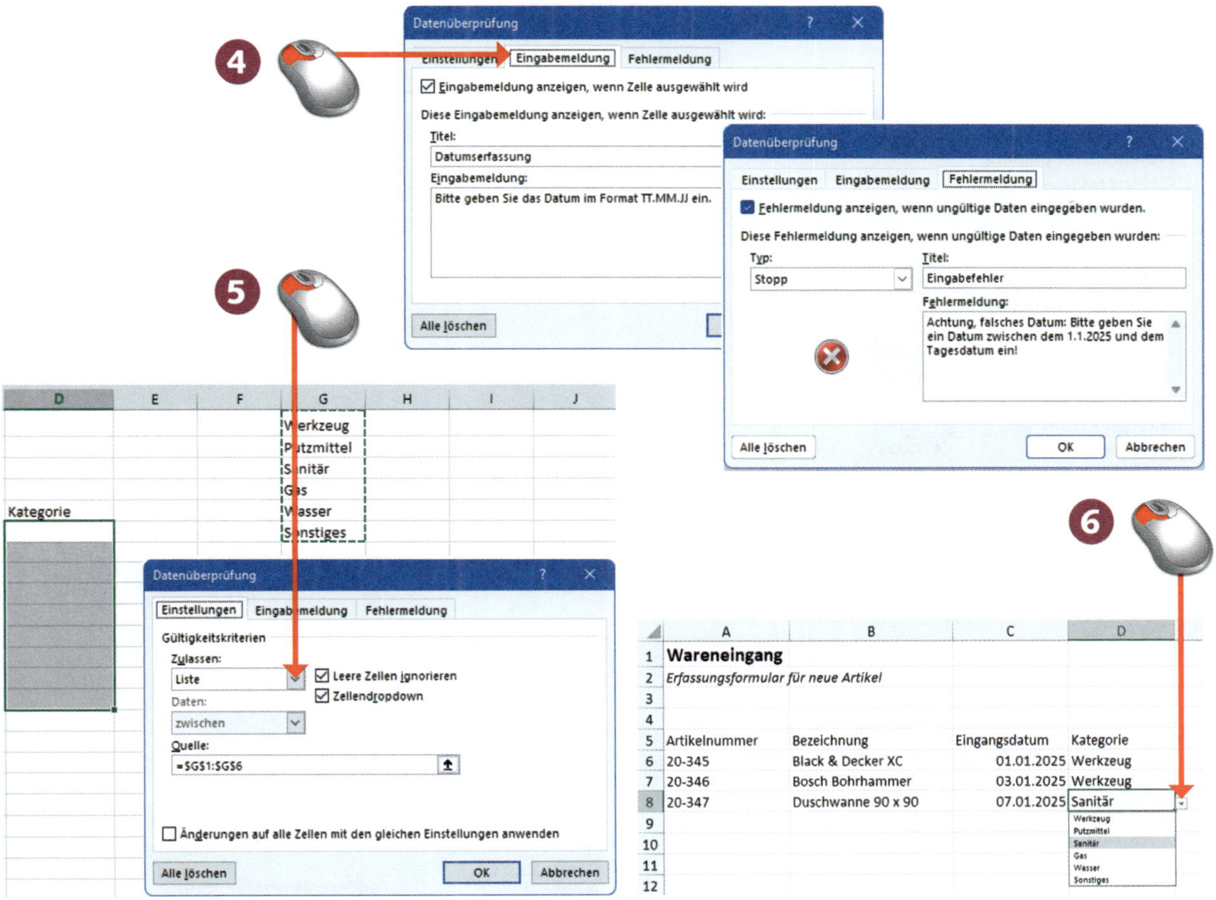

4 Unter *Eingabemeldung* legen Sie fest, was die QuickInfo am Zellzeiger anzeigt, und die *Fehlermeldung* erscheint, wenn die Gültigkeitsregel verletzt wird.

5 Für eine Gültigkeitsliste schalten Sie unter *Zulassen* auf *Liste* und geben den Listenbereich als Quelle an.

6 Jetzt bieten die Zellen mit dieser Datenüberprüfung mit einem Klick auf das Pfeilsymbol die Listenelemente an.

Ende

HINWEIS

Die Optionen *Ungültige Daten einkreisen* und *Gültigkeitskreise löschen* brauchen Sie, um Daten zu markieren, die vor der Zuweisung der Datenüberprüfung erfasst waren oder per Makro eingefügt werden.

HINWEIS

Die Quelle für die Datenüberprüfungsliste kann nur aus der gleichen Tabelle stammen, wenn Sie mit Bezügen arbeiten. Weisen Sie den Zellen in der anderen Tabelle aber einen Namen zu, können Sie diesen als Bezug für die Quelle angeben: =*Werkzeugliste*.

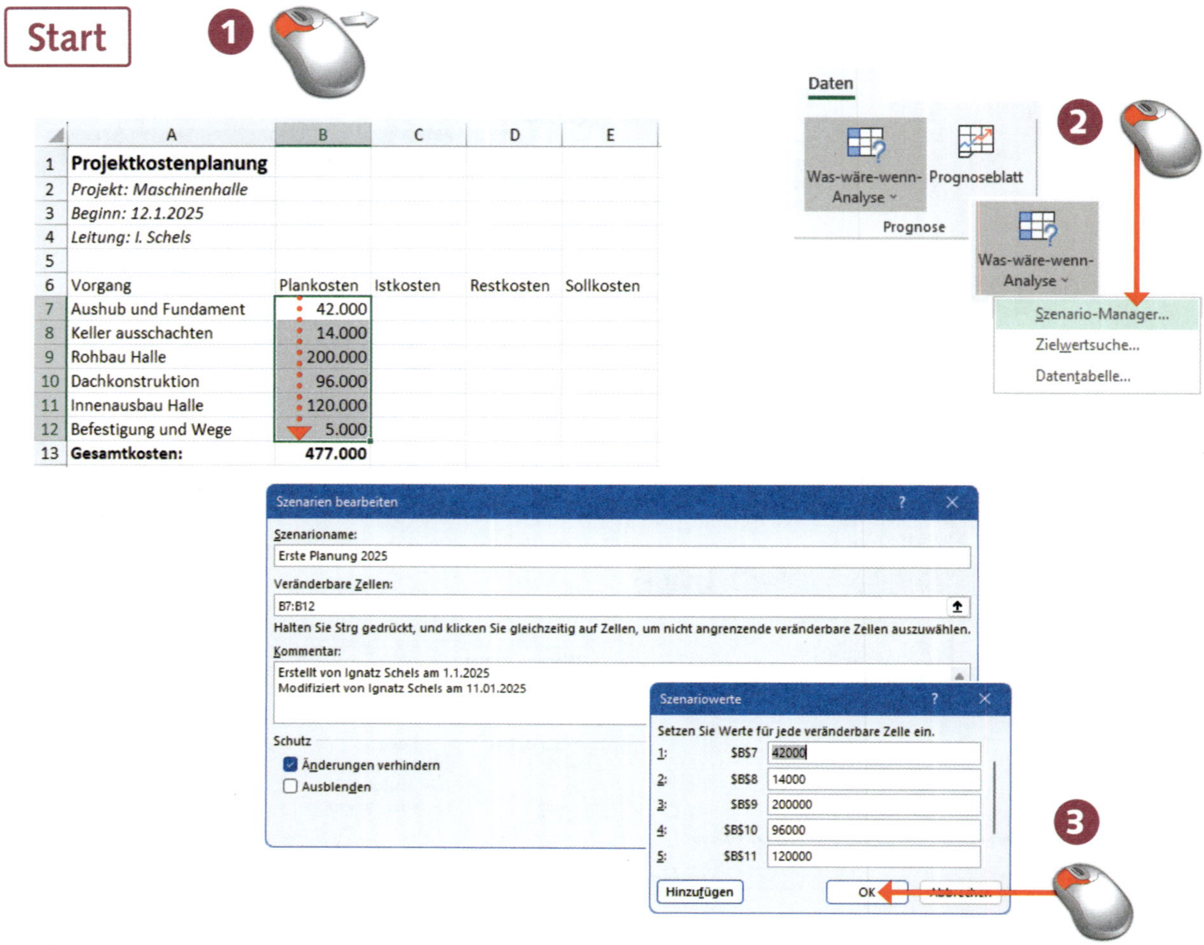

1. Erstellen Sie eine Tabelle mit Projektplankosten und markieren Sie die Zahlenwerte der Plankosten.
2. Wählen Sie *Daten/Prognose/Was-wäre-wenn-Analyse* und aktivieren Sie den *Szenario-Manager*.
3. Klicken Sie auf *Hinzufügen* und tragen Sie den Namen des ersten Szenarios mit Beschreibung ein. Die Werte aus der Markierung werden vorgeschlagen.

WISSEN

Wer mit Excel Planungen erstellt, wird häufig mit kleineren Änderungen konfrontiert sein. Bevor Sie ein neues Tabellenblatt erstellen, probieren Sie den Szenario-Manager: Er speichert Ihre alten Zahlen und stellt diese per Klick auf eine Schaltfläche wieder her. So können Sie Excel als flexibles Planungswerkzeug einsetzen.

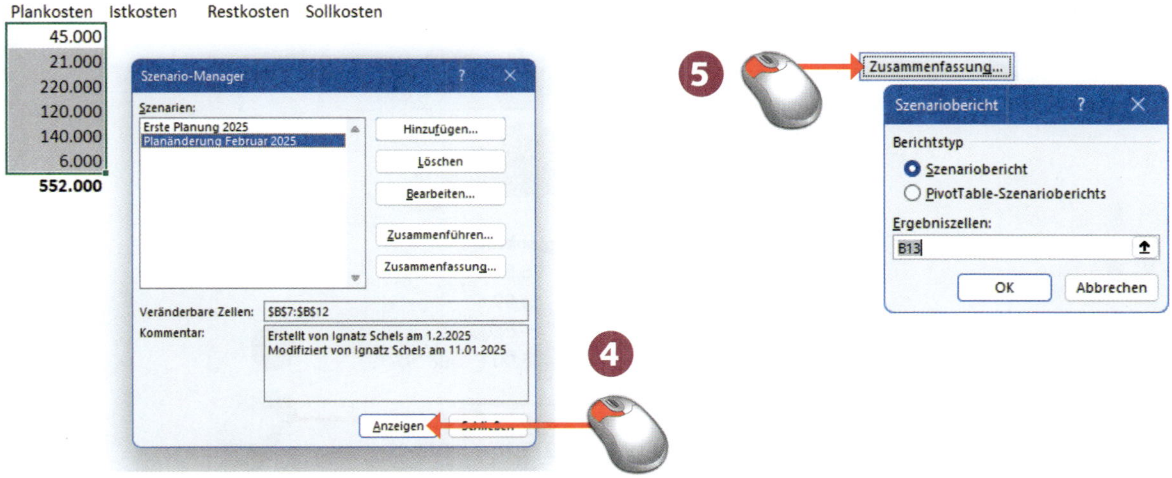

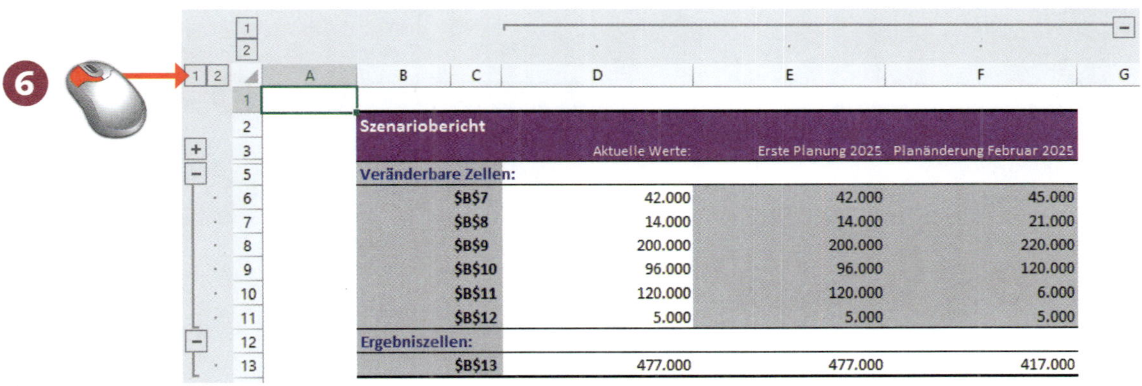

4 Erstellen Sie ein weiteres Szenario mit veränderten Werten und neuer Beschreibung. Mit *Anzeigen* schalten Sie zwischen den beiden Planungen um.

5 Wählen Sie für einen Szenariobericht *Zusammenfassung* und geben Sie die Gesamtkosten als Ergebniszelle an.

6 Der Bericht wird in einem neuen Tabellenblatt erstellt, mit den Gliederungssymbolen können Sie Teile ein- und ausblenden.

Ende

HINWEIS

Die Szenarien beschränken sich auf das aktive Tabellenblatt. Mit *Zusammenführen* im Szenario-Manager kopieren Sie Szenarien in andere Blätter.

HINWEIS

Die Anzahl möglicher Szenarien ist von der Größe des Arbeitsspeichers abhängig, die Anzahl veränderbarer Bereiche ist auf 32 beschränkt.

Start

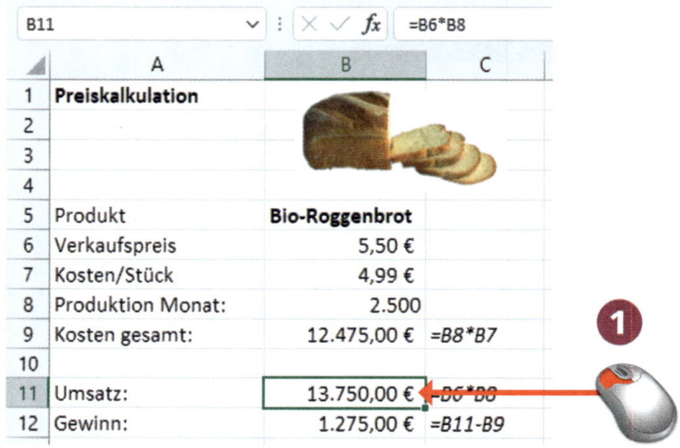

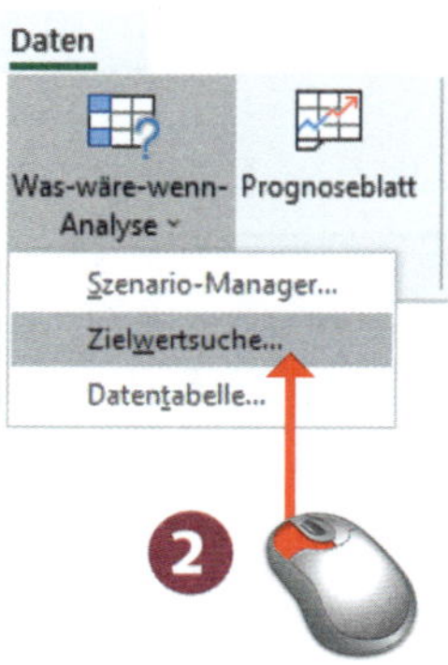

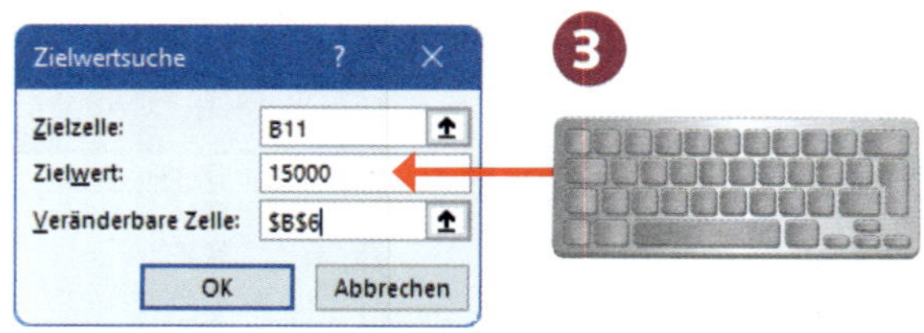

1. Wie teuer muss das Produkt sein, damit Sie 10.000 € Gewinn erwirtschaften? Markieren Sie die Zelle mit der Formel.

2. Wählen Sie *Daten/Prognose/Was-wäre-wenn-Analyse/Zielwertsuche* ...

3. ... und tragen Sie den Bezug auf die Zielzelle (Zelle mit Formel), den Zielwert und die veränderbare Zelle ein.

WISSEN

Diese beiden Analysewerkzeuge arbeiten mit Iterationen: Ein für eine Formelzelle vorgegebener Zielwert wird im Iterationsverfahren angenähert, die Faktoren gibt der Benutzer vor. Das Ergebnis kann in die Tabelle übernommen oder verworfen werden.

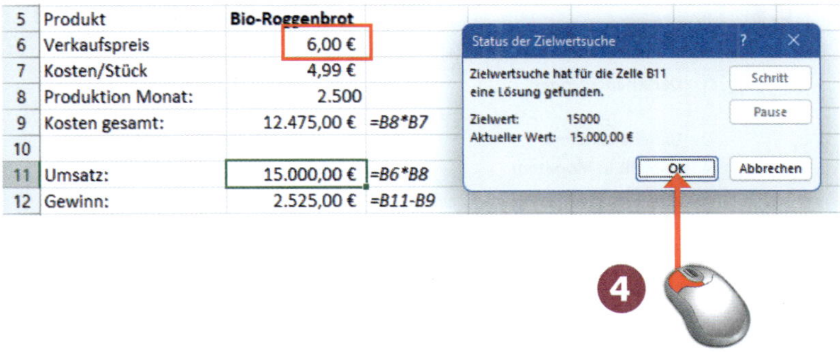

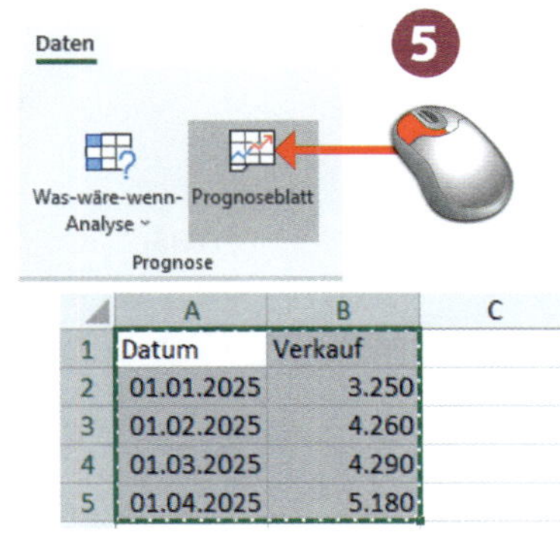

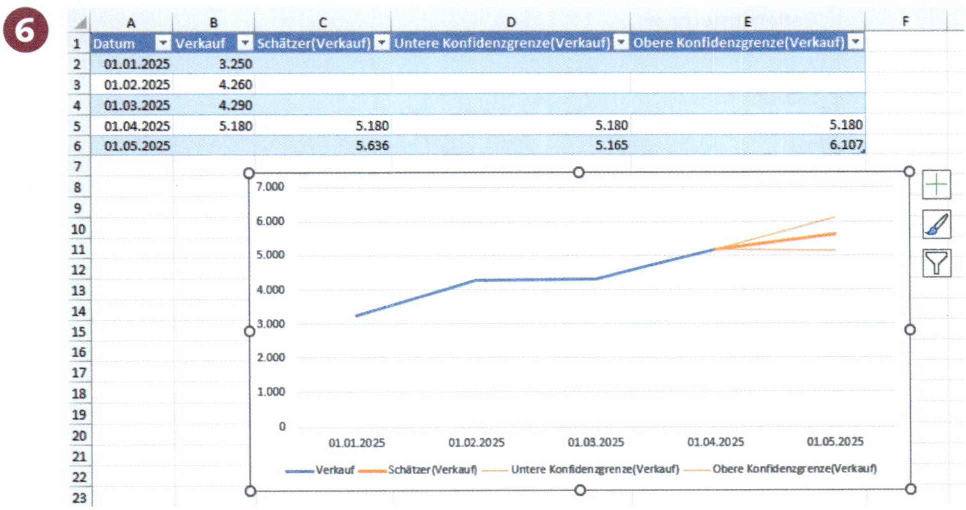

4 Nach Abschluss mit *OK* präsentiert die Zielwertsuche eine Lösung, die Sie übernehmen oder verwerfen können.

5 Markieren Sie eine Liste mit Verkaufsdaten und -zahlen und wählen Sie *Daten/Prognose/Prognoseblatt*.

6 Die Liste mit den Prognosewerten und dem Liniendiagramm mit der Prognosekurve wird in einem neuen Tabellenblatt erstellt.

Ende

TIPP

Das Prognoseblatt liefert aus Daten mit Vergangenheitswerten eine Vorhersage über die zukünftige Entwicklung.

HINWEIS

Ein weiteres Prognosewerkzeug, der Solver, muss in den Excel-Optionen unter *Add-Ins* aktiviert werden.

HINWEIS

Der Zielwert für die Zielwertsuche wird immer händisch eingetragen, er kann nicht aus einem Zellbezug stammen.

Start

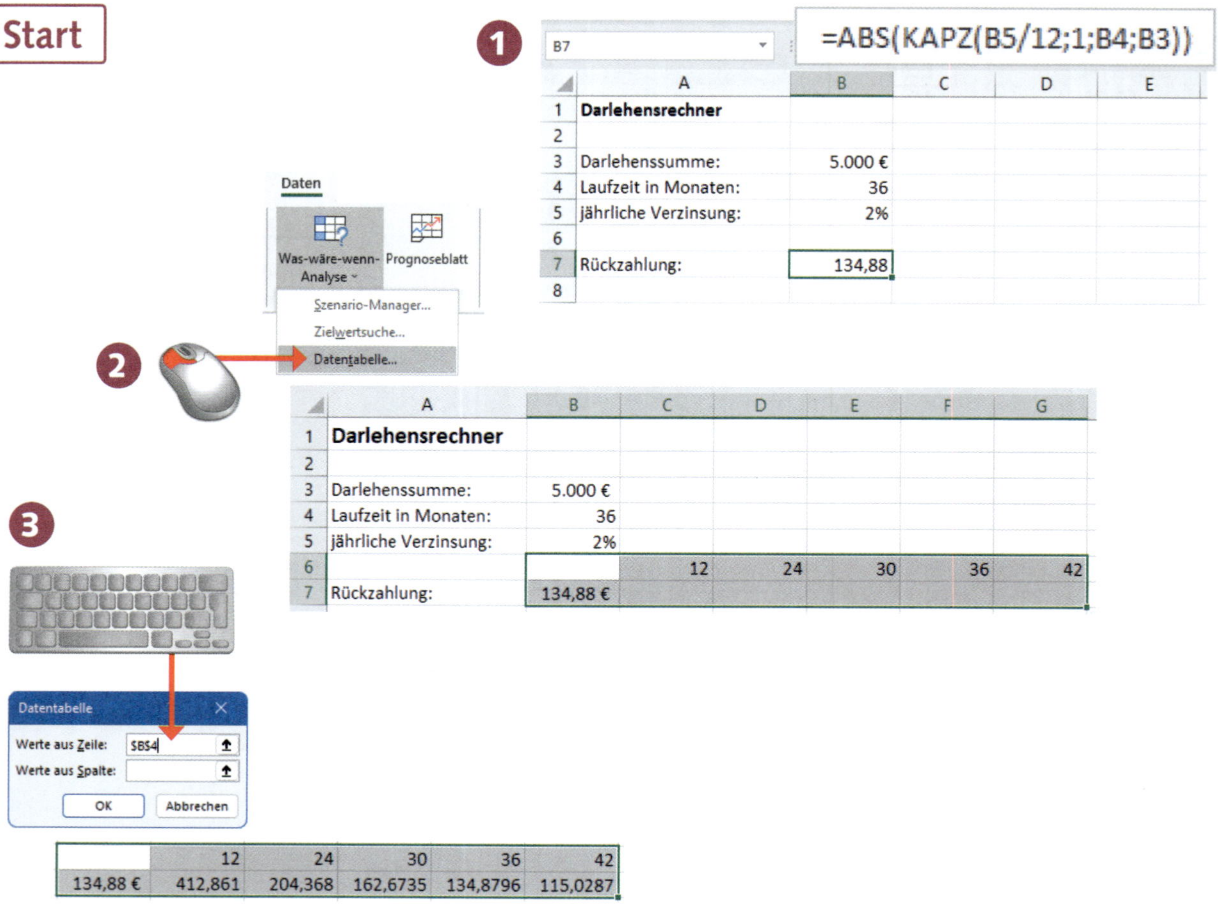

1. Mit der Funktion KAPZ berechnen Sie die erste Rückzahlungsrate für ein Darlehen unter Angabe der Laufzeit und des Zinssatzes.

2. Schreiben Sie Varianten für die Laufzeit in eine horizontale Reihe, markieren Sie sie und wählen Sie *Daten/Prognose/Was-wäre-wenn-Analyse/Datentabelle*.

3. Geben Sie im Feld *Werte aus Zeile* die Zelle mit der Laufzeit an und bestätigen Sie mit *OK*. Die Varianten werden per Mehrfachoperation berechnet.

WISSEN

Eine Datentabelle (frühere Bezeichnung: Mehrfachoperation) ist ein Bereich, der Varianten einer Formel berechnet und anzeigt. Dazu wird zeilen- und spaltenweise je eine Variantenliste erstellt, die Datentabelle rechnet im Schnittpunkt mit diesen Varianten.

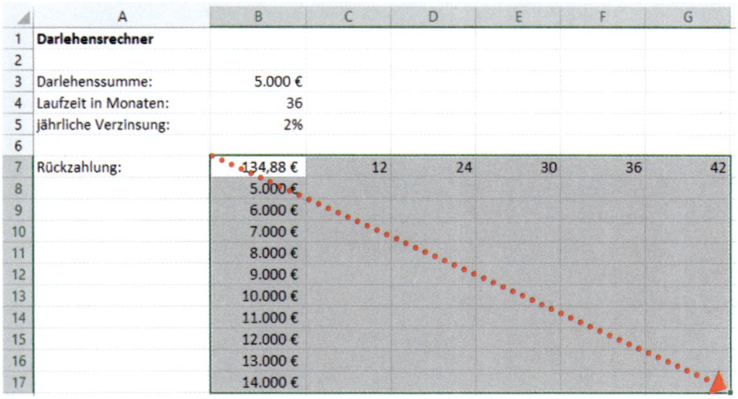

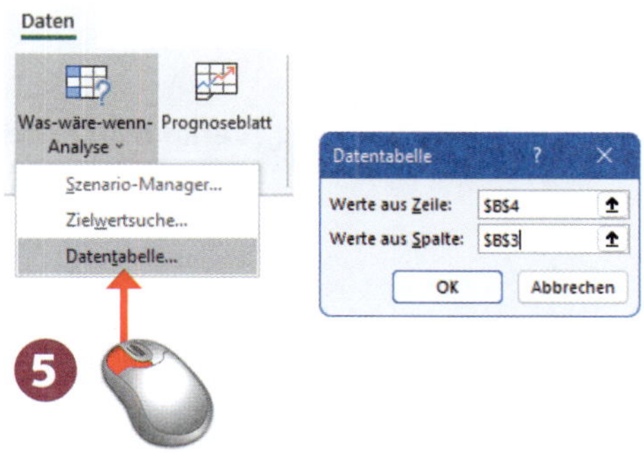

5

4

6

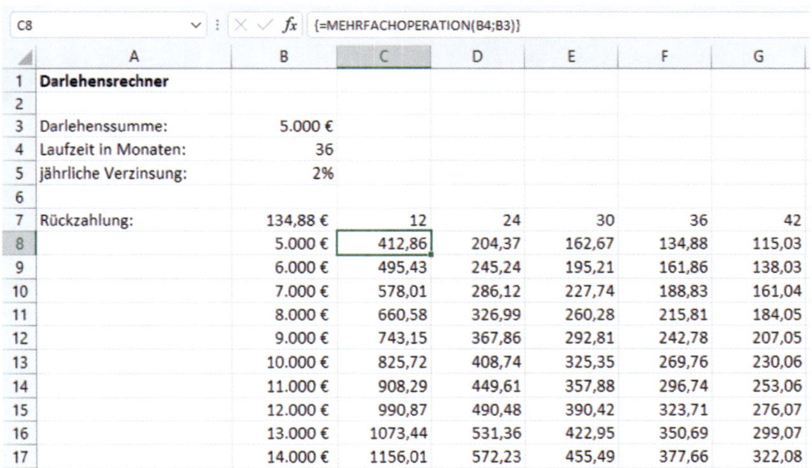

C8 fx {=MEHRFACHOPERATION(B4;B3)}

	A	B	C	D	E	F	G
1	**Darlehensrechner**						
2							
3	Darlehenssumme:	5.000 €					
4	Laufzeit in Monaten:	36					
5	jährliche Verzinsung:	2%					
6							
7	Rückzahlung:	134,88 €	12	24	30	36	42
8		5.000 €	412,86	204,37	162,67	134,88	115,03
9		6.000 €	495,43	245,24	195,21	161,86	138,03
10		7.000 €	578,01	286,12	227,74	188,83	161,04
11		8.000 €	660,58	326,99	260,28	215,81	184,05
12		9.000 €	743,15	367,86	292,81	242,78	207,05
13		10.000 €	825,72	408,74	325,35	269,76	230,06
14		11.000 €	908,29	449,61	357,88	296,74	253,06
15		12.000 €	990,87	490,48	390,42	323,71	276,07
16		13.000 €	1073,44	531,36	422,95	350,69	299,07
17		14.000 €	1156,01	572,23	455,49	377,66	322,08

4 Rechnen Sie in einer mehrdimensionalen Datentabelle mit alternativen Darlehensbeträgen. Markieren Sie den Bereich ...

5 ... und geben Sie *Werte aus Zeile* (Laufzeit) und *Werte aus Spalte* (Darlehen) an.

6 Die Datentabelle wird in einem Matrixbereich berechnet. Um die Zahlen wieder zu löschen, markieren Sie die gesamte Matrix und drücken [Entf].

Ende

HINWEIS

Die Varianten für die Datentabelle müssen unmittelbar bei der Formel stehen. Varianten für die Spalte geben Sie zeilenweise ein, die Formel steht dann rechts oben über der Nebenspalte.

HINWEIS

Matrixbereiche sind mit geschweiften Klammern in der Formel gekennzeichnet.

Start

1

	A	B	C	D	E	F	G	H
1	**Verkaufsübersicht**							
2								
3		Januar			Februar			März
4	Kleinmöbel	450		Software	450		Computer	1.200
5	Computer	2.300		Computer	3.200		Sportartikel	450
6	Sportartikel	1.200		Sportartikel	150		Musikinstrumente	320
7	Briefmarken	600		Kleinmöbel	200			
8	Modellbau	300		Kunst	450			

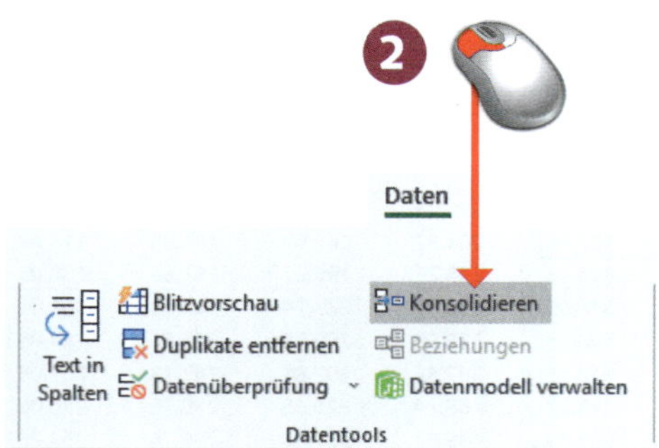

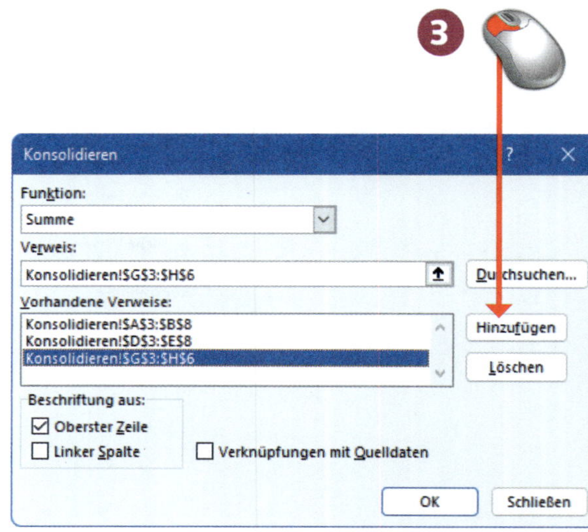

1. Die Verkaufsübersicht des eBay-Shoppers enthält die Verkäufe für die ersten drei Monate.
2. Wählen Sie *Daten/Konsolidieren*, ...
3. ... markieren Sie nacheinander die drei Bereiche inklusive Beschriftungen und klicken Sie auf *Hinzufügen*.

WISSEN

Die Konsolidierung ist weniger eine Was-wäre-wenn-Analyse, auch wenn sie in dieser Gruppe zu finden ist. Mit diesem Werkzeug fassen Sie Daten aus unterschiedlichen Zellbereichen zusammen und bilden sie in einer neuen Liste ab. Doppelte Datensätze werden dabei zusammengefasst (konsolidiert).

4

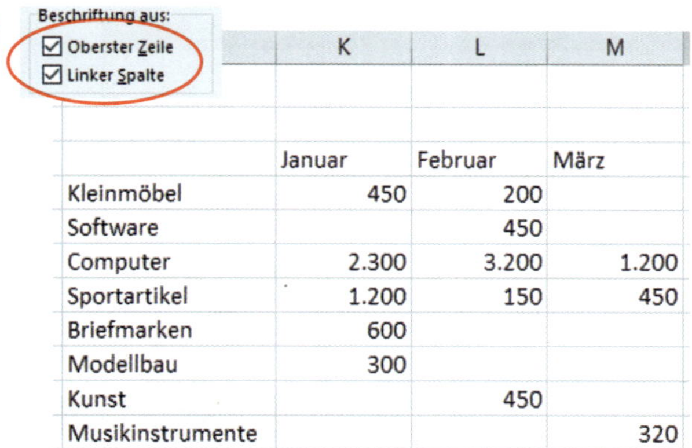

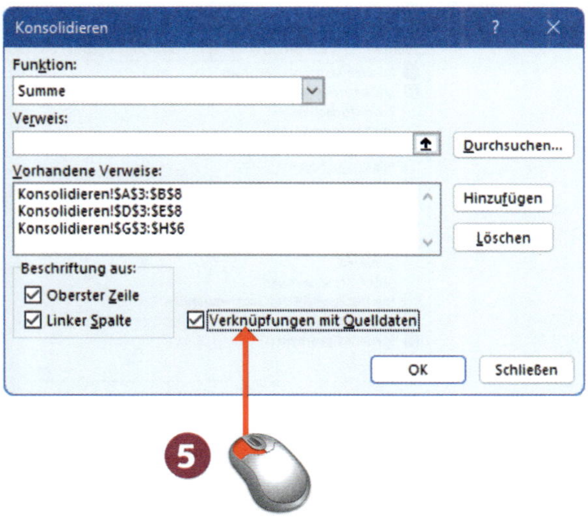

5

6

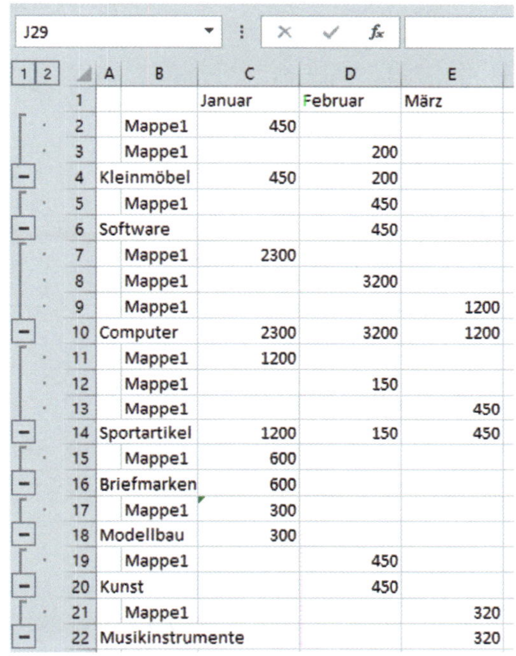

4 Kreuzen Sie die Optionen *Beschriftung aus: Oberster Zeile/Linker Spalte* an und starten Sie die Konsolidierung mit einem Klick auf *OK*.

5 Für die Verknüpfung mit den Quelldaten wechseln Sie auf ein neues Tabellenblatt oder eine neue Arbeitsmappe. Geben Sie die Bereiche an ...

6 ... und starten Sie die Konsolidierung. Das Ergebnis ist eine untergliederte Liste mit Verknüpfungen auf die Quelldaten.

Ende

TIPP

Unter *Ansicht/Fenster* können Sie die Fenster nebeneinander anordnen.

HINWEIS

Die Konsolidierung merkt sich Ihre Daten im Zielbereich. Setzen Sie den Zellzeiger in diesen und starten Sie erneut, werden alle Verknüpfungen angezeigt.

HINWEIS

Sehen Sie sich auch die anderen Konsolidierungsformeln an. Neben *Summe* stehen auch statistische Funktionen (Mittelwert, Standardabweichung etc.) zur Auswahl.

Start

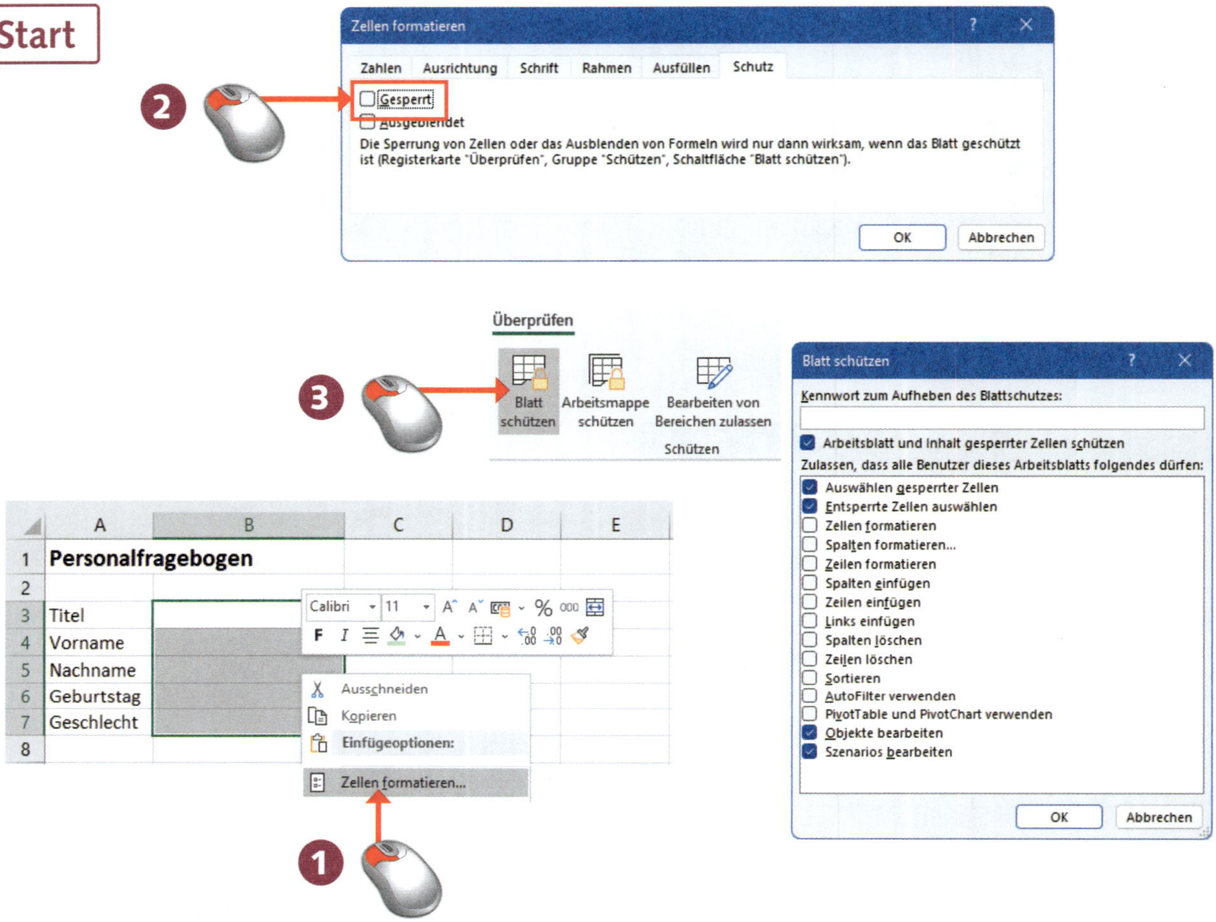

1. Um einzelne Zellen in einem Tabellenblatt für die Eingabe freizugeben, markieren Sie diese und wählen *Start/Zellen/Format/Zellen formatieren*.
2. Entfernen Sie auf der Registerkarte *Schutz* das Häkchen vor der Option *Gesperrt*.
3. Wenn Sie anschließend unter *Überprüfen/Schützen/Blatt schützen* das Blatt schützen, können nur noch die ungesperrten Zellen bearbeitet werden.

WISSEN

Der Blatt- und Arbeitsmappenschutz sorgt dafür, dass Ihre wertvolle Arbeit nicht – mit oder ohne Absicht – zerstört wird. Schalten Sie zunächst den Zellschutz für einzelne Zellen aus und aktivieren Sie dann den Schutzmechanismus.

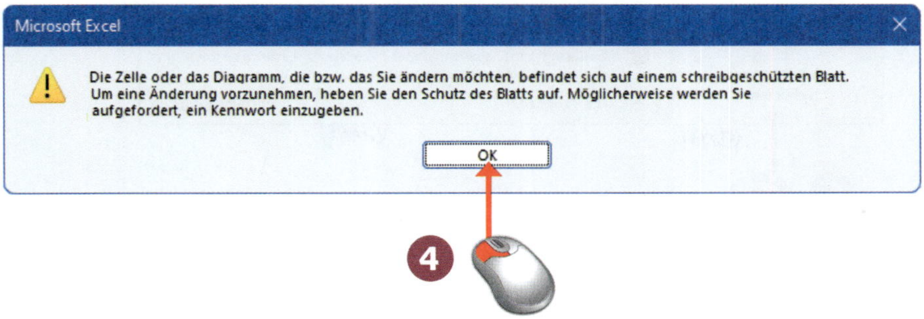

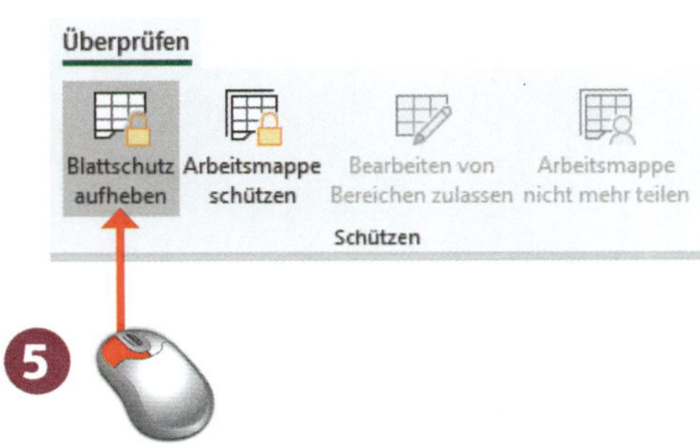

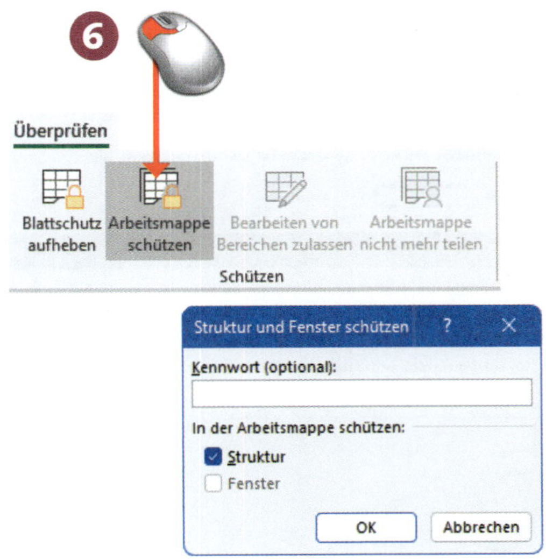

4 Eine Fehlermeldung weist darauf hin, dass Sie versuchen, eine gesperrte Zelle zu bearbeiten.

5 Unter *Überprüfen/Schützen/Blattschutz aufheben* wird der Blattschutz wieder aufgehoben.

6 Mit *Arbeitsmappe schützen* schalten Sie den Schutz für die gesamte Mappe ein. Geben Sie diese zusätzlich frei, können mehrere Benutzer darin arbeiten.

Ende

TIPP

Um den Schutz von allen Zellen zu entfernen, klicken Sie auf das Kästchen links oben im Zeilen-/Spaltenkopf und entfernen den Zellschutz.

HINWEIS

Das Kennwort ist nicht zwingend, muss aber wieder eingegeben werden, wenn der Blatt- oder Arbeitsmappenschutz aufgehoben wird.

HINWEIS

In einem Tabellenblatt sind anfangs alle Zellen geschützt. Nehmen Sie den Schutz von allen Zellen, die Sie weiterbearbeiten wollen.

Start

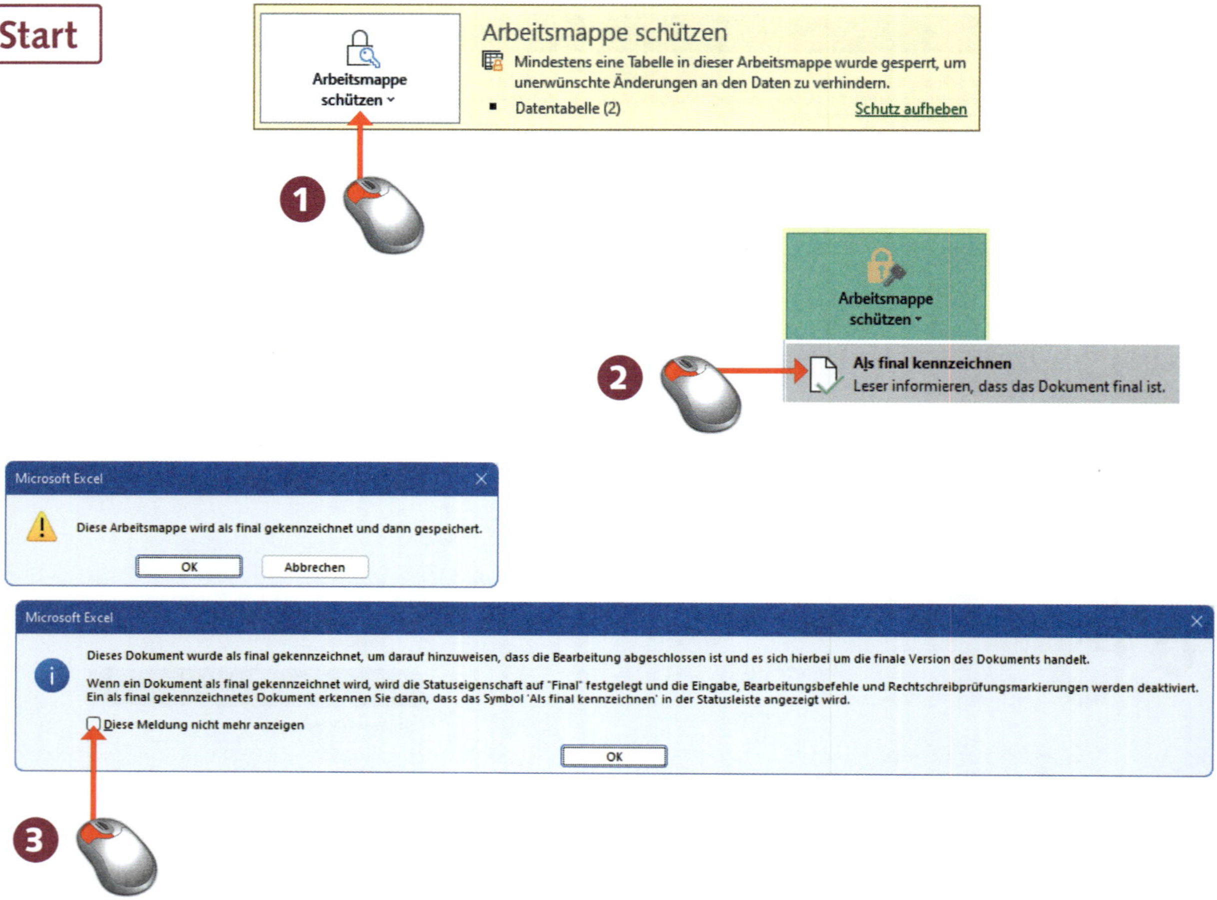

1. Klicken Sie im *Datei*-Menü auf *Informationen/Arbeitsmappe schützen*.

2. Kennzeichnen Sie die Mappe als abgeschlossen.

3. Bestätigen Sie die Meldungen, aktivieren Sie die Option *Diese Meldung nicht mehr anzeigen*, wenn Sie die zweite Meldung nicht mehr sehen wollen.

WISSEN

Arbeitsmappen können als abgeschlossen gekennzeichnet werden, andere Benutzer dürfen sie dann nur schreibgeschützt öffnen. Ein Kennwortschutz verschlüsselt die Mappe sicher und schützt die Datei vor unerlaubten Zugriffen.

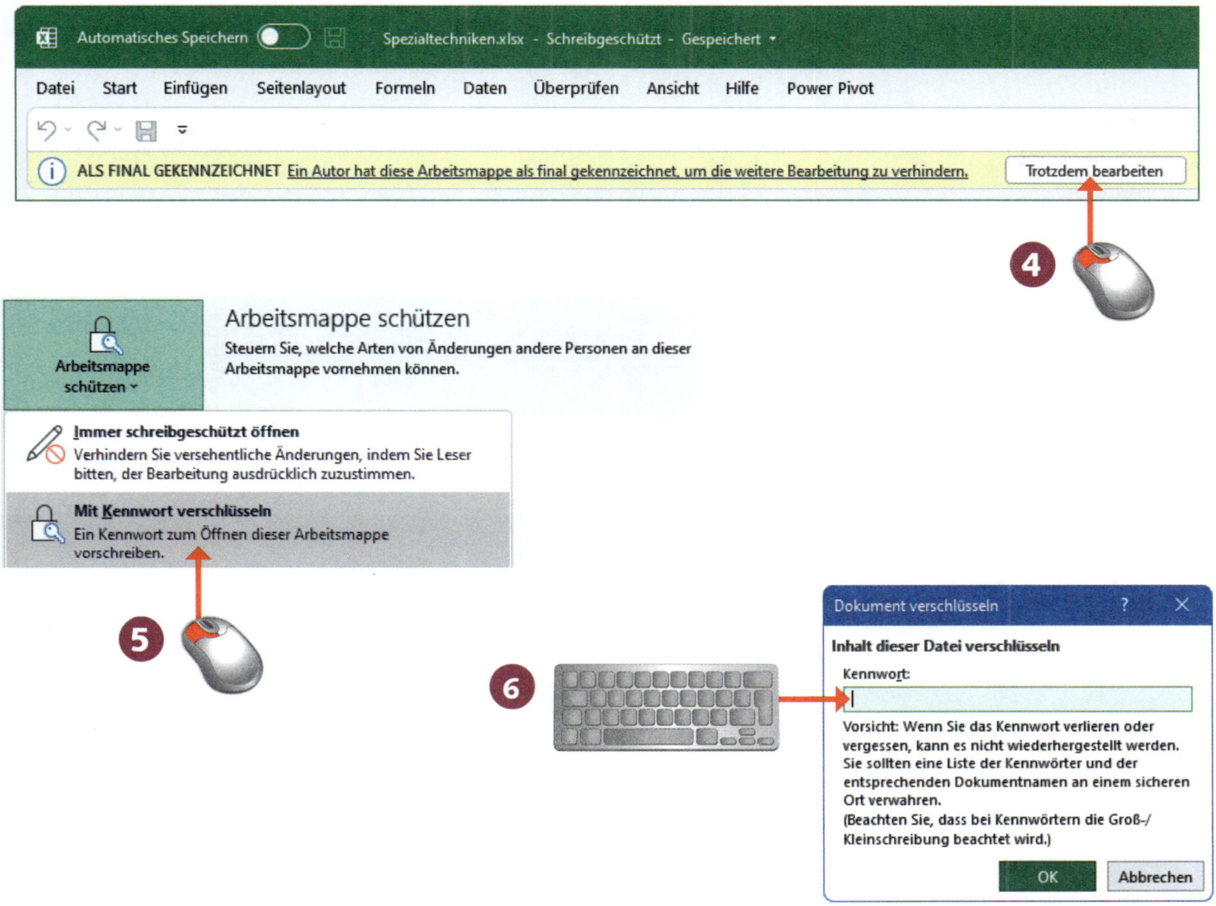

4 Wird die Mappe anschließend geöffnet, erscheint ein Hinweis. Mit *Trotzdem bearbeiten* heben Sie den Schreibschutz wieder auf.

5 Verschlüsseln Sie die Datei über *Datei/Informationen* mit einem Kennwort.

6 Geben Sie das Kennwort zweimal ein. Wird die Mappe anschließend geöffnet, muss zunächst das richtige Kennwort eingegeben werden.

Ende

TIPP

Um ein Dateikennwort zu entfernen, aktivieren Sie den Kennwortschutz, löschen das Kennwort und bestätigen mit *OK*.

HINWEIS

Wird eine als abgeschlossen gekennzeichnete Mappe geöffnet, sind alle Zellen, Bearbeitungssymbole und Befehle gesperrt. Die Sperre kann aber von jedem berechtigten Benutzer aufgehoben werden.

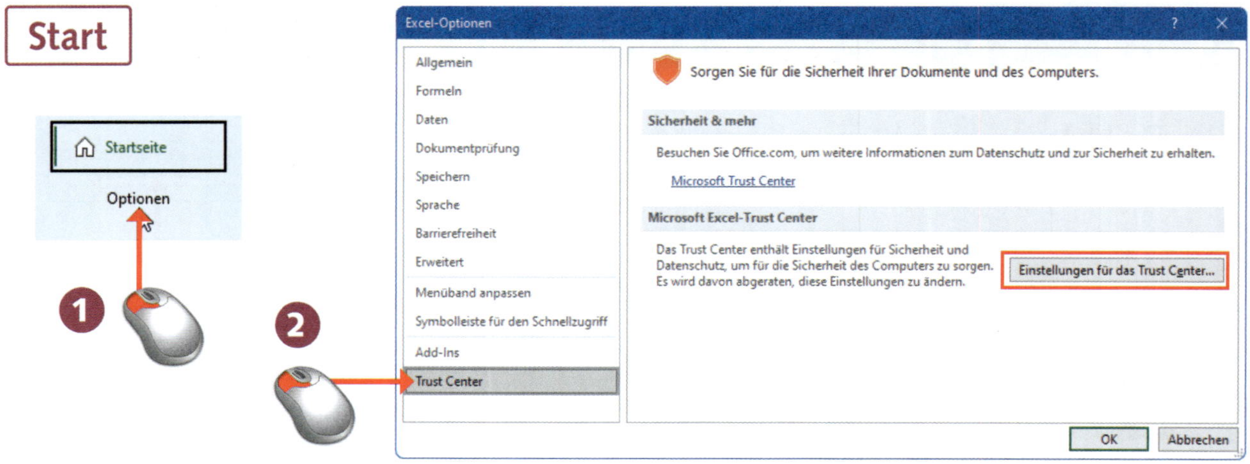

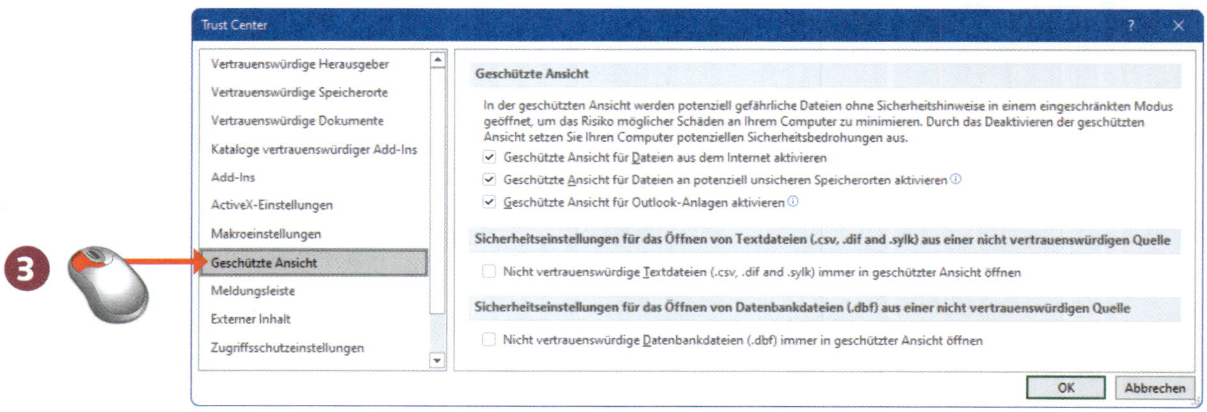

1. Öffnen Sie die *Optionen* im *Datei*-Menü.

2. Aktivieren Sie das *Trust Center* und klicken Sie auf *Einstellungen für das Trust Center*.

3. Stellen Sie sicher, dass die geschützte Ansicht aktiv wird, wenn potenziell gefährliche Dateien geöffnet werden.

WISSEN

Das Trust Center ist für alle Sicherheitseinstellungen rund um Dateien zuständig, die mit Excel aktiviert und bearbeitet werden können. Stellen Sie sicher, dass sich keine Viren oder andere Schädlinge einschleichen können.

FACHWORT

ActiveX: Softwarekomponenten von Microsoft, die aktive Inhalte enthalten können. ActiveX-Elemente sind häufig in Branchenprogrammen enthalten.

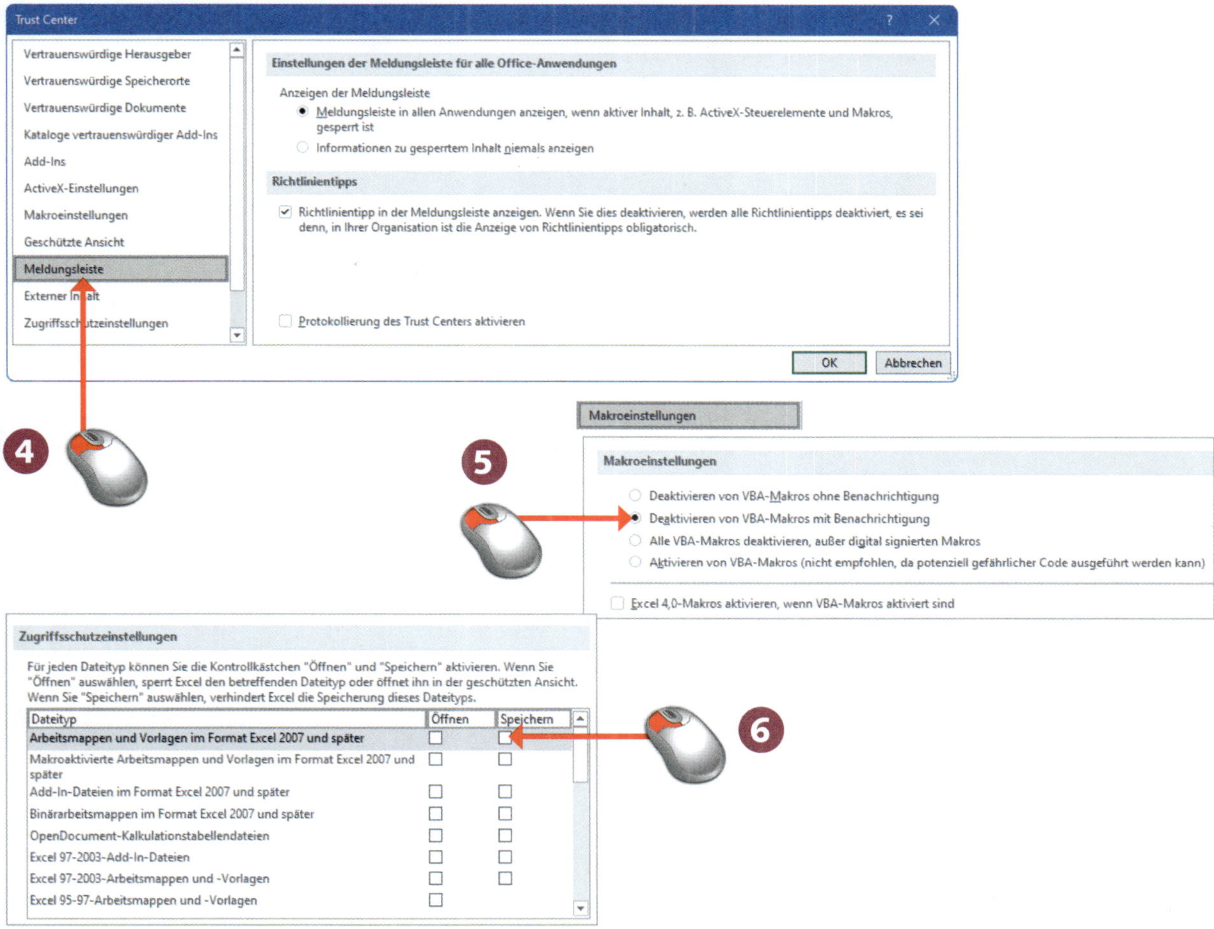

4. Sollte die Statusleiste Meldungen anzeigen, schalten Sie auf die erste Option um.

5. Makros dürfen nur nach Bestätigung ausgeführt werden, schalten Sie die zweite Option ein.

6. In den *Zugriffsschutzeinstellungen* regeln Sie den Zugriff auf Dateien älterer Versionen oder anderer Formate (z. B. OpenDocument).

Ende

TIPP

Unter *Vertrauenswürdige Speicherorte* können Sie Ordner eintragen, in denen sichere Dateien hinterlegt sind.

HINWEIS

Dateien werden in der geschützten Ansicht geöffnet, wenn sie aus Mailanlagen oder Internetlinks stammen oder wenn Excel ein älteres Format erkennt, das gefährlich sein kann. Die Tabellen können auch nicht bearbeitet werden.

12 Externe Daten und Internet

Start

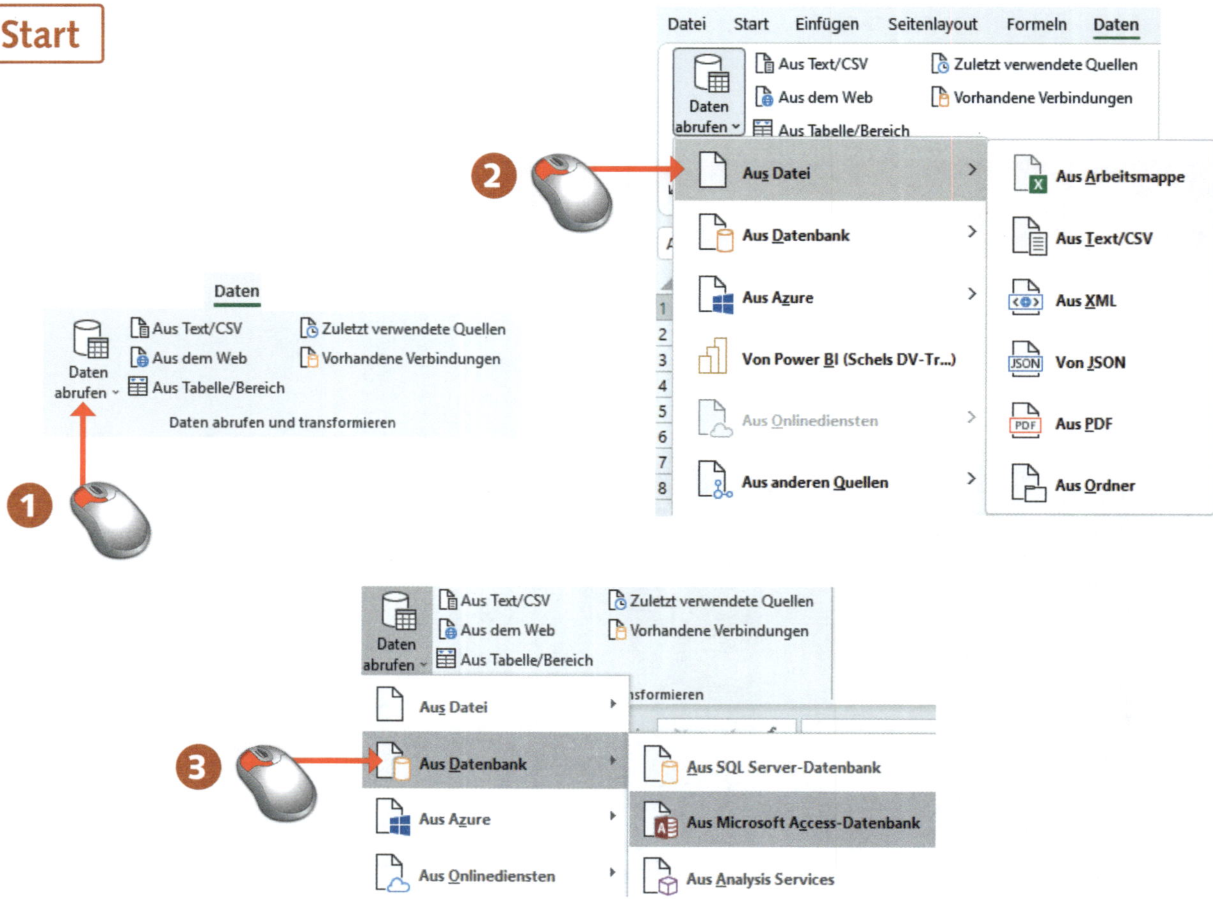

1. Wählen Sie *Daten/Daten abrufen und transformieren*. Klicken Sie auf das Symbol *Daten abrufen*.

2. Mit *Aus Datei* erhalten Sie eine Liste von Dateiformaten. Holen Sie damit Daten aus Excel-Dateien, CSV-Textdateien, PDFs oder aus Ordnern.

3. *Aus Datenbank* präsentiert eine Liste mit Datenbanksystemen, u. a. Access, SQL Server und Oracle.

WISSEN

Daten abrufen und transformieren hieß in den Vorgängerversionen Power Query und bezeichnet die Schnittstelle zu externen Daten aller Art. Holen Sie damit Daten aus Excel-Mappen, Datenbanken und vielen anderen Quellen.

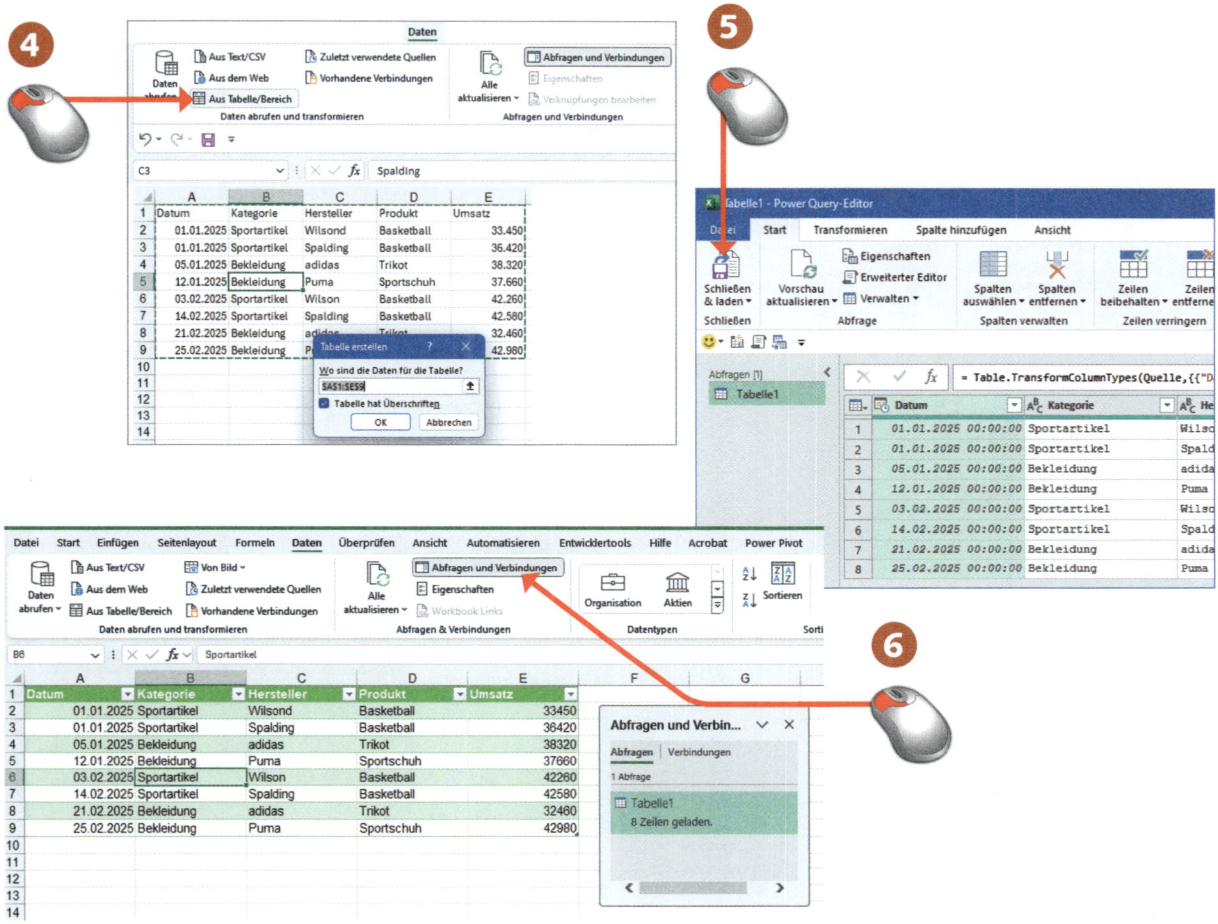

4 Mit dem Symbol *Aus Tabelle/Bereich* wird ein Datenbereich direkt an Power Query übergeben. Listen werden zuvor in Tabellen umgewandelt.

5 Der *Power Query-Editor* startet und stellt die Tabellendaten zur Bearbeitung bereit. Klicken Sie auf *Schließen & laden*, um die Abfrage nach Excel zu transferieren.

6 Das Ergebnis ist eine Tabelle mit Verknüpfungen auf die Quelldaten. Aktivieren Sie unter *Daten* die *Abfragen und Verbindungen*, sehen Sie alle Abfragen im Arbeitsbereich.

HINWEIS

Wählen Sie *Aus dem Web* und geben Sie eine Internetadresse ein, um Daten dynamisch von einer Webseite zu beziehen. Hier zum Beispiel aktuelle Währungskurse: *www.boerse-frankfurt.de/devise/eur-usd.*

HINWEIS

Unter *Aus Datei* finden Sie auch eine Option für PDF-Dateien. *Aus anderen Quellen* bietet sogar Bilder als Datenquellen an.

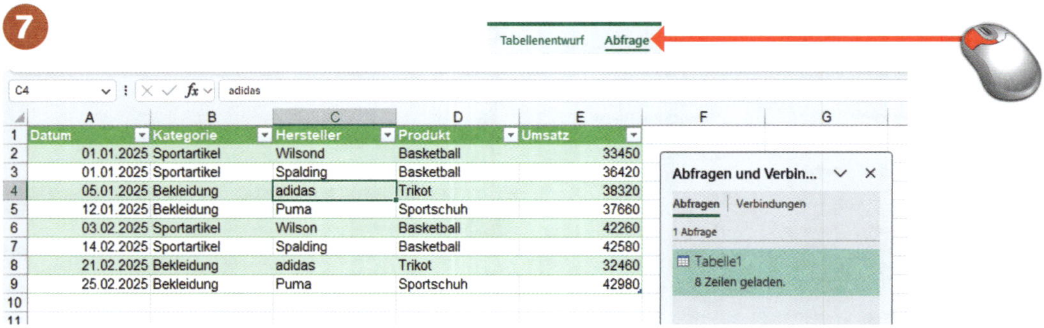

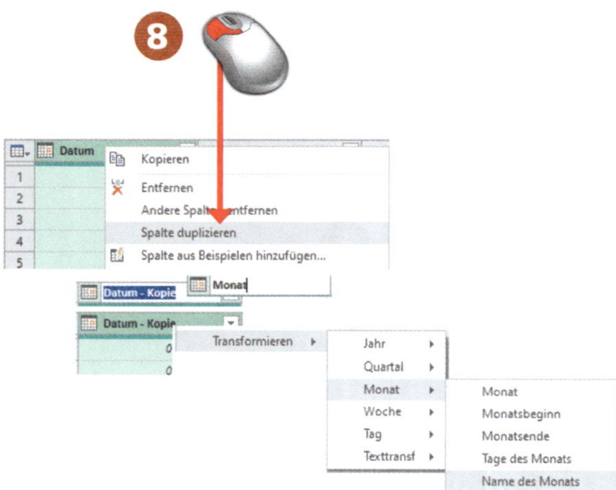

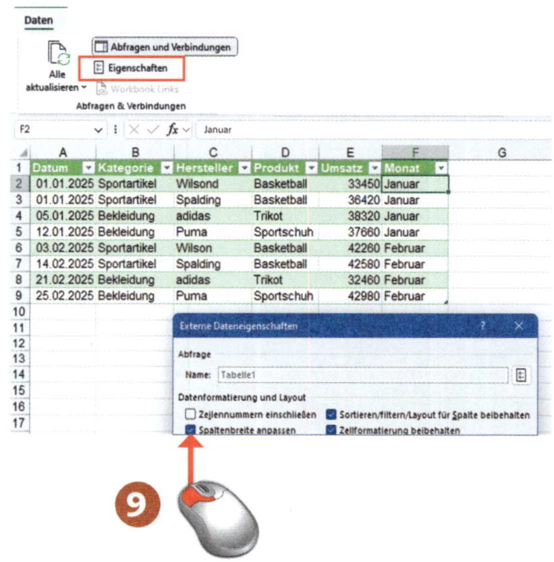

7 Für Abfragen steht ein eigenes Register *Abfrage* bereit. Aktivieren Sie die Abfrage mit *Bearbeiten* oder per Doppelklick auf den Abfragenamen im Arbeitsbereich.

8 Duplizieren Sie die Datumsspalte, holen Sie mit *Transformieren* den Monatsnamen und benennen Sie die neue Spalte um in *Monat*. Schließen Sie die Abfrage mit *Schließen & laden*.

9 In den Datenbereichseigenschaften unter *Daten/Abfragen und Verbindungen* schalten Sie die Spaltenbreitenanpassung ab.

WISSEN

Mit dem *Power Query-Editor* bearbeiten und gestalten Sie Ihre Abfrage. Holen Sie das Ergebnis anschließend zurück in das Excel-Fenster. Nach Änderungen in der Datenquelle muss die Abfrage aktualisiert werden. Das lässt sich aber automatisieren oder per Zeitintervall regeln.

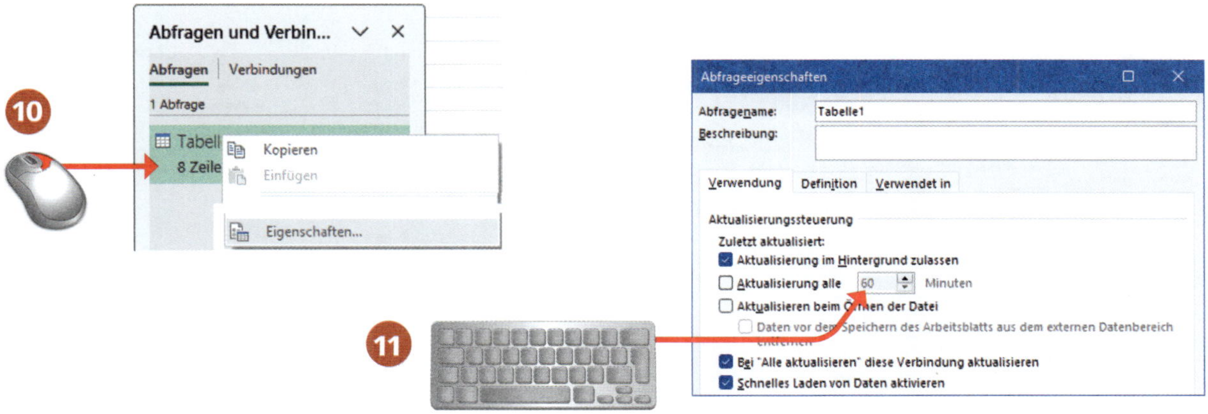

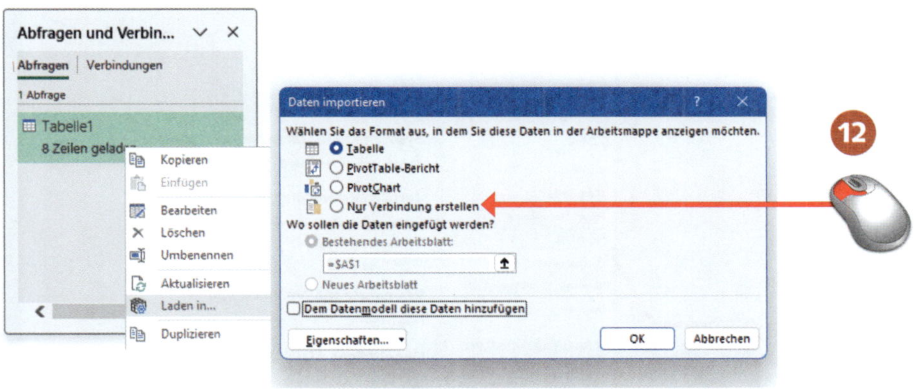

10 Sehen Sie sich die Abfrageeigenschaften im Arbeitsbereich an, klicken Sie dazu mit der rechten Maustaste in den Abfragenamen.

11 Stellen Sie sicher, dass die Abfrage beim Öffnen der Datei aktiv wird, und stellen Sie ein Zeitintervall für die Aktualisierung ein.

12 Im Kontextmenü der Abfrage finden Sie *Laden in*. Hier können Sie das Abfrageergebnis neu formatieren. Mit *Nur Verbindung erstellen* wird das Tabellenblatt gelöscht, die Abfrage bleibt erhalten.

Ende

TIPP

Zusätzliche Abfragen generieren Sie am besten im *Power Query-Editor*, hier können Sie Abfragen duplizieren, kombinieren und verknüpfen.

TIPP

Mit *Schließen & laden in* können Sie die Abfrage auch so laden, dass keine Tabelle generiert wird. Die Daten stehen dann nur für das Datenmodell zur Verfügung.

HINWEIS

In den Verbindungseigenschaften finden Sie ein Symbol zum Exportieren der Abfrage als Verbindungsdatei.

Start

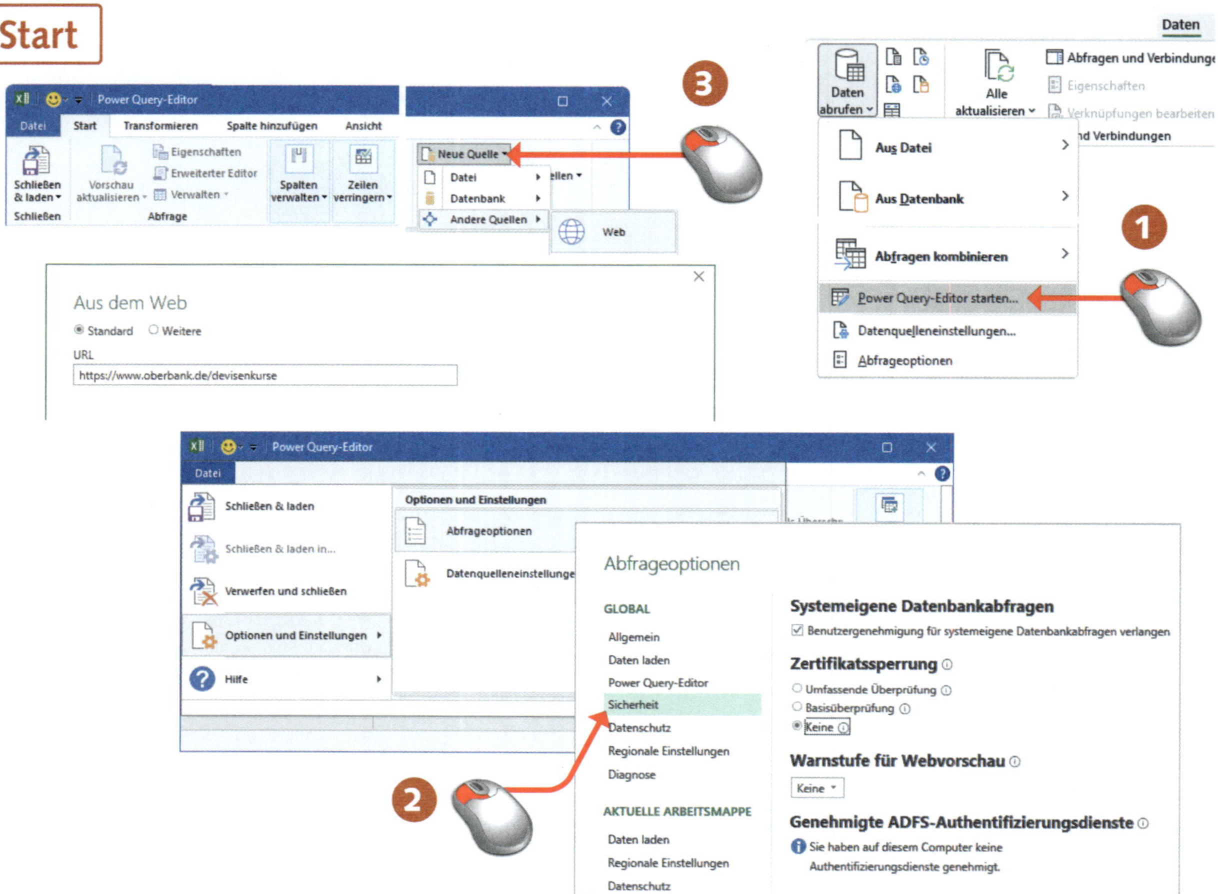

1. Starten Sie den *Power Query-Editor* mit einem Datenimport oder direkt über *Daten/Daten abrufen*.

2. Im *Datei*-Menü finden Sie *Optionen und Einstellungen*. Überprüfen Sie hier die Sicherheits- sowie regionalen Einstellungen (Sprache, Gebietsschema).

3. Unter *Start/Neue Abfrage/Neue Quelle* lässt sich eine neue Abfrage mit einer neuen oder bereits geladenen Datenquelle erstellen.

WISSEN

Mit dem *Power Query-Editor* haben Sie alle Werkzeuge zur Verfügung, die für die Bearbeitung der Quelldaten benötigt werden. Die Abfrageschritte werden aufgezeichnet, die einzelnen Schritte können Sie bequem bearbeiten oder wieder löschen.

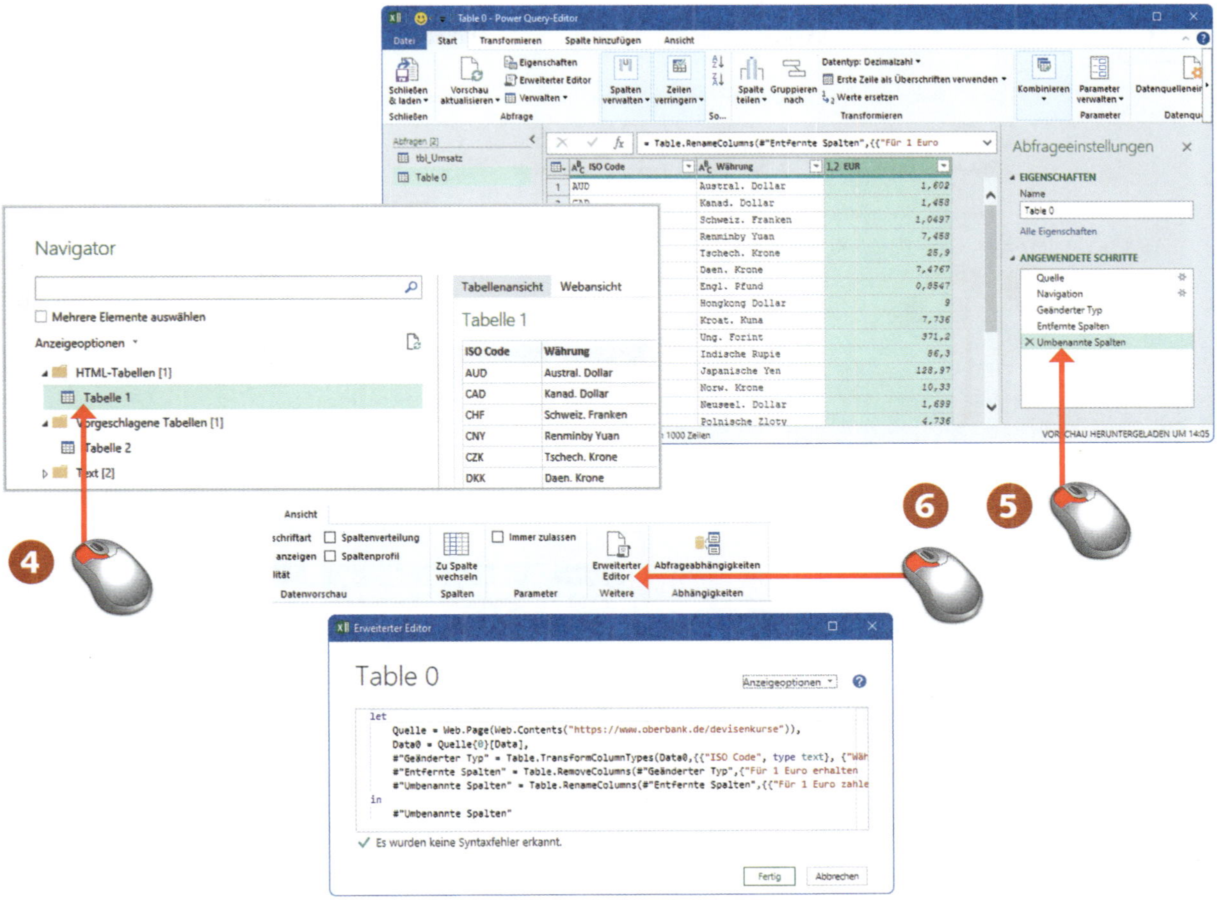

4 Der Navigator stellt je nach Datentyp alle Listen und Tabellen einer Mappe, die Tabellen auf der Webseite oder (bei CSV-Dateien) die Konvertierungseinstellungen zur Auswahl.

5 Transformieren Sie Ihre Daten über Symbole oder Kontextmenüs. Im Schritte-Editor am rechten Rand werden alle Aktionen aufgezeichnet. Löschen Sie einzelne Schritte oder ändern Sie die Schrittreihenfolge.

6 Unter *Ansicht/Weitere* finden Sie den *Erweiterten Editor*. Hier finden Sie die vollständige Abfrage als Programmcode in der Sprache M.

Ende

TIPP

So sehen Sie sich die Funktionen der Sprache M an: Erstellen Sie eine neue leere Abfrage und schreiben Sie in die Bearbeitungsleiste: *=#Share*.

FACHWORT

Die Abfragesprache **M** ist eine Programmiersprache mit Variablen, Kontrollstrukturen und zahlreichen Funktionen. Schalten Sie unter *Ansicht* die Bearbeitungsleiste ein, um jeden Schritt im M-Code zu sehen.

Start

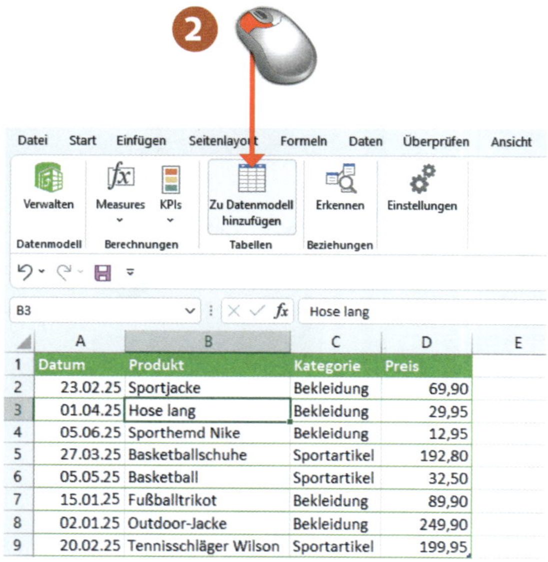

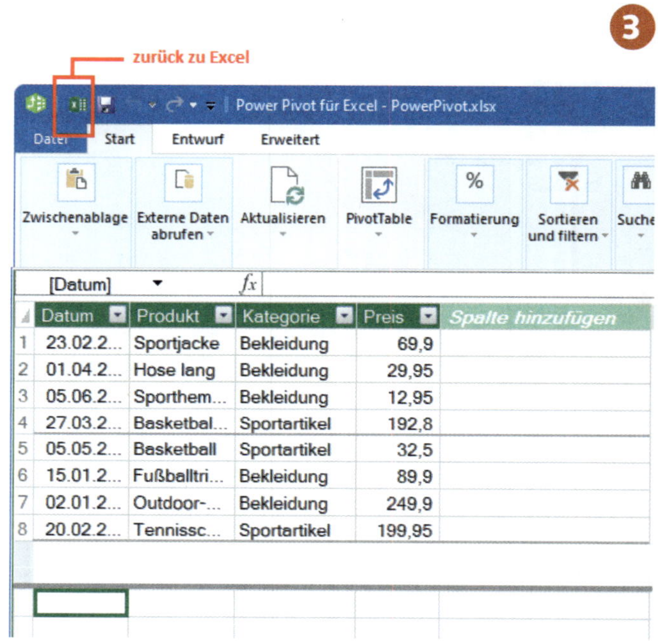

1. Schalten Sie um auf das Register *Power Pivot*. Hier finden Sie vier Symbolgruppen für die Verwaltung des Datenmodells.
2. Fügen Sie eine Tabelle direkt per Klick auf das Symbol *Zu Datenmodell hinzufügen* in das Datenmodell ein. Power Pivot wird aktiviert, ...
3. ... und die Tabelle steht im Datenmodell zur Verfügung.

WISSEN

Power Pivot ist das Werkzeug für die Verwaltung von Daten im Datenmodell und den Import externer Daten. Holen und verknüpfen Sie Daten aus Datenbanken, Excel-Mappen und anderen Quellen und berechnen Sie Measures mit DAX-Funktionen.

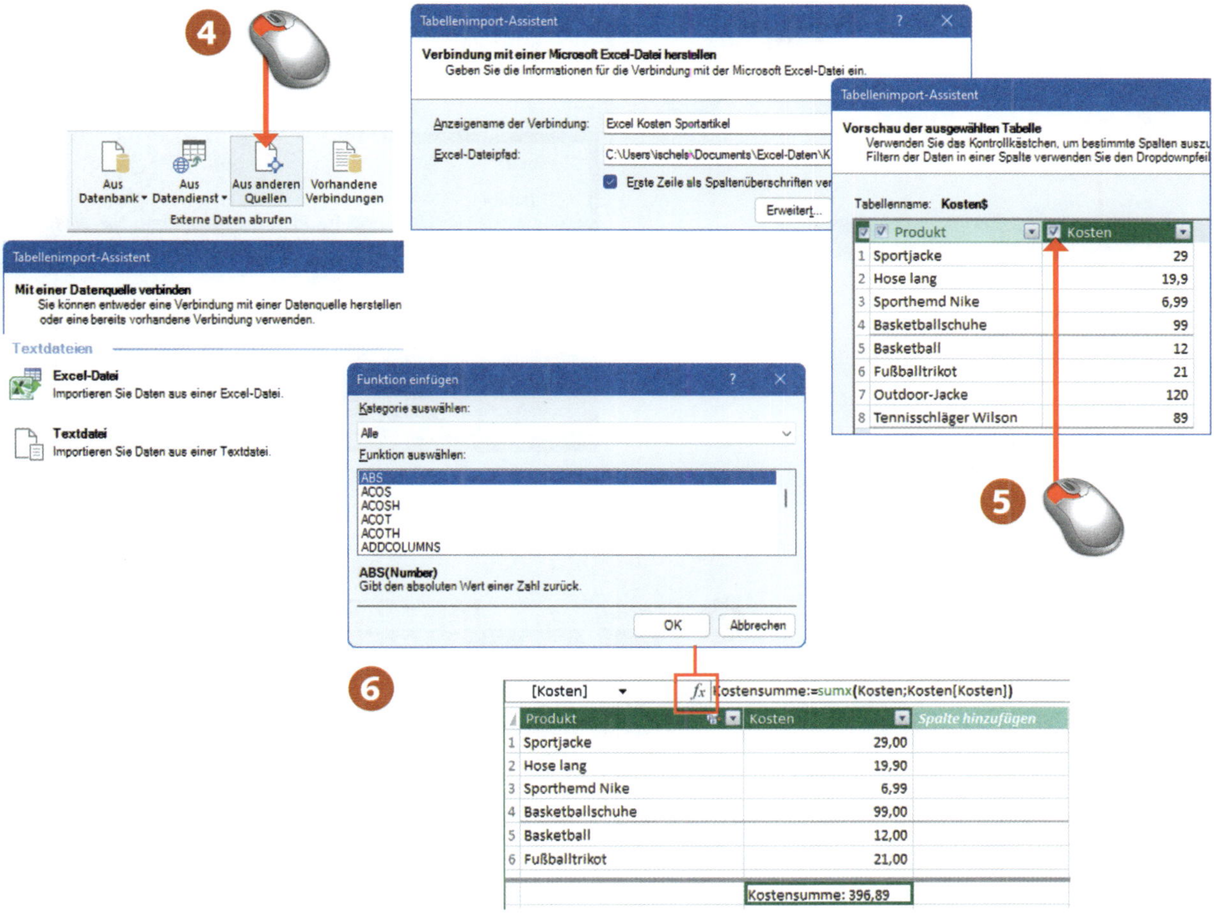

4. Holen Sie mit *Start/Externe Daten abrufen* weitere Daten in das Datenmodell. Hier zum Beispiel aus einer Excel-Mappe.
5. Holen Sie die Excel-Datei mit Spaltenüberschriften hervor. In der Vorschau können Sie Spalten ausblenden und Zeilen filtern.
6. Mit DAX-Funktionen erstellen Sie Spalten-Measures und Measures im Berechnungsbereich.

TIPP

Für Verknüpfungen in der Diagrammansicht muss eine der Tabellen eindeutige Werte enthalten.

FACHWORT

Datenmodell: eine interne multidimensionale Datenbank, die mit dem Datenimport in Power Pivot aufgebaut wird.
Measures: Berechnungen mit DAX im Datenmodell.
DAX: die Formelsprache von Power Pivot.

HINWEIS

Power Pivot kann auch sehr große Datenmengen importieren.

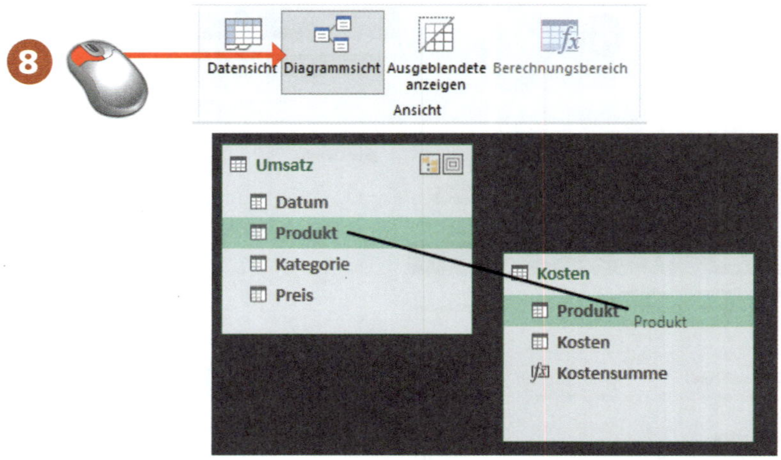

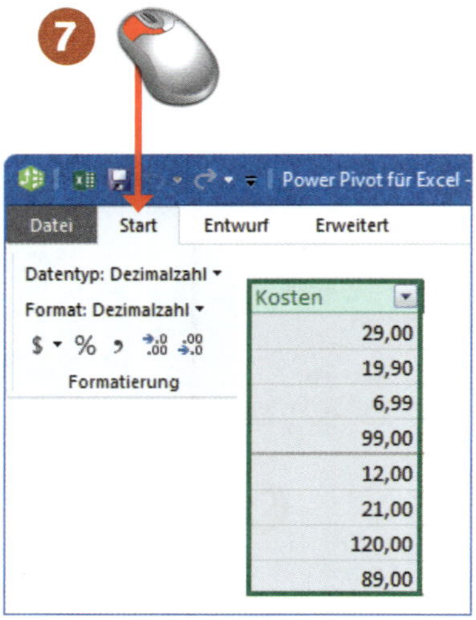

[Kosten] =related(Kosten[Kosten])

	Datum	Produkt	Kategorie	Preis	Kosten
1	23.02.2...	Sportjacke	Bekleidung	69,90 €	29,00 €
2	01.04.2...	Hose lang	Bekleidung	29,95 €	19,90 €
3	05.06.2...	Sporthemd Nikw	Bekleidung	12,95 €	6,99 €
4	27.03.2...	Basketballschuhe	Sportartikel	192,80 €	99,00 €
5	05.05.2...	Basketball	Sportartikel	32,50 €	12,00 €
6	15.01.2...	Fußballtrikot	Bekleidung	89,90 €	21,00 €
7	02.01.2...	Outdoor-Jacke	Bekleidung	249,90 €	120,00 €
8	20.02.2...	Tennisschläger Wilson	Sportartikel	199,95 €	89,00 €

7 Formatieren Sie alle Zahlenspalten in den Power-Pivot-Tabellen über *Start/ Formatierung*.

8 Schalten Sie um auf die *Diagrammansicht* und ziehen Sie eine Verbindungslinie zwischen den beiden Produktfeldern.

9 Jetzt können Sie mit der DAX-Funktion RELATED() in der Umsatztabelle einen Verweis auf die Kosten in der Kostentabelle setzen.

WISSEN

Mit Power Pivot konstruieren Sie Datenbeziehungen, wie sie bisher nur in Datenbanksystemen möglich waren. Importieren Sie alle Daten und legen Sie ein funktionelles Modell für die Auswertung mit PivotTables und PivotCharts an.

FACHWORT

Explizite Measures sind Formeln im Power-Pivot-Fenster, implizite Measures werden in der PivotTable angelegt.

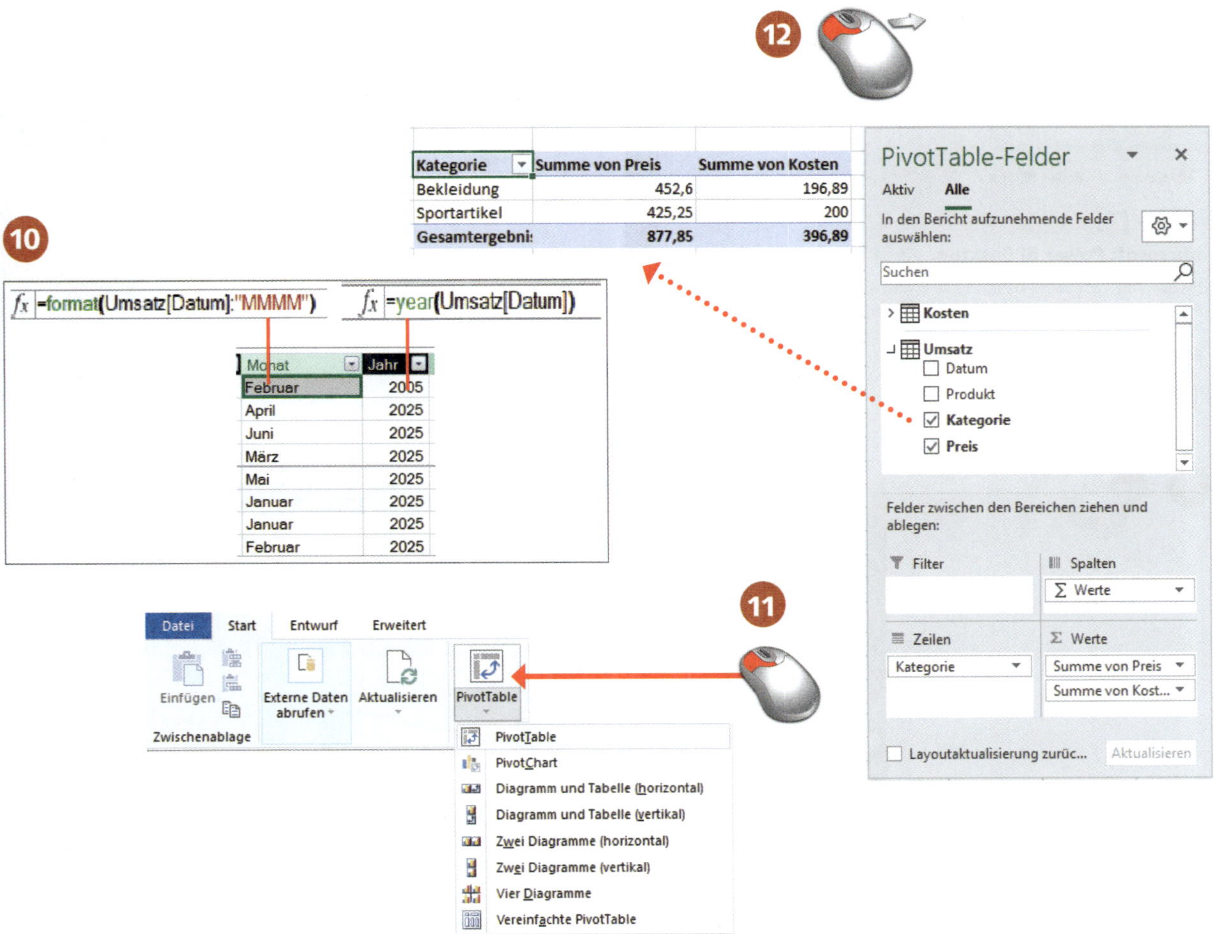

10 Erstellen Sie Spalten-Measures mit DAX-Funktionen und verweisen Sie auf alle Spalten aus dem Datenmodell.

11 Legen Sie für die Auswertung der Daten eine neue PivotTable mit den Daten aus dem Power-Pivot-Datenmodell an.

12 Die Feldliste der PivotTable bietet alle Tabellen und Felder aus dem Datenmodell an. Ziehen Sie diese in die passenden Bereiche des Pivot-Layouts.

Ende

HINWEIS

Änderungen im Datentyp wirken sich auf die Daten aus, Formatänderungen nur auf die Anzeige der Werte.

HINWEIS

DAX-Funktionen sind im Unterschied zu Excel-Funktionen englisch. Hilfe finden Sie im Internet, suchen Sie nach »DAX Funktionsreferenz«. DAX-Formeln können Sie auch in der PivotTable anlegen.

Start

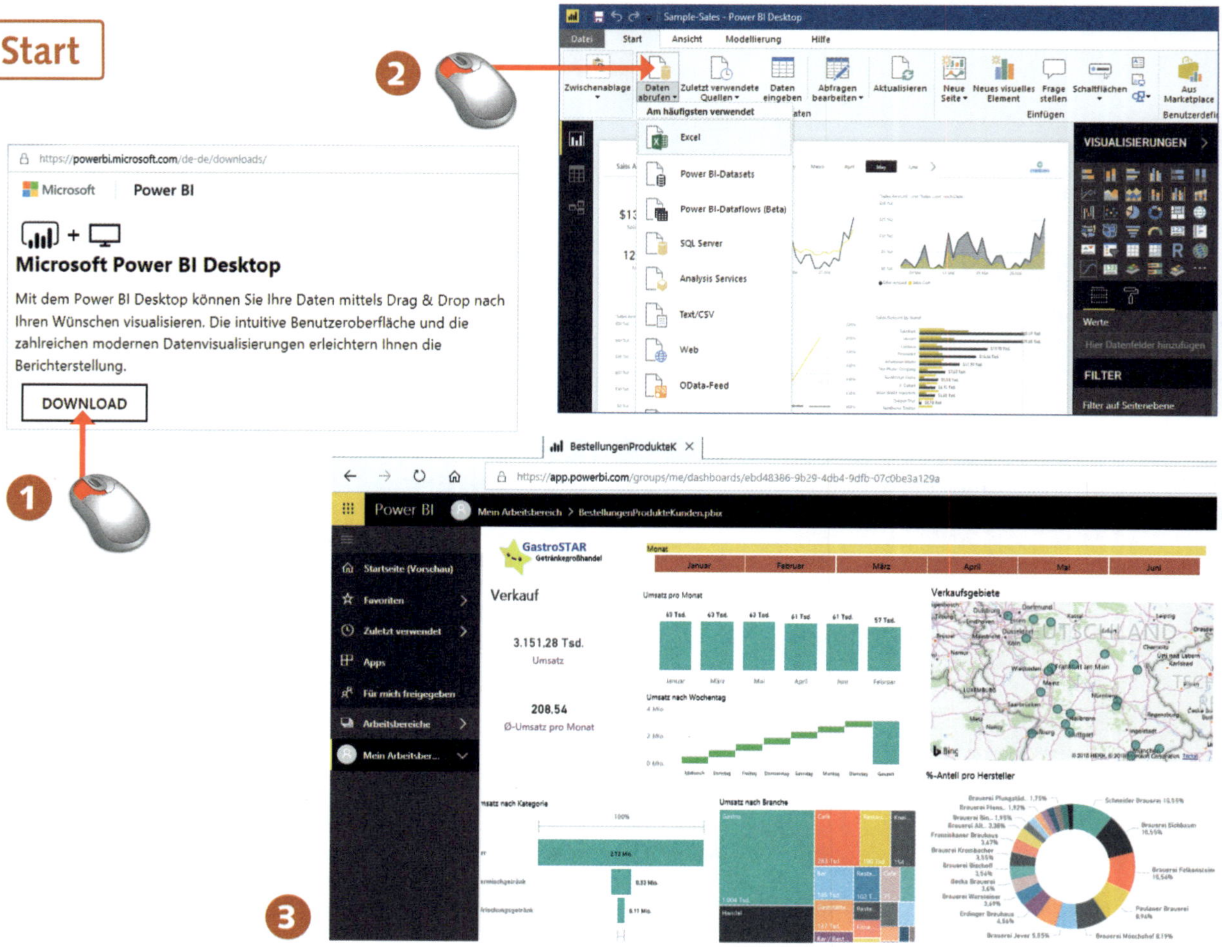

1. Holen Sie Power BI Desktop per Download von der Microsoft-Webseite.

2. Mit *Start/Daten abrufen* importieren Sie Excel-Mappen in die Desktop-Anwendung und bereiten sie mit Power Query und Power Pivot auf.

3. Legen Sie ein Power-BI-Konto an und veröffentlichen Sie die Daten aus Power BI Desktop in der Cloud.

WISSEN

Power BI gehört zwar nicht zu Excel, die Tabellenkalkulation spielt aber eine große Rolle im Power-BI-Konzept. Importieren Sie Tabellen und Listen aus Excel, erstellen Sie Berichte und veröffentlichen Sie alles in der Cloud.

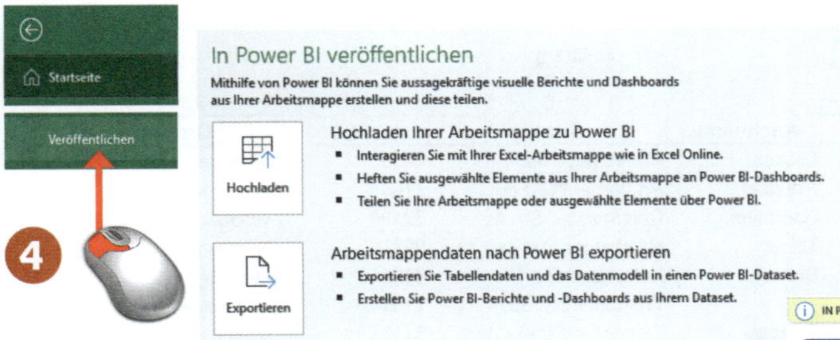

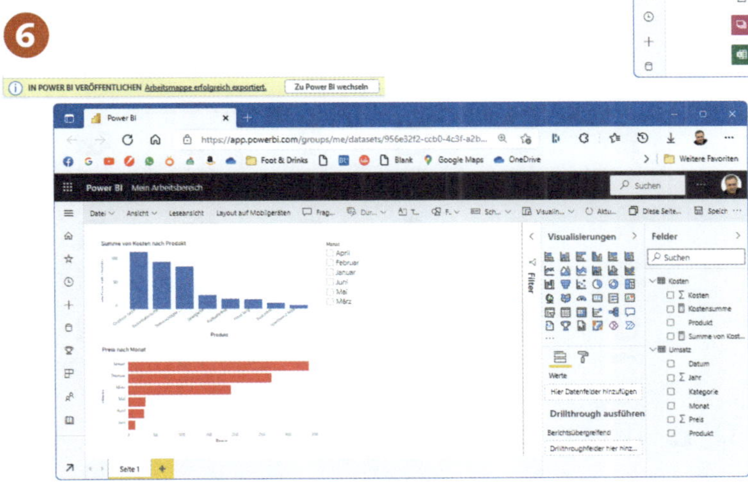

4 Mit *Veröffentlichen* auf der Startseite schicken Sie Daten oder ganze Mappen direkt in Power-BI-Dashboards in der Cloud.

5 Nach dem Hochladen wechseln Sie sofort zu Power BI in der Cloud. Hier können Sie die Daten weiterverarbeiten oder für andere Teilnehmer freigeben.

6 Veröffentlichte Daten verwenden Sie als Basis für Ihre Berichte, die Sie in Power BI erstellen, freigeben und in Dashboards oder Mobilansichten einbinden.

Ende

TIPP

Ein in Excel erstelltes Datenmodell mit Power-Query-Abfragen lässt sich in Power BI importieren.

HINWEIS

Power BI ist ein aus Power BI Desktop und verschiedenen Cloud-Diensten bestehendes Konzept. Das Power-BI-Standardkonto ist kostenlos, die kostenpflichtige Pro-Version bietet aber mehr Funktionalität.

Start

1

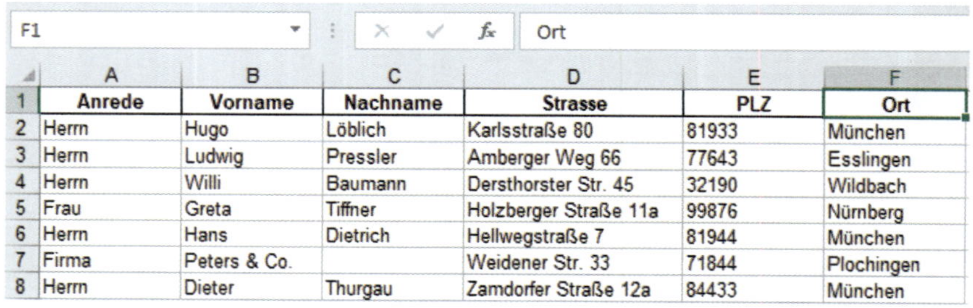

	A	B	C	D	E	F
1	Anrede	Vorname	Nachname	Strasse	PLZ	Ort
2	Herrn	Hugo	Löblich	Karlsstraße 80	81933	München
3	Herrn	Ludwig	Pressler	Amberger Weg 66	77643	Esslingen
4	Herrn	Willi	Baumann	Dersthorster Str. 45	32190	Wildbach
5	Frau	Greta	Tiffner	Holzberger Straße 11a	99876	Nürnberg
6	Herrn	Hans	Dietrich	Hellwegstraße 7	81944	München
7	Firma	Peters & Co.		Weidener Str. 33	71844	Plochingen
8	Herrn	Dieter	Thurgau	Zamdorfer Straße 12a	84433	München

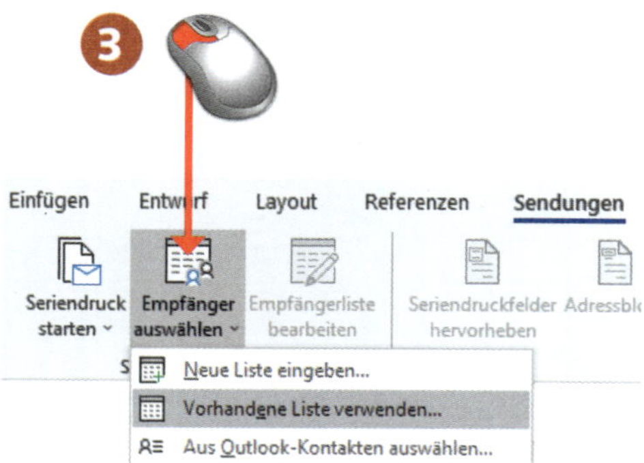

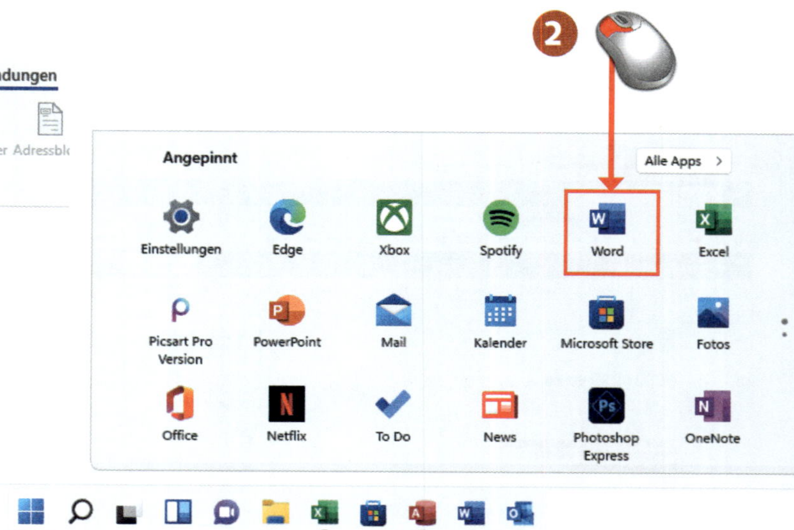

1. Legen Sie Ihre Kundenadressen in einer Liste mit Kopfzeile an, speichern und schließen Sie die Arbeitsmappe.
2. Starten Sie Microsoft Word aus dem Windows-Startbildschirm.
3. Wählen Sie *Sendungen/Seriendruck starten/Empfänger auswählen*. Bestimmen Sie die gespeicherte Excel-Liste als Empfängerliste.

WISSEN

Word und Excel sind ein ideales Gespann. Das Textverarbeitungsprogramm ist für Briefe, Angebote und andere Korrespondenz zuständig, aus der Tabellenkalkulation werden die Daten für die Serienbriefe geliefert, zum Beispiel die Kundenadressen.

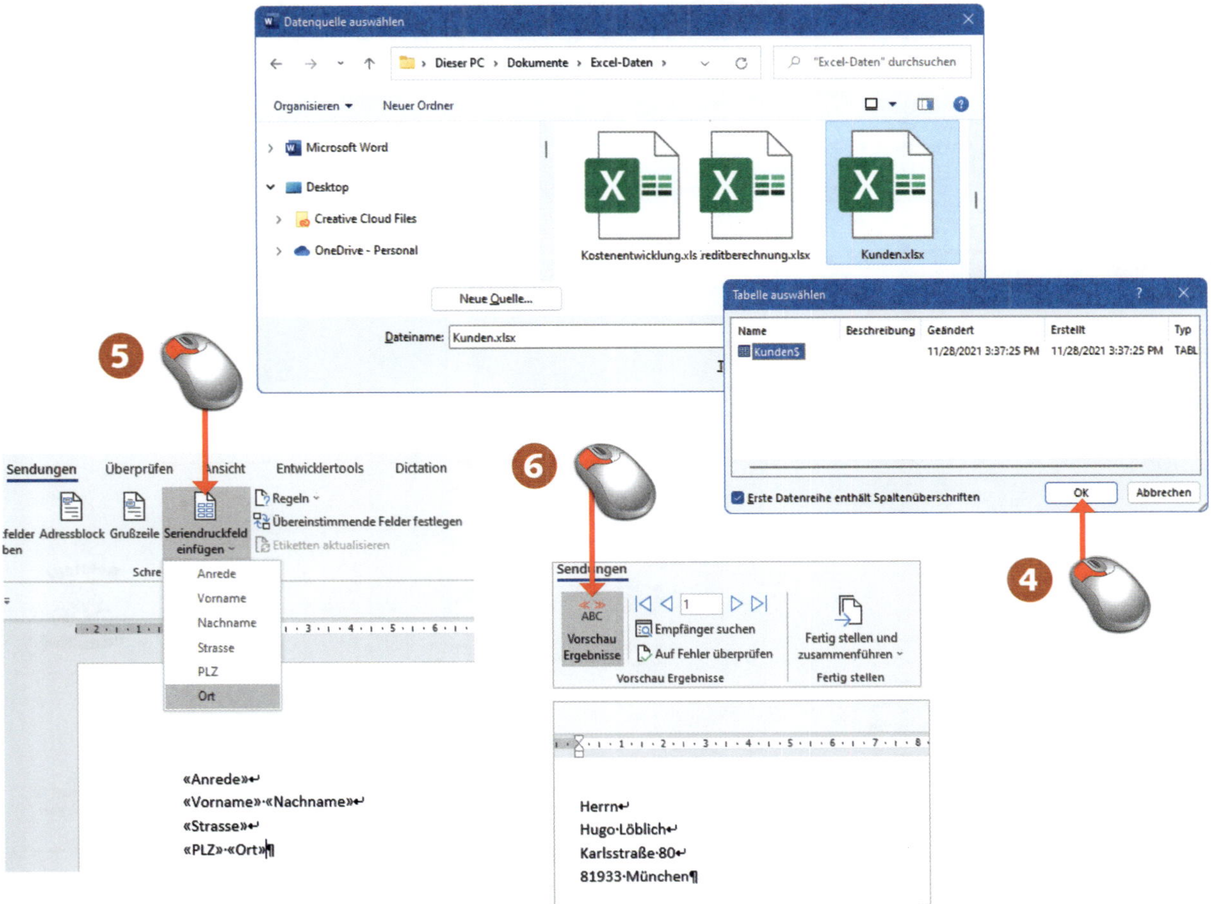

4 Geben Sie den Dateinamen und – nach Auswahl – den Namen der Tabelle an, in der sich die Serienbriefdaten befinden.

5 Unter *Sendungen/Schreib- und Einfügefelder* können Sie die Felder einzeln oder im Adressblock in das Dokument holen.

6 Die Vorschau zeigt die Ergebnisse an, blättern Sie die Datensätze durch und drucken Sie Ihre Serienbriefe unter *Fertig stellen*.

Ende

HINWEIS

Die Excel-Daten sind dynamisch mit dem Word-Serienbrief verbunden. Ändert sich die Liste, weil neue Datensätze hinzukommen oder Datensätze gelöscht wurden, hat der Serienbrief automatisch den neusten Stand.

HINWEIS

Unter *Seriendruck starten* können Sie die Empfängerliste bearbeiten und einzelne Datensätze abwählen.

TIPP

Weisen Sie Ihren Adressdaten den Bereichsnamen *Datenbank* zu, erkennt Word diese Liste sofort.

Start

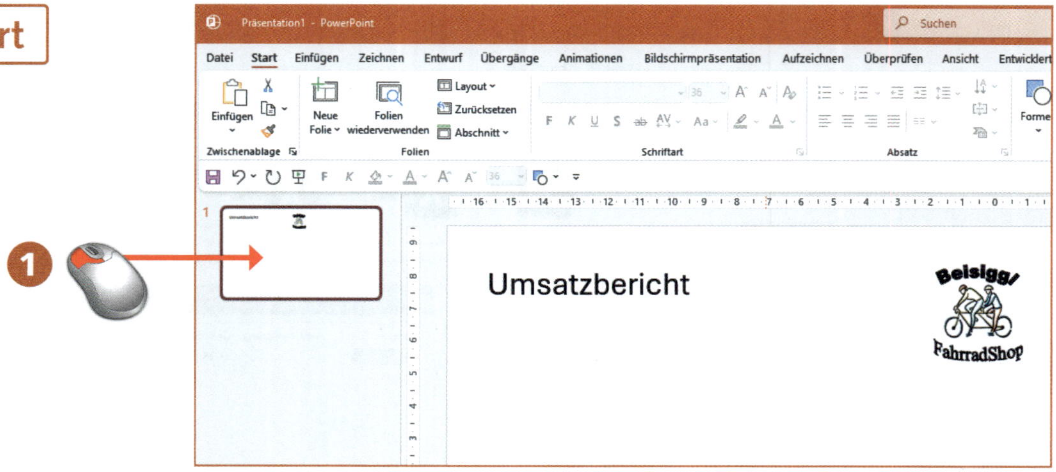

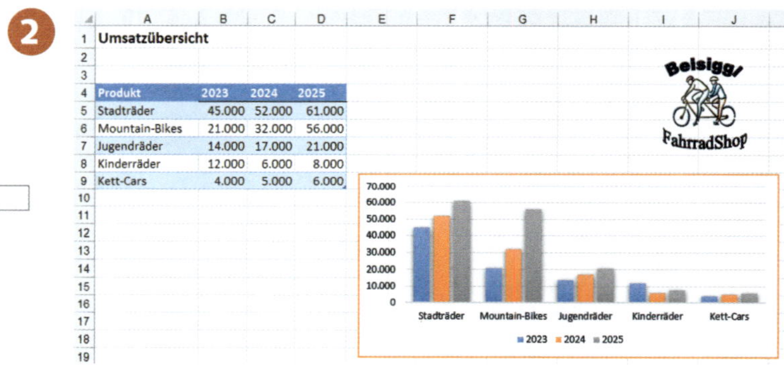

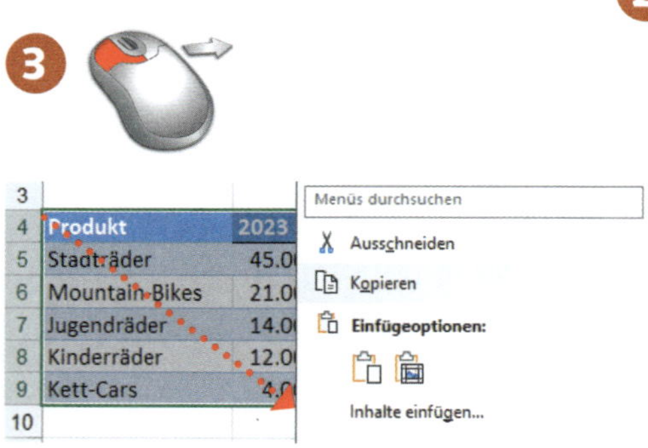

1. Starten Sie PowerPoint und legen Sie nach der Titelfolie eine neue Folie mit Überschrift bereit.
2. Erstellen Sie für die Präsentation in Excel eine Umsatztabelle und das passende Diagramm dazu.
3. Markieren Sie die Tabelle und kopieren Sie die Daten in die Zwischenablage.

WISSEN

Präsentieren Sie Ihre Zahlen und Diagramme mit PowerPoint, dem Office-Programm für Bildschirmpräsentationen und Folienvorträge. Die Excel-Daten können Sie bequem über die Zwischenablage übertragen und auf Wunsch dynamisch verknüpfen.

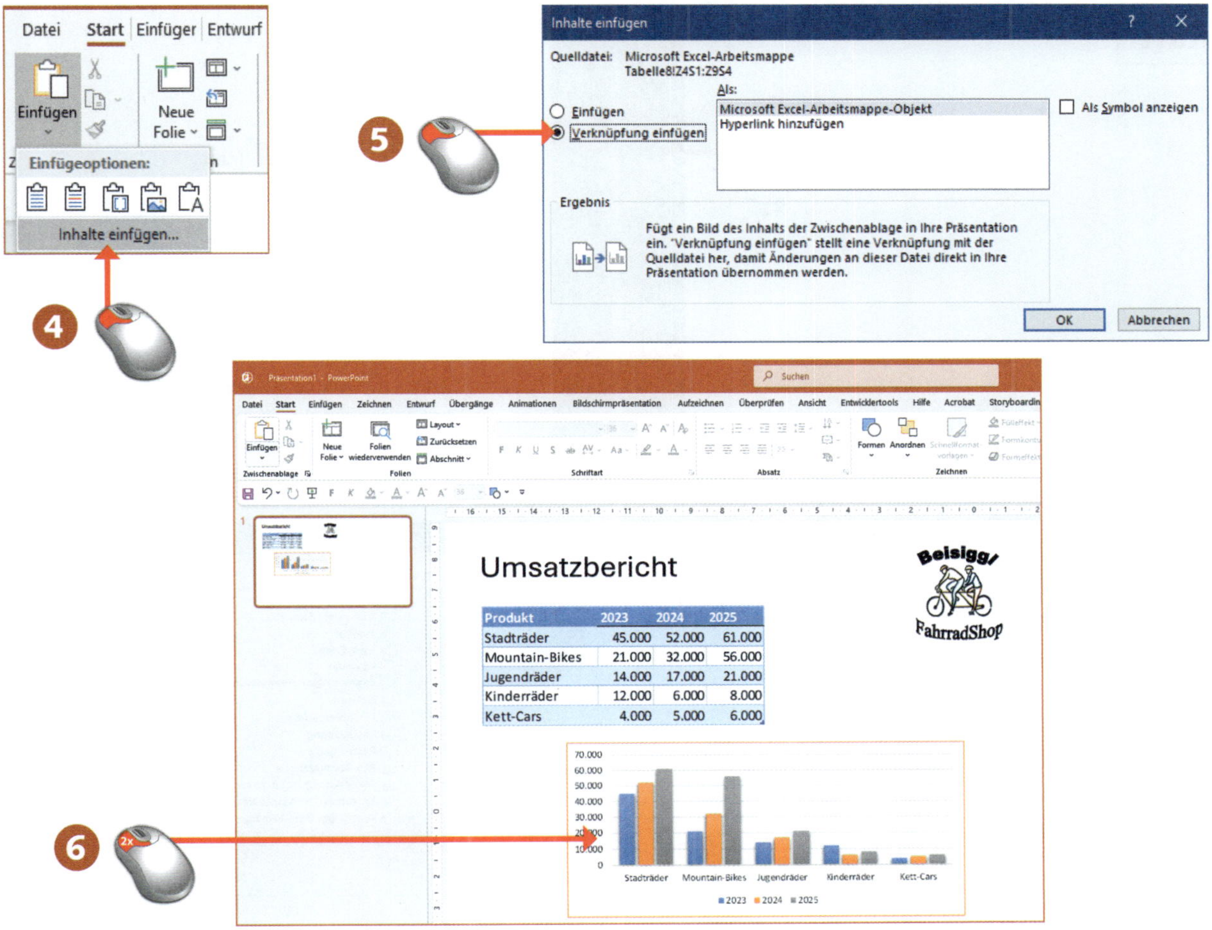

4 Im PowerPoint-Fenster wählen Sie *Start/Zwischenablage/Einfügen/Inhalte einfügen*.

5 Wählen Sie *Verknüpfung einfügen* für das Objekt. Damit wird es dynamisch in die Folie eingebunden.

6 Holen Sie so auch das Diagrammobjekt in die Folie. Ein Doppelklick auf ein verknüpftes Objekt öffnet automatisch die Quelle.

Ende

TIPP

PowerPoint bietet unter *Einfügen/Tabellen* auch die Möglichkeit, eine (leere) Excel-Tabelle zu erzeugen. Nach einem Doppelklick auf diese Tabelle können Sie sie mit den Excel-Werkzeugen bearbeiten.

HINWEIS

Achten Sie darauf: Wenn Sie das Objekt nicht verknüpfen, erhalten Sie die gesamte Mappe im eingebundenen Objekt.

Start

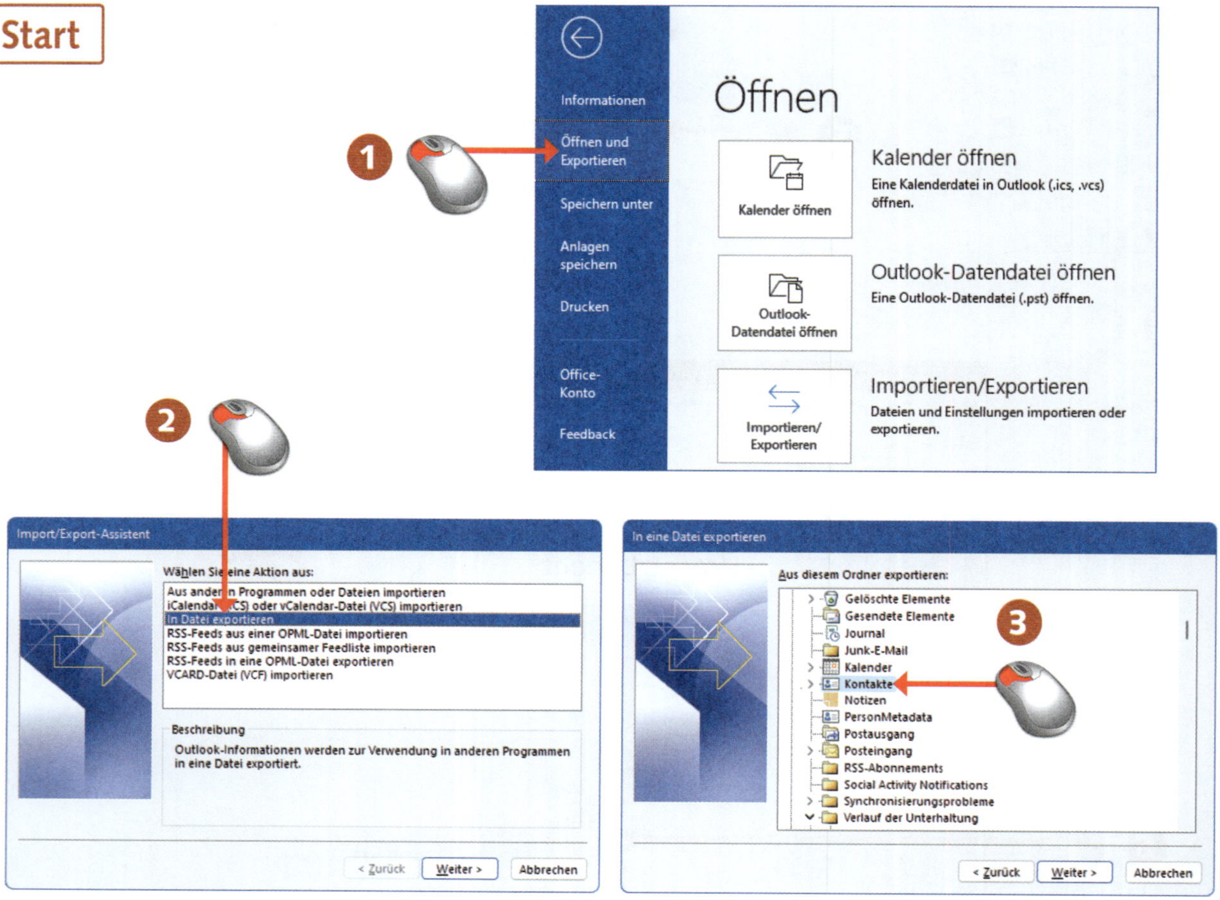

1. Holen Sie die Kontaktadressen aus Outlook in eine Excel-Mappe. Wählen Sie in Outlook *Datei/Öffnen und Exportieren* und dann *Importieren/Exportieren*.
2. Klicken Sie auf *In Datei exportieren*.
3. Geben Sie den Ausgabetyp *Durch Trennzeichen getrennte Werte* an und bestimmen Sie den *Kontakte*-Ordner.

WISSEN

Excel kann mit dem Mailprogramm Outlook Adressdaten und andere Informationen austauschen. Exportieren Sie beispielsweise die Adressen aus dem *Kontakte*-Ordner in eine Excel-Tabelle.

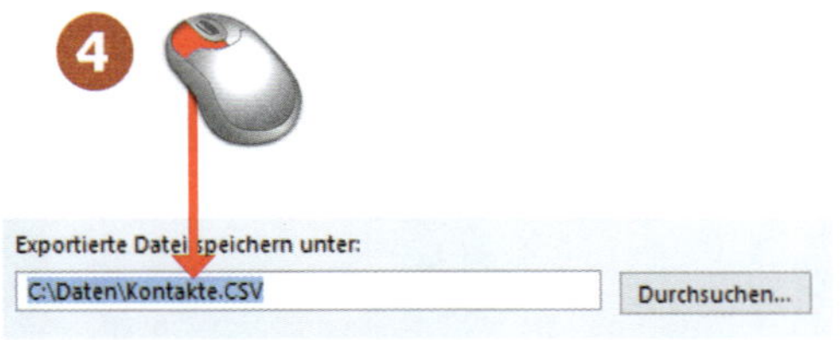

	A	B	C	D
1	Anrede	Vorname	Nachname	EMailAdresse
2		Jennifer	Upitz	jennifer.upitz@
3		Bauer	Brigitte	Brigitte.Bauer-
4	Dr	Roth	Kristin	Kristin.Rothe@
5		Thomas	Schöppler	t.schoeppler@
6		Martina	Tester	Martina.Testeı
7		Werner	Kafka	kafka@beelze
8	Prof. Dr.	Bernd	Seidel	bernd.seidel@
9		Fritz	Philippi	f.philippi@foru
10		Karl	Schmidt	ks@confex.de
11		Carol	Schafroth	Carol.Schafrot
12		Lars	Grundmann	lars.grundman
13		Richard	Venetz	Richard.Venet
14		Holger	Gess	holger.gess@
15		Mörs	Anne	anne.moers@
16		Brigitte	Seidl	bseidl@pears

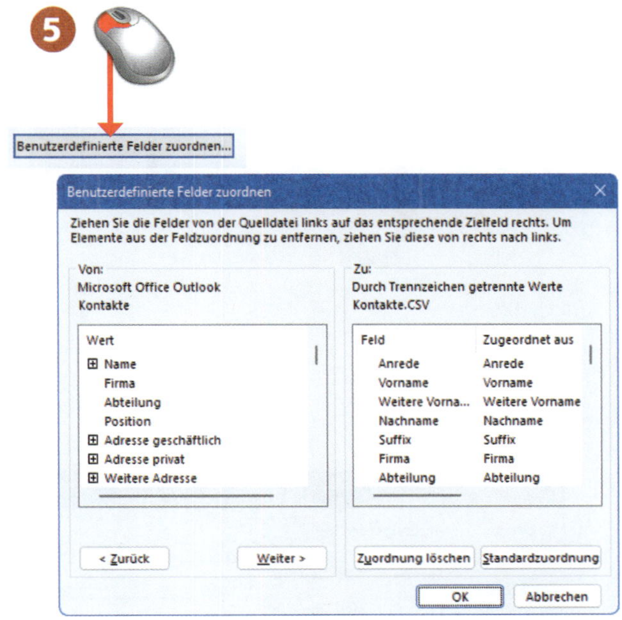

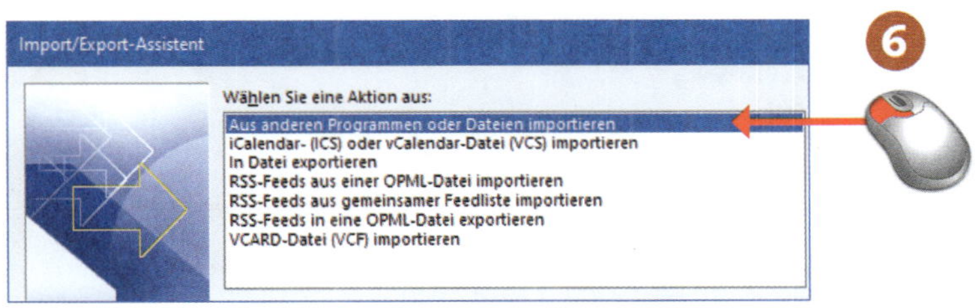

4 Bestätigen Sie den Dateinamen *Kontakte.csv* für die zu exportierende Textdatei.

5 Klicken Sie auf *Benutzerdefinierte Felder zuordnen*, um die passenden Feldnamen zuzuordnen.

6 Aktivieren Sie den Import/Export-Assistenten wieder, können Sie die in Excel bearbeiteten Daten wieder aus der Kontakte-Datei importieren.

Ende

TIPP

Wenn die Daten mit Komma als Trennzeichen exportiert werden, markieren Sie die erste Spalte und starten *Daten/Text in Spalten*.

HINWEIS

Die Arbeitsmappe, die Sie als Ziel angeben, darf beim Start der Exportaktion nicht offen sein. Reduzieren Sie die Feldauswahl auf die nötigsten Felder. Outlook-Kontakte enthalten 92 (!) Felder.

Start

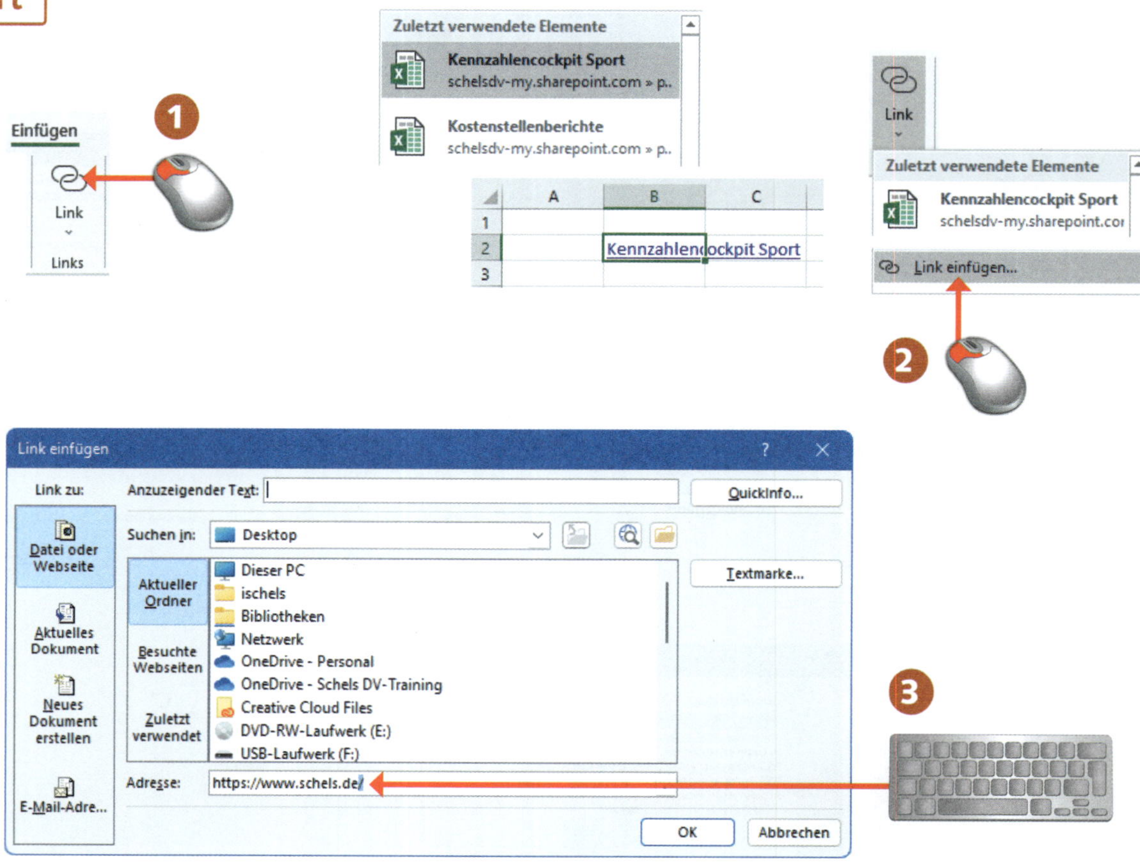

1. Setzen Sie den Zellzeiger in die Zelle, die den Link enthalten soll, und klicken Sie unter *Einfügen/Link* auf das Link-Symbol.
2. Holen Sie einen Link, den Sie zuvor in der Cloud gespeichert hatten, oder wählen Sie *Link einfügen*.
3. Suchen Sie einen Dateinamen oder geben Sie die URL (Adresse) einer Internetseite ein.

WISSEN

Was für den Internetbrowser und den Windows-Explorer längst Standard ist, können Sie auch in Excel realisieren: die Steuerung von Dateien, Tabellen oder Internetzugriffen mit Hyperlinks. Tragen Sie Hyperlinks direkt ein oder konstruieren Sie sie über eine Funktion.

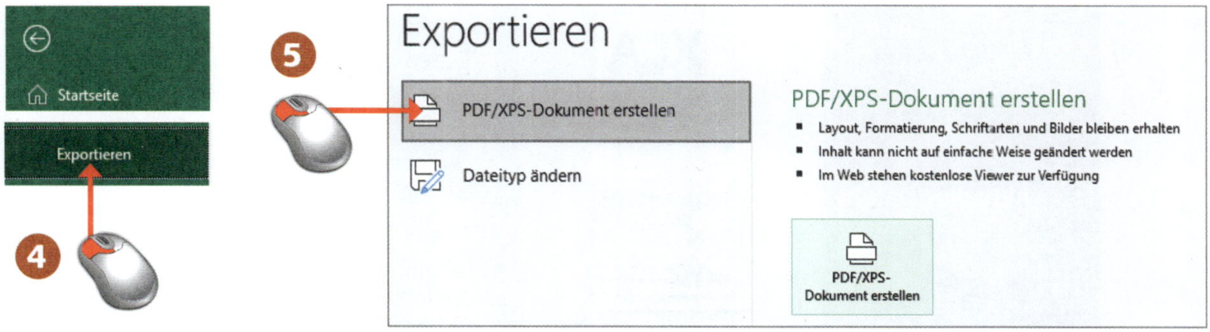

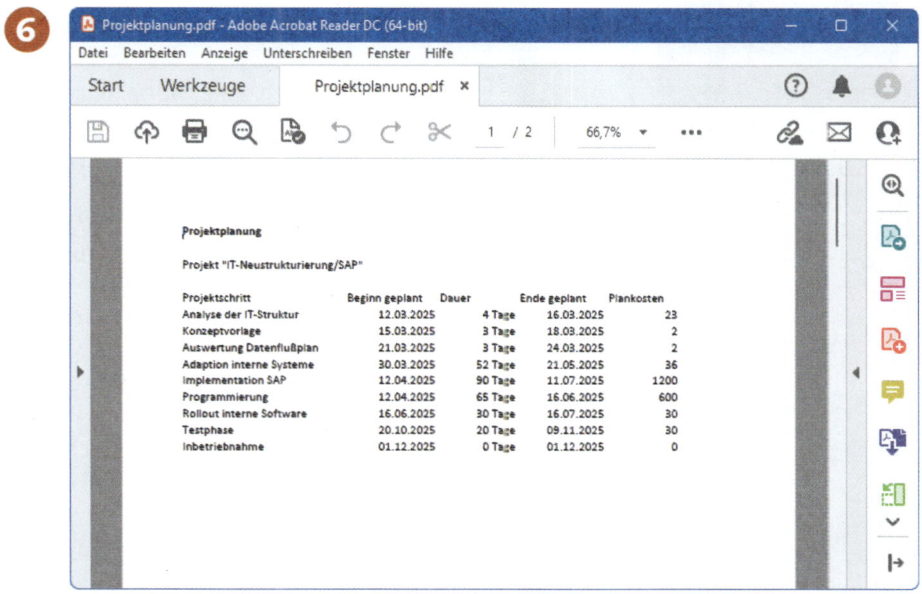

Projektplanung

Projekt "IT-Neustrukturierung/SAP"

Projektschritt	Beginn geplant	Dauer	Ende geplant	Plankosten
Analyse der IT-Struktur	12.03.2025	4 Tage	16.03.2025	23
Konzeptvorlage	15.03.2025	3 Tage	18.03.2025	2
Auswertung Datenflußplan	21.03.2025	3 Tage	24.03.2025	2
Adaption interne Systeme	30.03.2025	52 Tage	21.05.2025	36
Implementation SAP	12.04.2025	90 Tage	11.07.2025	1200
Programmierung	12.04.2025	65 Tage	16.06.2025	600
Rollout interne Software	16.06.2025	30 Tage	16.07.2025	30
Testphase	20.10.2025	20 Tage	09.11.2025	30
Inbetriebnahme	01.12.2025	0 Tage	01.12.2025	0

4 Um eine Excel-Mappe oder ein Tabellenblatt als PDF-Datei zu speichern, wählen Sie *Datei/Exportieren*.

5 Klicken Sie auf *PDF/XPS-Dokument erstellen* und geben Sie einen Dateinamen an. Schalten Sie die Option *Datei nach dem Veröffentlichen öffnen* ein.

6 Die PDF-Datei wird gespeichert und im PDF-Reader oder im Browser angezeigt.

Ende

HINWEIS

Unter *Datei/Freigeben* können Sie Tabellenblätter und Mappen auch in der Cloud speichern und für andere Benutzer freigeben oder als PDF-Anhang per Mail versenden.

TIPP

Ob der PDF-Reader oder der Browser Edge die PDF-Dateien anzeigt, legen Sie in den Windows-Einstellungen unter *Apps* fest.

Add-in

Zusätzliche Funktionen oder Makros werden in Dateien mit der Endung XLA gespeichert. Sie werden in den Excel-Optionen verwaltet und sind für den Benutzer unsichtbar.

Aktuelles Datum

Wird mit der Funktion HEUTE oder JETZT aus dem Systemdatum von Windows generiert und mit jeder Neuberechnung aktualisiert.

Arbeitsmappe

In dieser Datenform speichert Excel seine Tabellen. Standardmäßig enthält eine Mappe ein einzelnes Tabellenblatt. Die Anzahl Tabellenblätter pro Mappe ist beliebig, die Dateiendung ist XLSX.

Arbeitsmappenschutz

Schutzmechanismus, der alle Zellen in der Mappe vor Überschreibung schützt, die mit der Formatierung *Schutz/Gesperrt* ausgestattet sind.

Aufgabenbereich

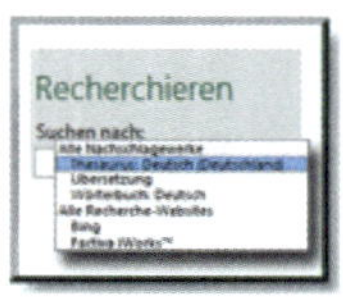

Randleiste links oder rechts am Tabellenrand, in der Werkzeuge angeboten werden. Der rechte Aufgabenbereich wird für die Anzeige und Verwaltung von ClipArts und für Dokumentprüfungen benutzt, links erscheint der Inhalt der Zwischenablage.

Ausfüllkästchen

Das kleine schwarze Quadrat unten am Zellzeiger. Es wird zur Produktion von Füllreihen oder zum Kopieren von Zellen in eine Richtung mit dem Mauszeiger gezogen.

AutoFilter

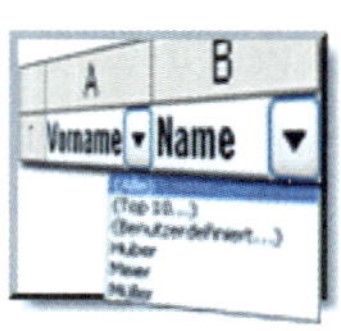

Die Filterpfeile, die mit der Zuweisung einer Tabelle oder mit dem Aufruf der Filterfunktion im Kopfbereich einer Liste angezeigt werden.

AutoSumme

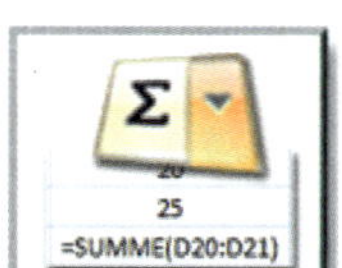

Das Symbol mit dem Sigma-Zeichen in der Gruppe *Start/Bearbeiten*. Es bietet neben der SUMME-Funktion noch weitere Standardfunktionen an.

AutoVervollständigen

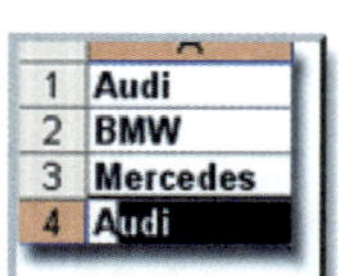

Bietet bei der Datenerfassung den Zellinhalt einer übergeordneten Zelle an, wenn die Anfangsbuchstaben übereinstimmen.

Balkendiagramm

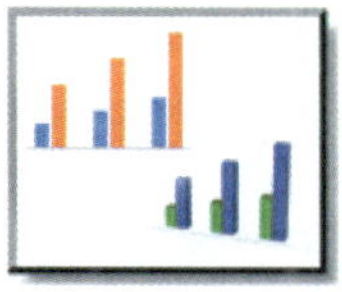

Diagrammtyp mit horizontalen Balken und vertikaler Größenachse. Kann mit Linien kombiniert werden.

Bearbeitungsleiste

Die Leiste zwischen dem Menüband und der Tabelle. Sie zeigt den Inhalt der aktiven Zelle und zwei Symbole für die Bearbeitung an.

Bedingte Formatierung

Eine Zellformatierung (Farbe, Muster, Schrift, Rahmen), die angezeigt wird, wenn eine dafür hinterlegte Bedingung erfüllt ist.

Bedingung

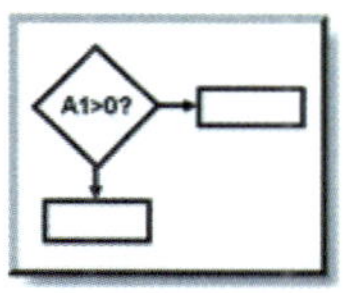

Logischer Ausdruck, der WAHR oder FALSCH zum Ergebnis haben kann. Wird in Formeln und Funktionen (WENN) verwendet.

Benutzerdefinierte Füllreihe

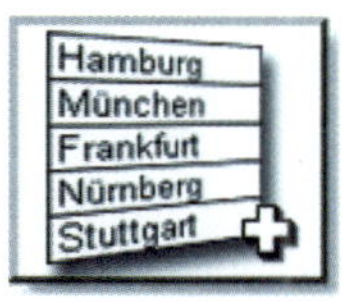

Eine Füllreihe, die vom Benutzer selbst angelegt und zur Liste der Standard-Füllreihen hinzugefügt wurde (*Datei*-Menü).

Benutzername

Frei wählbarer Name, wird in den Excel-Optionen eingetragen und steht als Eigenschaft *Autor* in jeder von diesem Benutzer gespeicherten Arbeitsmappe.

Bereichsname

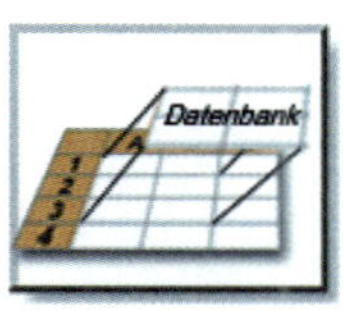

Eine Bezeichnung, die einem Zellbereich zugewiesen wird. Der Benutzer kann diese anstelle des Zellbezugs nutzen, um den Bereich anzusteuern oder in Formeln zu adressieren.

Bezug

So wird in Excel eine Zelladresse bezeichnet, wenn sich eine Formel darauf bezieht.

Blattschutz

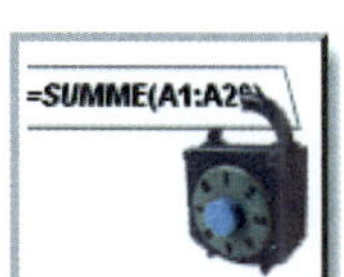

Ein Schutzmechanismus, der im Register *Überprüfen* aktiviert werden kann und alle Zellen mit dem Zellformat *Schutz/Gesperrt* vor Überschreibung schützt.

Datenmaske

Ein Dialogfenster, das den Inhalt einer Liste zur Bearbeitung anbietet. Steht nicht mehr in Registern oder Menüs zur Auswahl, kann aber in die Symbolleiste für den Schnellzugriff integriert werden.

Datentabellen

Eine Form der Was-wäre-wenn-Analyse (früher: Mehrfachoperation), in der Varianten einer Formel in Matrixform berechnet werden.

Design

Eine Gruppe einheitlicher Gestaltungselemente mit Farben, Schrift und Objektgestaltung. Designs werden programmübergreifend für die Office-Programme Excel, Word und Power-Point gestaltet.

Diagramm

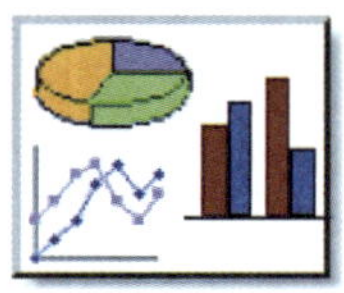

Die grafische Darstellung von Tabellendaten in verschiedenen Formen (Säulen, Balken, Linien, Torten usw.).

Diagrammblatt

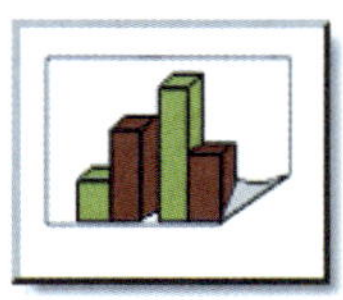

Ein Tabellenblatt, das nur Diagramme und grafische Objekte enthalten kann. Wird im A4-Querformat angelegt.

Diagrammobjekt

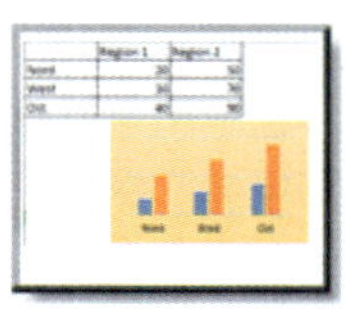

Ein Diagramm, das in einem Objektrahmen in die Tabelle gezeichnet wird. Kann in ein Diagrammblatt verschoben werden.

Direkte Zellbearbeitung

Funktion in den Excel-Optionen, die sicherstellt, dass Zellinhalte per Doppelklick direkt in der Tabelle bearbeitet werden können.

Drilldown

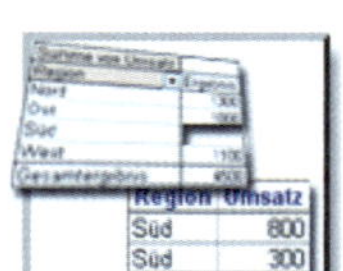

Die Technik, einen konsolidierten Wert (Summe) in der PivotTable per Doppelklick in seine Einzeldatensätze zu zerlegen. Dazu wird ein neues Tabellenblatt angelegt.

Druckbereich

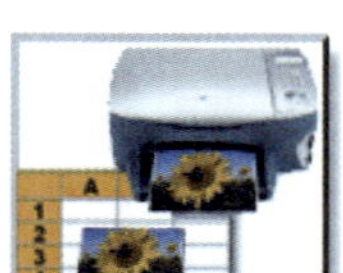

Bereichsname für den druckbaren Tabellenbereich. Wird über das Seitenlayout zugewiesen und wieder aufgehoben.

Drucktitel

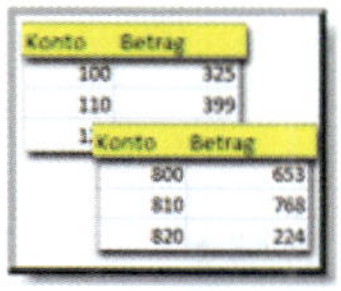

Ein Zellbezug, der im Seitenlayout eingetragen wird und die Zeilen des Druckbereichs enthält, die auf jeder Seite eines mehrseitigen Ausdrucks gedruckt werden.

Dynamischer Array

Eine dynamische Matrix, die mit einer Formel oder einem Bezug in einer einzigen Zelle entsteht.

Fehlerwert

Wird in der Zelle angezeigt, wenn eine Formel falsch rechnet (z. B. #WERT!, #DIV/0 oder #ZAHL!).

Feld

In Listen oder Datenbanken wird eine Spalte als Feld bezeichnet. Die Spaltenüberschrift ist der Feldname.

Final

Wird eine Arbeitsmappe als »final« gekennzeichnet, kann sie nicht mehr bearbeitet werden. Dieser Schreibschutz lässt sich aber aufheben.

Formatvorlage

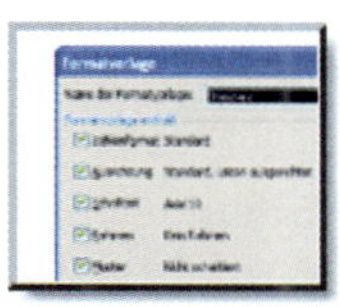

Die Sammlung mehrerer Formatierungen (Schrift, Zahlenformat, Ausrichtung ...) wird unter einer Bezeichnung gespeichert und Zellen (Zellenformatvorlage), Diagrammen (Diagrammformatvorlage) oder SmartArts (Schnellformatvorlage) zugewiesen.

Formel

Ein Rechenausdruck, der mit einem =-Zeichen oder +-Zeichen eingeleitet wird und zur Berechnung neben Zahlen und Text mathematische, logische Operatoren, Zellbezüge und Bereichsnamen verwendet.

Formelüberwachung

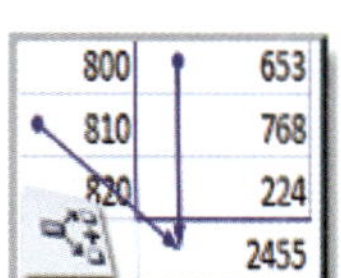

Eine Sammlung von Werkzeugen zum Aufspüren von Fehlern und zur Kennzeichnung von Bezügen in Formeln.

Funktionstasten

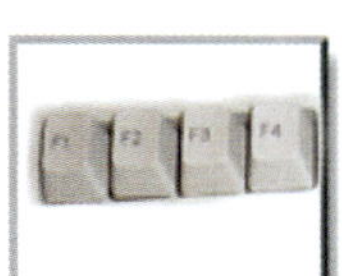

Tastenreihe am oberen Rand der Standardtastatur. Einige Funktionstasten sind mit Excel-Funktionen belegt (z. B. F2 = Zelle öffnen, F12 = Speichern unter.

Gitternetzlinien

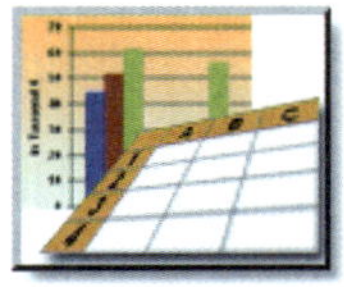

1. Horizontale und vertikale Linien in der Tabelle, die den Schnittpunkt von Zeilen und Spalten, die Zellen, markieren.
2. Linien an den Achseneinteilungen eines Diagramms, wahlweise als Hauptgitternetz oder Hilfsgitternetz.

Grafikobjekt

Bilder, Fotos, ClipArts und andere grafische Elemente, die als Objekte in Tabellen importiert und platziert werden.

Gruppierung und Gliederung

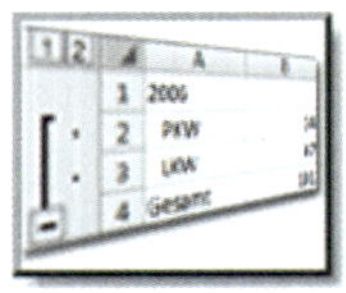

Damit werden Zeilen und Spalten in Tabellen in Ebenen eingeordnet. Mit Gliederungssymbolen am Tabellenrand (oben und links) werden die Ebenen geöffnet und geschlossen.

Kennwort

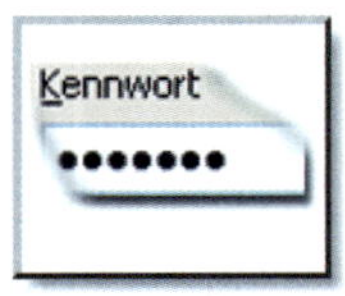

Wird beim Blattschutz oder Arbeitsmappenschutz oder beim Speichern der Datei angefordert und muss eingegeben werden, um die Mappe/das Blatt öffnen und bearbeiten zu können.

Kommentar

Eine Unterhaltung (Thread), die an eine Zelle angehängt wird. Jeder Benutzer der Mappe kann antworten und einen eigenen Text beisteuern.

Kommentarindikator

Das kleine lila Dreieck rechts oben in der Zelle, das darauf hinweist, dass die Zelle mit einem Kommentar versehen ist.

Kopf-/Fußzeile

Der Bereich zwischen oberem bzw. unterem Blattrand und Tabelle. Die Größe wird in der Seiteneinrichtung festgelegt, der Inhalt kann auf drei Bereiche verteilt werden.

Kopf-/Fußzeilencodes

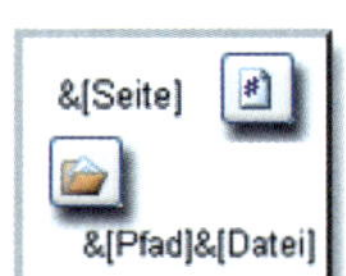

Textcodes, beginnend mit &-Zeichen, die in Kopf- und Fußzeilen eine automatische Information vertreten. Beispiele: *&S* (Seitenzahl), *&D* (Dateiname).

Kreisdiagramm

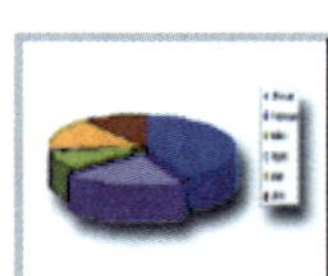

(Auch Tortendiagramm) Diagrammform zur Verdeutlichung der Verteilung einer Gesamtmenge auf mehrere Teilmengen. Hat keine Achsen und kann nur eine einzelne Datenreihe visualisieren.

Liniendiagramm

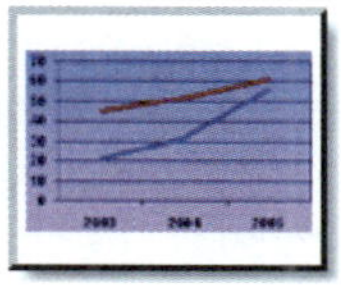

Diagrammform, in der die Datenreihen in Linienform eine Achse entlangführen. Verdeutlicht meist einen zeitlichen Ablauf oder Schwankungen in einem Wertebereich.

Liste

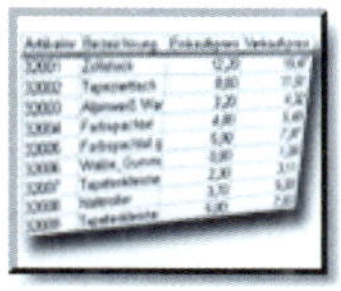

Bezeichnung für einen geschlossenen Zellbereich als Sammlung von Datensätzen in eindeutig klassifizierten Spalten (Feldern). Viele Excel-Werkzeuge wie Filter, Sortierung und PivotTables setzen Listen voraus.

Makro

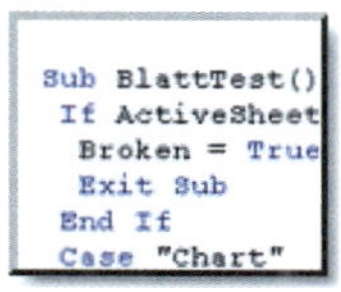

Ein Programm, geschrieben in der Programmiersprache Visual Basic for Applications (VBA), das Ereignisse und Abläufe rund um Zellen, Tabellen, Objekte und Mappen steuern kann.

Makrorecorder

Mit dem Makrorecorder werden Aktionen in der Excel-Oberfläche aufgezeichnet und in ausführbaren VBA-Code umgewandelt. Die aufgezeichneten Codezeilen werden im VBA-Editor bearbeitet.

Mehrfachmarkierung

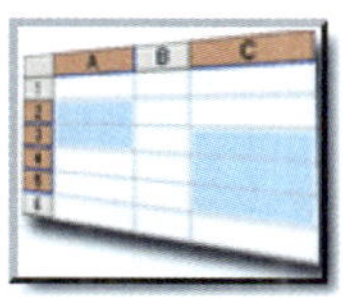

Eine Markierung in der Tabelle, die mindestens zwei Bereiche umfasst. Dazu wird die zweite und nächste Markierung mit gedrückter Strg-Taste gesetzt.

Menüband

Die große Leiste mit den Registern, die in Gruppen unterteilt sind (frühere Bezeichnung: Multifunktionsleiste). Sie lässt sich ein- und ausblenden und passt die Gruppen- und Symbolgrößen an die Fenstergröße an.

Namens-Manager

Hier werden die Bereichsnamen der aktiven Mappe verwaltet. Namen können neu definiert oder mit Bezügen versehen werden.

Notiz

Ein gelber Textkasten mit Text und dem Benutzernamen in der ersten Zeile. Wird einer Zelle zugewiesen und erscheint, wenn der Mauszeiger auf die Zelle zeigt. Der Indikator weist auf eine Notiz in der Zelle hin.

Objekt

Alle Elemente einer Tabelle, die nicht in Zellen stehen, werden als Objekte bezeichnet. Dazu gehören Grafiken, ClipArts und Diagramme.

ODBC

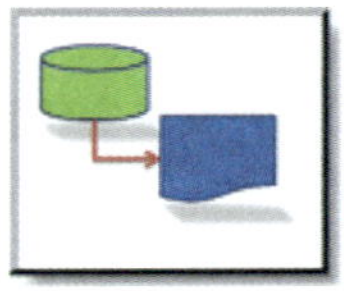

Open **Data**base **C**onnectivity, bezeichnet das Verfahren, externe Datenquellen mit Excel-Tabellen zu verknüpfen. Dazu wird ein Bereich (Datenbank) aus externen Dateien eingelesen und dynamisch verknüpft.

OLAP

Online **A**nalytical **P**rocessing. Die Technik für multidimensionale Datenbanken. Excel kann OLAP-Daten integrieren und analysieren und bietet Cube-Funktionen für OLAP-Würfel.

Persönliche Makro-Arbeitsmappe

Eine ausgeblendete, nicht sichtbare Arbeitsmappe, die beim Aufzeichnen eines Makros als Speicherort gewählt werden kann. Wird als Datei PERSONAL.XLSB gespeichert.

PivotChart

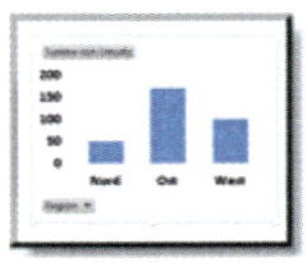

Die grafische Form der PivotTable mit Rubriken-, Reihen- und Datenbereich. Wird immer zusammen mit einer Pivot-Table erzeugt.

PivotTable

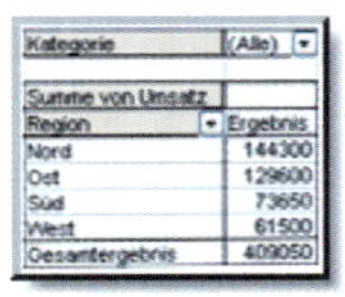

Die Spezialform einer Tabelle, die Daten aus Listen in Seiten-, Zeilen-, Spalten- und Datenbereich einordnet und die Ergebnisse kumuliert. Die Anordnung der Feldnamen bestimmt die Art der Berechnung.

Power Pivot

Excel-Werkzeug für Datenanalysen und Datenmodellierung. Kann große Datenmengen verarbeiten und unterstützt zahlreiche Datenquellen.

Power Query

Frühere Bezeichnung für *Daten abrufen und transformieren*. Bietet einen Editor und eine eigene Skriptsprache M.

Prozentzeichen

Excel dividiert ein Formelergebnis durch 100, wenn ein Faktor das Prozentzeichen enthält. Im Zahlenformat verwendet, multipliziert das angezeigte Zeichen das Ergebnis optisch.

Punktdiagramm

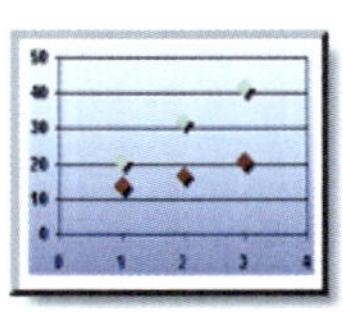

Diagrammform mit zwei Größenachsen. Die Datenpunkte werden horizontal wie vertikal an der numerischen Skala aufgetragen.

QuickInfo

Der kleine Hilfstext, der am Mauszeiger auftaucht, wenn eine Formel erstellt wird oder wenn dieser etwas länger auf ein Symbol oder ein Objekt zeigt.

Register

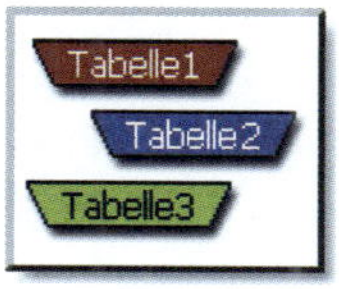

Die Ordnungsform für Tabellenblätter. Register werden am unteren Rand des Tabellenfensters angezeigt, sie dienen zur Benennung der Tabellen und für die Verwaltung der Blätter (Kopieren, Verschieben, Löschen).

Ringdiagramm

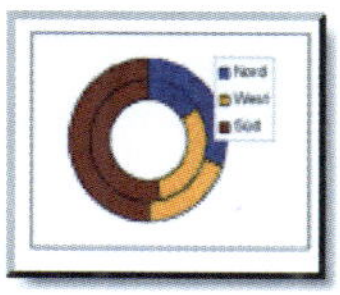

Diagrammform, die zur Visualisierung der Größenverhältnisse mehrerer Datenreihen dient.

Säulendiagramm

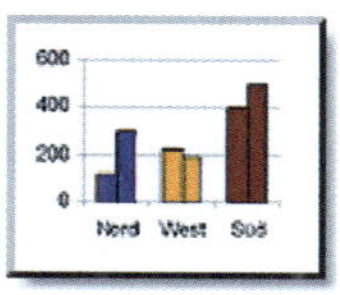

Diagrammform, die alle Werte eines Zellbereichs in Säulenform entlang der Größenachse anzeigt. Säulendiagramme werden meist für Größenvergleiche eingesetzt.

Seitenansicht

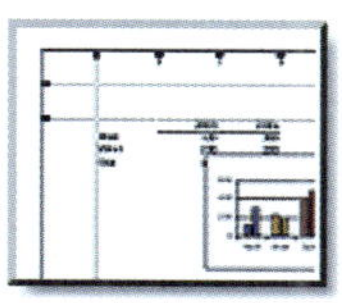

Wird vor dem Drucken einer Tabelle im *Datei*-Menü angezeigt, präsentiert Tabellen, wie sie gedruckt werden. Randlinien und Spaltenbreiten können manuell verändert werden, zur Bearbeitung von Zellen muss die Ansicht wieder ausgeschaltet werden.

Seitenlayout

Unter diese Bezeichnung fallen alle Einstellungen, die sich auf die gedruckte Form einer Tabelle beziehen (Papierformat, Kopf-/Fußzeilen, Druckbereich etc.).

Seitenumbruch

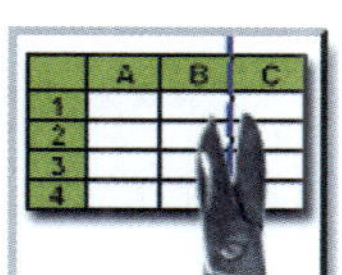

Wird links von einer Spalte oder über einer Zeile eingefügt und ersetzt damit den automatischen, vom Papierformat erzwungenen Seitenumbruch. Seitenumbrüche sind an gestrichelten Linien zu erkennen.

Seitenumbruchvorschau

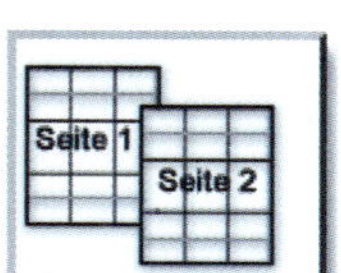

In dieser Ansicht werden alle Druckränder und Seitenumbrüche mit blauen Linien visualisiert und können vom Benutzer manuell geändert werden.

Sicherheitscenter

Zentrale Sammelstelle in den Excel-Optionen für Datenschutz und Sicherheitseinstellungen. Regelt den Zugriff von Makros, Verknüpfungen, ActiveX, Objekten u. a. und prüft Mappen auf Sicherheitslücken.

Smart-Tag

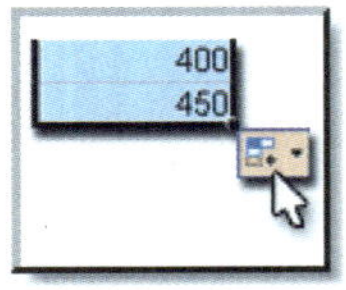

Das kleine Kästchen, das neben dem Zellzeiger auftaucht, wenn eine Aktion beendet wurde, zum Beispiel eine Füllung mit dem Füllkästchen. Der Smart-Tag bietet Alternativen zur Aktion oder zum Zellinhalt.

Spalten

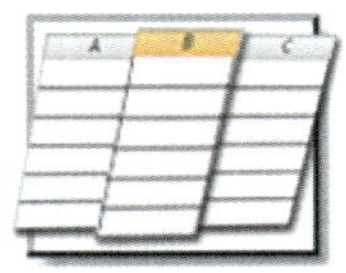

Die horizontale Einteilung einer Tabelle. Excel-Tabellen enthalten 16.384 (2^{14}) Spalten.

Spaltenbreite

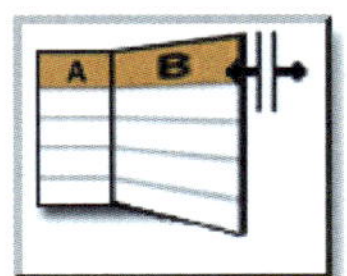

Wird über Format-Symbole oder durch Ziehen der rechten Spaltenlinie im Spaltenkopf angepasst. Das in der QuickInfo gezeigte Maß ist die Anzahl Zeichen und (in Klammern) die Breite in Pixeln. Maßstab für die Anzahl Zeichen ist das breiteste Zeichen.

Sparklines

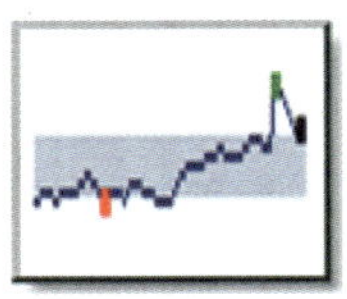

Zellgrafiken in Linien- oder Balkenform. Visualisieren Zahlenwerte in Zellen. Höchst- und Tiefstwerte können unterschiedlich eingefärbt werden.

Statusleiste

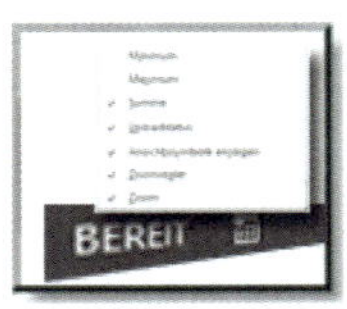

Die Leiste am unteren Fensterrand, in der die Ansichtssymbole und die Zoomleiste stehen. Mit der rechten Maustaste lassen sich zahlreiche Informationen für diese Leiste ein- und ausblenden.

Storno

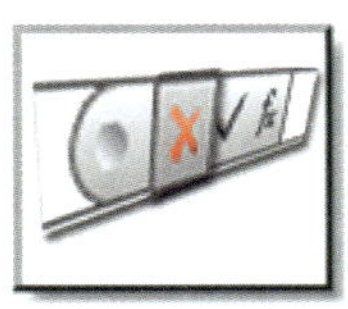

Das Kästchen am linken Rand der Bearbeitungsleiste. Damit wird die Bearbeitung der Zelle abgebrochen (auch mit der Esc-Taste).

Symbolleiste für den Schnellzugriff

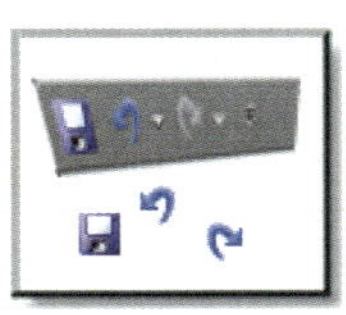

Die kleine Symbolleiste, die als Einzige vom Benutzer anzupassen ist. Sie kann mit Symbolen für alle Excel-Befehle bestückt und wahlweise über oder unter dem Menüband platziert werden.

Szenarien

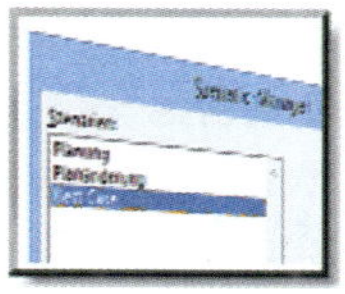

Die mit dem Szenario-Manager gespeicherten und mit einem Namen versehenen Werte eines Zellbereichs mit bis zu 32 Zellen.

Tabelle

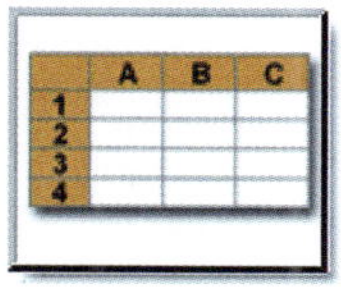

Bezeichnung für eine Sonderform von Bereichen im Tabellenblatt (früher: Liste). Excel-Tabellen sind geschlossene Listen mit Kopfzeile und identischen Datentypen in den einzelnen Spalten. Sie können in Bereiche zurückkonvertiert werden.

Teilergebnis

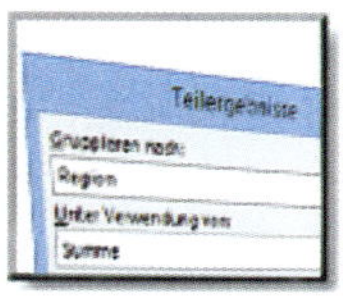

1. Werkzeug aus Daten/Gliederung, mit dem Zwischensummen in Listen eingezogen werden.
2. Funktion zur Auswertung von gefilterten oder gegliederten Daten.

VBA

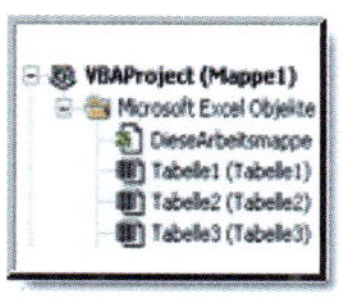

Visual **B**asic for **A**pplications. Die Programmiersprache im Office-Paket, mit der Ereignisse und Abläufe gesteuert werden können. VBA ist die Basis für Makros.

Verknüpfung

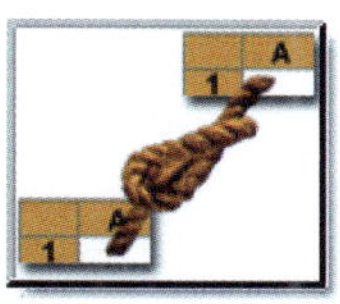

Eine Formel, die sich auf Inhalte von Zellen oder Objekten in anderen Tabellen oder Arbeitsmappen bezieht.

Vorlage

Arbeitsmappe, die als Kopie geöffnet wird. Die Dateiendung ist XLTX. Excel bietet Beispielvorlagen und Onlinevorlagen über *office.com* an.

Währung

So heißt das Symbol in der Liste der Zahlenformate, das den markierten Daten das Währungsformat zuweist.

Was-wäre-wenn

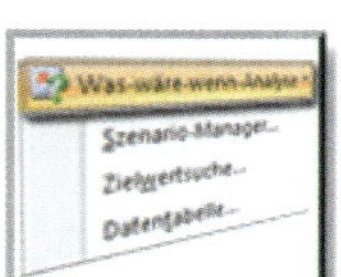

Eine Gruppe von Analysewerkzeugen in der Gruppe *Daten/Prognose* (Szenario-Manager, Zielwertsuche und Datentabelle).

WordArt

Office-Dienstprogramm für Schrifteffekte. Textobjekte werden in die Tabellen gezeichnet und mit Farben, Konturen, Schatten und 3D-Effekten formatiert.

Zahlenformat

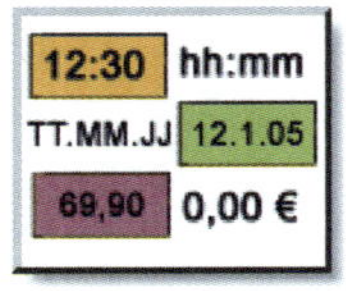

Formatierung für Zahlenwerte in Zellen, wahlweise als Dezimalzahl, Währung, Datum oder benutzerspezifisch. Das Zahlenformat regelt auch die Anzahl sichtbarer Nachkommastellen, das Währungszeichen und das Prozentzeichen.

Zeilen

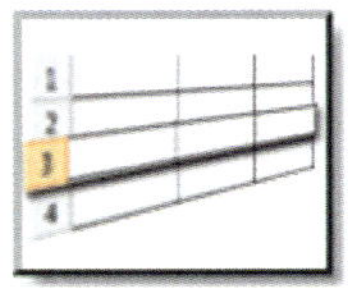

Die vertikale Einteilung einer Tabelle. Excel-Tabellen enthalten 1.048.576 (2^{20}) Zeilen.

Zeilenhöhe

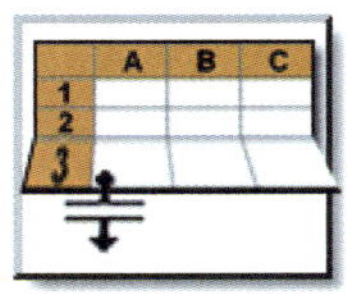

Wird mit dem Format-Symbol oder durch Ziehen der unteren Randlinie der Zeile im Zeilenkopf eingestellt. Die Zeilenhöhe wird im typografischen Maß Punkt (1 Punkt = 0,352 mm) gemessen, die QuickInfo zeigt sie auch in Pixel.

Zelle

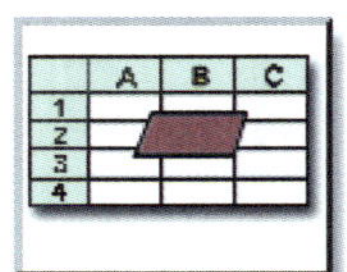

Der Schnittpunkt von Zeile und Spalte in der Tabelle. Eine Excel-Tabelle enthält 17.179.869.184 Zellen.

Zellschutz

Ein Zellenformat, das die Zelle als geschützt deklariert. In neuen Tabellen sind alle Zellen geschützt, der Schutz wird aber erst mit der Aktivierung von Blatt- oder Arbeitsmappenschutz wirksam.

Zielwertsuche

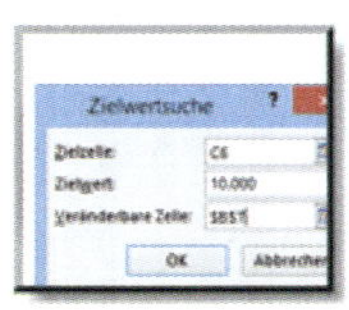

Eine Was-wäre-wenn-Analyse, die im Iterationsverfahren einen Zielwert berechnet.

Zoom

Das Größenmaß für die angezeigte Tabelle oder die Bezeichnung für das Werkzeug, das die angezeigte Größe ändert. Der Zoomfaktor ist der Grad der Vergrößerung/Verkleinerung.

A

B

D

E

F

Z